国家十二五规划项目

三晋石刻大全

运城市垣曲县卷

三晋石刻大全

总主编 李玉明

主编 尚斌 李武斌

山西出版传媒集团
三晋出版社

凡 例

一、以抢救和存史为收录原则。收录范围：以《三晋石刻总目》为基础，凡古代、近现代和新中国成立后现存和佚失石刻全部全文收录（其中新中国成立后没有社会文化价值的私人墓碑等除外）。收录上下限：上限从本地最早的石刻起，下限到定稿为止。

二、以县（市、区）分卷，原则上每县（市、区）一卷，另有山西省博物院卷、五台山卷、晋商会馆卷和总目各一卷。

三、“概述”为一个县（市、区）或石刻收藏单位总论性的文章，既有资料性，又有学术性，内容主要包括：石刻历史发展（收藏）演变情况、现在分布区域、类别、时代、数量和保存情况，重要石刻简述、主要特色和价值评估、保护和利用建议等。

四、石刻单位称谓：各类碑刻（包括造像碑）一律称“通”；石碣（或刻石），称“块”或“方”；经幢（包括石幢）称“尊”；墓志和墓志铭，有盖的称“盒”，无盖的称“方”；画像（图像）石、匾额、塔铭、法帖，称“方”或“块”；摩崖题记称“处”或“条”。石柱，称“根”；戒牒，刻在碑上的称“通”，刻在碣上的，称“方”或“块”。石刻录文称谓：碑，称“碑文”；碣（刻石），称“碣文”或“刻文”（镌刻诗赋的，称“诗文”）；造像碑（含座），称“发愿文”；墓志铭和墓志，称“志文”；石匾，称“匾文”；镌刻帝王诏令的，称“敕文”；摩崖题刻、画像石、石幢（内容非经文者）、石柱等，称“题记”或“题刻”；经幢，称“经文”；塔铭，称“铭文”；墓表，称“表文”；石对联，称“联文”；戒（度）牒，称“牒文”；法帖，称“帖文”。

五、不设篇、章、节，一件石刻独立成篇。全卷录文分两部分，即现存石刻、佚失石刻。以县（市、区）为纲，分别按时代顺序排列，不分类。

六、每件石刻编纂内容包括名称（全称）、简介、录文（全文）。另附照片或拓片。

七、凡涉及人物的石刻，“简介”除介绍石刻外，还应介绍人物的生卒年、籍贯、主要官职、生平事迹、著述等；凡涉及人物籍贯的，一律用原地名，括号内注明今地名。如郭泰，太原界休（今山西省介休市）人。

八、新中国成立以来，有不少石刻陆续由原址搬迁到异地，这部分石刻均由现收藏单位收录。地址一律按原址书写，然后注明搬迁时间和地点。

九、真假或断代暂无定论的石刻，可沿用旧说或存疑。有几种说法的，诸说并存。

十、纪年：1912 年以前的石刻一律用历史纪年，括注公元纪年，如唐贞观元年（627）。括号内公元年号前后不加“公元”和“年”字。1912 年至 1949 年 10 月 1 日中华人民共和国成立前，一律用民国纪年，括注公元纪年，如中华民国 16 年（1927），也可写成“民国16年（1927）”。民国年号用阿拉伯数字，不用汉字。1949年10月1日之后，一律用公元纪年。

十一、表示体积、面积等尺寸的，单位用“厘米”。如长（或高）120、宽60、厚80厘米，长、宽均不加“厘米”二字，用顿号间隔。

十二、收录的石刻文字原为繁体字的，仍用繁体字；原为简化字的，仍用简化字。1957年汉字简化之后，有的碑繁简混用，录文尽量保持原貌，以保存史料的真实性。录文横排，原则上根据文意分段，不易分段的，可以连排。编者所加文字，用楷体字，并加圆括号，以与正文宋体字区别。如“(碑阳)”、“(碑阴)”等。

十三、收录的石刻文字，只作标点，不作校勘，原文中的错别字、异体字、通假字及不当之处等，保持原貌，不作甄别、注释和加括注。

十四、石刻文字漫漶、剥泐不清的，用一字一“□”表示。漫漶、剥泐字数不清的，用“……”或“下阙”表示。

十五、索引按类编排，使本书既可按历史顺序阅读，又可按类检索，互为补充，相得益彰。

总 序

李玉明

石刻，指镌刻有文字的历代碑、碣、造像碑、经幢、石幢（内容非经文者）、摩崖题记、墓志铭、画像石等，是历史文化的重要载体。

石刻，有狭义和广义的两种理解。狭义的理解，专指“碑”；广义的理解，包括碑、墓志、造像等各类刻石。

所谓“碑”，汉以前就有了，但那时的碑不是为了刻字，而是立于宗庙、学校，用以观日影、记时刻、测方向的。古代礼仪规定，主人迎宾进宗庙之门要当碑而揖。祭祀时亦常常把祭祀用的牛羊等牺牲先拴于碑上。碑在古代还有另一种用途，是立于墓前用于棺木下葬，称为“窆石”，下棺时用以固定辘轳。所以早期的墓碑中上部有穿，称之为“碑穿”，用以系绳下棺；在宗庙之碑则为系牺牲的牛羊所用。因此，最初碑的用途并非为了刻字，而是实用。

现代意义上的“碑”，兴起于西汉而盛于东汉。原来在西汉以前，即商周时期，歌功颂德的文字铸刻在钟鼎彝器上，西汉开始以石代金，用碑记载功德和事件了。这即是金石铭文的由来。

从西汉“碑”开始镌刻文字以来，历朝历代的碑刻大体相似，均由碑首、碑身、碑座三部分组成。但各类碑之间又呈现繁多的样式。碑首有圭首、圆首、平首、梯首、冠形首、螭首等。碑身以长方形为多，另有倒瓶形，六棱、八棱形，正方柱形，扁方形等。碑座有龟趺形，形状庄重，采用得最多。古人以龟为长久，常常以龟（实际称贔屃）背碑。碑的种类有功德碑，记载文臣武将的文治武功；庙碑，种类繁多，记述庙的修建历史；墓碑，记载死者籍贯、世系、事迹及卒葬时间等。还有记事碑、纪念碑、文告碑、诗文碑等。

从现代广义上讲，凡是镌刻有文字的石刻都可以称为碑刻，而在先秦时除“碑”以外，其他都不称碑，而称“刻石”。我国迄今发现最早的刻石是商代的《小臣系毁》和一些石磬刻字。以后有秦石鼓文，秦始皇峄山、泰山、琅琊台刻石等。汉以后这些刻石逐渐统称碑石了。佛教传入中国和中国道教兴起后，又出现了宗教刻石及造像。山西是我国中原地区宗教刻石最早产生和发展的省份之一，云冈石窟、天龙山石窟，以及现在散存在全省各地大量的经幢、石幢、造像碑等刻石，见证了这一历史发展的轨迹。另外，作为墓碑衍化物的墓志，起源于汉代，形制为长方形。而标准方形的墓志则兴起于魏晋南北朝，大盛于唐，是碑刻的重要组成部分。比如山西现存的北魏司马金龙墓志，封和宠、辛祥墓志；北齐裴良、厍狄回洛、娄叡墓志；东魏刘懿墓志等。

石刻最大的特点，是能长久地保存下去，故称为刻在石头上的历史，简称“石史”。它最大的功用，是可以证史、补史和纠正官修书面历史记载的舛误，在弘扬民族文化，借鉴历史经验，在社会主义经济建设、政治建设、文化建设、社会建设和生态文明建设服务等方面，都有十分重要的意义，历来受到地方当局、有关社会组织和个人爱好者重视。例如，我国现存最早最大的殿堂式建筑五台山佛光寺东大殿，1937年梁思成先生调查发现后，轰动了国内外学术界。殿前镌刻于唐大中十一年（857）的经幢，解决了该殿学术上的两大问题。一是根据经幢的记载，该殿始建于唐德宗大中十一年（857），不仅使该殿是唐代建筑得到了有力的佐证，而且使这座国宝级文物建筑有了准确的纪年，其学术价值大大被提升。二是从这尊经幢的记载中得知，佛光寺东大殿的施主（即捐资人）是长安官宦人家出身的女弟子“宁公遇”。由于施主的身份高，其建筑的级别也相应被提高。又例如，山西现存18000多处古建筑，其每处建筑的历史沿革，要么文献记载简单，多数只一句话；要么查不到任何记载。而这些建筑前前后后的历史发展变化情况，主要靠现存碑刻的记载来见证，因而各座古建筑附属的碑刻就成了该古建筑历史沿革有力的证据。再例如，山西历史上的灾荒不断，元大德七年（1303）平阳、太原地区曾发生过山西历史上最大的一次地震；清光绪三年（1877）

曾发生过山西历史上最大的一次旱灾，连续三年颗粒无收，死亡百姓不计其数，并出现了人吃人的现象。这些灾荒，由于历史的原因（如信息不畅），或是地方官员为保乌纱帽，有意隐瞒，因而文献记载零碎简单，甚至缺失无记载。而民间百姓在灾荒过后却镌刻了不少碑刻，使后人永志不忘。这些灾荒碑虽有不少毁于战火，或被人为破坏，但各地保存至今的仍有不少，已成为研究山西历代地震、水旱等自然灾害的宝贵资料。除灾荒碑外，存世的还有不少古代科技方面的碑石，是研究当地农林水利、医药等发展的重要实证。三晋石刻是我省一个丰富多彩的重要人文资源，因此，编辑出版《三晋石刻大全》，不仅具有深远的历史意义，而且有可资借鉴的现实意义，是功在千秋、荫及子孙的一件好事、善事。

自宋代兴起金石学以来，访求石刻是历代众多史学家、方志学家们的终生爱好和一生的追求。山西自明成化十年（1474）创修《山西通志》时，就收录了“金石”资料，现在能够作为代表的是清光绪年间山西巡抚胡聘之主编的《山右石刻丛编》。这套《丛编》于光绪二十五年（1899）出版，共 40 卷，收录北魏至元代计 14 个王朝 840 余年的各类石刻 720 通（件）。还有在此之前于光绪十八年（1892）官修的《山西通志·金石记》（单行本称《山右金石记》），杨笃（秋湄）主编，收录汉以来碑刻 1550 余通。《山西通志·金石记》与《山右石刻丛编》比较，前者“有则录之，存亡不计”，后者“存者收录，亡者不述”。

山西历史上石刻最多时究竟有多少，谁也说不准。新中国成立后，经过文物部门的多次调查和普查，山西现存各类碑碣大约两万。清代著名金石学家叶昌炽在《语石》中说：“大抵晋碑皆萃于蒲、绛、泽、潞四属。”四属原都称州，大体上是现在的运城、临汾、晋城、长治四市，即山西南部地区。《山右石刻丛编》收录的 720 通碑刻，属于上述四州的有 496 通，占全省的 68.9%；《山西通志·金石记》收录的 1550 余通碑刻，属于上述四州的有 993 通，占全省的 64%；现存的两万余通石刻中，上述四市占了全省的一半以上，叶氏的论断基本是正确的。但除上述四州（四市）外，其他地区也有不少碑刻存世，其中不乏精品，同样应予重视。

新中国成立以来，山西省文物考古部门和有关部门、团体以及个人爱好者，在石刻的调查、保护、拓印、研究、出版等方面做了大量工作，取得了一定成果。但这些成果比较零星分散，缺乏全面性、系统性；也没有一个专门访求石刻的机构，使这项事业的发展受到一定制约。其次，历史资料少而缺失，已出版问世的石刻著作，存量极少，不仅难求，而且收录不全。比如，《山右石刻丛编》和《山西通志·金石记》均只收录到元代，且遗漏不少，大量明清时期的碑刻又未被采撷，造成历史的遗憾；宋代赵明诚的《金石录》只收录山西唐以前碑石 45 通；清代王昶的《金石萃编》，只收录山西元以前碑石近 30 通。所有这些，都需要我们在前人研究成果的基础上，做大量的拾遗补缺工作。第三，建国以来又新发现了大量的石刻，特别是新发现和出土了一批重要的墓志铭、摩崖题记、造像碑等，大大丰富了山西石刻的研究资料。比如北朝至隋唐一批重要墓志的出土、黄河沿岸等处汉以来漕运摩崖题记和一批早期造像碑的发现，以及其他一大批新发现石刻的著录登记等，都是重要的石刻资料，这些都需要有人去进一步访求和研究。第四，石刻文物具有不能再生性的特点，毁一件即少一件。比如北周武帝二次灭佛，山西的汉碑及三国两晋碑除郭泰碑外，全部被毁。郭泰碑后来也流失不存，造成了“山右无汉碑”的历史遗憾。当前仍存在盗窃和建设工程中人为破坏石刻文物的严重现象，自然损毁也日益加剧，古老石刻随时都有流失和被毁的危险。因此，抢救保护石刻，将其全部著录在册，世代流传下去，是当务之急，是带有抢救和存史双重重要性质的宏大工程。

为了全面系统地开展三晋石刻的访求和研究工作，三晋文化研究会成立以来，即借鉴历史经验，适应形势的需要，挑起了保护研究石刻传统文化这个重任。从 1990 年开始，即着手分市编辑出版《三晋石刻总目》，到 2006 年底，已有 9 个市的《总目》正式出版，共收录存碑 11878 通，佚碑 4168 通，合计 16046 通。

在基本完成《三晋石刻总目》编辑出版的基础上，三晋文化研究会从 2007 年正式开始编辑《三晋石刻大全》。《大全》以《总目》为基础，将新中国成立前后的碑刻，不论存佚，有文则存，全文抄录，并断句。同时，每篇加“简介”，附照片或拓片。基本上每县（市、区）1 卷，山西博物院和五台山、晋商会馆各 1 卷，再加记事总目录 1 卷，全省预计 125 卷。

分步编辑出版的山西石刻研究成果，其资料价值、历史价值、学术价值和使用价值都将远远超过以往出版的石刻著作，将成为山西有史以来的首创之作，流芳后世，意义深远！

是为序。

序 一

运城市三晋文化研究会会长　王殿民

运城古称河东，以其雄踞于大河之东而得名。尧舜禹在此建都立业，周秦汉唐属京畿之地，这里是黄河文明的摇篮，是华夏文明形成和演进的重要文化场地，是中华民族的重要发祥地之一，积淀了极其丰富而深厚的文化底蕴。

石刻碑碣作为源远流长的历史文化重要载体，具有历史、艺术和科学研究价值。运城历代石刻碑碣遗存颇丰，多达万通以上，形式多样，种类繁多，弥足珍贵，涵盖地方沿革、时政、经济、军事、民生、教育、民俗、诗文、通告等方方面面，林林总总，不一而足。这些石刻碑碣历经千年岁月的洗礼，是博大精深的中华文化的重要组成部分，彰显着中华文化特有的伟岸而俊秀、神秘而浪漫的特征，积淀着中华民族深沉的精神追求，代表着中华民族独特的人文标识，为中华民族生生不息、发展壮大提供了丰厚滋养。

20 世纪 90 年代初，山西省三晋文化研究会提出按各地市分卷编纂《三晋石刻总目》，我市三晋文化研究会积极响应，率先行动。1998 年 7 月，市三晋文化研究会原常务理事、河东博物馆原馆长吴钧先生编纂的《三晋石刻总目·运城地区卷》由山西古籍出版社出版。全书收录上起东汉下迄民国的各类石刻目录 4266 条，为研究运城石刻文化奠定了良好的基础。

2007 年，省三晋文化研究会决定启动编纂《三晋石刻大全》，体例是以县（市、区）为单位分卷为册。从本地所存最早的石刻起，按照时代顺序至定稿为止，将碑、碣、造像碑、摩崖题记、经幢、石幢、墓志铭、画像石以及其他石刻，全部收录编纂。涉及我市的一区（盐湖区），两市（永济、河津），十县（临猗、芮城、闻喜、万荣、稷山、新绛、绛县、垣曲、夏县、平陆），共计十三卷。运城市三晋文化研究会在原会长董占锁的带领下，负创生、赵参军、叶予青等同志积极协调各县（市、区）的主要领导和文物局的同志，多方筹集资金，动员大量人力物力投入此项工作，短短几年时间，各县（市、区）石刻资料的调查收集工作就基本完成。盐湖、绛县、新绛、临猗、芮城五个县（区）的《三晋石刻大全》先后出版。其中，盐湖区卷荣获第 26 届全国优秀古籍图书二等奖。随后，时遇 2015 年机构改革，运城市及各县（市、区）文物局与其他行政机构合并。受工作人员调整的影响，此项工作一度停滞。新一届运城市三晋文化研究会领导班子上任后，即着手推动其余八个县（市）《三晋石刻大全》的编纂工作，并将此项工作列为 2021 年重点工作，督促各县（市）争取在年底前全部完成出版工作。

运城石刻在国内地位显赫，深受历史文化、石刻文化研究学者重视，深受书法爱好者喜爱。如：北魏《密云太守霍扬之碑》、唐《碧落碑》、隋《大隋开府梁州刺史君陈公碑》、新绛县存宋镌刻王羲之《大宋绛州重修夫子庙记》；宋《司马温公神道碑》。再如：北周开修的河东运盐古道《摩崖石刻》，制作者虽然名不见经传，但其书法确属地道的北魏书体，颇具汉魏风度，其布局疏密自然，错落有致，承隶为楷，古朴俊逸，用笔方折，实是魏碑书法成熟阶段之作，在我国现存北魏石刻中颇为稀有。

运城石刻穿越历史沧桑，反映了各个时期历史的本来面貌，具有深厚的文化研究价值。盐湖区东汉铜矿遗址《摩崖题记》、北周《谯郡太守曹恪碑》、唐《河东盐池灵庆公神祠颂并序》；芮城县存北周《齐太公庙碑》，永济市存北魏《赵猛墓志铭》《大隋河东郡首山栖岩道场舍利之碑》；稷山县存北魏《颂延寿公造像碑》、元《姚天福神道碑》；夏县存明摹刻《忠清粹德之碑》；垣曲县存东汉建武十一年《五福涧黄河栈道东汉摩崖题刻》；平陆县存金明昌四年《虞芮二君让德记碑》；绛县存明《绛侯封邑碑》等，均为重要的碑刻，从中我们可以窥探运城各地的风俗、习惯及重大历史进程。

运城石刻有许多古代帝王御制御书碑，世为稀有，非常珍贵，如闻喜县存唐玄宗李隆基《侍中兼吏部尚书裴光庭神道碑》，万荣县存宋真宗赵恒《汾阴二圣配飨铭》，永济市存清康熙帝玄烨《砥柱河津碑》等，具有一定的代表性，在历史文化、科学技术和书法造诣上，都有着非常重要的历史价值。

运城石刻涵盖广泛，涉及运城经济政治社会生活等各个方面。例如石刻记录天灾方面，盐湖区、稷山、平陆、万荣、闻喜、芮城6县（区）存有数十通石刻，记述了明嘉靖三十四年（1555）大地震，清光绪三年（1877）严重旱灾，致使死伤惨重，饿殍遍野，令人怵目惊心的灾难。这些记录字字血泪，句句泣诉，警示人们一定要严防灾害，崇俭反奢。追古抚今，情怀依旧。在新时期社会发展大变革的情况下，仍应该引以为戒。

习近平总书记视察山西时指出："历史文化遗产是不可再生、不可替代的宝贵资源，要始终把保护放在第一位。"石刻碑碣是无法再生的文化遗存，灭失了就没法再现，毁坏了就无以弥补，但是当前自然或人为毁坏现象也时有发生，因而抢救保护石刻，迫在眉睫。尽快完成整理与编纂，是我们义不容辞的责任与担当。运城市三晋文化研究会《三晋石刻大全》运城编纂指导组，将积极行动，以高度负责的态度，严谨的作风，科学的精神，一丝不苟，精心细致地把这件好事做好，圆满完成全市十三卷的编纂任务。

2021年元旦

序 二

中共垣曲县委书记 史玉江
垣曲县政府县长 马 巍

垣曲地处山西南端，黄河北岸，历史悠久，文化厚重。境内世纪曙猿化石的发现，将类人猿出现的时间向前推进了1000万年。舜生诸冯、耕于历山的故事世代相传，遗迹遍布。历山镇北城门楼明代万历年间的“帝舜故里”石刻匾额，至今保存完好，也是国内最早的舜帝地望实证。亳城的元代致和元年（1328）《成汤故都碑》，证明垣曲还是商汤故都。黄河流经垣曲近百里，黄河古栈道崎岖蜿蜒，石刻众多，在五福涧旧村，有东汉“建武十一年”字样的摩崖石刻，是万里黄河最早的石刻，小浪底水库淹没前切割存于县博物馆，为国家一级文物。除了这些众所周知的石刻之外，还有许多石刻散落各地。“托坚贞之石质，永垂昭于后世。”先贤们将当时发生的重大事件刻石记载，向今天的我们传递历史的信息，并藉以延续文明。这是古代方志、族谱之外的另一种补充，是至为珍贵的文物。然而曾几何时，这些石刻遭到严重毁坏，有的被粉碎以作烧石灰的原料，有的被砌于石渠、大坝或房墙甚至畜舍之下。教训惨痛而深刻，每念及此，备感对这些文物保护的责任重大而紧迫。

《三晋石刻大全·运城市垣曲县卷》的征编印行，无疑是功德无量的善举，这是文化的传播、传承和交流。石刻笨重，不易搬动，而且多已年代久远，破损严重，字迹难辨。通过专业人员的复原、拍照、抄录、断句、考证，最后凭借现代印刷技术使其从石材中走出来，成为图文并茂、美观清晰的电子版、纸质版，从而使石刻走得更远，传播更广，可供更多的人欣赏、研究，功在当代，利在千秋，亦足以告慰先贤。

《三晋石刻大全·运城市垣曲县卷》共收录364通石刻，上自东汉，下至当代，有的历经风雨剥蚀，有的则是在这次搜集中被发掘出土，政治、经济、军事、文化、民俗，无所不包，文学、绘画、书法、诗歌种类繁多，既让我们发思古之幽情，更坚定了我们的文化自信，将鞭策我们为建设更加美丽富饶的新垣曲而努力奋斗！

概　述

垣曲县位于山西省最南端运城市的东北隅。东据王屋扼豫北，西恃中条控晋南，北连太行屏上党，南渡黄河出中原，地当晋豫交通之孔道，历来为兵家必争之地。境内山峦起伏，群峰竞立，河溪交织，沟壑纵横，整体地貌呈北高南低的山间盆地形态。众山环抱的地理环境，加上优异均衡的生存条件，使先民们很早便在此繁衍生息。距今4000万年前的世纪曙猿化石的发现，充分证明这里是人类的起源地。众多的旧石器、新石器时代文化遗址和没有缺环的旧石器时代、新石器时代考古学文化体系，进一步证实了这里是华夏文明的发祥地之一。“舜耕历山”的传说和众多的虞舜遗迹，让垣曲又有了“舜乡”的美誉。商周称“亘方”，春秋为赤狄东山皋落氏之地，战国时因东屏王屋、周环如垣而称“王垣”。秦代置垣县，故城在今下亳城。汉称东垣县。北朝后名称、建置不一，至北宋时，取“周围如山，如垣之曲”之意，改名垣曲县，一直沿用至今。

承千古历史之积淀、世代人文之余脉，垣曲县保存了深厚丰富的文物遗存。据第三次全国文物普查资料，全县现有各类不可移动文物694处，位居全省前列。

相较于数量庞大的古遗址、古建筑，垣曲由于僻居群山之中，蕞尔小县，交通不便，地艰民啬，虽然石材丰富，却并不是石刻大县。故而《集古录》《金石录》《语石》等传统金石著录皆无记载，晚清时本省的金石著作所载也比较有限。如清光绪十八年（1892）纂修的《山西通志·金石记》仅收录该县宋金元石刻7通，稍后的《山右石刻丛编》也只登录了3通元代碑刻的碑文。光绪《垣曲县志》收录各代碑文20余篇，均无书法及历史名碑的记载。那么，垣曲石刻是否如上所述，并不尽如人意呢？

经过详细的调查、登录和统计，我们认为，垣曲石刻同其他县市相比，具有自己鲜明的特点。

首先，从总量上说，本书收录的垣曲石刻共264通，其中现存228、佚失36通，在全省位居中游。

其次，从时代上说，垣曲石刻中有东汉建武十一年（35）的五福涧黄河栈道摩崖石刻，是全省现存最早的石刻之一。此外，还有南北朝、唐、五代、宋、金、元、明、清、民国历代石刻，当代石刻也不在少数。

第三，从类别上说，垣曲石刻有刻石、摩崖、经幢、墓志铭、造像碑、碑碣等七大类，品类比较齐全。

第四，从题材上说，垣曲石刻有皇帝封赠官员及亲属的敕文、制文碑；有官署发布条令的榜示、通告碑；有反映灾荒捐输、除暴安良、革风励俗、植树造林、设立义学、追思官员政绩的义行碑；有建修庙宇、寺观、祠堂、书院、学校、城池、桥梁、道路、河渠的记事和捐施碑；有记载历代名人的神道碑、墓碑、墓表、墓志、德行碑、德政碑、德教碑、德泽碑、德寿碑、德孝碑、节孝碑、节寿碑和抗战烈士纪念碑；有钩沉圣贤遗迹的碑碣、匾额；也有吟咏园林、歌颂山河的诗文碑碣，内容极其丰富。

现存石刻中，比较重要的石刻分述如下。

《五福涧黄河栈道东汉摩崖题刻》。东汉建武十一年（35）题刻。上下两段题刻三十余字，记载了东汉初年光武帝刘秀派遣千余名石匠修治黄河栈道、以利漕运的情况。是山西省时代较早的摩崖石刻之一，为国家一级文物。

《杨标造像基座》，或称《永兴寺造像基座》。西魏大统十四年（548）七月二十一日造像。是西魏开国侯杨标发愿为其母亲祈福所造佛像之基座，反映了当时佛教滥觞之情况，也留下了西魏、北周政权对河东边鄙地区统治的珍贵文物资料。

《五福涧黄河栈道唐代摩崖题刻》。唐贞观十六年（642）二月十日题刻。题记共8行，记载了唐太宗李世民派遣官员带领兵民查修栈道、疏通水道、恢复黄河漕运的情况。该题刻与《三门峡漕运遗迹》所载栈道题刻互为先后，都记载了唐初朝廷修复黄河航道、保障都城供应的重要工程。

《垣曲店下样铭文》。北宋元祐七年（1092）七月初七日置，是一个青石凿刻的秤砣。该秤砣自名为“盐样”，砣身八面刻文，记述了宋代为防止潞盐运输过程中商家作弊盗取盐斤而设立的私权石样的情况，是极为重要的河东盐运文物。自 1958 年出土以来，得到了盐业史研究专家的高度重视，属国家一级文物。

《“天上来”刻石》。北宋刊刻。原为古城镇洪庆观观河亭之碑。仅有 3 个楷书大字，结构端庄，遒劲峻健，取李白之诗“黄河之水天上来”后三字。此刻石富有传奇色彩，书家有多种说法。又一说认为是清代鲁醉翁（鲁廷璧）所书。

《成汤故都碑》。元致和元年（1328）七月立石。充分反映了垣曲县与殷商文化的重要历史渊源。

《张廷相去思碣铭》。明嘉靖十三年（1534）二月立石。撰文者为曾任河南按察司副使的文晧，书丹者是曾任山东临清州知州的王时雍，立碑者为曾任朝廷都察院左佥都御史的赵载，皆为该县当时之名公巨卿。碑文记载了垣曲县丞张廷相清廉自守、不怀私心、一心为民、刚正不屈的为政之道，是一通十分珍贵的廉政碑。

《河堤黄河河防刻石》。明崇祯十一年（1638）刊刻。刻文记载了明末驻防黄河的官军历年巡防黄河的情况，是极其罕见的军事文物。

《望仙庄设立义学碑》。清乾隆二十年（1755）刻石。碑文为垣曲知县于廷瑞撰文，记述了于知县在穷乡僻壤的万山之中设立义学、发展乡村教育之壮举，是极为重要的教育碑刻。

《南增坂村三社公议振风励俗禀官立法恪守碑》。清乾隆二十七年（1762）刻石。本乡生员石士琦撰文书丹。碑文是南增坂村为整治民风特别颁布的乡规民约，内容包括对不孝不悌、赌博、盗人田禾、私砍树木等干律犯法者的处罚办法，对于今天进行村民自治和践行社会主义核心价值观都有重要的参考意义。

《东社植树碑记》。中华民国 10 年（1921）立石。此碑记述了东社村在政府的号召下全力植树的经过，对于实施绿色工程和建设生态农业不乏借鉴作用。

垣曲县的石刻大多零散地分布在山间乡村。比较集中的存放地是县博物馆，保存有出土的墓志、古城镇小浪底水库淹没区的石刻以及其他乡镇的零散石刻。对于全县石刻的保护工作，我们建议：一是加强石刻保护的宣传工作，通过广泛而深入人心的宣传，把石刻保护的要求转化为全体民众的自觉行动；二是将散落在乡间、闾巷的无主石刻尽快地收集到县博物馆或各文管所集中管护，完善资料建设，避免石刻的遗失和损坏；三是对于有明确权属的石刻，与其主人签订石刻保护责任书，确保各类石刻得到完善有效的管护。

《三晋石刻大全·运城市垣曲县卷》编委会

2022 年 9 月

目　录

凡例
总序 …… 李玉明
序一 …… 王殿民
序二 …… 史玉江　马　巍
概述 …… 编委会

上编　现存石刻

●汉·南北朝·唐
五福涧黄河栈道东汉摩崖题刻（东汉建武十一年） …… （五）
北魏四面造像残碑（北魏） …… （七）
杨标造像基座（西魏大统十四年） …… （八）
北朝造像龛（北朝） …… （九）
五福涧黄河栈道唐代摩崖题刻（唐贞观十六年） …… （一〇）
安窝黄河栈道唐代摩崖题刻（唐武周垂拱元年） …… （一一）
唐代释迦坐像（唐代） …… （一二）

●宋·金·元
敬贤石函刻文（宋太平兴国三年） …… （一五）
垣曲店下样铭文（宋元祐七年） …… （一六）
“天上来”刻石（宋代） …… （一八）
东堡金墓买地券（金大定二十三年） …… （一九）
莲花经幢（金泰和三年） …… （二〇）
成汤故都碑（元致和元年） …… （二一）
龙神感应之碑（元至正八年） …… （二二）
重修兴国禅寺演法传灯碑铭并序（元至正十五年） …… （二三）

●明
重建崇兴寺碑记（明景泰七年） …… （二七）
肇修济众桥记（明嘉靖七年） …… （二八）
张廷相去思碣铭（明嘉靖十三年） …… （三〇）
南堡门墩石题记（明嘉靖十三年） …… （三二）
重修玉泉寺记（明嘉靖十六年） …… （三三）
南堡石柱题记（明嘉靖二十年） …… （三五）
明故南京都察院右副都御史北崖赵公墓志铭（明嘉靖二十四年） …… （三六）

赵载墓买地券（明嘉靖二十四年）……（三九）
“歆承涣命”墓门额（明嘉靖二十四年）……（四〇）
登河涝诗（明嘉靖二十九年）……（四一）
和东峪普翁韵二首（明嘉靖二十九年）……（四二）
明诰封吕宜人墓志铭（明嘉靖三十四年）……（四三）
《垣曲县阅城》《登观河亭》诗碣（明嘉靖四十二年）……（四六）
明储元嵋山文君及配节妇陈氏合葬墓志铭（明嘉靖四十三年）……（四七）
“永庆门”匾额（明万历四年）……（五〇）
“帝舜故里”匾额（明万历四年）……（五一）
明故致仕武强令恭默先生文公墓志铭（明万历八年）……（五二）
故文孺人普氏墓志铭（明万历十一年）……（五四）
新建洪庆观钟楼记（明万历十三年）……（五六）
明故诸元静轩张公配孺人马氏合葬墓志铭（明万历十五年）……（五八）
封赠赵东鲁父母先母制文碑（明万历二十四年）……（六〇）
创建回龙宫碑记（明万历二十五年）……（六一）
平原里宋村府掾继泉父安完重修重兴寺记（明万历三十四年）……（六三）
重修庭神并记（明万历三十四年）……（六五）
刘际隆捐输疏文碣（明万历三十九年）……（六七）
封赠刘天与夫妻及继妻敕文碑（明万历四十四年）……（六九）
刘嵋峰墓碑（明万历四十八年）……（七一）
封赠鲁廷彦父母故妻继妻制文碑（明天启四年）……（七二）
重修阎罗夫子庙记（明崇祯三年）……（七四）
增修庙宇碑志（明崇祯三年）……（七五）
五福涧黄河栈道明代摩崖题刻（明崇祯十年）……（七六）
河堤黄河河防刻石（明崇祯十一年）……（七七）

●清

董公重甃舜井并修建祠宇神异记（清顺治十八年）……（八一）
古城北门碣（清康熙六年）……（八四）
清故赐进士□□司训代视县篆晋壁鲁公原配孺人宪旌烈妇文氏侧室宪旌烈妇卫氏合葬墓志铭（清康熙十四年）……（八五）
重修黑龙潭之玉帝庙记（清康熙二十二年）……（八七）
垣曲县儒学捐置祭器碑文（清康熙二十六年）……（八八）
金饰神像记（清康熙二十九年）……（九〇）
黑龙庙重修龙王殿记（清康熙四十三年）……（九二）
刘缵孔张孺人合葬墓碑（清康熙四十五年）……（九四）
重建回龙宫碑记（清康熙五十年）……（九五）
□赠夙勤王太翁配孺人张氏赵氏合葬墓志铭（清康熙五十五年）……（九六）
清故业儒先三伯讳式王公之墓（清康熙五十九年）……（九七）
□宫金□短引（清康熙年间）……（九八）
卫族修葺祠堂碑引（清乾隆六年）……（九九）
皇清邑庠生元公文公配张孺人鲁孺人合葬墓志铭（清乾隆十年）……（一〇〇）

重建北城楼□真武文□（清乾隆十七年） …… （一〇一）
弦歌书院记（清乾隆十七年） …… （一〇二）
言公渠碑（清乾隆十八年） …… （一〇四）
皇清邑庠生员乡饮介宾文继善暨元配赵氏继配冯氏合葬墓志铭（清乾隆十八年） …… （一〇五）
望仙庄设立义学碑记（清乾隆二十年） …… （一〇七）
东岳泰山庙重修碑记（清乾隆二十三年） …… （一〇九）
重修祀堂碑记（清乾隆二十三年） …… （一一〇）
吕氏家庙碑记引（清乾隆二十三年） …… （一一一）
重新关帝庙圣像碣（清乾隆二十五年） …… （一一三）
南塄坂村三社公议振风励俗禀官立法恪守碑（清乾隆二十七年） …… （一一四）
重修利济桥碑记（清乾隆三十四年） …… （一一六）
重修南门记（清乾隆三十四年） …… （一一七）
创立碑记（清乾隆三十七年） …… （一一八）
扩建广福庵记（清乾隆三十七年） …… （一一九）
皇清乡饮耆宾温西文公配张氏继配张氏合葬墓志铭（清乾隆三十八年） …… （一二〇）
买官地供奉广生圣母神碑记（清乾隆四十五年） …… （一二一）
处士车届周墓志铭（清乾隆四十七年） …… （一二二）
竹林寺创修禅院续置产业碑记（清乾隆四十八年） …… （一二三）
兵部差官武德郎候铨守府鹤轩鲁公德行教泽碑（清乾隆五十五年） …… （一二六）
乡饮耆宾辉锦刘公暨配张赵王孺人合葬志铭（清乾隆年间） …… （一二七）
重修牛丞相墓记（清乾隆年间） …… （一二八）
重修阎罗天子庙序（清嘉庆元年） …… （一二九）
颜氏墓志（清嘉庆二年） …… （一三〇）
显考儒士圣承赵公妣高氏郑氏之墓（清嘉庆三年） …… （一三一）
皇清握瑾杨公及元继配张太君合葬墓志铭（清嘉庆十二年） …… （一三二）
十三世祖讳政吕公配刘氏陈氏之墓（清嘉庆十三年） …… （一三三）
纯阳观创建并重修碑记（清嘉庆十三年） …… （一三四）
重修泰山庙碑记（清嘉庆十三年） …… （一三五）
重修圣母庙碑记（清嘉庆十四年） …… （一三六）
皇清显曾祖考国学生显一文府君妣待赠孺人王太君合葬墓志铭（清嘉庆十四年） …… （一三七）
广生殿增修碑（清嘉庆十四年） …… （一三八）
皇清显祖考临溪李府君及祖妣赠孺人尉太君合葬墓志铭（清嘉庆十七年） …… （一三九）
补修神殿并舞楼碑序（清嘉庆十七年） …… （一四〇）
张如驷夫妇墓碑（清嘉庆二十四年） …… （一四一）
重建汤圣庙碑记（清嘉庆二十五年） …… （一四二）
重修汤圣庙正殿督工首事姓名碣（清嘉庆二十五年） …… （一四三）
皇清国学介宾王府君暨元配待赠孺人崔太君合葬墓志铭（清道光二年） …… （一四四）
重修关圣龙王马王庙暨三门厢房碑记（清道光四年） …… （一四五）
显考耆老刘府君妣淑德刘太君合葬之墓（清道光六年） …… （一四六）
重修建栖神观碑记（清道光六年） …… （一四七）
“五世同堂”碑（清道光七年） …… （一四八）
竹林寺大禅师双峰重修殿宇续置租田记（清道光八年） …… （一四九）

重修龙王殿移建五道并重建舞楼另创僧舍马房碑记（清道光九年） …………………… （一五一）
皇清待赠修职佐郎国学生联魁王公暨配车孺人赵孺人关孺人合葬墓志铭（清道光十二年）
…………………………………………………………………………………………… （一五二）
吕氏序图碑记（清道光十九年） …………………………………………………… （一五三）
“德寿兼优”碑（清道光十九年） …………………………………………………… （一五四）
皇清钦赐九品职衔元勋马府君暨孺人崔太君合葬墓志铭（清道光十九年） ……………… （一五五）
创建卷棚越台碑记（清道光二十年） ……………………………………………… （一五七）
创建会馆财神庙碑记（清道光二十年） …………………………………………… （一五九）
重修虞帝庙碑记（清道光二十一年） ……………………………………………… （一六一）
社外乐输碑记（清道光二十一年） ………………………………………………… （一六二）
下马村重修关帝庙记（清道光二十一年） ………………………………………… （一六三）
王承天夫人席氏节孝碑（清道光二十四年） ……………………………………… （一六四）
吕敬宗墓碑（清道光二十六年） …………………………………………………… （一六五）
长涧村关帝庙创建暖阁碑记（清道光二十八年） ………………………………… （一六六）
上下塄坂谭家沟三村水规碑（清道光二十九年） ………………………………… （一六七）
孟母淑德晋孺人节寿碑（清咸丰元年） …………………………………………… （一六八）
创建关帝庙并舞楼碑记（清咸丰元年） …………………………………………… （一六九）
黑龙庙重修记（清咸丰元年） ……………………………………………………… （一七〇）
皇清儒士字承天王府君配待赠孺人席太君合葬墓志铭（清咸丰三年） ……………… （一七一）
“古负夏”匾额（清咸丰三年） ……………………………………………………… （一七二）
皇清国监元柴翁暨元配待赠孺人张氏合葬墓志铭（清咸丰三年） ………………… （一七三）
“朝阳门”匾额（清咸丰四年） ……………………………………………………… （一七四）
皇清国学生宜轩席君及配高孺人合葬墓志铭（清咸丰四年） ……………………… （一七五）
两所公议除暴安良碑记（清咸丰五年） …………………………………………… （一七六）
显祖考仰韩张府君祖妣淑德章太君裴太君王太君合葬之墓（清咸丰六年） ……………… （一七七）
显考汝弼张府君妣淑德阎太君合葬之墓（清咸丰六年） ………………………… （一七八）
重修观音堂记（清咸丰六年） ……………………………………………………… （一七九）
创建两庑戏房茶房筑周围墙垣并两看墙两角门补修舞楼照壁合记（清咸丰七年） ……… （一八〇）
重修娘娘庙碑记（清咸丰七年） …………………………………………………… （一八三）
金塑神像并创建圣母火德瘟神殿及黝垩碑记（清咸丰八年） ……………………… （一八四）
重修南堡碑记（清咸丰八年） ……………………………………………………… （一八五）
杨公讳守芳配丁氏合葬之墓（清咸丰九年） ……………………………………… （一八六）
十一世祖考庠员讳班字羽皇卫公妣待赠孺人淑德王氏合葬之墓（清咸丰十一年） ……… （一八七）
元教授邑侯迁垣始祖考讳世英裴公妣孺人姜氏合葬之墓（清同治元年） ……………… （一八八）
大京元讳景业吴公德配张孺人德孝碑（清同治二年） …………………………… （一九〇）
皇清王公暨配贾氏石氏何氏合葬墓志铭（清同治四年） ………………………… （一九一）
显祖考国学生云山张府君祖妣待赠孺人郑太君章太君合葬之墓（清同治五年） ………… （一九二）
先考儒士上锡马府君妣淑德安太君合葬之墓（清同治六年） ……………………… （一九三）
曾祖考登仕郎讳鹏飞阎公妣淑德孺人李氏合葬之墓（清同治六年） ……………… （一九四）
金碧关帝神像并绘画正殿碑记（清同治八年） …………………………………… （一九五）
歇马殿重修并增修碑记（清同治八年） …………………………………………… （一九六）
先祖考双龄杨公之墓表（清同治九年） …………………………………………… （一九八）

先祖妣淑德刘太君之墓（清同治九年） …………（一九九）
重建观音堂序（清同治九年） …………（二〇〇）
重修土地庙捐输碑记（清同治十一年） …………（二〇一）
泰山庙金塑神像补葺舞楼记（清同治十一年） …………（二〇二）
东岳庙碑序（清同治年间） …………（二〇三）
竹林寺重修后院禅房并钟楼二门记（清光绪二年） …………（二〇四）
代吉州陈公重建八蜡庙碑记（清光绪六年） …………（二〇六）
例授登仕佐郎赏给五品衔仲卿吕公德行碑（清光绪十七年） …………（二〇七）
创建便行桥序（清光绪二十二年） …………（二〇九）
赵盛斋墓碑（清光绪二十二年） …………（二一二）
显考丰顺县右堂讳华字丽亭杨府君妣淑德例授安人卢太君□太君阳太君李太君合葬之墓（清光绪二十五年） …………（二一三）
显考登仕郎讳芳字兰亭杨府君妣淑德孺人尚太君合葬之墓（清光绪二十五年） …………（二一四）
显祖考庠生讳清选字美玉石府君妣淑德待赠孺人张高太君合葬之墓（清光绪二十六年） …………（二一五）
重修南门铺房碑记（清光绪三十二年） …………（二一六）
故先考于多荣暨配李氏合葬墓碑（清光绪三十二年） …………（二一七）
妆画瘟神庙碣（清光绪三十四年） …………（二一八）
重修历山舜庙记（清光绪年间） …………（二一九）
东滩村渡口并学堂南北湾地亩条规碑记（清宣统三年） …………（二二〇）
观坡村墓碑残块（清代） …………（二二二）
重修泰山庙记（清代） …………（二二三）
普氏老四门本支世系源流考并图（清代） …………（二二四）
寿字刻石（清代） …………（二二六）
重修关帝庙碑记（清代） …………（二二七）
重修城内财神庙碑记（清代） …………（二二八）
回龙宫重修记（清代） …………（二二九）
郭来云募化修路碑（清代） …………（二三〇）
姚公乐输碑记（清代） …………（二三一）
皇清应授中宪大夫候补同知军功议叙四品加二级先考乐山行君行略（清代） …………（二三三）
皇清显考儒士槐亭文府君墓志铭（清代） …………（二三四）
倡修道路记（清代） …………（二三四）
古城李氏世次碑（清代） …………（二三五）
本支世系详图（清代） …………（二三六）
捐施碑（清代） …………（二三七）
石柱楹联（清代） …………（二三八）

● 中华民国

重修建会馆碑记（中华民国 2 年） …………（二四一）
“瑞生林”碑（中华民国 4 年） …………（二四三）
清例贡生孔山申君及原配王孺人继配张孺人合葬墓志铭（中华民国 5 年） …………（二四四）
显祖考处士讳叶恭敬斋吕府君妣淑德待赠孺人李太君合葬之墓（中华民国 5 年） …………（二四五）

显妣淑德例赠宜人陕太君之墓（中华民国 5 年） ……（二四六）
重修□沟□桥碑记（中华民国 5 年） ……（二四七）
显祖考国学生讳国儒郑府君妣淑德待赠孺人张茫张梁太君及先伯长体仁赵太次体严孙程太三体法段太仝茔合葬之墓（中华民国 6 年） ……（二四八）
下马关帝庙重修碑记（中华民国 8 年） ……（二四九）
重修退坂庙诸功碑记（中华民国 8 年） ……（二五二）
大乡望耀西郑老先生德行碑（中华民国 9 年） ……（二五四）
东社植树碑记（中华民国 10 年） ……（二五六）
清岁进士赏给军功六品衔竹泉李老先生德寿教泽碑（中华民国 11 年） ……（二五七）
重修清良寺碑（中华民国 11 年） ……（二五九）
修筑便行桥序（中华民国 13 年） ……（二六〇）
重修关圣殿火神殿圣母殿并东西厢房舞楼大门及创建卷棚碑记（中华民国 13 年） ……（二六四）
创立第三高等小学校记（中华民国 14 年） ……（二六七）
先祖考讳祥珍吴府君妣淑德尚太君合葬之墓（中华民国 14 年） ……（二七〇）
竹林寺整理地亩碑记（中华民国 14 年） ……（二七一）
清邑庠员南堡谭老夫子教泽碑（中华民国 14 年） ……（二七三）
清国学生六政奖章字子贞裴老先生德寿碑（中华民国 15 年） ……（二七四）
重修祖庙并家乘碑序（中华民国 16 年） ……（二七五）
清□□□大夫□化总学夏县儒学教谕癸酉科拔贡己卯科副榜仲勉张府君暨□□□封淑人张母文太淑人墓志铭（中华民国 18 年） ……（二七六）
先生妣淑德张太君继妣淑德孙太君之墓（中华民国 20 年） ……（二七七）
第三集团军陆军第二十师师长鲁锐锋义行碑（中华民国 20 年） ……（二七八）
义举传令嘉奖席公企舜男监军监国孙奇策施古东渠一节（中华民国 21 年） ……（二八〇）
席莲青君墓志铭（中华民国 21 年） ……（二八一）
清处士沇滨高老夫子教泽碑（中华民国 21 年） ……（二八二）
太谷县县佐高康侯夫子教泽碑（中华民国 21 年） ……（二八三）
谨奉上峰命令誊录古东渠谱碑记（中华民国 25 年） ……（二八四）
清乡饮介宾义赈奖章与德张老先生德寿碑（中华民国 26 年） ……（二八七）
陆军独立第五旅暨游击二三支队抗战阵亡将士纪念碑序（中华民国 28 年） ……（二八八）
革命烈士纪念碑（中华民国 35 年） ……（二九一）
学道巷建修观音堂碑记（中华民国年间） ……（二九五）

●中华人民共和国

山西省地质矿产局 214 地质队功勋碑（1986 年） ……（二九九）
樊好智墓碑记（1992 年） ……（三〇〇）
革命烈士永垂不朽（1993 年） ……（三〇一）
阎景祺墓碑铭（1994 年） ……（三〇四）
县城集资兴学碑记（1994 年） ……（三〇五）
刘村完小建校纪念碑序（1994 年） ……（三〇六）
古城镇店头村创建希望小学碑记（1995 年） ……（三〇七）
垣曲县抗日政府纪念碑（1995 年） ……（三〇八）
安仁同志永垂不朽（1996 年） ……（三一三）

硖口桥碑记（1997 年） ……（三一五）
姚氏宗祠旧址碑（1997 年） ……（三一七）
抗日武装纪念碑序（1997 年） ……（三一八）
重修二郎庙记（1998 年） ……（三二二）
重立郑恩输粮千石救济万民碑（1998 年） ……（三二三）
重竖吕氏传世图碑记（1999 年） ……（三二四）
古堆村建校纪念碑（1999 年） ……（三二六）
世纪曙猿石刻（2004 年） ……（三二七）
关帝庙迁建碑记（2005 年） ……（三二九）
裴丽生诞辰一百周年纪念碑（2006 年） ……（三三二）

下编　佚失石刻

重修渊德侯庙记（宋皇祐元年） ……（三三九）
沿革碑记（元至元二十八年） ……（三三九）
垣曲县新修文庙记（元大德四年） ……（三四〇）
左尹去思碑记（元大德年间） ……（三四一）
大元祠河清记（元至正二十二年） ……（三四二）
河清颂并序（元至正二十二年） ……（三四三）
祠祀参政刘公安民记（明成化二十年） ……（三四三）
祠祀平阳府知府李公记（明成化二十年） ……（三四四）
重修柏岩寺碑记（明正德四年） ……（三四四）
副使文温简先生墓表（明嘉靖十六年） ……（三四五）
赵载墓表（明嘉靖二十四年） ……（三四六）
重修三公祠记（明嘉靖二十七年） ……（三四七）
邑人追祀御史文公祠记（明嘉靖年间） ……（三四八）
都御史赵公祠记（明隆庆二年） ……（三四八）
增修六公祠记（明万历二十一年） ……（三四九）
赵公生祠记（明万历二十五年） ……（三五〇）
赵公常平仓公田记（明万历二十七年） ……（三五一）
新建魁楼记（明万历三十二年） ……（三五二）
仝公去思碑记（明万历三十六年） ……（三五二）
吕侯德政序（明万历三十七年） ……（三五三）
儒学槐莲记（明万历四十年） ……（三五三）
观澜亭记（明万历四十一年） ……（三五四）
重修舜井双池记（明万历四十五年） ……（三五五）
创建武庙记（明万历四十五年） ……（三五五）
赵公创修石堤记（明万历年间） ……（三五六）
创建通泽桥记（明天启五年） ……（三五七）
关圣庙廓修记（清顺治十七年） ……（三五七）
董公石渠记（清顺治十八年） ……（三五八）
纪侯重修石堤记（清康熙三年） ……（三五九）

观澜亭记（清康熙四十三年） …………………………………………………………（三五九）
重修垣曲县学记（清乾隆十七年） ……………………………………………………（三六〇）
建汤圣庙移渊德侯祠记（清乾隆二十一年） ………………………………………（三六一）
新修垣城记（清乾隆二十九年） ………………………………………………………（三六一）
潜山令安雪湖先生墓志铭（清乾隆五十六年） ……………………………………（三六二）
新建财神庙碑记（清乾隆年间） ………………………………………………………（三六三）
重修舜井庙记（清道光十七年） ………………………………………………………（三六三）

附　录

一、分时代统计表……………………………………………………………………（三六七）
二、分类统计表………………………………………………………………………（三六八）

索引……………………………………………………………………………………（三六九）
后记……………………………………………………………………………………（三七七）

上编

现存石刻

汉·南北朝·唐

五福涧黄河栈道东汉摩崖题刻

【简介】

东汉建武十一年（35）刻石。题记原刻于垣曲县解峪乡五福涧村西黄河栈道内侧岩壁上，经切割后呈长方形，现存垣曲县博物馆。

题记记载了东汉时修建黄河栈道、发展漕运的情况。题记刻在红色砂砾岩上，分上下两段。上段竖刻2行，共24字，字径30厘米，隶书；下段位于上段右下方20厘米处，竖刻2行，共12字，字径3厘米，隶书。

【刻文】

（上段）建武十一年□月□日，官造□遣匠師專治□□積臨水水口

（下段）時遣石匠□赤□知石師千人

北魏四面造像残碑

【简介】

北魏时期造像。现存垣曲县博物馆。

造像碑青石质，圆首长方形，碑石下部残缺。四面开龛造像。碑刻正背面造像相同，皆凿两层佛龛。上层并列开凿两小帷幔龛，龛内皆雕一佛二菩萨二弟子，下雕护法狮。下层凿一长方形龛，内雕一大型坐佛，坐佛两侧各雕上下两层各三尊佛：上层内一立佛，外二坐佛；下层皆立佛。碑刻两侧面凿三层弧顶龛。左侧上下两龛皆雕一佛二菩萨，中龛雕释迦、多宝二佛并坐像；右侧上中两龛雕释迦、多宝二佛并坐像，下龛雕一佛二菩萨。

杨标造像基座

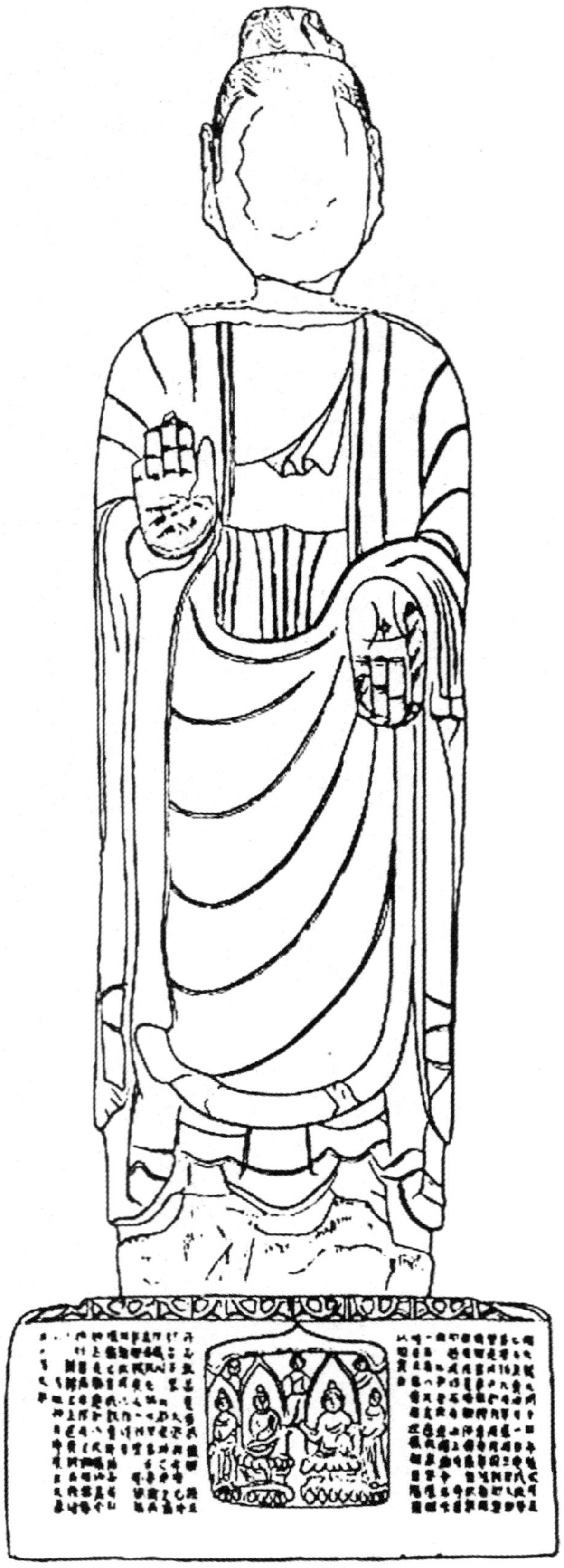

【简介】

西魏大统十四年（548）七月二十一日造像。原存垣曲县华峰乡宋村永兴寺，现存垣曲县博物馆。

造像系西魏开国侯杨标为其母祈福而造，现仅存基座。基座青石质，长方体，长95、宽77、高42厘米。基座正面中间凿尖拱龛，龛内雕释迦、多宝二佛并坐像。龛左右刻发愿文，龛左11行，龛右12行，行均12字，楷书。基座两侧面各凿一尖拱龛，龛内雕一佛二菩萨。座上一立佛，高250、宽50厘米，时代晚于基座雕造时间。

【发愿文】

維大魏大統十四年歲次戊辰七月庚寅朔廿一日庚戌，使持節、驃騎大將軍、儀同三司、大都督、建州邵郡河陽河内汲郡黎陽諸軍事、散騎常侍、華陰縣開國侯恒農楊標仰惟慈重，欲報罔極，遂採石名山，上爲考儀同□妣郡君敬造釋迦牟尼像一區，高八尺，真應既崇，容儀圓備，若夫起像相迎，鬚髮自墮，固以同貫矣。所志既果，爰發洪願，願聖主祚昌萬葉，大丞相肅清無外，考儀同、妣郡君神生净土，漏盡解脱，先師七世存亡眷屬共事智識，廣及一切，值佛聞法，同超彼岸，乃作頌曰：

顧復之重，欲報實深。採石名山，妙匠是勘。應形八尺，儀比真金。相好圓滿，非浮非沉。既同起像，相迎鬚鬢。君王道廣，黔黎祇慎。□□考妣，神生净信。爰及眷類，同歸大□。

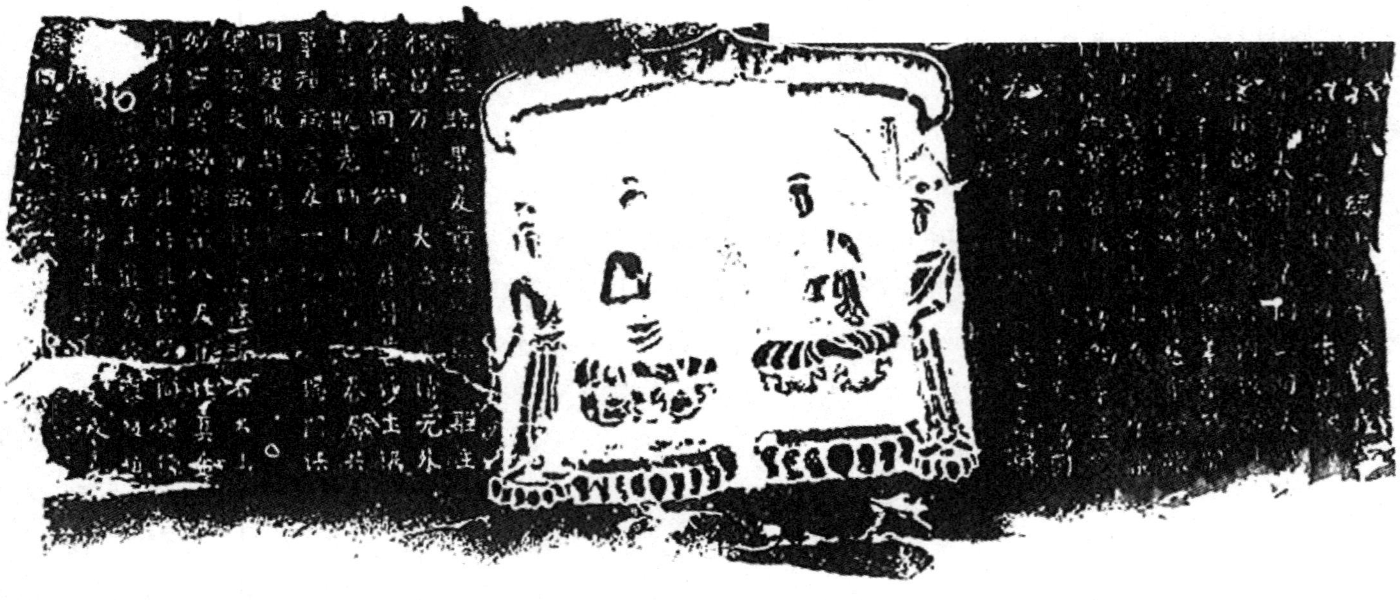

北朝造像龛

【简介】

北朝时期造像。现存垣曲县博物馆。

造像青石质，弧形长方体，正面长方形，侧面弧形。圆拱龛内雕一菩萨屈膝而坐，头戴冠帽，颈饰一项圈和一串佛珠。菩萨前雕一香炉。龛楣雕有梅枝，龛两侧为单龙柱。

五福涧黄河栈道唐代摩崖题刻

【简介】

唐贞观十六年（642）二月十日刻石。题记原刻于垣曲县解峪乡五福涧村西黄河栈道内侧岩壁上，经切割后呈长方形，现存垣曲县博物馆。

题记记载了唐时修理黄河栈道之经过。题记刻在红色砂砾岩上，呈方形。竖刻8行，每行9至11字，共61字，字径45厘米，楷书。

【刻文】

大唐貞觀十六年二月十日，前岐州郿縣令侯懿、陝州河北縣尉古成師、三門府折衝都尉北武將軍林陽縣開國男侯宗等，奉敕適此，導河之磧，從河陽武□。

安窝黄河栈道唐代摩崖题刻

【简介】

唐武周垂拱元年（685）七月刻石。题记原刻于垣曲县安窝乡安窝村东约500米的黄河岸边岩壁上，经切割后现存垣曲县博物馆。

题记记载了武周时修理黄河栈道的情况。题记刻在石灰石岩上，共6条，皆竖排，行书。第一条3字，字径5厘米；第二条4字，字径5至7厘米；第三条4行，满行12字，字径5厘米；第四条2字，字径5厘米；第五条2字，字径5厘米；第六条3字，字径3.5厘米。

【刻文】

（第一条）大口之

（第二条）五月一日

（第三条）垂拱元年七月曲沃縣朱大惠

（第四条）趙我

（第五条）守□

（第六条）孟信平

唐代释迦坐像

【简介】

唐代雕造。现存垣曲县博物馆。

坐像青石质，头部残缺。释迦牟尼佛身着宽松袈裟，结跏趺坐于须弥座上，佛座方形素面。

【题刻】

□寳□□
歲次□□
九月甲辰
廿九日壬申大
像主杜懷恭
爲身患願□
見逺行男□
神同敬造□
像一鋪今見□
訖願合家大
小一心供養

宋·金·元

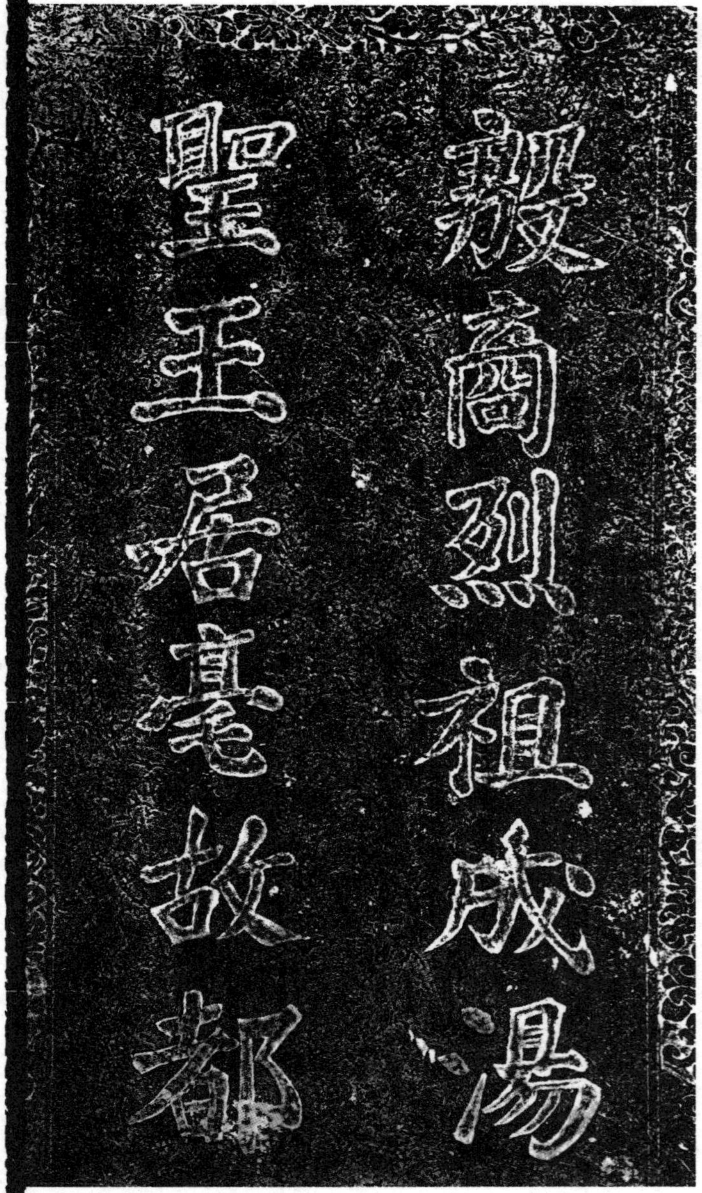
殷商烈祖成湯
聖王居亳故都

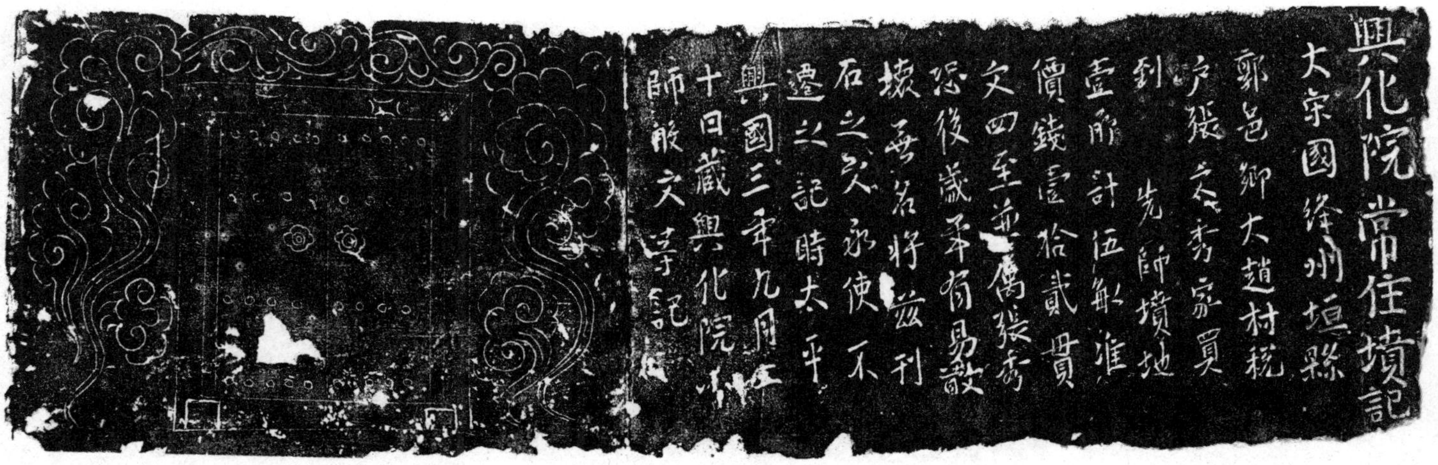

敬贤石函刻文

【简介】

宋太平兴国三年(978)九月二十日刻。1984年9月发现于垣曲县古城镇北门外一座宋代墓葬中，同年入藏垣曲县博物馆。

石函用于埋藏北宋兴化禅院住持敬贤的灵骨。为青石质，长方体，长50、宽40、高27.5厘米；内槽长40、宽26.5、深18厘米。记文刊刻在函盖和函体表面。函盖刻文居于中部，四周线刻云纹。函体正面刻文15行，行5至7字不等，字径2.3厘米，行楷书，殷文撰文。函体右侧线刻仙境门扉图，左侧和背面线刻缠枝牡丹花纹。

【盖文】

故興化禪院主大德敬賢靈骨之函，戊寅歲藏之記。

【函文】

興化院常住墳記

大宋國絳州垣縣郭邑鄉大趙村稅户張文秀家，買到先師墳地壹所，計伍畝，准價錢壹拾貳貫文，四至並屬張秀，恐後歲年有易，敝壞無名，將兹刊石之文，永使不遷之記。時太平興國三年九月二十日藏，興化院小師殷文等記。

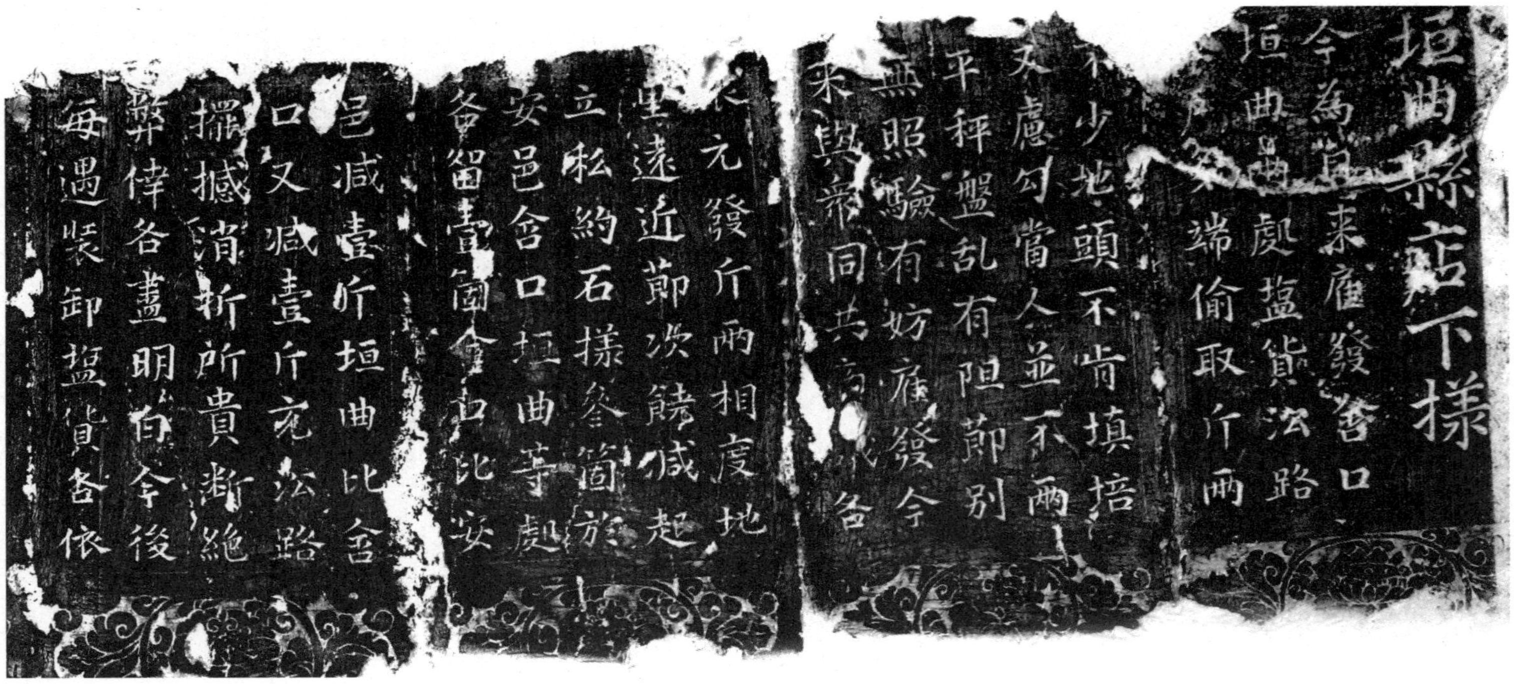

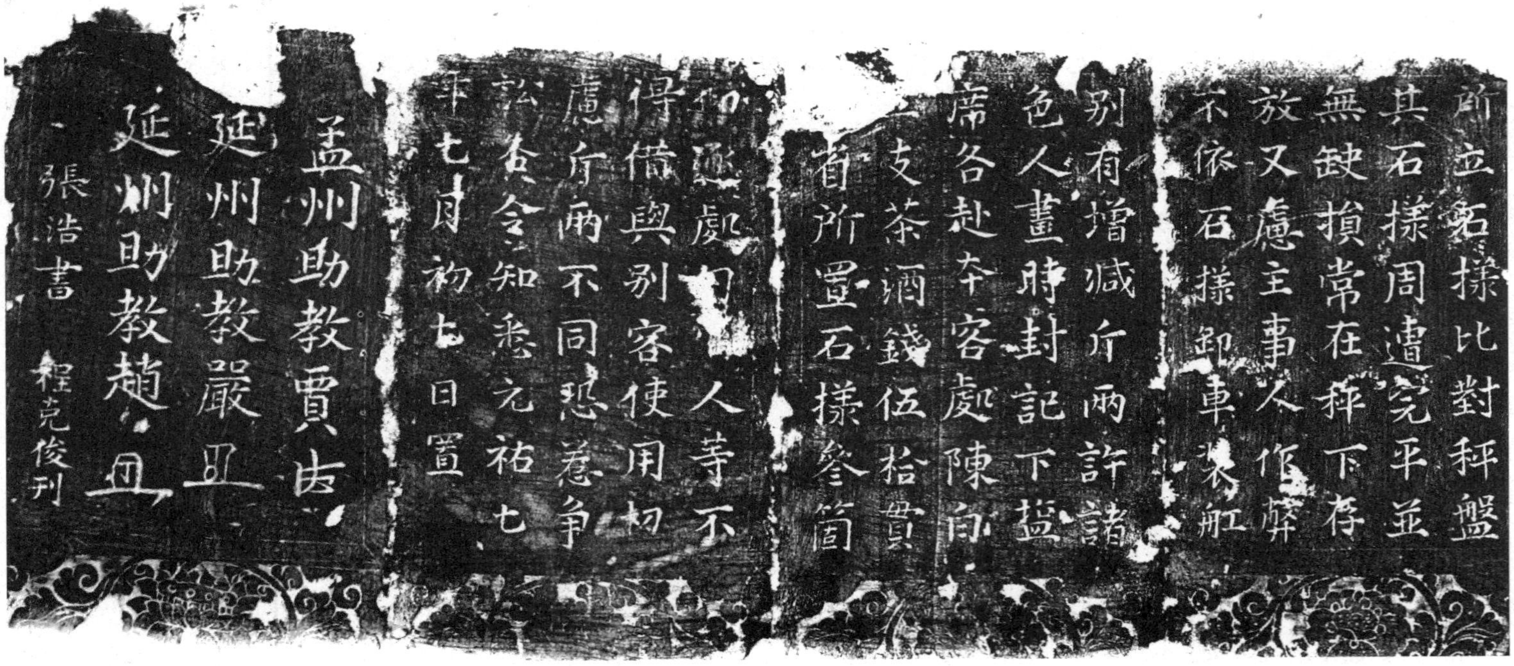

垣曲店下样铭文

【简介】

宋元祐七年（1092）七月初七日置。1958 年秋发现于垣曲县古城镇东滩村，1981 年 10 月入藏垣曲县博物馆。

垣曲店下样系宋代运输解盐时由商户们私下商定所用的标准石衡器。为青石质八棱形秤砣，通高 47.3、最大对角直径 48 厘米，重 140 公斤。可分上下两部分。上部为方形，顶端阴刻“盐样”2 字，中间有系绳用的穿孔，无孔的两侧面阴刻缠枝牡丹花纹。下部为八棱形，每面边长 17 厘米，总计刊刻铭文 33 行，行 8 字，楷书。另首题 1 行，落款 4 行。铭文下阴刻一周缠枝蔓草莲花纹。

【铭文】

（上部）

塩樣

（下部）

垣曲縣店下樣

今爲自來雇發含口、垣曲兩處塩貨，沿路□户多端偷取斤兩，不少地頭不肯填培。又慮勾當人並不兩平秤盤，亂有阻節，别無照驗，有妨雇發。今來與衆同共商議，各依元發斤兩，相度地里遠近，莭次鐃減，起立私約石樣叁箇，於安邑、含口、垣曲等處各留壹箇。含口比安邑減壹斤，垣曲比含口又減壹斤，充沿路擺撼消折。所貴断絶弊倖，各盡明白。今後每遇裝卸塩貨，各依所立石樣比對秤盤。其石樣周遭完平，並無缺損，常在秤下存放。又慮主事人作弊，不依石樣卸車裝舡，别有增減斤兩，許諸色人畫時封記下塩席，各赴本客處陳白，立支茶酒錢伍拾貫。□省所置石樣叁箇，仰逐處勾當人等，不得借與别客使用，切慮斤兩不同，恐惹争訟，各令知悉。元祐七年七月初七日置。

孟州助教賈（花押）

延州助教嚴（花押）

延州助教趙（花押）

張浩書　程克俊刊

“天上来”刻石

【简介】

宋代刻石。旧存垣曲县古城镇南门外洪庆观遗址，现存垣曲县博物馆。

砂石质，长方形，高200、宽100、厚20厘米。文1行，楷书。“来”字下残。上下款皆剥泐难辨，仅见“太白”2字。一说为清代垣曲县古城书法家鲁廷璧书。

【刻文】

天上来

太白□

东堡金墓买地券

【简介】

金大定二十三年（1183）三月刻石。1953年秋出土于垣曲县东堡村，现存垣曲县博物馆。

买地券以朱砂红色逆顺相间写在方砖上。方砖边长30、厚5厘米。文楷书。

【券文】

大金國大定於二十三年歲次癸卯三月丙寅朔十九日甲申，亡過張□今用錢九萬九千九百九十九貫文買地一段，東西若干步，南北若干步，東至青龍，西至白虎，南至朱雀，北至真武，時知見人、歲月主、保人今日直符，故氣邪精不得□□，先有居□，□□□□，若違此約，地府主反目當其禍，主人内外存亡，悉皆□□，急急如□。

莲花经幢

【简介】

金泰和三年（1203）六月刻。现存垣曲县蒲掌乡柳沟泰山庙内。

幢红砂石质，通高96厘米。可分三部分。下部覆莲座，中部八棱柱，上部仰莲盖。覆莲座高15、直径40厘米，仰莲盖高21、直径40厘米。八棱柱高57、柱围66厘米。柱体两面线刻缠枝花纹，两面竖排刻文字。石面风化严重。

【幢文】

泰和三年六月十三日

衆村維那　□□永□□□□

成汤故都碑

【简介】

元致和元年（1328）七月立石。现竖立于垣曲县王茅镇上亳城村东南。

碑砂石质，圆首长方形，通高170、宽72、厚16.5厘米。首高24厘米，碑额刻饰牡丹花卉。碑身周边刻饰9厘米宽的缠枝花叶纹装饰带。碑文2行，行6字，字径15厘米，楷书。碑阴刊刻立碑年月及列衔人题名，多剥泐不辨。

【碑文】

（碑阳）

殷商烈祖成湯聖王居亳故都

（碑阴）

致和元年七月立石
里正趙□□
承□典吏樊□
帖書文德明賀思敬
縣尉吏王義□書王讓
教諭郭里仁
税□□（下泐）□九佐
將仕佐郎（下泐）岳文秀

龙神感应之碑

【简介】

元至正八年（1348）十月立石。现存垣曲县解峪乡乐尧村黑龙庙。

碑青石质，竖长方形，碑首部略残，残高67、宽52厘米。碑额分两排篆书“龙神感□□碑”6字。碑文16行，行19字，字径2.5厘米，楷书。碑文记述了监县德理愈实因天旱到黑龙祠祷雨即应的神异之事。德理愈实撰文并书丹，吕士贤篆额，吉八刊石。

【碑文】

龍神感應之碑

至正七年六月十有三日，余來監晋甯之屬縣垣曲。是時河東郡邑春夏亢旱不雨，公私無措，垣亦與焉。及三日，遂訪於耆老，而曰：城西南四十里大山之巔，其下有石池，名曰黑龍潭，疇昔禱而有感焉。翌日，齋戒獨往，默禱於祠，期於神。明日即雨，合境乃之，農事始興。輒欲率僚吏樹石，以表龍神之功。於兹時也，民猶未蘇，不果其願。越明年八月，里人楊珍等請余爲文，在職者俱捐己俸，以成其事。嗟夫！龍之所以爲神者，以其靈變不測之謂。其潜也，則隱而莫窺其形；其出也，則雲從以溥其澤。斯有功於民者也，斯有功於民者也！余忝兹牧，敢不書之，以著其神之感應乎！時八年冬十月之吉日。

承事郎晋寧路垣曲縣達魯花赤兼管本縣諸軍奥魯勸農事德理愈實記并書

從仕郎晋寧路垣曲縣尹兼管本縣諸軍奥魯勸農事吕士賢篆額

石匠　吉八　刊

重修兴国禅寺演法传灯碑铭并序

【简介】

元至正十五年（1355）十月立石。旧存垣曲县古城镇古城村南街，现存垣曲县博物馆。

碑青石质，圆首长方形，座佚，高160、宽80、厚27.5厘米。碑额篆书“重修兴国寺碑”6字。文27行，行53字，楷书。碑文记载了垣曲县兴国禅寺历任住持灯灯相传的情况。宋克笃撰文，僧宝惠立石。

《山右石刻丛编》卷三十九载有此碑文。

【碑文】

重修興國禪寺演法傳燈碑銘并序

甲子進士奉政大夫晉寧路絳州知州兼管本州諸軍奥魯勸農事知渠堰事宋克篤撰

絳之属縣，惟垣曲最僻遠。東連邵原之野，南臨大河之丘。其縣之剎，有興國禪寺在郭西。遠可以眺太行、王屋，近可以覽中條、黛媚，右接亳□，與葛爲鄰封，靠虞舜之蹟，居山河之勝地，亦古今天下招提福田之一所也。至正乙未春，有賊嘯河外，寇東原。太守出督丁壯，守禦河上。既而賊敗退，因寓宿是寺。遐日，僧寶惠和南作禮言曰：“寺刱興於有漢，而廢於金季之兵燼。迨皇元龍興，崇尚浮屠，吾興國之修又復新矣。厥初，我祖師遇公和尚因受學於海雲國師，以禪律精微遂蒙見知，奉帝師法旨，命釋教都總統具疏禮請，俾祖師住持本寺。既駐錫，寔始以不二法門開闡於此。繼又得宗師性公傳其衣鉢，肯堂肯構，修葺□□。自前至元歲次甲申，尤有志於繼述，嘗求文於前太子瞻事院教書郎本郡縣尹□士安，欲刻石以諗來者。惜性入寂，事多掣肘，至今凡五世，經營刱作者亦多有之。今觀此寺，佛殿、法堂位於中，鐘樓、三門位於前，方丈精舍在於後，香積在於東，僧齋在其西，伽藍之祠在其東南。除興修寺院，開墾莊田，在其本縣東胡等處有常住地土計三百餘畝，又有此等東北二處地土計二百餘畝。其倉庫、錢糧、法器、什物，置買悉備，不可勝數。一切常住之物，亦皆收貯所有，百年不煩改作，□前人之力也。自我祖師傳業以來，生徒雲會，授教者甚衆。恐久遠淵没無傳，而後人或忘我先師遺訓之德，寶惠寔懼焉。今欲嗣性公之継述，敢復以文爲請。”□齋曰：“佛法之入中國也久矣。自達摩西來，始説以心傳心，此是實理，説極好。然不足以心爲燈，以佛法爲光明，燈燈相傳，明明相續，使光明不絶，遍照大千，化度群生，則實理光明尤佳。《傳》曰：父作之，子述之。蓋如來以虛空寂滅爲教，以清净慈悲爲本，以道相傳，如燃一燈於前。而後來達摩、曹溪諸人等分教與禪，相續百千万燈於後，使之相傳無窮，光明不絶，不其美歟！如其不然，則是燈不傳而光不繼矣。修身之道，不幾於熄乎！今汝釋流輩，其於傳燈一録念之熟矣。然自汝祖遇公始住持於此，既有以開於其前，而又曰性公照諸禪師與汝輩相継住持，必有以紹於其後，曷亦念夫燈燈相傳之道哉！汝既嗣性公，復有志於継述，則誠善矣。老夫雖昏耄樸陋不文，亦不可虛其請，廼摭實爲傳燈之銘。”銘曰：

達摩曹溪，分教與禪。嗣佛傳燈，遍照大千。東垣古剎，興修有年。乃祖遇公，一燈在前。諸燈相續，光明輝然。□□寶惠，克紹厥先。以燈傳燈，光照人天。爰作是銘，揭于福田。

時大元至正十五年歲次乙未孟冬中旬吉日

住持僧　寶惠　立石

司吏　□華　張思敬　張敬

典史　史唐

典縣

進義□尉晉寧路□□縣主簿□罕不花

從仕郎晉寧路垣曲縣尹兼管本縣諸軍奥魯勸農事邢□

從仕郎晉寧路垣曲縣達魯花赤兼管本縣諸軍奥魯勸農事（下阙）承務郎晉寧路同知□□事（下阙）

明

重建崇兴寺碑记

【简介】

明景泰七年（1456）六月立石。现存垣曲县博物馆。

碑青石质，竖长方形，高 125、宽 68、厚 16 厘米。碑额横排篆书“宗辞”2 字，碑身左右两侧刻饰 3 厘米宽的缠枝花卉纹，碑石下部线刻几何纹。碑文 17 行，行 28 字，楷书。碑文记述了垣曲县刘村乡耆礼请古潭禅师重建崇兴寺的经过。僧一空撰文，圆赢书丹，王瑄刊石。

【碑文】

□□□□□□始來□□人人樂□超□□入般若之□□□□□之妙□□□□者俾於迦□廣□傳□度異頽□□滅海内大□定□□一念而□□□融妙用慧邊然一彈指而□□周遍古□興化尚採斯矣。兹有平陽府垣曲縣，北望四十餘里，垣山群有聚落曰劉村，上有蘭若曰崇興，真古跡也。年代深遠，風雨傾頽，黴黴然，薇薇然，鐘鼓不聞於朝夕，經文不誦於歲旦。有本祥耆劉□、李從政、亢守忠等，相謁禮請僧人諱行深，號古潭，俗居本府太平縣東屯里孫氏之族，髫年出□，□食葷茹，戒行精嚴，律通教典，四□聞已，莫不忻然，皆曰：必其異人之應於世者也。於永樂癸卯歲遂詣是處，果見基址荒然萃廢，惟存南殿，目四視而嘆曰：實古佛之精藍也。南連孤山嶺，北靠金牛洞，西接玄泉之穹窿，東倚聖舜之井琢，乃一郡祈福之場也。於是罄捨衣貲，化誘檀信功募，創建正殿、地藏、伽藍、厨庫、方丈、僧堂、三門共三十餘間，碧塑繪畫，而匪不盈宇者歟！於正統七年壬戌春而矣。巍巍乎三門佛殿，秩秩乎厨庫僧房，鼎鮮革故，煥然一新，甃碧輝煌，□然煒麗，椽楹榱桷，於玄黄宇宙哉！弗思古潭建梵刹於二處，獻水陸於三場，禪結一期，經翻十藏，戒行功德，不可思議之者也。於景泰七年夏遇一空，求文爲顯，恐泯其由，斐記後者必銘耳。

維大明歲次景泰丙子七年季夏月上旬吉日

沙門深古潭立石

僧會司僧會添祖燈　門徒證順　證瑄　證就　圓寧　圓安　圓通　證思　法孫妙音　妙理

陽城縣龍泉寺沙門一空撰

曲沃縣章□寺沙門圓贏書

陽城縣太寧里石匠王瑄鐫

肇修济众桥记

【简介】

明嘉靖七年（1528）八月立石。现存垣曲县历山镇历山村。

碑青石质，圆首长方形，通高160、宽79、厚17厘米。碑额竖两排篆书“肇修济众桥记”6字，左右两侧刻饰花卉纹。碑文22行，行37字，楷书。碑文记述了垣曲县嶜冢乡（今历山镇）集众人之力创建济众桥的经过。王昭撰文，杨思□书丹，杨璋篆额，李仲仁等刊石。

【碑文】

肇修濟众橋記

□任陜西韓城、山東齐東二學訓導邑人王昭撰

吏部□選官邑人楊璋篆

夫古□□以開，晝□□□□□以通往來，便民志也。盖世人志往大都，適司府，□之郡邑，入鄉村，何莫而□□□□□□□□□者，亦豈能舍是耶？且垣邑治北四十里許設里曰上張，鄉名曰嶜塚。東有高崗，南临玉泉，西□□流，北倚舜井。玉泉前有古道，往縣治也。自古迄今，玉泉之水經流于此，歷年久遠，屢被東崗山□氾濫，衝断斯道，架木爲橋，風雨損壞。往□治者患于艱阻，況于嘉靖元年八月二十有九，嶜塚一鄉新建集場，四方之人糴糶由于斯，商賈由于斯，凡百貿易往來者亦莫不由于斯，尤甚患焉。正德歲，鄉人宋興見斯患也，欲修石橋，有志未果而卒。継有鄉人楊鉞、王克明、翟昶、王大本等，同心同力，修理此橋，僉曰：任己不如任人。于是，敦請山中慕道僧人明悟，再請能匠石工李仲仁等，於本年三月三日興工修理。僧人明悟晝夜緣塗勸化鄉人，一鄉之士幡然感化，出財帛者，遠近不惜所有；運磚石者，人衆而各争先，于此橋也，数月而成，氾濫之水无有壅塞，往來之人無被斯患。今既工畢，欲記其始終留心成事之人，与夫施財運石助工之輩無由頌揚，衆欲立石刻名于上，永傳其後，故咸謂予，予曰可。矧予生長此土，目觀其患，敢不述其始終之人、成就之事，并昔之患于往來糴糶，患于阻滯商賈，患于險峻，今皆去險阻而登坦塗。以至老弱饋餉，牧童往還，亦莫不歡欣踴躍于斯焉。成功如此，雖不能文，姑述管見，以答衆親之謂。故于施財多寡不一，助工勤惰不□□勒碑陰，遠播芳名。又祝往來君子，勿哂予言爲狂，此特記其事之始終，與施財之昜、助工之勤并立石歲月日時□□云。

时大明嘉靖柒年歲次戊子秋仲月日在丙辰之吉

慕緣僧人得鸞　圓果　明悟　遠朝　同本村督工維那头翟欽　王克明　喬貴　翟昶　衛寧　宋儒　楊昭　王□　□賢　常思德　張美　王世威　王棨　楊鉞　楊密　王大本　楊珪　郭安　張謂　楊錦　劉婺　宋思吾　張文□　楊思恭　立石

本邑生員楊思□書

石工　李仲仁　徒弟劉守來　劉春　郭彦記　薛奉　鐫造

张廷相去思碣铭

【简介】

明嘉靖十三年（1534）二月立石。旧存垣曲县古城镇，现存垣曲县博物馆。

碑青石质，圆首长方形，通高126、宽62厘米。碑额篆书“张廷相去思碣铭”7字。文27行，行38字，楷书。碑文记载了垣曲县丞张廷相清廉自守、一心为民的高贵品格。文晧撰文，王时雍书丹，张环篆额。

【碑文】

張廷相去思碣銘

賜進士第六領敕書致仕河南按察司副使奉詔進階正議大夫資治尹前河南道監察御史考察京職侍經筵官西泉七十五翁邑人文晧撰

鄉進士奉訓大夫臨清州知州石坡邑人張環篆

鄉進士文林郎武城縣知縣石村邑人王時雍書

垣曲，晋屬邑也，距省城千里許，僻在萬山中，撫、按、守、巡鮮歷其域。故凡民牧多罔忌憚，非有忠肝義膽、固持雅操者，未必不溺於流俗、動於貨賄而自速不職之咎矣。屈指若人，什之九也。反是守己愛民謂之勝任者，纔什之一耳。然百姓至愚而神勝任者，感其恩浹骨髓，則仰之如父母；不職者，怨其毒啄膏血，則視之如寇讎。此有司良惡之所由分，無怪乎民之謗讟思慕之應如影響然也。

張君以書生累科不第，藝中射宫。嘉靖四年臘月，捧檄來倅垣曲。下車，即焠礪牧民之志。曰官無崇卑，勝任乃嘉耳。否則人負丞矣乎。越三日，謁城隍廟，對衆誓曰：“廷相蒞官，受人一錢，神毋令還鄉。”既而榜其廨門云：“敢有以一米一菜私饋者，罪之如法。”由是，雖釜不繼炊，身無完衣，處之裕如也。遇賢士大夫，則固留蔬酒盡歡，孜孜講咨民瘼，謀及拯溺救灾之術，忘其家之有無焉。每署縣際歲稔，思及文廟疏漏、社壇頹圮，曰：“事神報本之禮隳矣。”乃取財於有罪之家，哀力於在官之役，不妨農務而葺完之斯已。民人有無籍及豪右詐愚苦怯、剛抉强奪、稔惡不悛者，一則曉諭再四，曰：“毋蹈前轍，犯法吾弗汝貸也。”一則不假顏色，薄其禮貌，令其自訟也。久而無籍者遠屏，豪右者亦恬然矣。歲值蝗旱，民饑至人相食。君惻然疏於朝，乞賑貸活民命，引舉成化間飢民嘯聚釀禍故事爲詞，此忠心激發預防民患之至意也。都憲常姓者，反以驚惑上下爲異，提詣監司鞫罪，詰曰：“汝何官也？敢妄爲奏詞如是？”對曰：“保民命耳，他非遑恤。”監司怒，嚴刑拷訊，竟對如前。怒甚，令獄卒拳，其口噴血曰：“職在牧民爲急，雖死無憾，更復何言？”誣罪，輸粟贖罪，且所輸粟咸出己俸，未有毫末侵漁官民者。百姓悉爲冤之。終以疏奏剀切，荷蒙朝廷大發帑藏銀若干，飢民賴其全活者，不下千餘人。因而名重當道，叠承委任鄰封清儲、清戎、折訟。諸政允矣，明盡而無隱遺之弊。一日，有王布政黄知州按臨本縣，百姓群聚，具狀保舉賢能。二公核實，轉爲申奏。間適二公得邸報陞官，遂寢其事。君子惜其位不稱德。無何，丁内艱，蓋九年菊月十有八日也。奔喪留别，父老涕泣，攀留弗克，伏地請留雙履，置諸譙樓危閣，用寄攀轅截鐙之意。君子韙其睹物思人。憂制中猶以忤常姓者之旨誣注不職，考□免官，君子恨其被小人中傷。夫君一丞官也，其始終操履如此，人之與之者又如此。此毛蟲之麟、羽蟲之鳳也，可不謂賢乎！

故自仕垣而休杞者，逮今日亦遠矣。垣之舉子劉鶴、馬雲聽、選官張克儉慕君之德，諗予季子武相率百姓若干人，乞予銘以紀去思之懷。予年七秩有五，氣耗學荒，獨嘉其意而弗辭曰：“世之莅官者貪酷柔懦，自取禍敗，爲民寇仇之者，固無足齒頰。間有矯情干譽，罔民而得其歡虞，時而見任，爲竪政績碑碣者，不少矣。雖或去任，喬遷顯官而爲之竪之者，尤夥。若君去任而非見任，休官而非顯官，今亦爲之竪碣，人異而碣同。”予見隙而得竊議之矣：見任有官而爲之竪者，未必無所饕餮；去任顯官而爲之竪者，未必無所覬覦。有所饕餮、覬覦者，非以利則以勢，私於心而假之面者也，僞也，非誠也。去任矣，休官矣，何所饕餮、覬覦哉？此之竪之者，以利乎？以勢乎？德於心而發於詞者也，誠也，非僞也。天理人心，宜與其誠，而不與其僞。烏得而不銘諸先銘，遠援古人而品第之？君與崔□之陟官而民抱靴，何武之屢官而民見思，孰優孰劣耶？後之君子請甲乙之。君名廷相，字君佐，大梁杞人也。銘曰：

吁嗟美人，梁杞明經。捧檄而喜，小就垣丞。仕途發軔，廉介自盟。甑蛛釜塵，玉潔冰清。抑强扶弱，鑑空衡平。禮卑良士，敬格神明。嗜善若渴，見惡必懲。民饑猶己，奏疏極誠。詞犯總憲，屈服峻刑。忠肝義膽，瀕死靡驚。委任允濟，政體悉精。保民如子，父母聲稱。保舉賢能，未遂民情。奔喪届岐，靴抱編岷。去任休官，甘棠猶榮。民寄幽思，竪碣勒銘。媚山可頹，奇跡不崩。黄河可涸，德音猶馨。萬世有官，永監章程。

嘉靖十三年甲午春二月吉旦立石

賜進士第中憲大夫巡撫陝西甘肅等處都察院左僉都御□邑人趙載立

南堡门墩石题记

【简介】

明嘉靖十三年（1534）十月刻。现存垣曲县历山镇南堡村。

门墩青石质，长方形。一石长56、宽27、高26厘米。题记刻于正面，楷书。题记左右及侧面阴刻龙凤、祥云图案。另一石长49、宽28、高26厘米，题记刻于正面，楷书。题记左右刻龙凤、祥云图案。

【题记】

大明嘉靖十三年，施主翟□率室人及子女捐門墩石一對。

大明嘉靖拾叁年十月吉日，本村南社善人王世威暨堂母狄氏願施門墩壹對，吉祥如意。

重修玉泉寺记

【简介】

明嘉靖十六年（1537）十二月立石。现存垣曲县同善镇南堡村基督教会院内。

碑青石质，碑首不存。碑石右下角略残。竖长方形，高168、宽90、厚28厘米。碑石周边线刻4厘米宽的缠枝花叶纹装饰带。碑文25行，满行52字，字径2.5厘米，楷书。碑文记载了玉泉寺几代寺僧积累资财重修玉泉寺的经过。文晧撰文，王昭书丹，常思良篆额。

【碑文】

重修玉泉寺記

賜進士第進階河南提刑按察司按察使前監察御史侍經筵官邑人七十八翁西泉文晧撰文

致仕陝西西安府同州韓城縣儒學訓導邑人王昭書丹

生員常思良篆額

三代而上，厥世帝皇，厥俗渾噩，佛像未目，佛經未耳，靡有攸謂佛教也。惟自金人入夢於漢，白馬取經於□，而厥教昉入中国矣。西域之佛，梵王之嗣，一人而已。棄妻子，潜山林，持五戒，求明厥心，見厥性，此厥教意爾。厥後流弊，竊名者億萬，窮而至於諸佛之無筭；演經者千百，甚而至於藏經之無端。又極而至於天堂地獄、死生輪迴之説浪沸外，厥戒厥心厥性厥教積習浸淫，人人之深，牢不可破。差毫釐而繆千里，可慨也夫！雖然佛亦西方聖人也，中國服厥教而爲弟子者，礼金像，誦金經，罔不搆蕭寺以寓之，建浮圖以表之。故今普天率土，通都巨邑，名山大川，鍾靈孕秀之域，咸有佛刹僧廬在焉。然刹以寓佛貴尊嚴，廬以誦經貴清静，固也。垣曲縣北四十里許王屋之麓，瞽塚之南，負舜井，跨召原，環圍峰巒青翠，形勝地也。古刹一區，刱建世遠叵考。邇□元僧妙緣長老住持於此，燈衣傳継，僅如一線。殿宇頹圮，佛像剥落，僧廬弗克蔽風雨，廢墜極矣。兹遘上人覺潤，本縣劉村里楊姓益諱之仲子也。生而岐嶷，幼而性甘淡泊，長而有絶塵超凡之志，益深奇之。遂命祝髪巾緇，師事妙緣長老，請受佛教，昕夕炳檀諷經。逮数月，頓悟厥旨，曰：佛教在是矣。蕪詞蔓説，非經也；窈冥昏昧，非道也。由是不犯五戒，惟務明厥心，見厥性爾。妙緣諳之曰：此吾僧徒之傑者歟？灯衣之傳，舍此誰歸？嗣是普度，又得其徒圓朗等十人、孫徒八人，而灯衣授受有人矣。四方善士聞而景仰趋向者，不約而同感召門下，請代誦經祝福，高賓大□，蟻聚蟬聯，贈餽道糧，篋帛囊粟，日積月蓄。一日曰：僧富不事畎畝，必速不蚕不耕，坐享衣食之誚，亦佛教之玷也。乃買上田百畝，以贍師徒斎衲之需，計有餘財，諗諸鄉耆張秀、王隆、翟昶、楊琚、王學、楊尚萬、王世威云：佛殿弗完而隘陋，匪尊嚴矣，何以寓佛灵？僧居弗備而狼藉，匪清静矣，何以誦佛經？二者佛道之器俱失，欲望佛教之興，猶農失耒耜而求五穀之登也，可得乎？遂伐木陶瓦，龜日興工。首補葺北殿，脊加琉璃。次及羅漢，衣飾金碧，蓋正德十一年八月之吉也。又次而瓦蓋南北佛殿及兩僧廊，次而增修方丈，次而高大門楼，次而新築月臺，蓋嘉靖十四年七月之吉也。事後，内顧輝煌，外觀輪焕，宛然天上□林也。張秀等嘆羡，謂不可無記，執鶩乞文於西泉。西泉與其事佛事之精專而諾之。先是，上人圖採石於鉅齒山之陽，造碣鐫紀其上□□□詣其地求之，忽見磐礡崛起，祥光輝映，掘地得石，長丈餘，闊九扶，文彩參錯，非他山所有，非他石可倫。鞏諸寺琢鑿礱礪，□□□□温栗，人以爲上人養成心性之攸燭，大覺氏之神灵有以□之也。冒以螭首，座以龜趺，□□後世比丘策勵繩武□□□□□□□□焉。第恐文意生澁，有愧於琳琅爾，兹異事也，因併記之。

本村維那頭　郭安　張智　楊安　王懷　王大本　喬恭　梁騰霄　王奉　常思得　楊得時　楊得河　張羨　翟懷

時大明嘉靖十六年歲次丁酉季冬月吉旦

本寺住持僧覺潤立石

絳縣琉璃匠　崔祥

本縣畫匠　張經
羽山（下闕）
（上闕）德鐫

南堡石柱题记

【简介】

明嘉靖二十年（1541）五月刻石。现存垣曲县同善镇南堡村。

题记共两则，分刻在两根石柱上。石柱青石质，长方形，第一则题记高49、宽25厘米，记文11行，行31字；第二则题记高41、宽13厘米，记文7行，行33字。字径均1厘米，楷书。内容为施主姓名及施银两数额。李仲仁刻石。

【题记】

（一）

下張村施主王得　王懷　施銀壹錢　男王有才施銀壹錢

翟氏　男張美　同施銀壹兩貳錢　寄住人何福施銀壹錢

楊春户下楊得時施銀壹錢五分　楊得河施銀壹錢五分

王真户下王奉施銀壹錢

楊通户下楊錦　楊安　同施銀貳錢

下張村王真户下施主王世威施銀五錢　王世亨施銀貳錢

楊春户下施主楊琚施銀貳錢五分　楊尚方施銀貳錢五分

翟宗説户下施主翟昶施銀壹錢　男翟恩施銀壹錢

梁順户下梁仲敬施銀貳錢

常信户下任京　軍人施主常思忠　施銀壹錢

在城進賢坊施主鄧美施銀五錢　同坊趙濟夫户下義官趙克勤施布貳匹

（二）

本村梁順户下梁騰霄施銀叁錢　妻陳氏施銀貳錢

彰德府武安縣沙窩□女善人周氏施銀壹錢五分　男王月　妻侯氏　男王伯良　同施銀壹兩叁錢五分　次男王明施銀貳錢

安民坊畫匠袁朝宗願施粧鑾金剛聖像東一尊

曲沃縣尚管村柴玉柱施銀壹錢

北羊谷里馮敖室人霍氏施銀二錢

大明嘉靖貳拾年歲次辛丑五月吉旦

住持僧　覺潤

石工　李仲仁　造

明故南京都察院右副都御史北崖赵公墓志铭

【简介】

明嘉靖二十四年（1545）十二月刻石。20世纪70年代出土于垣曲县华峰乡陈堡村北，现藏该村某村民家中。

志石一盒，青石质，长方形，高90、宽94、厚10.5厘米。盖文分4行，行4字，篆书“明南京都察院右副都御史北崖赵公墓”16字。志文39行，行48字，楷书。许赞撰文，周用书丹，孙承恩篆额。

墓主赵载（1481—1543），明垣曲县北羊村（今陈堡乡北羊村）人。名君琰，字文载，正德六年（1511）辛未科进士，明武宗改名载。历任户部主事、广西司员外郎、户部郎中、陕西布政司参议、按察司副使、都察院右佥都御史等职，嘉靖十四年任南京都察院右副都御史，嘉靖二十二年积劳成疾，同年病逝，终年62岁。

【盖文】

明南京都察院右副都御史北崖趙公墓

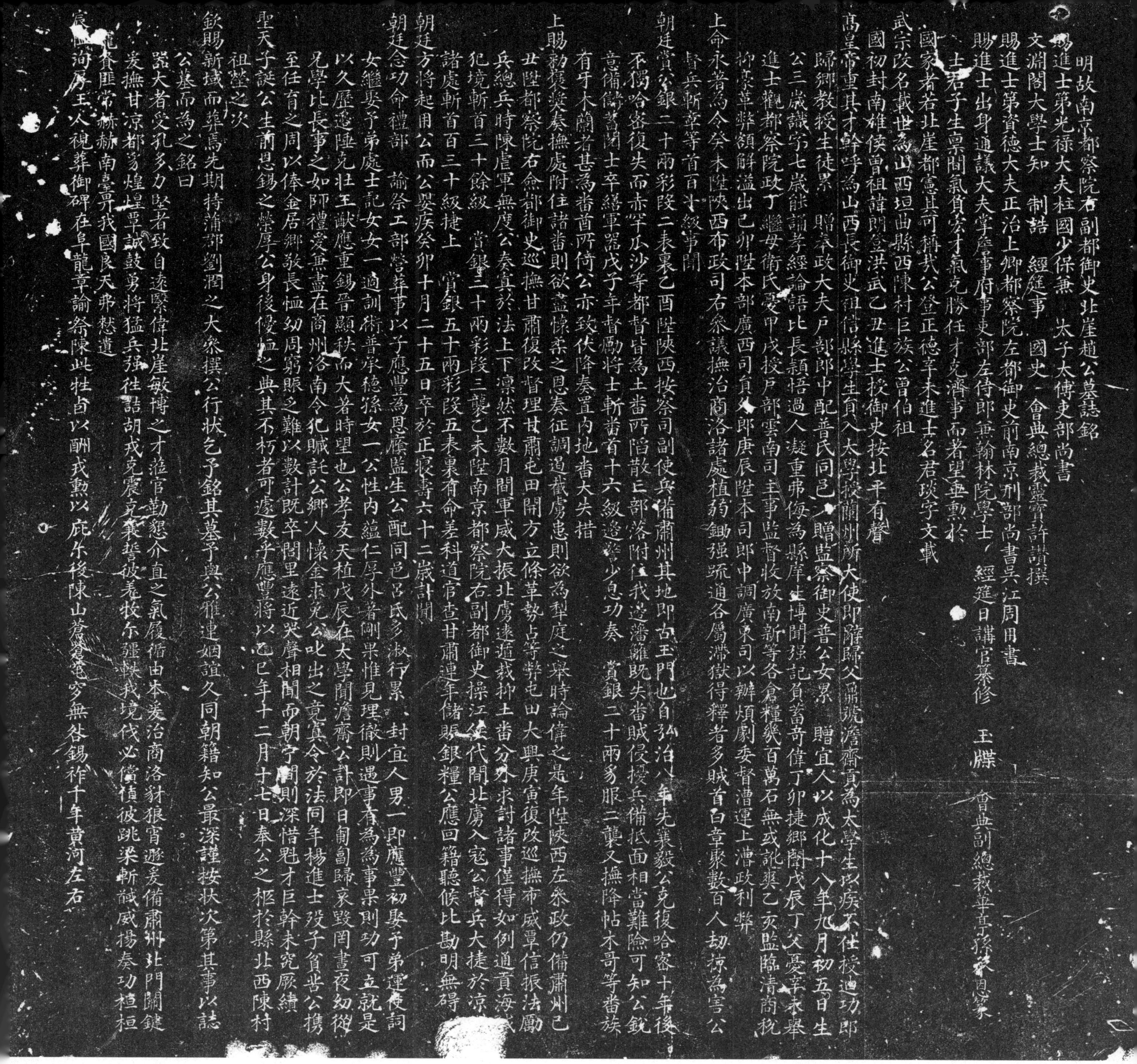

【志文】

明故南京都察院右副都御史北崖趙公墓誌銘

賜進士第光禄大夫柱國少保兼太子太傅吏部尚書文淵閣大學士知制誥經筵事國史會典總裁靈寳許讚譔

賜進士第資德大夫正治上卿都察院左都御史前南京刑部尚書吴江周用書

賜進士出身通議大夫掌詹事府事吏部左侍郎兼翰林院學士經筵日講官纂修玉牒會典副總裁華亭孫承恩篆

士君子生，稟間氣，負宏才，氣克勝任，才克濟事，而著望垂勳於國家者，若北崖都憲，其可稱哉！公登正德辛未進士，名君琰，字文載，武宗改名載，世爲山西垣曲縣西陳村巨族。公曾伯祖國初封南雄侯。曾祖諱朗，登洪武乙丑進士，授御史，按北平有聲，高皇帝重其才幹，呼爲“山西長御史”。祖信，縣學生員，入太學，授蘭州所大使，即辭歸。父鼒，號澹齋，貢爲太學生，以疾不仕，授迪功郎，歸鄉教授生徒，累贈奉政大夫、户部郎中；配普氏，同邑贈監察御史普公女，累贈宜人，以成化十八年九月初五日生公。三歲識字，七歲能誦《孝經》《論語》。比長，穎悟過人，凝重弗侮。爲縣庠生，博聞强記，負蓄奇偉。丁卯捷鄉闈，戊辰丁父憂，辛未舉進士，觀都察院政。丁繼母衛氏憂。甲戌，授户部雲南司主事，監督收放南新等各倉糧幾百萬石，無或訛爽。乙亥，監臨清商税，抑豪革弊，額解溢出。己卯，陞本部廣西司員外郎。庚辰，陞本司郎中，調廣東司，以辦煩劇。委督漕運，上漕政利弊，上命永著爲令。癸未，陞陜西布政司右參議，撫治商洛諸處，植弱鋤强，疏通各屬滯獄，得釋者多。賊首白章聚數百人劫掠爲害，公督兵斬章等首百十級。事聞朝廷，賞公銀二十兩、彩段二表裏。乙酉，陞陜西按察司副使，兵備肅州。其地即古玉門也，自弘治八年先襄毅公克復哈密，十年後不獨哈密復失，而赤罕、瓜、沙等都督皆爲土番所陷，散亡部落附住我邊，藩籬既失，番賊侵擾，兵備抵面相當，難險可知。公鋭意備儲蓄，閲士卒，繕軍器，戊子年督勵將士，斬番首十六級，邊警少息。功奏，賞銀二十兩、豸服二襲。又撫降帖木哥等番族。有牙木蘭者，甚爲番酋所倚，公亦致伏降，奏置内地，番大失措。上賜勑褒奬。奏撫處附住諸番，則欲盡懷柔之恩；奏征調遏截虜患，則欲爲犁庭之舉，時論偉之。是年陞陜西左参政，仍備肅州。己丑，陞都察院右僉都御史，巡撫甘肅，復改督理甘肅屯田，開方立條，革勢占等弊，屯田大興。庚寅，復改巡撫，布威覃信，振法勵兵。總兵時陳虐軍無度，公奏寘於法，上下凛然。不數月間，軍威大振，北虜遠遁。裁抑土番，分外求討諸事，僅得如例通貢。海賊犯境，斬首三十餘級，賞銀三十兩、彩段三襲。乙未，陞南京都察院右副都御史，操江俟代。間北虜入寇，公督兵，大捷於凉州諸處，斬首百三十級。捷上，賞銀五十兩、彩段五表裏。有命差科道官查甘肅連年儲賑銀糧，公應回籍聽候。比勘明無碍，朝廷方將起用公，而公嬰疾，癸卯十月二十五日卒於正寢，壽六十二歲。訃聞，朝廷念功，命禮部諭祭，工部營葬事，以子應豐爲恩蔭監生。公配同邑吕氏，多淑行，累封宜人。男一，即應豐，初娶予弟運使詞女，繼娶予弟處士記女。女一，適訓術普承德。孫女一。公性内藴仁厚，外著剛果，惟見理徹，則遇事有爲；爲事果，則功可立就。是以久歷邊陲，克壯王猷，應重錫晋顯秩，而大著時望也。公孝友天植，戊辰在太學，聞滄齋公訃，即日匍匐歸，哀毁罔晝夜。幼從兄學，比長，事之如師，禮愛兼盡。在商州，洛南令犯贓，託公鄉人懷金求免，公叱出之，竟寘令於法。同年楊進士殁，子貧苦，公携至任育之，周以俸金。居鄉，敬長恤幼，周窮賑乏，難以數計。既卒，閭里遠近哭聲相聞，而朝、宁間則深惜，魁才巨幹未究厥績。聖天子誕公生前恩錫之榮，厚公身後優恤之典，其不朽者，可遽數乎！應豐將以乙巳年十二月十七日奉公之柩於縣北西陳村祖塋之次欽賜新域而葬焉，先期持蒲郡劉潤之大參撰公行狀，乞予銘其墓。予與公雅連姻誼，久同朝籍，知公最深，謹按狀次第其事，以誌公墓而爲之銘曰：

器大者受孔多，力堅者致自遠。繄偉北崖，敏博之才。蒞官勤懇，介直之氣，履循由本。爰治商洛，豺狼宵遯。爰備肅州，北門關鍵。爰撫甘凉，都豸煌煌。覃誠鼓勇，將猛兵强。往詰胡戎，克震克襄。誓彼羌，牧尔疆，軼我境，伐必賞。偵彼跳梁，斬馘威揚。奏功桓桓，寵賚匪常。赫赫南臺，畀我國良，天弗慭遺，宸恤洵厚。王人視葬，御碑在阜。龍章諭祭，陳此牲卣，以酬戎勳，以庇尔後。陳山蒼蒼，窀穸无咎。錫祚千年，黄河左右。

赵载墓买地券

【简介】

明嘉靖二十四年（1545）十月刻石。2008 年 12 月出土于垣曲县华峰乡陈堡村赵载墓中，现存垣曲县博物馆。

买地券青石质，方形，高宽皆 41、厚 10 厘米。文左行，共 18 行，满行 19 字，楷书。

【券文】

維嘉靖二十四年歲次乙巳十月庚寅朔越二日辛卯，垣曲縣北羊谷里住人趙應豐，伏緣先考都御史奄逝，訃奏，欽賜新兆于縣北西陳村祖塋之次。地屬坎方坐子兼壬之原，南北長一百二十步，東西闊六十步。左至青龍，右臨白虎，前連朱雀，後接玄武。內方勾陳，塋心分擘四域，丘承墓伯，封步界畔，道路將軍齊整阡陌，俾永無殃咎。若有干犯，並令將軍、亭長縛付河伯。謹脩牲牢酒脯，百味香新，共爲信契。今工匠脩營安厝以後，永保休吉。知見神、歲月主、代保神今日直符，故氣邪精不得干恡。先有居者，永避萬里。若違此約，地府主吏，自當其禍。助葬主裏外存亡，悉皆安吉。急急如五帝使者女青律令。

代保神年河魁月大一日傳送時太吉

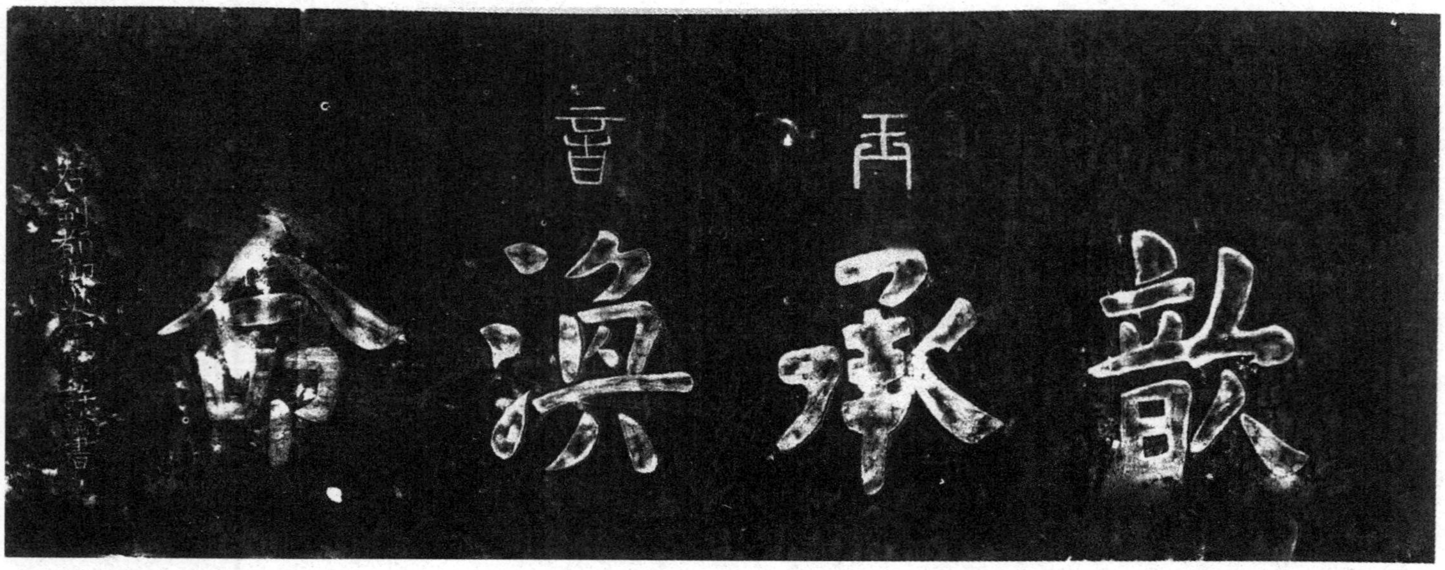

“歆承涣命”墓门额

【简介】

明嘉靖二十四年（1545）刻石。2008年12月出土于垣曲县华峰乡陈堡村赵载墓中，现存垣曲县博物馆。

额青石质，长方形，高34、宽85厘米。额文横排4字，楷书。上款2字篆书。下款10字竖排，楷书。许论书。

【额文】

玉音

歆承涣命

右副都御史靈寳許論書

登河滂诗

【简介】

明嘉靖二十九年（1550）中秋刻石。原存垣曲县古城镇，现存垣曲县博物馆。

碣青石质，长方形，高 56、宽 96 厘米。诗文行草书。张恪撰文。

【诗文】

登河滂

黄河何爲爾，滔滔日夜聲。高秋天外響，長夜枕邊鳴。故國傷千里，雲山阻萬横。百年信荏苒，身世任飄萍。

觀城張恪

次前韻

唇齒□黄拜，風吹近遠聲。乾坤留勝迹，宛轉作雄鳴。今□橋前變，峰巒望里横。□成天欲夕，忘却是流萍。

有莘李□元

嘉靖庚戌中秋日

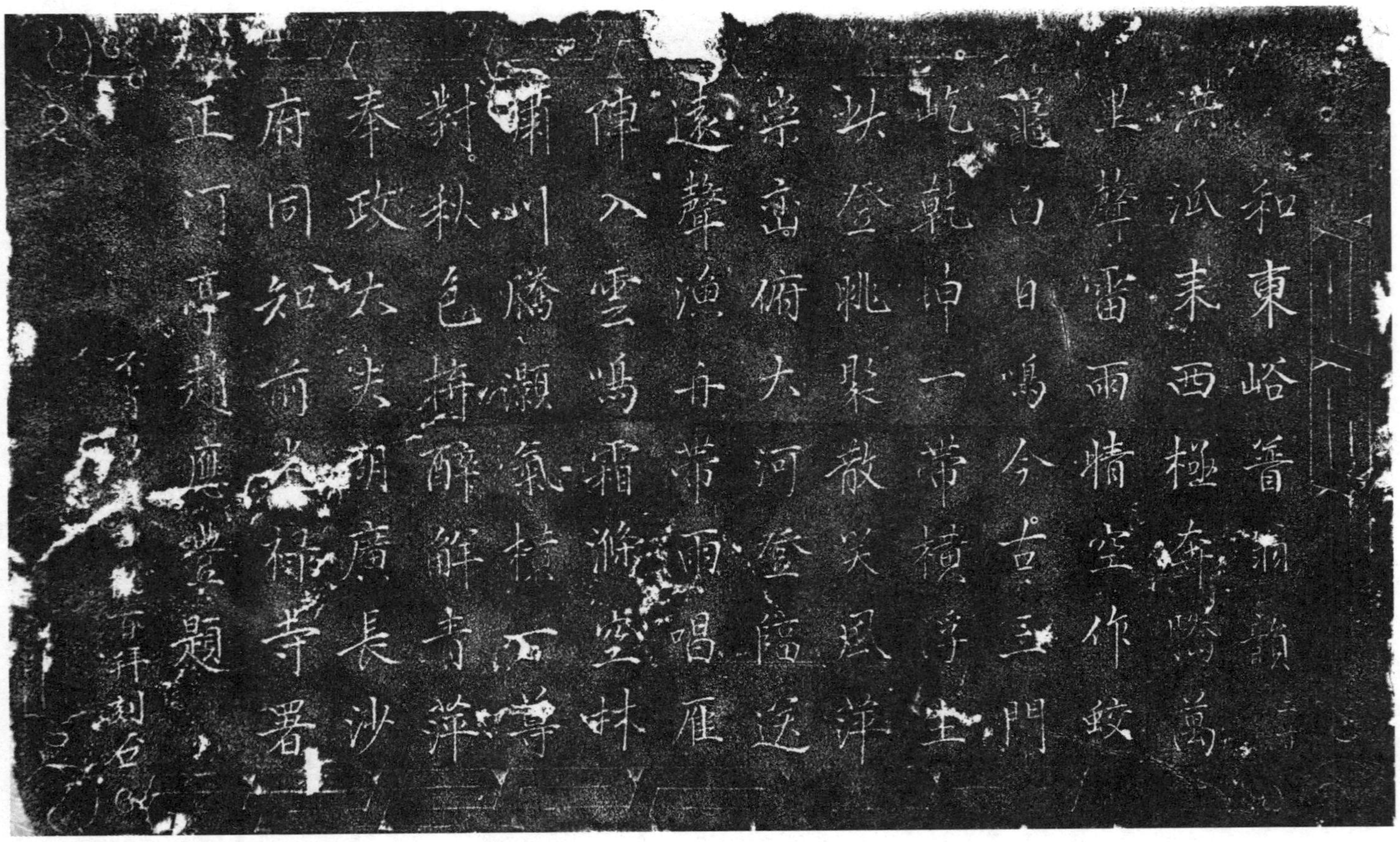

和东峪普翁韵二首

【简介】

明嘉靖二十九年（1550）刻石。原存垣曲县古城镇，现存垣曲县博物馆。

碣青石质，长方形，高39、宽65厘米，石边刻饰2.5厘米宽的几何折线纹装饰带。文14行，行8字，字径3厘米，楷书。赵应丰撰文，赵名胤立石。

【诗文】

和東峪普翁韻二首

洪泒來西極，奔騰萬里聲。雷雨晴空作，蛟鼉白日鳴。今古三門屹，乾坤一帶橫。浮坐此登眺，聚散笑風萍。

崇峦俯大河，登臨送遠聲。漁舟帶雨唱，雁陣入雲鳴。霜滌空林嘯，川騰灝氣橫。一樽對秋月，翻醉解青萍。

奉政大夫湖廣長沙府同知前光禄寺署正河亭趙應豐題

不肖男趙名胤百拜刻石

明诰封吕宜人墓志铭

【简介】

明嘉靖三十四年（1555）十月藏石。20世纪70年代出土于垣曲县华峰乡陈堡村北，现藏该村某村民家中。

志石一盒，青石质，长方形，高90、宽88、厚13.8厘米。志盖残损，文分3行，前2行3字，后1行2字，篆书“明诰封吕宜人之墓”8字。志石完好，文26行，行32字，楷书。许论撰文，高燿书丹，吴嘉会篆盖。

墓主吕宜人（1487—1553），明南京都察院右副都御史赵载之继配夫人，事亲孝养，助夫成业，嘉靖三十二年（1553）病逝于扬州，终年67岁。

【盖文】

明誥封吕宜人之墓

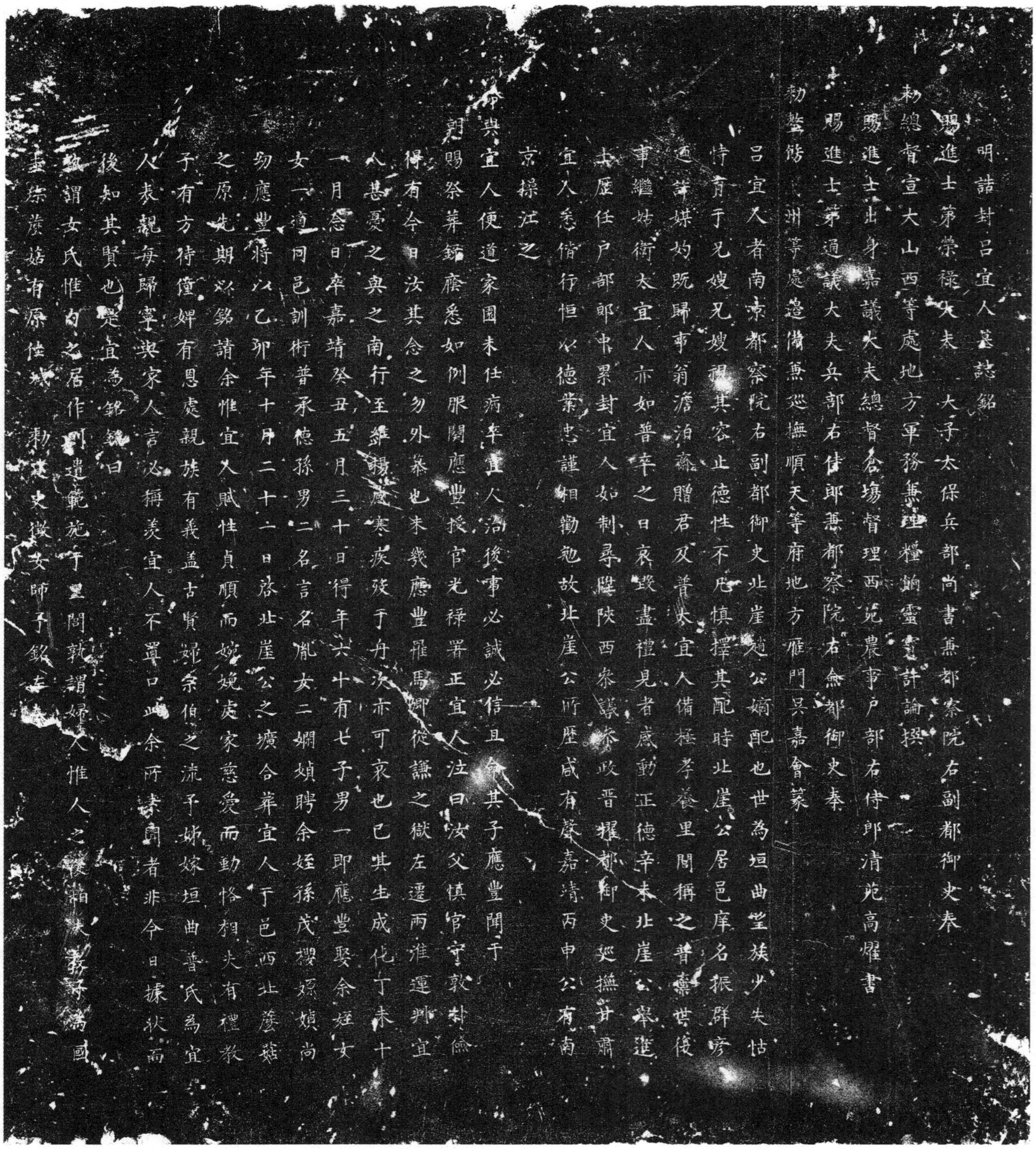

【志文】

明誥封吕宜人墓誌銘

賜進士第榮禄大夫太子太保兵部尚書兼都察院右副都御史奉敕總督宣大山西等處地方軍務兼理糧餉靈寶許論撰

賜進士出身嘉議大夫總督倉場督理西苑農事户部右侍郎清苑高燿書

賜進士第通議大夫兵部右侍郎兼都察院右僉都御史奉勑整飭薊州等處邊備兼巡撫順天等府地方雁門吴嘉會篆

吕宜人者，南京都察院右副都御史北崖趙公嫡配也，世爲垣曲望族。少失怙恃，育于兄嫂，兄嫂視其容止德性不凡，慎擇其配。時北崖公居邑庠，名振群彦，迺許媒妁。既歸，事翁澹泊齋贈君及普太宜人備極孝養，里閭稱之。普棄世，復事繼姑衛太宜人亦如。普卒之日，哀毁盡禮，見者感動。正德辛未，北崖公舉進士，歷任户部郎中，累封宜人如制。尋陞陝西參議、參政，晋擢都御史，巡撫甘肅，宜人悉偕行，恒以德業忠謹相勸勉，故北崖公所歷咸有聲。嘉靖丙申，公有南京操江之命，與宜人便道家園，未任病卒。宜人治後事，必誠必信，且命其子應豐聞于朝，賜祭葬録蔭悉如例。服闋，應豐授官光禄署正，宜人泣曰：汝父慎官，守敦朴儉，得有今日，汝其念之，勿外慕也。未幾，應豐罹馬卿從謙之獄，左遷兩淮運判，宜人甚憂之，與之南行，至維揚感寒疾，殁于舟次，亦可哀也已。其生成化丁未十一月念日，卒嘉靖癸丑五月三十日，得年六十有七。子男一，即應豐，娶余侄女。女一，適同邑訓術普承德。孫男二：名言、名胤。女二：嫺媜，聘余侄孫茂樱；嫄媜，尚幼。應豐將以乙卯年十月二十一日啓北崖公之壙，合葬宜人于邑西北蘑菇之原，先期以銘請。余惟宜人賦性貞順而婉娩，處家慈愛而勤恪，相夫有禮，教子有方，待僮婢有恩，處親族有義，蓋古賢婦宗伯之流。予姊嫁垣曲普氏，爲宜人表親，每歸寧，與家人言，必稱羡宜人不置口，此余所聞者，非今日據狀而後知其賢也。是宜爲銘，銘曰：

孰謂女氏，惟内之居。作則遺範，施于里閭。孰謂婦人，惟人之從。相夫教子，爲國圭琮。蘑菇有原，佳城粉建。史徵女師，予銘左券。

《垣曲县阅城》《登观河亭》诗碣

【简介】

明嘉靖四十二年（1563）十一月立石。原立于垣曲县古城镇南门外洪庆观遗址，现存垣曲县博物馆。

碣青石质，长方形，高54、宽88厘米。诗文12行，行9字，字径3.5厘米，楷书。落款6行，满行22字，楷书。杨锦□撰文。为诗人巡阅垣曲县游览观河亭后所作。

【诗文】

垣曲縣閱城

連絡萬□嶺，孤城勝概繁。黛嵋峰對面，磧石水過門。虞舜耕山在，商湯都邑存。故亳。□薛□古意，獨立□黄昏。

登觀河亭

西風邀落日，亭上一躋攀。□發崑崙盛，峰連碧落間。禹功乘□載，葛寨寄孤山。此地稱形勝，徘徊□未還。

嘉靖癸亥仲冬

□□□□兼理兵備山西□□□□按察司□巡河東道（上阙）楊錦□

垣曲縣知縣丁□□　署教諭李□　訓導劉□□　仝頓首拜立

明储元嵋山文君及配节妇陈氏合葬墓志铭

【简介】

明嘉靖四十三年（1564）九月刻石。垣曲县古城镇沇岭村出土，现藏该村车姓村民家。

墓志青石质，正方形，高、宽皆71厘米。志盖佚失。文47行，行63字。楷书。赵宜撰文，王泉闰书丹，韩仲德篆盖。

墓主文武臣（1485—1517），字宗□，号嵋山，明垣曲县（今山西省垣曲县古城镇）人，河南按察副使文皓之次子。体貌魁伟，天资聪慧，为邑庠生员。然一生郁郁不得第，遂成书痴而亡。其夫人陈氏（1491—1564），同邑人，青年守寡，抚育孤子成人，历经磨难。

【志文】

明儲元嵋山文君及配節婦陳氏合葬墓誌銘

賜進士第前通議大夫南京兵部右侍郎兼都察院左□都御史衡水裁庵趙宜撰文

賜進士第前登仕郎兵科給事中安邑王泉閏望雲書丹

將仕郎鴻臚寺序班絳州南汾韓仲德篆蓋

正德丁丑五月七日，山西垣曲文君卒，距生成化乙巳十一月二十二日，年僅三十三。越五十載而其配節婦亦卒，遺孤歲獻國子生希韓痛父見背，當初缺墓銘，□以母卒之明年九月二十二日改父墓從鄉賢祖兆，奉母合葬。乃托從兄安平少常江持絳友人部元周子□郊狀詣予請銘，以予乃君先公西泉先生□衡水□造士也，知□□節婦稔矣，銘其忍辭。按狀，君諱武臣，字宗□，號嵋山。裔出周文王支孫，以謚爲氏。迨元季再□□徙垣者，始祖諱七，凡幾傳而生重德，重德生智，智生普昇，皆有隱德。普昇尤尚義，詳見《山西志》。生子諱秀，號儉齋，封監察御史。封君生子諱皓，即西泉先生也，以花魁連第進士，歷官河南按察副使，致仕進階三品，考登列祖鄉賢，其行實詳見《□定録》。取楊氏，封孺人，□内則定生君。云君生有巨蛇夢兆，故體貌魁碩，性資穎敏。八歲知學，能頌古詩，咸以不煩師訓異之。父視冬部政，奉上命修置平王墓，歷□中上谷，君從之，凡遇□□□□□。從父□平原，讀《礼經》，知孝讓。從伯父□縣公間得其文，警曰："此真吾家千里駒也。"繼從宦衡水，受業於鄉進士校西安子李公，□稱其文奇足畏。及父授雲南道御史，從學京邸，文日益奇。值父監税遼陽，監□□都，乃奉母太孺人西歸。比遇試，爲邑庠弟子，□□父母及母在堂，孝養□□。未幾，廩食大比弗第，乃曰："吾學未至也。"遂苦學於□外青陽寺。值父轉宦河南臬司，從至河南，與十天蘇子清侄子比輩定交，日與文會，其後諸子多中魁元者，然皆推讓君。君弟武强宰諱武相號竹窠者，時尚幼，乃得師事。候蘇君復來講《礼經》於僉憲，麻城汪公大獲鑒賞，授以科□，由是經學純深，習識世務。又以餘力工字工詩工琴，而才復明斷，父嘗以盤錯問難，悉能響答在室。兩經赴試晋闈，梁之博平諸賢王及諸名公士夫咸祝道贈言，以必冠倫魁期之，顧皆未合。父頃歸田，因偕邑之名士張南崗、劉西橋輩討論切磨。父每詸試，見其文滚滚數千言，知能繼志。凡和韵，自即援筆立就。一日，聯扉云："五味□中嘗醋醪，百花頭上看梅開。"鄉達諸公笑曰："此子狀元志、宰相才也。"是歲，督學馬公試冠邑庠，君弟亦首選爲庠士，稱其兄弟追躅，足濟世美矣。届試期，出告父曰："厚望一時豪傑，若蒲之劉方山、絳之南汾亭諸公賡討論文，亦成□□。"入試，又弗第，始大恨曰："嗟呼！宗□□若是已耶！"因鬱鬱抱病歸。及反，面父，更以人事未盡爲最，遂冬日發憤，潜修於邑之二十里鄭村。□子希韓口授《曲禮》，意蓋有所屬也。適絳守李公撮題試文，謂真科第遺才。因益思奮，成書癖，遂移居城内書清齋，自度不可復起，乃請父母，與訣曰："不肖兒已矣，惟願二親勿擾也。"謂其弟曰："善事父母，時誨孤侄，吾可瞑目矣。"謂其婦曰："夫亡婦從，固烈也，然孰與終養吾親，撫成吾遺孤哉？"

又謂其友劉西橋曰："吾以遺孤屬君，非敢擬韋齋托晦庵於借溪也，但幸其不墜書香耳。"言已乃卒。於是内外戚識咸哭之慟，蓋君平日順親從兄無少逆，其遇僮僕訓弟若子若從侄，或有矩矱。至若□庵輸金以官，伯兄武卿階七品，面□縣令爲政以便民，善規人過，能擇益友，濟人之急，成人之美，皆世難及也。君於書無所不讀，文辭能達其意，至於律曆、醫卜、種植、行練、篆刻、圖書之類，皆極精研，父嘗爲詩以哭之，趙□□亦吊以歌，讀之，恒使人泫然泣下。卒，葬風翻嶺，從封君祖兆也。縣令陳君題曰：明儲元嵋山文公子墓，惜之深矣。今從葬於此，配節婦陳氏。陳之先沿漢文範裔徙垣葛伯寨，父諱新義，士號葛寨，公配碩人張氏，生節婦。諱鎖錠，字精金，性柔惠静，壯閑女紅，敦孝敬。幼聞伯父賡相公與其父講古史《烈女傳》，即曉大意，父母愛重之。凡問名者弗許，及見嵋山君，奇甚，因其家通媒妁，許焉。年十六于歸，時男翁宦遊，節婦上事祖翁姑及姑，咸得其歡心。處妯娌其諧，又甚宜於夫之姊妹。後從太孺人旅大梁，凡盥饋事，日益精潔。及從舅翁歸田，凡園林宴會，時即慶償。與嵋山君兄弟肄業，一切饌具，獨俾能躬治，不敢委之立□。力勸嵋山君向學，每遇不第，更爲慰勉。未幾，嵋山君以久負屈發憤成書癖，節婦朝夕侍側，衣帶不解，湯藥親嘗，齋心□香，籲天求代，更□如一焉。嵋山君卒，節婦年才二十三，哭不絶聲，水漿不入口者累日，欲以死殉。上下懇勸諭，謹其防衛，得不死。自是屏華飾，食水葬飲□□憊，惟以養舅姑、扶遺孤爲念，凡閫外□□不欲□。遇節念，設牲醴以祭嵋山君，哀痛嘔血，鄰里皆爲感泣，竟以此成痰嗽疾，屢瀕於危。時子希韓方垂髫，遣□禮□庭，又進受□□□西□宵則□訪旁聽講讀，□□□語曰："我之不即死者，爲汝也。汝果能植志歷學，卒致顯，吾未亡人心慰矣。"凡舅姑有賜，擇取其□□□□□其旁掩人□□□犯無□□侄諸女有學裁剪，□□□□必盡心誨之，教子婦以勤儉孝敬。舅姑以家指日繁，乃命分爨，凡屋宇田畜器用，悉能推讓伯叔氏。及姑□□□棄養，哀毁不置，喪葬以禮。值比年荒旱，人相食，節婦乃□□處約與婢媵同甘苦，惟奉舅姑每食必有酒肉。因伯氏衰窘，或缺舅姑耳旨，必爲代具。又恒具其□□爲□□□□□□□□□庠師即以孝行薦。癸巳，子感奇疾，舅翁爲文以祈神，叔氏亦禱神願以子代，蓋恐節婦之無後也。甲午，子獲廪食，俾薦廪米於先祠。及應試不第，婦仍□□貴。丁酉，舅翁□□□，節婦命子迎醫調治，百方不效，乃遂棄養。節婦及子哀毁幾絶，時子復當赴試，乃援古語止之。又以祖父恩深，命服素三年。□亦爲有司及當道衆實舉，奉朝廷□□□□大巡王公汝輯給銀三十兩，大樹綽楔，光揚宫里，旌表已故生員文武臣妻陳氏貞節之門，仍照八品官復丁供養，縉紳□□交賀。縣令□□諸君皆題扁以贈，復據其實編入縣志。節婦因其子久弗第，乃抱孫貫道口授神童詩，及試以二三言對，意甚至也。再值歲荒，乃躬率子婦□□□□□力織紉，至脱簪珥□□器用，以完田賦。遇祖考存没忌辰，必俱儀敬奠。自分爨比去諸姑氏歸寧，多主其家，□個禮節皆弗廢。叔氏宦武强，男女九人，家居愛猶己出。母氏張碩人初裕漸窘，迎養於家，没則哀奠歸葬焉。兄輔弟弼先卒，所遺子女，皆爲婚嫁。周恤有三：席甥一，郭生一，張從甥，各因所業資給之。舅翁歸田日，嘗貸重資於族鄰，節婦恒諭子孫，不責其償。於僕婢贅傭，咸俾口體適養，室家及時，遇有過，未嘗迭加厲詈。凡家政大綱及瑣細，咸自經紀，子婦無敢與，奉繼姑顔孺人尤謹。戊午，子以歲□□□□□□□。師友聞節婦名聲，成詩以贈；縣令四時以禮存問；督學文罔□公嘉其行著，令侄希蘇爲□□生員，以昭遺休，仍筆於《山西志》；大巡□庵朱公、署督學合憲介庵□□咸致厚饋及詞扁。辛酉，年七十，縣令以下皆稱慶，太宗伯石鹿李公亦因其子曾立門下，寄以壽詩。癸亥春正月，肺痛，痰嗽復作，至二十一日將卒，謂其子曰："我年已老，即至不幸，汝勿過哀。惟冀將來有一命之寄，存心利物，無忝汝祖也。"又謂其孫曰："汝父能孝，汝能體之，益樹顯揚，斯已矣。"既卒，内外戚識亦感慟哭，如嵋山君之卒云。距生弘治辛亥七月二十六日，享年七十有三。卒之日，雲陰風雨，天地爲愁，蓋實憐其苦節，收其正氣，非細故也。時縣令芝川丁君及庠之師生、鄉之縉紳感哀吊奠，惟□□有嵋山君從弟南坡□□陽□以德亦偕寮□□士，俱爲文遣奠。節婦生子止希韓，娶張氏，繼娶馬氏。張生孫止貫道，增廣生，娶魯氏。

孫女止静娥，歸廪膳生席□□，[早]卒。曾孫男二：映斗、映璧，俱業塾。曾孫女三：淑婉字□生張桂，淑娩、淑娉俱幼。嗚呼！嵋[山]□□□□之學之行同於不壽，然竟成婦節，使人慕之，若共姜重之，若□□□□□□[食]報後賢，天豈無意也哉！然則西泉先生之澤，殆將永世弗斬矣，是宜爲銘。銘曰：

□□□□□□資稟之粹，學問之精，其殆□顔之士，我明之英乎！然才[宜顯]而罔顯，非天之弗佑；德宜壽而罔壽，非天之弗厚也。蓋天有意成其婦節，使昌其後耳。□婦□□□□□□[終]養尊章，撫成遺孤，錫顔既弘，食報自□□□□□夫□□□□□□□□宅里，駟車能容，高門風起，[墓葬]歸全，榮問靡已，我銘□迷，以告千紀，嗚呼休□！

“永庆门”匾额

【简介】

明万历四年（1576）刻石。现嵌于垣曲县同善镇北城门楼内侧。

匾青石质，长方形，高38、宽68厘米。文楷书。

【匾文】

永慶門

萬曆肆[年][丙]子癸[巳]月丁卯日吉時建立

“帝舜故里”匾额

【简介】

明万历四年（1576）刻石。现嵌于垣曲县同善镇北城门楼外侧。底边距城门洞顶约50厘米。匾青石质，长方形，高38、宽80厘米。石匾左右并嵌两块砖雕牡丹花。文楷书。

【匾文】

帝舜故里

萬曆肆年丙子癸巳月丁卯日吉時建立

明故致仕武强令恭默先生文公墓志铭

【简介】

明万历八年（1580）十一月刻石。垣曲县古城镇沇岭村出土，志藏该村车姓村民家，盖藏刘姓村民家。

墓志一盒，青石质，长方形，高58、宽65厘米。志盖竖刻4行，每行4字，篆书“明故致仕武强令恭默先生文公墓志铭”16字。志文43行，行74字。楷书。张光孝撰文，王一治书丹，刘士中篆盖。

墓主文武相（1502—1579），字宗望，别号竹窠，乡人称为恭默先生。明垣曲县（今山西省垣曲县古城镇）人，河南按察副使文皓之三子。嘉靖丁酉贡元，后补官武强县令。

【盖文】

明故致仕武强令恭默先生文公墓誌銘

【志文】

文公墓誌銘

承德郎西華知縣關中左華張光孝撰文

貴州清吏司郎中奉詔讞獄四川等處地方朝邑南坡王一治書丹

賜進士江西道監察御史關中成吾劉士中篆蓋

垣曲文西泉憲使在我朝爲名御史，其勛績紀在史編，其德望隆於里閈。恭默先生者，其季子也，諱武相，字宗望，别號竹窠。居常無惰容，無矜語。盛暑燕閑，亦必衣冠而處。其接人待物，無小大無敢慢，鄉人因稱曰恭默先生云。四歲時知孝讓，與群兒拾棗於樹下，紅者饋親，青者自食，西泉公感異之，鍾愛焉。且丰姿俊雅，作止端重，雖嬉戲，亦異於群兒。八歲讀《孝經》諸書，即通解其義，西泉公欲其大成也，俾盡通經史子集，不獵取舉業事。公遵父命，博學邃養，以詩文懔譽。年二十，方入鄉校，歲試每在優列。補廪後，言動益謹，邑令李公謂其子曰：文生言動不苟，汝其觀法而師範之也。應嘉靖丁酉貢元。是年西泉公終，公哀毁骨立，氣絶而復蘇者數次，及送終，遵制禮盡哀，鄉人莫不太息，以爲賢也。先是，公母楊孺人病篤，公詣城隍廟，願减年以增母壽，楊果疾愈。仲兄者疾危，亦移城隍禱之，仲兄即夢在廟廷事，見公領五子俱儒者，醒而語公曰：今第二子予有夢如此，將來弟必生五子也。後果然，豈不謂神感而佑之耶？仲兄卒，遺孤六齡，公育養訓誨愈己子。孤忽疾，公復詣城隍廟禱之曰：仲兄卒，遺孤疾，奈何？願以一子代之，俾仲兄有嗣也。後疾愈成立，名希韓，以貢授我華州貳牧。仲兄配陳氏，以賴公培成孀節，受旌旨。伯兄者卒，會在京候選，極其哀痛。及抵任，遣子賫俸金葬之，伯兄一子亦隨之葬。遺幼二，一在抱，少長者招之宦邸教育之，後並在抱者亦教之入庠序，伯兄一門賴以復興。公兄弟三人之産業，讓其美者與二兄家，獨取矮屋磽田，服用之類靡不然也。公有三從孫名悌之孤，憫其無父母，而雖依叔□其□所也。公招之家，恩養成立，納之妻室，以守故業。有甥希商者遺孤，公亦盡心教之爲儒，其母節亦賴以培之。不但□族也，鄉黨婚喪悉有所資而不吝。鄉人時疫，公遍佈方書，民多賴以全生。由公之行而觀之，孝悌仁義之君子也。至其誡子孫，尚嚴厲，勉耕讀，無不可師於當世者。及其令武强也，天大旱，有隨車之雨，吏民悦之，縉紳頌之。視篆後，以清利弊、除民奸、革冗費、興學校爲首務。有巨寇久患於境，往邑令不敢問也。公單車設法剿除首惡，諸脅從罔治之，境内以平。邑有二人争認其子者，訟於公，公刺血注水碗中，視其合者斷之，人稱爲神明。武强久乏科，公弘敷教化，乙卯中文、武科各一人。鄉先達歐强齋太史曰：是賢父母教育之力也。自是科不乏人。公嘗試邑童生，以賈肖泉爲第一，後賈登第，巡按山西，饋省於公，感公之知人也。公行恭謹而性介直，不好阿諛。會謁二府胡公，公遵依憲綱，長揖不跪，胡公不悦，肆騰潛。公知直道難容，遂移文乞歸，士民極力保留，公决意歸，行李蕭然，送者流涕，貽壁有“聖世豈無公道在，寸心惟有鬼神知”之句。公歸二十餘年，甘澹薄，崇簡默，修時祀，施醫藥，雖五尺之童，罔不敬且慕也。邑令閻公□公□□，懸扁“嘉重德望”。至公抱疾，邑令房公尤時時候焉。比遇公族人，必曰：“若輩秉禮守法，皆竹老之教也。”公在疾中，慮無以善後也，立族約，召族衆，語以睦族保身之義，及守約燕會之節，至今族無錯履之咎者，公之遺也。公將易簀時，謂諸子：“吾平生所爲，求合天心，盡吾心，不拂人心而已。”嘗亦曰：“眼前人事雖多錯，心上神明不敢欺。”指榻前書篋曰：“吾無以遺汝，惟存此心與此書耳。汝輩能繼述，吾無憾焉。”遂瞑目。時萬曆七年二月十七日也，距生弘治十五年，享年八十有二。公終，吊哭者不可勝計，皆盡哀之，此可以見公矣。公配普氏，僉憲普公孫女也。側室梁氏。公生五男子：長希蘇，庠生，先公八年卒；次希周，庠生；俱梁出。次希程，庠生；次希張，奉祀生員；次希朱，廩生；俱普出。女四人，俱有配。孫男子十四人，孫女子六人。希蘇子三：原道，廩生；崇道，庠生；景道，亦業儒。希周子三：積道，業儒；餘尚幼。女二，亦有配。希程生子一，具道，廩生。女一，亦有配。希張生子四：述道、適道，俱業儒；餘幼。女二，亦幼。希朱生子三：擴道、克道，俱業儒；餘幼。女三，亦幼。曾孫男五：崇道二，具道一，續道二，俱幼。曾孫女八：原道三，崇道二，具道一，續道二，俱幼。嗚呼！公以純道能傳衍其族，又且賢哲，則晉之名族曷尚焉！按狀，公之族，宋潞公之裔也。元有諱七者自絳徙垣，遂衍其世，至温簡西泉公登甲第，陟憲使，始稱起家。西泉公配楊孺人，有淑德，誕三子：長武鄉，散官；次武臣，廩生；季即公。公之賢不容稱，公之心則萬世可師也。少時寓村墅，以木綿易鹽，鹽者誤算直，公覺之，遠追而補其直，即此一事之心，其有愧於天下之事邪？宜其以心訓族矣。卜年葬公於先兆之次。我華郡貳侯薊野馬公之婿也，荷公恩教，搜取嘉言善行，而命予以銘之，係之銘曰：

温簡崛起任綱常，恭默承緒揚休光。敦倫多績孰與方，神明諒志克凝祥。推仁博義撫宗鄉，□□□□□□□。□□□□文教昌，拂衣避妒匪護落。龍游鳳翥世焉度，芝蕤蘭馥見綽約。家規鄉範□□愕，朗吟遐眺亦後□。□□□□□□□，幽宫妥靈洽渾噩。

萬曆八年十一月十八日

故文孺人普氏墓志铭

【简介】

明万历十一年（1583）十一月刻石。垣曲县古城镇沇岭村出土，现藏该村车姓村民家。

墓志青石质，长方形，高56、宽63厘米。志盖佚失。志文40行，行40字。楷书。吕克勤撰文，萧长书丹，马汝骍篆盖。

墓主普氏（1505—1581），明垣曲县（今山西省垣曲县古城镇）人，武强县令文武相之嫡妻。

【志文】

故文孺人普氏墓誌銘

文林郎致仕陜西府谷縣知縣邑人乾宇吕克勤撰文

文林郎致仕山東長山縣知縣武强勖齋蕭長書丹

承德郎陜西寧州同知邑人驥野馬汝騂篆蓋

先是，致仕武强縣尹文公諱武相，號竹窠，卒葬之日，年月、行實既有志銘文諸石矣。居無何，公配孺人亦尋卒。越二祀，將啓太尹公竁合葬焉。厥嗣希程君偕弟希張、希朱持狀來乞銘，欲礱石埋辭爲朽計也。予與希程君有莫逆之交，以不文辭之不得，乃誌曰：孺人姓普氏，同邑僉憲公暉之孫女，二尹公曰義之女也。幼性姿聰慧，容止端莊，甫十歲失恃，即知哭誦追慕，閨儀女範，不待教而肅知。二尹公見其婉娩温淑，奇之，屢來提姻者，曰："家女必量才擇配，可輕諾哉？"時太尹公髫年，穎悟不凡，里人以奇童譽之。憲使公聞普氏有淑女，求配。二尹公曰："無論文氏家範門閥宜，且聞此子具公輔之器，其才可配矣。"遂字之。太尹長孺人七歲，以婚姻非時，尊憲使公命，先納側室，已生二子，孺人始至。處側室猶姊妹，視二子若己出，未始有忌心間言。事舅姑尤敦孝敬，太尹公心默重焉，凡有遠行，鮮内顧之憂。太尹公少多疾，孺人供湯藥，視飲食多中節。太尹公攻儒業，每以勤勵，期其大成。太尹公伯仲分爨，欲讓貲産，孺人咸贊助之。時瘟疾熾作，太尹公及太母夫人俱嬰重疾，孺人維持左右，夙夜不怠，每夕爇香籲天，以期病痊。太尹公仲兄早卒，遺孤甫六歲，一日染疴，孺人與太尹公議曰："仲兄辭世，止遺此孤，倘不慮，兄其乏嗣矣，吾子頗多，願以一子代之。"相與焚香祝天，遺孤果愈。嫂氏孀居，孺人爲之寬釋其欝懷，勵以守貞，後果堅柏舟之節，沐旌表之榮。及五子異居，孺人謂太尹公曰："一父二母，貲産須均一分給，令各拈鬮，庶無偏私之議矣。"太尹公從其議處分，諸子果皆悦服，退無後言。太尹公伯兄及子卒，適太尹公起選寓京，孺人語諸子曰："汝伯父子俱遘不幸，遺孫幼而且貧，奈之何？汝輩備衣衾棺椁，停柩在室，俟汝父授官抵任，齎俸金以禮葬之。"仍携所遺幼孫至官邸，扶養成立婚娶，一門賴以不墜。孺人最仁慈，歲積樹果蔬菜，親鄰或有疾病，輒令人饋送。遇族戚中無告者，必周衣食，俾獲安生而後已。其垂女訓，以勤謹節儉爲言，至于歸，必戒之曰："往之汝家，須孝翁姑，順夫子，和妯娌，睦鄰舍，不尊吾訓，不復見吾面。"以故諸女悉有賢聲。太尹公由歲薦授武强縣尹，孺人乃勸守忠廉，盡職分，且曰："昔厄齏鹽，今食天禄足矣，可貪得瘠民肥吾耶？"其勵諸子云："汝父居官守法，囊中無積金，汝曹宜苦自立，以繼父祖志，勿以汝父爲終身托也。"時太尹公不爲衆所悦，欲告歸田里，孺人曰："知幾勇退，君子事也，惟願安樂還鄉，教子讀書，吾心慰矣。宦橐空虚，何須介意？"遂浩然而歸。孺人素性樸實，不尚浮靡，一衣再四浣濯，視粒粟縷絲一有妄費，必叱僮婢，曉以農織艱辛。太尹公歸田十餘年，家貲漸不裕，日費多出稱貸。孺人勤苦績紡，甘淡泊，未嘗有一怨言。太尹公高年染痼疾，孺人竭心力事之，無間少時。故太尹公曉諸子曰："伉儷偕老固少，若汝母之事我者尤少。汝輩雖孝養，設非汝母朝夕事我，汝輩安能在我左右乎？汝當何以報汝母，汝其念之哉？"太尹公在世，孺人已染疾矣，孺人哀痛，憂思漸深，一日疾篤，呼諸子戒之曰："死生人之常事，吾壽近八旬，不爲不多也。如我没後，汝輩自當節哀，遵父遺訓，無玷先人名節，吾瞑目無憾矣。"語畢，至中夜卒，時萬曆九年十月二十六日也。距其生弘治十八年十二月二十七日，享壽七十七歲。兹卜以今歲十一月二十八日，合葬於城北祖塋之次。

子三：長即希程君，邑庠員；次希張，奉祀生；又次希朱，廩員。女三，俱配名族。孫男八：希程生子一，曰具道，廩員。女一，適庠生魯一槐。希張生子四：曰述道，業儒；適道，庠員；造道、回道，俱業儒。女二，俱有字。希朱生子三：曰擴道、見道、弘道，俱業儒。女三，俱有字。曾孫男一，曰風動，業儒。曾孫女二。噫嘻！孺人有如是懿行，女中鮮有儷焉。矧厥嗣孫在邑賢杰士也，他日馳騁，贈之榮端，必有待而顯者，是不宜銘乎？銘曰：

於維孺人，嵋川毓秀。貞静幽閒，發□望族。德配君子，□□□□，□□□□，崇儉默華。翊翼夫翁，實資政□。□□相對，咸足矜式。子孫繩美，奕業蜚英。庭森玉樹，邦國之禎。賢哉孺人，□儀□缺。福壽駢臻，顯顯令德。窆兹兆域，有崗其崇。永奠丘壠，百吉攸從。

萬曆十一年十一月二十八日刻石

新建洪庆观钟楼记

【简介】

明万历十三年（1585）十一月立石。现存垣曲县古城镇洪庆观内。

碑青石质，长方形，仅存上半段，石面多有剥泐。残高135、宽94厘米。石边线刻6厘米宽的缠枝花叶纹装饰带。碑文21行，行存34字，字径3厘米，楷书。碑文记载了垣曲县知县率僚属新建洪庆观钟楼的情况。

【碑文】

新建洪慶觀鍾楼記

垣曲縣儒（下阙）

維□□□□□王□□□中條之支山也，東映太行，黄流在下，居然當邑之奇觀。觀（下阙）象□□□□□□哉爍兮，□寓内之大□也。□顧覆焉於坤□雨薄蝕，遐哉邈矣。邑（下阙）低迴而不□□□□鐘之爲德音，聲和協□，□同熙聽，□□射用以啓期焉者。胡□（下阙）流。僉云，罏冶於宋政和□□，元□□靡可□□□明興二百年，餘蓋未嘗舉而□之也。□□□然興□曰：噫嘻，嗟□！此物也，非夫余疇昔□（下阙）逆旅中鏗鏗然金聲盈耳，□□梵□□□中聲也。以□□□□人曰：無比鄰於此□（下阙）固異焉。乃今始驗之□□諏日□□□□懸□簷□□□鈎心鬪角，翼翼屹屹，洞口（下阙）則啓閉有節，響應□盡則士庶知□，□□曰：物之□□靡遁乎数，抑物大有神，神待（下阙）未受命，不知有□□，知□□物。公胡以聞此聲，此□胡以聞於公？聲聞於公，可恠也。（下阙）值，是必有神以感之者。尤可怪也，鼓鑄於五百年之前，公於五百年之後一朝舉之，（下阙）数神待□人者非耶？嗟乎！聲□之功，幽贊明神矣。然烏足爲公侈哉？公有聲於垣人，（下阙）焕然□□□聲在青衿，輕役薄賦，吏畏民懷，四境寧謐，萬室盈庾，華聲在蒼黎治（下阙）天庭峻□□□□□徹廊廟至此，公之聲如山高，如水長，如金石之堅矣。鄉大夫上林丞（下阙）屬永弼記其事，遂述公構楼顛末如此云。公行矣，垣人攀留不可得，然聞（下阙）無異峴山也。公諱舜智，號通津，鄉□人。贊成其事者，少尹何君名應祥，安丘人。蓮幕（下阙）

萬暦十三年歲在乙酉十一月□□之吉

新建洪慶觀鐘楼記

明故诸元静轩张公配孺人马氏合葬墓志铭

【简介】

明万历十五年（1587）二月刻石。垣曲县古城镇沇岭村出土，现藏该村赵姓村民家。

墓志青石质，长方形，高63、宽79厘米。志盖佚失。志文37行，行30字。楷书。刘应科撰文，张鹏翼书丹，常叔栋篆盖。

墓主张治美（1539—1585），字仲遵，别号静轩，明垣曲县（今山西省垣曲县古城镇）人，增广生员。万历乙酉山西乡试前夕染时疫而亡。

【志文】

明故諸元静軒張公配孺人馬氏合葬墓誌銘

直隸真定府儒學訓導邑人禹門劉應科撰文

表弟邑學生吉宇常叔棟篆蓋

侄邑庠生張鵬翼書丹

静軒公者，余姻婭親家也，姓張氏，諱治美，字仲遵，別號静軒。係出曲沃，自遠祖九郎徙於垣，支派世漸繁昌。垣之譚鉅族者，推轂張氏云。凡十五傳而至鎰，蓄貲雄邑，生九林，授南直隸清河口巡宰。九林生養浩，即余老親家公，邑庠增廣生。厥才厥貌，迴邁青衿，子侶家業擬父祖完美倍百。生男三，長即静軒公。公生而機警穎異，孩抱時多疾恙，六七歲即嶄露頭角。授之學，頗音文義，日記數百言。稍長，行文遽温雅奇巧。公外祖通府亳水常公愛而奇之，私語公母常氏曰：異日克閏龍出昌張氏者，必其子也。小試文衡，書川劉公置卓等，輒冠諸生，克增廣員，灼然爲一時譽，髦望藝林譚之，咸號少年豪杰也。厥後文思益涌，筆陣益捷，再試冠，遂食公家廪。迨試秋闈，僉以爲巍科無難取者，不意賁落莫遇。恒虄虄懷抱璞恨，猶然肆於學，日更研精，日更焠厲，蓄藴淵厚，莫可測涯。乙酉夏，督學薛公復論秋闈士，先令甲科翼城尹賈公親詣垣遴之，拔其尤者録名以上，公獨發睿藻膺者選，環邑士庶大駭，胥嘆云：静軒今科大捷，諒無遺矣。無何浹辰，老親家新齋公寓莊遘疾，公聞，亟奔侍湯藥，不期同中流行時疫，抵家間日而亡。借今不死，得乘會欻起，則公之事庸詎可量乎？雖然生死者常，修短者數，公之瞑目，當亦無憾。自幼至壯，身舍富足之鄉，雪案功名已轟顯顯之譽，妻賢之讀，箕裘可紹，左視泯泯無聲，老於奔走者，奚啻徑庭？且當時原有奇異狀，邑侯蔣公夢静軒掇麟經魁，人又夢處廟前閲卷，未幾而逝，公殆赴冥冥中之修文館、白玉樓乎？是可悼也，亦可怪也。公生於嘉靖二十八年十月初五日，卒於萬曆十三年四月二十一日，享年三十七歲。配馬氏，同知驥野馬公女，先公卒，馬氏窆已誌銘，無庸復贅。繼配趙氏，中丞公孫光禄署正河亭公女也。趙氏在室，以端慤淑慎爲父母愛子，及嫁而爲張氏婦也，事繼母鄭氏先意順欲，一敬不怠。鄭母賢之，常稱之内外。趙氏益竭□瘁，勤織紉，治瀡瀡，奉爲姑歡。叔伯母與妯娌輩稱爲嘉婦，無愧名門。夫君既没，痛苦至疾，撫育二子迄今成立，趙氏亦烈丈夫也。生男二：長鵬羽，馬氏出，性敦慤聰慧，有父風，攻舉子業，取劉氏，即余女也。次鵬翔，尚幼。女一，果姐，亦幼，未聘人。俱趙氏出。鵬羽卜是年二月二十五日，合葬於城西三里許祖塋之西從親新兆也。先期持幣走使，具堂伯文樓公所爲狀，遥索余銘，余即肉骨，義不容辭，乃按狀述公生事始終，俾登諸堅珉，以垂永久焉。銘曰：

於維張公，淬志勉旃。間世英物，儒林俊賢。學堪掇第，夢兆登仙。蚤入文館，翱翔九天。新築佳城，松檟其繁。乃偕孺人，曰處上阡。生也同室，死也同阡。於斯萬年，載棲載安。爰篤□嗣，佑啓後傳。克顯克昌，世世延綿。

萬曆十五年二月望日吉

孤子張鵬羽　鵬翔　泣血上石

封赠赵东鲁父母先母制文碑

【简介】

明万历二十四年（1596）立石。现存垣曲县解峪乡南丁村中部。

碑青石质，长方形，高170、宽60、厚20厘米。文13行，满行45字，楷书。碑文为明神宗朱翊钧封赠西城兵马指挥司副指挥赵东鲁之父母、前母的敕文。赵东晋、赵东鲁立石。

【碑文】

奉天承运，皇帝勑曰：人臣服庭訓以事上，而徼國寵以顯親，忠孝之道，本相待而成者也。爾趙仲學，乃西城兵馬指揮司副指揮赵東魯之父，禔躬□厚，履行淳良，雖潛德未施，而式轂有子。兹贈爾爲文林郎西城兵馬指揮司副指揮。孝思式慰，來裔永綏。

敕曰：緣子貴母，彝典所關，乃若訓育弗躬而發祥有自者，亦追崇所不遺。爾馬氏，乃西城兵馬指揮司副指揮趙東魯之前母，婦德無愆，室事有淑，爰啓來胤，亢千夫宗。是用贈爾爲孺人。不□□靈，式歆斯渥。

敕曰：人子食禄于朝而親不逮養，罔极之思切矣，可無疇報以慰□私哉？爾王氏，乃西城兵馬指揮司副指揮趙東魯之母，夙稟静貞，克持勤儉，訓迪爾子，策名清時，慈教既彰，令儀云邈。是用贈爾爲孺人。式闡幽光，尚紓遐慕。

萬曆二十四年歲次丙申三月清明日

孝子趙東晉　趙東魯　立石

创建回龙宫碑记

【简介】

明万历二十五年（1597）十一月立石。现存垣曲县解峪乡五福涧村鹰嘴崖回龙宫遗址上。

碑砂石质，长方形，碑石下部略有残缺。碑石周边刻饰缠枝花叶纹装饰带。文16行，行存28字，楷书。碑文记载了道民郝礼明、李义常、姚义修等创建回龙宫的经过。刘应宿书，仝梧立石。

【碑文】

創建迴龍宫碑記

垣之西南距四十里曰五虎澗，間三里曰鶯嘴窩，乃大河之險要處。（下阙）柁，牆落神泣，皆謂冥冥中有飛輓云。洎丁丑，趙羽士發慈悲，竭虔誠（下阙）神祇濯靈之府乎！於是，虎踞山頭，呼天籲地，祈化萬緣，操舟浮桴者感（下阙）晦，神色如故。四方驚訝奇異，靡不弘施金帛，多贈錢谷。故不踰時，鳩百（下阙）址，鉤樹華蓋，高大殿宇，峻嶒数仞，延袤数丈，鏝砌完鬶，上出重霄，飛閣（下阙）金面金身，依然帶裳，幅寫丹楹刻桷，恍若桂殿蘭宫。河以北河以南謁廟（下阙）居者介以百福，即行者舳艫千里，順流而東，豈復有潰敗決裂之虞哉！（下阙）雍雍其和，民用悦服，穰穰其慶，洋洋其休，伊誰之賜！羽士之修声流洪（下阙）弟子郝禮明、陝州李義常、姚義脩継先志告成功焉。是廟也，起工[于]萬曆丁丑年，收功□萬曆丁酉年，後之君子瞻庙貌而閲貞珉，庶有所考（下阙）。

舉人劉應宿書

賜進士第知垣曲縣事郟鄏仝梧立

儒學教諭馮至誠

文林郎知垣曲縣事関中黄鶱爲

平陽衛防守五虎澗鎮撫朱紘

賜進士弟知沔池縣事新城王之都

功陞山西潞安道新兵營實授守備山東黄邑（下阙）

功陞山西潞安道新兵營實授守備山東黄邑（下阙）

分守山西潞澤營領兵千總

山西潞安道新兵營領兵把總

陝西魚林衛孤山（下阙）

大明萬曆二十五年歲次丁酉冬季仲月吉日立

創建迴龍宮碑記
垣之西南距四十里曰五虎澗間三里曰鷂嘴窩乃大河之險要處
祀舊落神泣皆謂其墓中有飛艷云迨丁丑趙羽士發慈悲竭處誠
神祇靈之祈乎於是虎踏山頭呼天籲地祈化操舟捋音感
時神色如故四方驚訝奇異願不孤施金帛多贈錢谷故不踰時構百
餘址鉤欄華蓋高大殿宇峻嶒數仞延袤數丈緩彻完飾上出重霄飛閣
金面金身依然常襄僧為丹楹刻桷儼若提蘭宮河以北河以南謁廟
居者俞以百福郎行者舳艫千里順流而東豈俟有潰敗決裂之虞哉
雍雍其和民用悅服孫孫其慶洋洋其休伊誰之賜羽士之修声流洪
弟子郝礼明陳聯李義崇姚義脩繼先志告成功為是廟也起工
萬曆丁丑年收功萬曆丁酉年後之君子瞻廟貌而閱貞珉庶有所考
棠人劉應宿書
賜進士第知垣曲縣事郟邠令梓立　儒學教諭黔孟讓
文林郎知垣曲縣事閿中黄為　平陽衛防守五虎澗鎮撫兼縂
賜進士第知汚池縣事新城王之都
功陞山西路安道副兵營實授守備山東黄邑
功陞山西路安道都兵營實授守備山東黄邑
陝西
大明萬曆二十五年歲次丁酉冬季仲月吉日立

平原里宋村府掾继泉父安完重修重兴寺记

【简介】

明万历三十四年（1606）三月立石。现存垣曲县华峰乡宋村永兴寺。

碑青石质，圆首长方形，通高104、宽58、厚11厘米。已残破，下半部残缺为数块。碑额竖排楷书“碑志”2字，左右两侧线刻“日”“月”和云纹。碑身周边线刻3厘米宽的草叶纹装饰带。碑文18行，行30字，楷书。碑文记载了安完鼓动住持僧明逵等人重修宋村重兴寺的经过。安曜襄撰文并书丹。碑阴横分三段刊刻宗派、本村管饭施主和其他寺僧姓名。

【碑文】

（碑阳）

平原里宋村府掾繼泉父安完重修重興寺記

姪庠生曜寰　子安□道□文並書

夫我垣宋寺名以重興者，非廢而復興之謂，□復興而又廢之。匪第無以妥西天之聖，即人心亦其胡安？是以□□□衆□□□□□□□補敝之思，但謀慮不長，輒畏難而寢矣。獨我伯諱完者，蒿目□寺有垂顛之勢，乃穆然嗟，淵然思，曰：西漢明帝遣使天竺，僅得佛經四十二□，猶有蘭臺石室之緘。况厥寺正佛像所在，可聽其顛覆而不爲之計乎？又况厥寺有田頃餘無□□□而重新有資乎！一日，議於本寺住持明逵長老，直欲□之分畝課租秋夏□□□餘，以圖再造，逵氏即肯首曰：修飾寺院，僧分内事也。公有此美舉，予□□□□□□□大同心協力，夾董厥事。積餘數載，遂□□而九□□葺□□□□□□□□□禪室壹是告成，向之垂顛者今而覆蓋矣，里□少□枚者□□□□□□□□□不首嘉生伯之功，而深贊逵氏之力焉。夫豈□□□□□□□□□□□□□□□功，難與少而創大功，豈不難而又難？兹者，不□□□□□□□□□□□□□□□續，倘亦西天有靈，默而相之耶！神哉神哉！彼□□□□□□□□□□□□□□矣。是故逵氏快覩厥寺重新之美，深感生伯□□□□□□□□□□□□□□□聞其功業巍峨，舉重興而又重興之□曰：立□不朽盛事，非予儕所敢擅乎，姑就厥述以□記之。

時龍飛萬曆柔兆敦祥之歲季春之吉立石

本寺住持僧　明逵　門徒真□　孫□興

石工　□□山

（碑阴）

宗派：

（上闕）□心　□□　□德　圓明　真如　性海　濟照　普通

本村管飯施主　壽官安宴　登仕佐郎安宓　府□安守　郡吏丁尚志　庠生安若□　安維　安緒　安紀　□應魁　郗付本　□□□　□□□　□一桂　王尚□　王尚□　□□　何三書　蔡大胡　陳滿斗　程□□　□德□　張□□　樊廷□　陳滿□　吉付□　郗進禄　梁進禄　□國蘭　（下闕）□日曜　柳孟書　宋一貴　陳良棟　（下闕）何三□　樊尚□　鄧懷□　關□　閻得道　宋一喜　段師尹

信女□門王氏　東馬村安康　西馬村楊思問

净土寺僧　真存

青陽寺僧　果燈（下闕）

禪僧祖堂

梓匠　常明教　張開翼（下闕）

重修庭神并记

【简介】

明万历三十四年（1606）三月立石。现存垣曲县同善镇刘村。

碑青石质，圆首长方形，通高140、宽72厘米。首高32厘米，碑额竖二排篆书“重修庭神并记”6字，字径8厘米，左右两侧刻饰牡丹花朵。碑身周边线刻3厘米宽的卷云纹装饰带。碑文18行，行31字，字径3厘米，楷书。碑文记载了刘村李相贤父子三人重修泰山庙舞厅并妆塑神像的经过。李文□撰文并书丹，狄宾刻石。

【碑文】

重修庭神並記

本縣書辦近槐李文□撰書

且夫人本乎天地，亦本乎鬼神，人能敬鬼神，則祈雨而雨至者固多，禱風而風息者良久。至於求禦災捍患，鮮無應焉；願錫福降祥，綦有驗矣。由斯足徵，設祭建廟之舉，有自來矣。兹垣山上張里劉村者，百室餘郡，面前紅門仙洞，背後洞隱金牛，右旁懸泉聖水，左旁水溢金蘭，古景地也。中建泰山古跡廟也，殿雖浩辟，餘皆頗固。惟舞庭三間，歷祼欹侻，木朽墻欹，兼雨連綿，迄萬曆伍年無射隕蹶，毁傷其薪木。本村居民李相賢曰：斯廟也，廼爲四時享祀之地，仍係□載輪賽之所，可坐視忍於頽敗乎？于是踵門而告，勵勖於人。冶陶磚瓦，集木需杞，益椽楹榱桷，增山節藻棁，立木於次年大簇老陽，洒哉顓哉，□倍他日。砿工未及，相賢殛矣。有二子永安、永明者，弗忍工廢半塗，晝夜胥協，慱梆擊柝，鳩工起砿，至十二年蕤賓，厥工告完。秩秩然，巍巍然，壯於傎矣。又永安周顧左右，□娘娘、関爺並白龍、牛王、土地，皆古之制，像彩簡略，剥落失經，綵色不足視於目，是目朝暮經營，輸斂菽粟，爰十三年應鍾□□起工，俱行塑繪，刱添伯王、馬王二像，悉加金綵，續修汔載。褍奇□妘，金舄妍翠，輝煌炳朗，焕然曌□，鼎鮮革故，病之昔者，靡不衎衎矣。斯夾鍾家父，永安恐泯其由，讁予爲文，以彰前日濟事之姓氏，猶爲後世尚義之□鑒。但自揣予廼樵漁，尊厥嚴命，不敢固辭，僅記歲月而已，請勿哂焉。

時大明萬曆三十四年歲次丙午姑洗驥立

開元观糧銀三錢二分二厘

崇興寺糧銀三錢三分三厘

南頂會内置金皷一付　解州會内置响器一付　東頂會内置鑼一面　合會人合社鑼一面　雙重鑼一面

梓匠　□□陽　田大存　李世恩

瓦匠　樊有良

塑匠　張順　李朝

畫匠　王青山　白有　張□□

石匠　狄賓　鎸

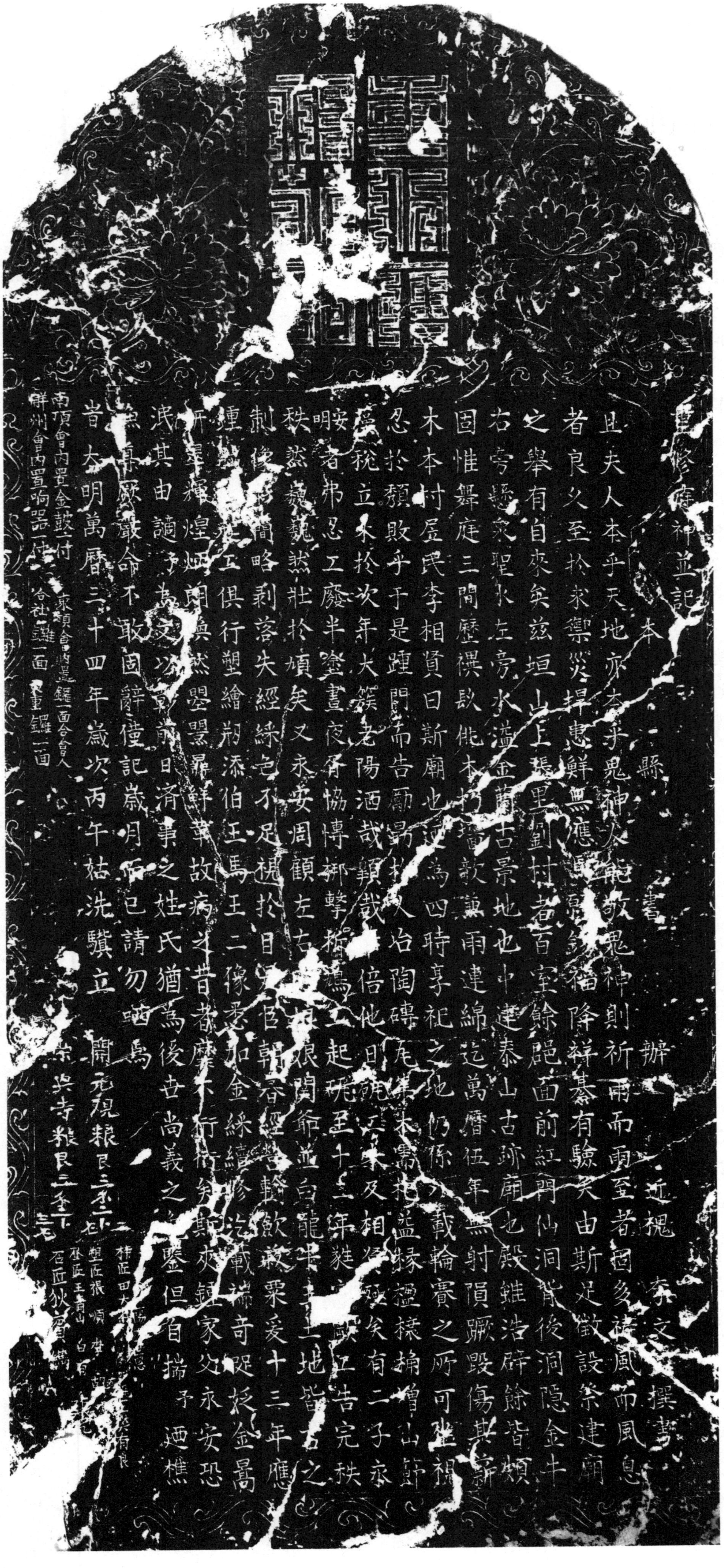

刘际隆捐输疏文碣

【简介】

明万历三十九年（1611）十月立石。现存垣曲县古城镇上堖坂村。

碣红砂石质，长方形，高40、宽110、厚13厘米。四边线刻3厘米宽的缠枝花叶纹装饰带。碣文无题，共60行，满行24字，楷书。碣石刊刻了明代垣曲县民刘际隆在大灾之年捐输麦谷，刘际隆本人及各级官吏因而上疏朝廷请求给予建坊旌表的公文。

【碣文】

投獻狀人劉際隆爲輸粟救荒以濟國計事：今切歲艱，親造鄉約，教化百姓，仍勸輸粟救荒。思得際隆故祖劉三思、故父廩生劉惟遜遺言，訓隆□薄治家，有餘周急。至今二十五載，朝夕兢業，常懷靡及，儉約身心，恐負祖父遺言。玆值連年荒旱，百姓嗷嗷，且隆家頗有積粟，除留僅足養家，其餘願盡數備濟，今輸小麥一百石五升、粟穀一千一百石五斗。以上麦穀一千二百石五斗五升，以爲救荒之用，例应賜給冠帶竪坊。但粟雖係隆輸，意實肇於祖父，隆不敢承受，懇乞申請祖父之名竪坊旌表，存没被恩。

垣曲縣知縣吕：看得劉際隆遵祖父遺訓，玆積二十五年，一□向义，輸粟一千二百石有零，救濟甚多，非真善人當不至此。且辭榮不受，追念祖父，一點孝心，不忘本源；又欲爲弟代輸，祈請□役，一点悌念，友於骨肉，此皆人世之罕有者也。儻人人而知此，則天下無有餘不足之患，而興孝興弟，綿間閻矣。堯舜之治，不复覩乎？合當曲從，奏請旌表，仍給冠帶榮身。

本府知府黄批：劉際隆輸糧至一千二百石有奇，且請旌祖父之名，乞還親弟之役，孝友可嘉，仰候兩院詳施行。

按院劉批：穀麥千二百石救濟，又能念及祖父，仁孝可嘉，准先給冠帶，□免本身一丁雜泛差徭。

本院劉憲牌：爲□□救荒事牌，仰本縣官吏，即將劉際隆給與冠帶。仍動綱銀，置披紅絹一疋、銀花一對，務重一兩，菓酒二事，當堂把酒簪花。再置扁一面，上書“世德之門”四字，左列本院官銜，右書“義官□□隆立”。妝完，鼓樂迎送本家懸竪，以皷好義。事完，題請巡撫魏批，劉際隆捐粟一□，衆善俱備，殊可嘉尚。仰守東道行縣，給與冠帶，優免事完，類題旌表。

巡撫魏一本：旌表助賑義民以勵世風事，據布政司呈，稱垣曲縣義民劉際隆輸麥穀一千二百石五斗五升，前來該本司署印。右布政使喬看得山西頃惟大祲，官帑殆竭，所恃以拯濟群生者，惟助賑策耳。玆垣曲縣義民劉際隆捐粟救荒，合應題請，劉際隆乞要旌表伊祖父劉三思、故父廩生劉惟遜，雖無成例，□輸粟逾額，委可嘉尚，乞本院詳酌施行等因，呈詳□□。據此案，照先□全晉空匱，以拯災民待哺無策，仰懇天子俯假便宜，救全遺黎，事准户部，咨該戢□同按院劉具題，本□□□内一款，奬好義義民劉際隆□属細民，心存弘濟，捐施不悋千粟，仁惠大及一方，捐助其多，宜應建坊表揚。劉際隆情願移恩於祖父，虽無徃例，而孝義兼備，□可風世，應與伊祖父建坊，而際隆仍賜給冠帶，以示□異者也。既經該司查議，前所相應題請，伏乞勅下户部，再加酌議，將義民劉際隆照例覆請，俯賜冠帶及建坊給扁，以勸將來行□，□承施行。奉聖命，平陽府知府高爲旌表助賑士民以勵□□事。

萬曆三十九年九月十七日

承奉山西等處承宣布政使司劉付蒙巡撫魏案□□户部，咨該本部題山西清吏司，案呈奉本部送户部，巡撫魏□□□事等因奉此聖旨：户部知□，欽此欽遵！抄出到部送司案呈，看得山西巡撫魏題，稱義民劉際隆捐助俱多，例應實爲竪坊，情願移恩於祖父。此例雖無可比，孝義兼□，□後應與伊祖父建坊，而際隆仍賜給冠帶。

時萬曆歲次辛亥孟冬吉旦

敕封文林郎知垣曲縣事廣川吕鐫石

封赠刘天与夫妻及继妻敕文碑

【简介】

明万历四十四年（1616）三月二十九日立石。现存垣曲县古城镇店头村。

碑青石质，长方形，高158、宽74、厚17厘米。四边线刻3厘米宽的缠枝花叶纹装饰带。碑文无题，共17行，满行34字，楷书。碑石刊刻了明神宗朱翊钧封赠保定府庆都县知县刘天与及妻、继妻的敕文。

【碣文】

奉天承運皇帝勑曰：朝廷有大澤，必先暨於日畿，而應聲之徵，亦唯畿民是給。自非公忠豈弟，烏能體德意、達□瘼者？朕且得其人尊顯之。爾直隸保定府慶都縣知縣劉天與，以茂林□等，陞叙茂宮，綰符花縣，當歲時之不易，兼冠蓋之相仍。而爾念切懷嬰，廉甘茹蘗，察□稷於秋毫，應手絲棼立解；安蜚鴻於中澤，推心菜色咸蘇。所司奏爾狀曰：廉公有守，□幅無華，殆幾於漢吏已。兹特授階文林郎，錫之勑命，吏當孔道，多飾厨傳，調憑軾之口，而不難結納響於元元，亦知朝廷取吏於百姓乎？夫萬人愛之，則萬人之吏也。爾尚堅爾操，以竟爾材，無俾凋起色於丸邑也。乃以吏爾萬人，朕不以格格爾。

勑曰：古人重元儐以厚始也。即不登於年而內德茂已，儻亦有管蒯之思焉。爾直隸保定府慶都縣知縣劉天與妻席氏，有婉其質，惟德是共，聞鷄而象夫勤，挽鹿以躬婦順，靜好偕糟糠之遇，仳離垂韍佩之盟。是用贈爾爲孺人，尚無斁於明倫，其有光於幽隧。

勑曰：人臣綰綬，一同蔚有休聞，其於內德，未嘗不數數焉。故北門南澗，則善敗之源已。爾直隸保定府慶都縣知縣劉天與繼妻譚氏，夙嫻內則，克紹前徽，素風不易華溫，雅志獨甘淡泊，機緒調絲於美錦，絃歌啓化於鳴琴。爾夫捧璧貞操，運斤應世，緊惟爾佐之。是用封爾爲孺人，尚承榮於珈茀，益篤祐於衿觿。

萬曆四十四年三月二十九日

刘嵋峰墓碑

【简介】

明万历四十八年（1620）四月立石。现存垣曲县古城镇店头村。

碑青石质，圆首长方形，通高107、宽51、厚13厘米。碑额竖排楷书“碑记”2字。正文2行，行15字，楷书。

【碑文】

時萬曆四十八年歲次庚申孟夏穀旦

明故迪功郎山東萊州府高密縣二尹嵋峰劉公墓

不孝孫陝西延安府同知劉天與謹立

封赠鲁廷彦父母故妻继妻制文碑

【简介】

明天启四年（1624）九月立石。现存垣曲县博物馆。

碑青石质，竖长方形，高188、宽72厘米，石已裂为数段。石边线刻2.5厘米宽的装饰花纹带。碑文19行，满行62字，字径2.5厘米，楷书。陈一经、陈一学刻石。碑文为明熹宗制封山东登州府知府鲁廷彦及其父母、故妻、继妻的制文。

【碑文】

奉天承運，皇帝制曰：人□□堂構於家，□勞伐於國，必由仁厚之緒成之。肆朝廷疏寵循良，必□□□父祖□□□□奉政大夫河南衛輝府同知魯世官，乃山東登州□□府魯廷彦之父。行爲士範，德□民宗，惇樸追葛天之風，望隆更□焚□南。邊嘗□□，□□□□。□多□者之車，庭嚴義方之訓。彤幨皂蓋，丕征虧冶之遺；□□懸魚，未遂□□之養。肆聯翊於科第，廼赫□乎寵綸。玆因覃恩，贈爾爲中憲大夫□□□州府知府。□或□以□昌，輝□□而永懌。

制曰：臣子將母之念，履榮貴而益軫，□□□而□成，不以鼎養，而以鼎祭也，存没豈有□□？□□宜人郭氏，乃山東登州府知府魯廷彦之母。心通圖史，動協箴規。拮据之勞，賢同贈佩，盡孝之節，□篤□蘋。相夫績學，空藏穎於重嚴；教子服官，□□□於劇郡。□□□與陶孟媲美，政良守與龔黄比綜。恤典往沾，懸綸□□。玆赫贈爾爲恭人。匪直□幽壤之光，亦以慰□天之暮。

制曰：□守民之師帥，承流宣化，□任甚鉅。□登郡濱海田□軍實以清□家□□□□□能□□豈靳□□□興爾。爾山東登州府知府魯廷彦□敏練，器宇恢宏。□□鄉間，□園起振藻之嶽；筮官邵貳，古衛冀佐□之聲。擢守郡符，寄之司牧，合稱賢□之任。東□而□，飲水介口，庭無來饋之魚，拔□□□仙有遠渡之處，坐示鞭蒲之警。化接南陽，立消佩犢之□。□□□□，薦章交上，朕甚嘉之。玆用覃恩，授爾階中憲大夫。錫之誥命，漢邊諫議大夫；出守有□，入爲九卿者。爾□登以來，海波無儆，□以當□□□尚益弘□□宣德振威，抒朕東顧之憂；行有顯陟，爲典□者勸。

制曰：□借循良，家嚴始□士□□；必甘淑媛，□窮而履□之日，弗獲齊榮，不有憖章，□慰泉下。爾山東登州府知府魯廷彦妻封宜人張氏，天□雎鳩之範，神叶□鳳之緣。奉□□□□□滫□必虔□夫子以有齋□□無斁，豈不忘約，編綦佐茹，□於當官貴而能勤。機□伴程，鬱廢中夜，龍章甫被，鸞□忽分。夫今播譽□□□□□居玄壤。是用贈爾爲恭人。寵光□貴於玄據，令譽長流於懸管。

制曰：□臣分符出□，家室靡遑而□，良二千石也。必有閨闈之秀爲之後先，義既相成，恩必□建。爾山東登州府知府魯廷彦繼妻封宜人趙氏，四德克完，二宗□□，□遵國史，得主饋之宜範；衣霜雍□，□相夫之節習。勞秉杼耽，素曳綦東牟之□理，無□歲垂泪於□燭，□□之敷成有譽每致登乎明星壼政穆修官常□贊。是用封爾爲恭人。載膺□誥之榮，彌佐羔絲之節。

天啓四年九月二十九日

制誥之寶

絳縣石匠　陳一經　陳一學　刻

重修阎罗夫子庙记

【简介】

明崇祯三年（1630）立石。现存垣曲县长直乡前青村。

碑青石质，长方形，高90、宽60、厚11厘米。碑首佚失。碑石周边线刻3厘米宽的缠枝花叶纹装饰带。碑文20行，行33字，楷书。碑文记述了垣曲县前青村善众重修阎罗夫子庙的经过。文经筵撰文，文兵品书丹，赵之翰篆额。

【碑文】

重修閻羅夫子廟記

羅夫子者，即五帝閻君是也。而天下之生靈係之，别不聞有專祠，胡爲而建廟於斯也？豈淫祀也與哉？蓋有原焉。考之邑志，治西四十里有古郡清濂，上柱國將軍韓姓諱擒虎者，封於斯，爲節度使。及將終，乃自言曰：生爲上柱國，死爲閻羅王，□□足矣。則其英勇忠烈屏翰一代，而其威靈赫濯萬古不朽，斯廟之建，忻從來也。曾有寇兵過門，欲肆其暴，神忽大顯其靈以捍衛之，而强人莫之敢侵。至萬曆癸卯之正，我邑侯郯鄏仝公諱梧有獲夢兆，急令肖其威武之像於西廊焉。隨諭起其大會，而四方來進香者益衆。自是，廟貌之所不容仍舊貫者，宜何如耶？議及丙辰之秋，本土省祭閻氏希淵與其子府吏峻修、庠員鴻修、真修者，喜獻基地，創建寢宫三間，兩厢俱備。復於今上初年季冬之吉創建獻殿三間，而景色更焕然一新。雖則人之虔心，實亦仰之威靈，且□來文風日盛，耕桑疇□，信非福庇於神不至此耳？真所爲主持天下之命□□不言故封者也。嗣是而人益積善，神愈靈應，俾形勝之甲垣疆而名海宇，詎可量哉？然而廟貌興隆，當有不止此者。兹因後宫前殿聊以告成，姑勒石以誌神之英靈，並人之助德云爾。是爲記。

時大明崇禎三年歲次庚午二陽之吉

邑庠生文經筵謹撰

男庠生兵品沐手謹書

趙之翰篆額

募緣僧　果仙　徒滿□　孫紹□

後宫作首人　閻希陵　魯勤君　閻光間　郭國□

獻殿勒石作首人　閻光間　閻光里　立石　魯廷緭　閻光□　仝立

增修庙宇碑志

【简介】

明崇祯三年（1630）立石。现存垣曲县同善镇朱家沟退坂庙内。

碑青石质，长方形，已残缺，仅存右上角一块。残高114、宽56厘米。碑文现存16行，行存30字，楷书。碑文记述了朱家沟村增修虞帝庙的经过。撰文、书丹人磨蚀不清。

【碑文】

增修廟宇碑誌

邑□生（下蚀）

□□張時譽□□

邑北四十里許有古名□□□□一□山須盤桓□□□□□也。有□□□□（下阙）馮峙其南，□山艮其北，負夏□□□□□莫□而退於□□□中者，由此（下阙）圓映，何周且密而靈□秀也？□□出□□□□□（下阙）虞帝廟三間於兹土者，蓋取□□□此以□□□殷□人才□□水□不□□□□（下阙）虞帝之陰護，實非淺鮮！於萬曆壬□之季，有善士張子心教、王子好仁等以□□而少樂樓以栖，僧道而□□（下阙）狹隘，甚不雅觀，屬衆輸財。已而□□三□□已□□□□□矣。至今崇禎庚午之季，善士張子□□者□□□□□□□□□□不美與王子好仁（下阙）財□樂樓於其南，創獻殿於其中，立三門於□□□□□□□□又建廊房十（下阙）規模始截然方正焉。迄（上阙）之西又建子孫（上阙）殿一間，蓋欲□靈於虞帝廟者。心教乞□□□□母□（下阙）而廟（下阙）。

五福涧黄河栈道明代摩崖题刻

【简介】

明崇祯十年（1637）刻石。原刻于垣曲县解峪乡五福涧村西黄河栈道外侧岩壁上，经切割后呈长方形，现存垣曲县博物馆。

题记刻于红色砂砾岩上，呈横长方形。竖刻17行，每行3至15字不等，字径4厘米，楷书。题记记载了明代官军驻防黄河的经过。

【刻文】

崇禎七年，垣曲縣正堂段□防河至此，蒲營都司高□防河至此。崇禎八年，垣曲縣正堂段□□□夫□冰至此，□潭参將和□督家丁□冰至此。崇禎九年，□□□潭参將和□打冰至此，防戍五虎澗門下千總余□打冰至此，□□□□李□打冰至此。崇禎十年，□□□□潭参將、薛□防河至此，□□□□村門下千總余□防河至此，垣曲縣正堂段□防河至此，□□廳李□防河至此，來□防河至此。

河堤黄河河防刻石

【简介】

明崇祯十一年（1638）刊刻。刻石位于垣曲县安窝乡河堤村南的黄河岸边。

碣文刻于砂砾岩巨石上，呈方形，高、宽皆200厘米。刻文14行，每行6至23字不等，楷书。刻文记载了明末驻防黄河的官军历年巡防黄河的情况。

【刻文】

去思河底村馮秀才記。崇禎七年，正堂段爺、蒲营都司高爺仝防河至此。八年，正堂段爺、潞澤營参將和爺仝防河至此。九年，正堂段爺、□□参將和爺仝領兵夫打橋至此。十年，段爺、潞澤营参將薛爺、□廳李爺仝防河至此。十一年，蒲营千總米爺防河至此。功□山西潞安道新兵營實授廠衛□□黄邑眷□□張洪□。時戊寅歲甲子月□□□□□。

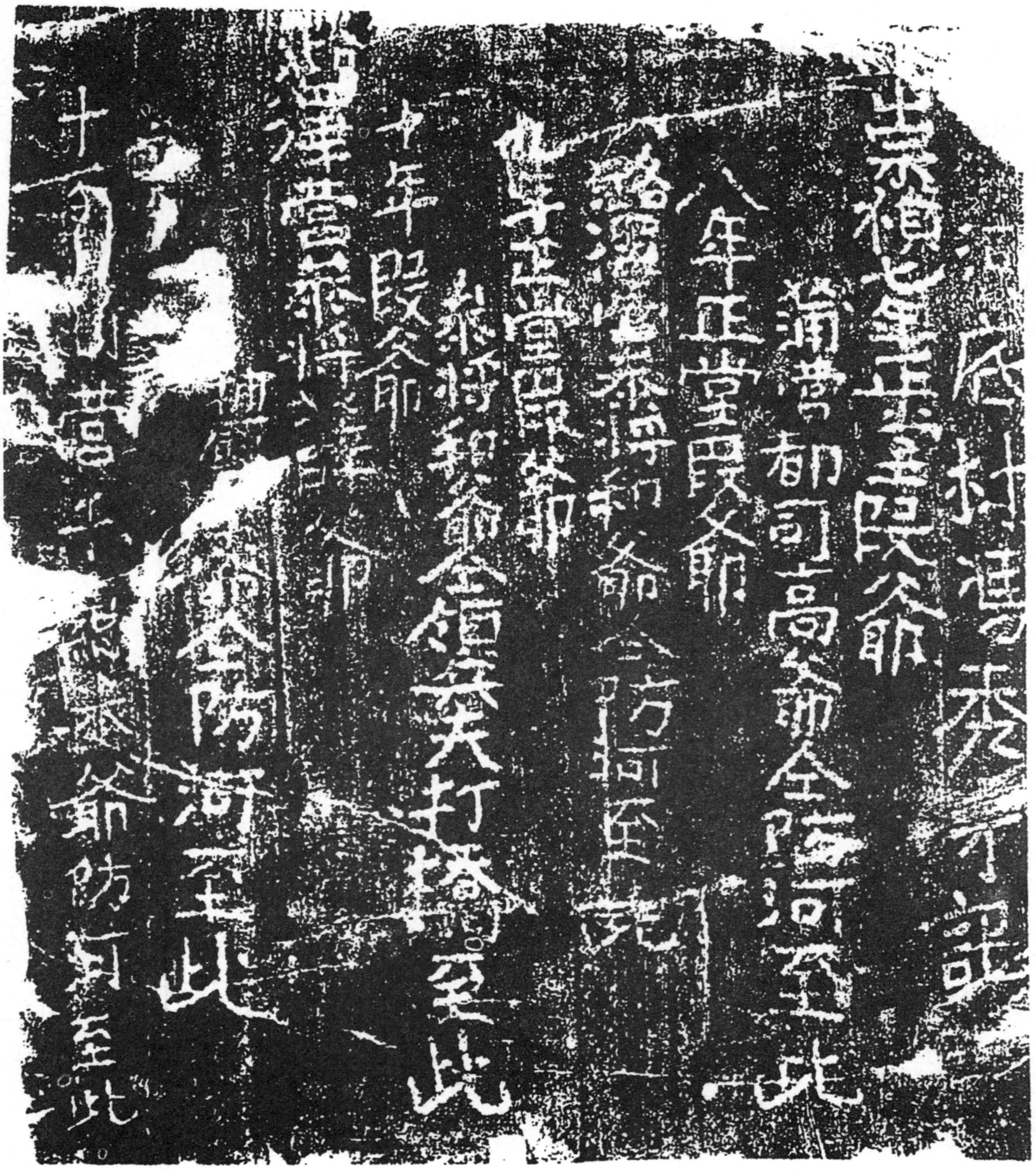

鼎

五世同堂

董公重甃舜井并修建祠宇神异记

【简介】

清顺治十八年（1661）七月立石。现存垣曲县历山镇神后村。

碑青石质，圆首长方形，通高126、宽66、厚8厘米。碑石从中断为两段。首高25厘米，碑额竖分三排楷书“重甃舜井并建祠宇神异碑记”12字，左右卷云纹中分别楷书“日”“月”。碑石左右刻饰2厘米宽的鱼鳞纹装饰带。文20行，行44字，字径1.5厘米，楷书。碑文记载了邑侯董公重甃舜井并建舜祠的经过。碑阴刻助工捐献人名单及所捐粮米数额。杨帝培撰文，□□□书丹，王勋篆额。光绪《垣曲县志》卷十二载此文，题为《重修舜庙神异记》，较原文略有删节。

撰文者杨帝培，垣曲县人。清顺治乙酉举人，曾任河南灵宝县令。课士抚民，勤劳著绩。

【碑文】

（碑阳）

董公重甃舜井並修建祠宇神異記

邑北四十里，古有瞽塚村。迤上二里許，有阜熊熊而起，乃瞽瞍塚也。塚背負山嶺如帶，井出嶺右脅下，緊與塚抱。嶺左十數武，有窟窈然而深，與井平直，對列如目，相傳爲東家井，即《書》所謂“匿空旁出處”也。井之可異者，水或倏然而溢，或忽然而眢。其眢也，或經歲不出，似甕敝而漏也。其溢也，上與坎平，若建瓶以注也。且眢或以潦，而溢反以旱。噫！天下有井焉，神異如是者哉！古建虞聖祠於其上，奉敕歲時祀祭，典在縣誌尚矣。稽祠舊制，東正殿三楹，列帝及娥皇、女英像，井居殿前。明萬曆梁公以水質寒冽，於井前鑿二池，利溉事，惠農人也。年來水漬石泐，潰壞日甚。先是有欲修者，逡逡旋起旋止。至祠亦皆因陋就簡，無有計深遠謀改辟者。幸遇邑侯董公，天質敏練，凡吾垣有関風化處，靡不悉心整飭。一日，謁祠畢，顧井愕然曰：“失今不治，後將堙塞。”又周觀祠制，心弗善也。慨然欲創建之，成竹在心，營畫周至。立召本村鄉老王龍道、楊自勖，同鳩厥工，測深量廣，寸寸以度，不日而井工堅致告成矣。特建大殿於二池之間，俾水由井達池，經帝座下，又入第二池。且於井後作寢宫，即井上成短亭、齋房、翼室，罔弗備美，兩閱月而廟貌視舊頓異矣。是役也，取材於旁山，徵力於本里，費少而功倍，時暫而效捷。且我公俸金屢出以勸賞，單騎數行以省作，其顛末皆不可不記。余謂尤有神異可記者，未修之始，水方瀵涌，甫命甃治，而水立涸，若爲期會而然。修自下上，乃工以漸起，水即漸昇，工高若干尺，水恒半之，迄上及坎口，水不盈者三版，若爲相度而然。構殿之初，有二鳥飛集而鳴，自後，工集而集，工散而去，靡日不然，洎工竣竟不復至，若有呼導而然。噫！天下有興作焉，神異如是者哉！大抵人之精誠，原無所不通，一念可通於百靈，一時可通於千古。當日惟帝之誠孝，旁通於物類，故井可旁而出，水可溢而升也；象可代而耕，鳥可代而耘也。今公之誠信又上通於帝，故甃治而水隨之以潮汐也，締造而鳥窺之以飛翔也，其理一而已矣。噫！後之聞是事者，仰帝之靈應，更景公之孚格，當與湧醴流烏之瑞並傳不朽，故余謂神異尤不可不記也。遂作記。

敕封文林郎知垣曲縣事天中董爾性

文魁署垣曲縣儒學教諭事楊崇高

垣曲縣典史古越高胤豫

己酉文魁邑人楊帝培撰文

儒學生員里人□□□書丹

儒學生員里人王勛篆額

建木　王襄

工房　婁彩鳳　王治世　馮命欽　楊得隆　石連通

督工老人　王龍道　楊自勛

石匠　張朋□　狄青才

重甃舜井
並建祠宇
神異碑記
順治十八年歲次辛丑孟秋吉旦立

瓦匠　喬國顯　楊奇秀

泥水匠　張光英

木匠　王光□　張舒貌　李加富　劉□禮　龐魁晋

紙匠　王尚賢

鐵匠　王起仕

陰陽　□承澤

順治十八年歲次辛丑孟秋吉旦立

（碑陰）

計開士民助修於後

在城生員申所養　生員申近光　申所學　助雜糧五斗　平原里鄉紳安漢鶚助椿樹一根　生員史大勛助椿樹一株　郭建都助米一斗　郭興都助米麥二斗　生員薛時芳助米豆一斗二升　王宗仁同男生員助敬助大楊樹一株　麥一斗　翼城員元揚銀一分　柴□臣　男棟　米麵二斗　絳州王□□銀五□　李□白米一斗　生員□遇時同男生員馨助地一方　不計□毛　生員王必需同男經助米二斗　殿□地□方不計分□　生員朱袞米乙斗　靳□養米一斗　生員王録　王錫　王風皋　同助地乙方　不計□米乙斗楊自重米麵一斗　蕭天富□男金玄　金容　米麵二斗　生員王我徵米一斗　王日薦米豆一斗　王日奇米麵二斗　莊襄同侄内聖米麵二斗　郭百聰米麵一斗　在城生員趙永新谷三斗　王開士助米一斗　王國正米一斗　馬鳴陽米一斗　薛逢期豆一斗　李振世米麵一斗　王開用米麵□斗　周奇米一斗　薛馨米二斗　何進□米二斗　王永亮米一斗　王永壽米麵一斗　王本致銀七□　李繼白米麵二斗　甯尚光米麵一斗　甯道王米麵一斗　張進燕米一斗　上官春米麵二斗　張名樑麥豆一斗　董承道碑座石一塊薛時□板一塊　趙世寧□一塊　何寵米五斗　狄道順面一斗　王國珍　王國琇面二斗　劉世惠米一斗董承玉面一斗　祁三常男必仁米二斗　王風熙酒乙十壺　王賓米乙斗　王風行米麵乙斗　王振蔡面一斗　劉宏恩米一斗　王之章米一斗　柴國民銀五分　侯轉平米五升　張交臣米五升　朱朝風米麵五升薛時錦米一斗　板一塊　史進全米麵六升　王家正　王旮　男建極　米麵五斗　焦承澤米一斗　范三鼎　王永亮　喬可才　同助□六斗　上官收米八升　□匠董玉奇添碑　梁小成鹽二升　張進宰米豆五升　絳縣許蓬銀一分　李營米五升　荆成順鹽二升　王旦然面米一斗　張三□米麵一斗五升　夏從林米一斗　張奇秀米一斗　王乾宇米一斗　王正良面三斗　左弘川米麵一斗五升　趙世清米一斗　王再繼米五升　劉高米麵一斗　王秀米麵一斗　王開科米一斗　楊宋田面一斗　王振賀米五升　楊一翰米一斗　侯劉成米麵一斗　王補米一斗　王開太米麵一斗　鄭貴興米麵八升　王昱虎米麵一斗五升　史彦達米五升　孫進魁面一斗　梁金柱米一斗　王景堯米麵一斗　梁玉柱米六升

夫頭　甯從翰　□木致　王□□　張□剛　王日盈　□□□　楊皓春米五升　薛來□　薛□娃梁相　根娃　□道隆　尚復雲　谷成林米五升　王起法□□升　馬廣現　黄亮珍　王振宜　李三省亢霍晋　王正陽　段登富　柴成有　侯得食　王振漢　張進燕　郭□米豆八升　史實娃

督工　王登選米豆二斗又米麵一斗　史世守米一斗　王景周　男定　孫見　典大楊樹一株　椽四十根　米麵五斗　周士從　男忠言椿樹一株　王龍道男伍　效天　孫扆大楊樹一株　米豆二斗　楊於貴　男自□　孫暹昇　暹昱　暹晨米豆三斗　王宗仁助楊樹一株　根節做大樑　稍節被人隱昧

順治十七年，井廟塌壞，鄉長王登選禀官，數次勸里夫官匠修理。

古城北门碣

【简介】

清康熙六年（1667）九月立石。现存垣曲县古城镇北门洞。

碣青石质，长方形，高41、宽118厘米。文字多磨蚀不清。余文20行，行7字，楷书。戴君锡书丹。碣石记述了垣曲县古城镇北门的维修情况。

【碣文】

募修（下蚀不清）何况如遺今秋？□神語予告予，不將龜蛇驅，倏忽□然，神在兹漸次想羅，今不宣説，汝民思當報恩□□者，輸力有□□□多少但□□我垣民士（下蚀不清）

儒學司訓牛體

督修縣尉李有長

横嶺巡檢張星福

經制把總楊振榜

□首　恩貢文登　文學　申近光

書丹　庠員戴君錫

督工義民　張本　張弘緒　□亮士（下蚀）

□□年丁未歲菊月

清故賜进士□□司训代视县篆晋璧鲁公原配孺人宪旌烈妇文氏侧室宪旌烈妇卫氏合葬墓志铭

【简介】

清康熙十四年（1675）四月藏石。垣曲县古城镇沇岭村出土，现藏该村申姓村民家。

墓志青石质，正方形，高、宽皆51厘米。志盖佚失。志文38行，行40字。楷书。田逢吉撰文，刘赞皇书丹，路应元篆盖。

墓主鲁崇谦（1592—1674），字晋璧，号绍华，清垣曲县（今古城镇）人。清顺治三年（1646）举人，顺治五年任儒学训导。

【志文】

清故賜進士□□司訓代視縣篆晋璧魯公原配孺人憲旌烈婦文氏側室憲旌烈婦衛氏合葬墓誌銘

賜進士第浙江巡撫都察院御史泫水門生田逢吉撰文

歲□□□□安府教授涑□年家眷侍教弟路應元篆蓋

邑庠員門婿劉贊皇書丹

昔余肄業黌序，時先生司教鐸焉。其格言德訓□□高風，匪獨我心則儀，多士仰隆山斗，維時年已耳順矣。越十四載，余侍席民部，先生猶子諱聖舉世兄，以明經候選於京，晉接之餘，興候起居，益知先生矍鑠哉！又越十紀，余視事都臺，鄉里爲先生賀八旬者，走自索余爲文，於是竊喜先生齒德兼優，天眷良厚也。今歲乙卯春，余自浙中歸，世兄諱聖幼昆仲縞素，具先生行狀，懇余典墓誌事，方知先生捐館矣。嗚呼痛哉！按先生魯姓，諱崇謙，字晋璧，號紹華。自洛陽占籍垣曲安民十甲。始祖諱八，忠厚傳家。歷世祖尚義好施，讀書積德，簪纓不絶，科第接踵。高祖諱榮，以弘治恩賜壽官。曾祖行三，諱希賢，文行冠一時，充邑庠饟士。祖行五，諱宗偁，孝友純篤，早年補增，奈才修數短，奚記玉樓矣。先生之父太老師者行一，諱一化，理修名宿，卒以明經顯，司訓河南，恤庠即視縣篆，尋昇陜西臨洮教授。時有政偕召杜，教媲蘇湖之歌，迄太老師遘疾，呼號求以身代，没後哀毁骨立，勺米不入口者三日，葬祭一准古禮。太母孺人王氏喪亦如之。太老師生子六：行一守備崇信、行二壽官崇誼俱已即世矣，年遺有侄武生聖裔、縣尹聖學存。至於行四壽官崇□、行五儒官崇論、行六庠生崇謹、侄庠生聖脈、庠生聖修，遭甲申鼎革之變，慷慨殉難。上臺扁曰"魯有五仁"。先生初配文氏偕女並側室衛氏先期投井，抱石損生，預識烈氣情實，略書諸扁曰"古今異節"，縣史已永著不朽焉。時先生哀痛幾絶，治具收葬，既而躊躇者久之，痛家人之傷殘，徒生不忍；念四門之無後，求死不敢，因繼娶趙氏，安貞厚重，視文母有光□，先生常仰天祝曰：後若生子，願繼三弟嗣。撫諸弟孀婦，矜恤周至，直三十年如一日。先生行三，少穎異，且博文强識，十六游庠，十九補廪，攻苦愈堅，德行益篤，識者皆目爲科第中人。丁卯擬上薦不果，邑侯鄭公拊卷惜之。洎我清順治丙戌歲舉明經，戊子秋銓選法庠訓。甫莅任，課士嚴而有規，撫士親而不狎，首勸諸生以節義自重，衆退而諾曰：先生古君子也，不可以尋常遇之。明年己丑夏，按臺劉公考獎云：師範卓然，宫墻有色，才堪宰割，豈止作五經師也？剡章未上，法邑忽爲姜虜所陷，强先生視篆，矢節不從，身被刃，齒折落，立遠離境去。庚寅恩詔三頒教職，責非城守免議，例應補官，先生東山高卧不復出矣。在家喜讀史書，所遺有《尚書要解》《培德養福□説》。每曰爲人莫討便宜、勉學喫虧等語，生評自儆並以勸人，若唯此心血而已，所以由五十二歲以迄七十，連育四男四女。至康熙甲辰，集親族弟婦侄輩，諭以長子禄己，諸子以次承祧諸弟。嗟呼！先生真孝友兼隆，天地完人矣！至於遇人患難，多方救援；遇人困窘，多方周濟。凡歲春族人不足者，皆量給麥粟，歷久不輟也。鄉里推尊品誼，徵入飲賓一十九次。辛亥□□□□以千餘人記其藁，即余所脱也。先生德不勝記，美不勝録，僅表其大概，因叙其世系云。先生誕□□明萬曆二十年十一月十二日申時，終於大清康熙十三年十月二十三日巳時，享壽八十三歲。配孺人文氏，廪員文騰龍三女。

生女一，許庠員車奇際子儒童車五俊，未嫁卒，憲旌烈女。繼配孺人趙氏，義民□□□□女，生男四：長聖幼，庠員，娶庠生王元輔長女；次男聖統，庠生，娶庠員文素女，繼配太原訓導張天□女；三聖緒，業儒，娶庠員米聲懋女；四聖綱，業儒，娶恩貢文登女。生女四：一適庠員米聲懋子儒童養俊，一許廩員馬翼朱子儒童驪，一許庠員張天經子儒童廷諫，一許庠員文敬子儒童爲冠。孫男一，鑒周，幼出。孫女四：一許增員文濵子儒童芳檜，幼出，餘尚幼。一緒出，餘□幼出。世系既列，銘言吉成。銘曰：

黛屏東峙兮雲霞翠清，黄濤西來兮波瀾回瀠。中有異人兮其唯先生，學富才練兮泫鐸振聲。妻賢子貴兮芝蘭叢成，德高齒尊兮天賜遐齡。身榮没哀兮卜居佳城，古柏茂松兮山川效靈。千秋萬載兮其共識，爲外翰魯公配孺人文氏合葬之塋。

康熙十四年四月十五日子時

孝男聖幼　聖統　聖緒　聖綱　孫鑒周等　仝泣血勒石

重修黑龙潭之玉帝庙记

【简介】

清康熙二十二年（1683）九月立石。现存垣曲县解峪乡乐尧村黑龙疙瘩黑龙庙。

碑青石质，长方形，高 122、宽 63.5 厘米。碑石周边刻饰 4.5 厘米宽的装饰花纹带。碑文 11 行，行 38 字，字径 2.5 厘米，楷书。碑文记述了垣曲县黑龙潭重修玉帝庙的经过。文后刊刻施粮人姓名及数额。文擎天撰文，文衍庆书丹，王三爵刻石。

【碑文】

重修黑龍潭之玉帝廟記

境以黑龍潭名者，元至正年號也。峰頭玉帝廟，記自明萬曆年間建之。意者龍神之雨澤，主之者仍天實爲之與。於康熙伍年間，余師道岸祖首倡重修之議，期於彩飾廟貌，金繪法象。物力固出自衆，而首事諸人猶大有功焉。稽之募緣舊本，班班可考也，事竢於康熙貳拾貳年，而余師道岸祖辭世者已久。吁，嗟呼！歷時遠而人易湮，意率類是。及今不銘之石，以□共成厥事者，勢恐久而無稽，何以勸爲善？潭最近放羊坪莊，其居是莊者，有張國英、辛玉鼎、薛玉盤等，亟今託余屬文以誌之，非以自明其功，將爲後之爲善者勸也。余體師之始意，備述其重新之始末，並取其督事者若而人，及出財者若而人，詳列之石，俾傳不朽云。是爲記。

邑候選訓導貢生文擎天沐手譔

邑庠生文衍慶沐手書

本社　張國英二石　薛道□乙石　張國□石八　王登科石六　任東□石八　李貢生□□　王玉科乙石　辛玉鼎二石　梁自章二石　梁金平石七　辛玉圭石二　辛玉柱石六　文登七斗　王之頻七斗　梁英七斗　張心德八斗　張敬德二錢　張明□三斗　王□如六斗　生員文洸五斗　薛玉盤石九　薛玉卯石五　張克賓一石　辛福□石五　王□□四斗　梁加玉五斗　丁玉明二斗　郭有明三斗　薛玉環三斗　李春容一斗　郭吾川四斗　梁守德二斗　文勵三斗

狼腰莊　趙體富七斗　□俊良七斗　趙玉□九斗　王國□二斗　王國□□斗　僧人求盛五斗　王加貴□斗　□□□□□　車左明石三　張貴□二斗　郭成富五斗　□□夏銀一錢　僧人廣益銀一錢　白□□□斗　白崇□四斗　王登殿四斗　李日明二斗　趙體相一斗　文自富四斗　□□興銀一錢　□□□一斗　馬明燈□斗　陳□心乙斗　王之果六斗　馮積奇六斗　馬加興石三　馬□玉五斗　□□耀一石　□登山五斗　□生□七斗　梁金盛五斗　王得山二斗　袁作□二斗　梁太□乙斗　梁太孝乙斗　梁有興三斗　梁有壯三斗　梁有盛三斗　裴玉山一斗　□□□□□

作首人　張國英　任安槐　王玉科　王加顯　張國安　辛玉鼎　薛玉盤　張心德　辛玉言　白從智　王貴智　梁金盛

住持僧　□□

稷山縣石匠　王三爵

大清國康熙貳拾貳年玖月吉日

垣曲县儒学捐置祭器碑文

【简介】

清康熙二十六年（1687）三月立石。碑旧存垣曲县古城镇，现存垣曲县博物馆。

碑青石质，长方形，高140、宽62厘米。碑首佚失。碑身周边刻饰3.5厘米宽的卷云纹装饰带。碑文15行，满行48字，字径2厘米，楷书。碑文记述了垣曲县儒学通过捐施设置祭器的经过。文后刊刻文庙祭祀陈列供品2行，祭器数目1行，创建启圣祠牌坊、修理台阶垣墙捐资及植树附记2行。张名世撰文，张鸿翱书丹，原述思篆额。

【碑文】

垣曲縣儒學捐置祭器碑文

文林郎知垣曲縣事濡須張名世譔文

儒學教諭高都原述思篆額

儒學訓導鄗陽張鴻翱書丹

蓋聞聖代右文，制□兩序；哲王問道，禮重三雍，是以宫墻萬仞，用瞻棟宇輝煌；俎豆千秋，特薦牲牢報饗。自國學而及鄉□，由歷代以迄今兹，莫不共仰高山、聿昭大典者也。我朝定鼎以來，稽古崇文，臨雍釋奠，其祭享之儀較前代爲獨盛。蓋以至聖之德歷久而彌尊，故崇祀之典有隆而勿替。甲子秋八月，余奉簡命涖任亳城，雖自慚譾劣，斤斤以興利剔弊、修廢舉墜爲心，凡建義學，勤月課，其所以振興文教者，亦既竭其棉力矣。比□明春，時值丁祭，廟觀禮，第見祭器未□，樂舞乏人，不禁惕然傷之。蓋垣自癸未之後屢遭兵燹，學宫圮落，廡址盡荒，草没堂奥之基；經碑蝸篆，瓦埋鼓鐘之韵，芹頖蛇浮，先生倚席。□嘻！諸生抱器而散。逮自戊戌，王公來牧兹土，始恢復舊規，聿新廟貌，而豆籩簠簋，猶因循簡略，其何以妥神靈而崇先聖乎？幸司訓張子凌霄潛心考古，與予商確儀注，力肩□役。而學正原子君超踵成於後，暨闔邑紳士咸樂爲捐助，所置爵鉶若干，雖錫石木竹，非彝鼎瑚璉，然而于豆于登，庶幾以□□侑。原子猶慮其久□湮没也，因記其数於貞珉，以詔來者，□屬予言以記之。惟願後之君子世守勿替，以□□兩子修□之意，是予作記之志也夫。

陳設式：先師前，爵三、登一、太羹、鉶二、和羹。左八籩：藁魚、芡實、榛子、形鹽、鹿脯、菱米、栗子、棗。□□□□葅、芹葅、□葅、□醢、鹿醢、魚醢、兔醢。簠二：黍、稷。簋二：稻、粱。启聖公視此。

四配，每位爵三、和羹二。左六籩：藁魚、鹿脯、榛、栗、形鹽、棗。右□葅、□葅、芹葅、豆醢、魚醢、醯醢。簠二：黍、稷。

十哲，每位爵一、和羹一。左四籩：榛、栗、形鹽、棗。右四豆：韭葅、笋葅、鹿醢、魚醢。兩廡四位，一龕籩豆□□。十哲，每位爵一、羹一。启聖祠四配　兩從祀名宦鄉賢視此。

祭器數：錫爵八十四，竹籩一百二十，木豆一百二十，簠簋八十，舊簠簋九，代登鉶青磁碗八十，白磁香爐二十，大酒瓶四，小酒瓶五，神龕十九，神主照舊補金，鎖三。以上共費銀十三兩六錢三分，餘銀二兩九錢二分，留學修启聖祠。

附記：創建启聖祠、牌坊並修理臺階、垣墻。學博原述思、張鴻翱各捐助銀貳兩、生員馬翼朱、楊丕振、田鼎□、文敬、張金禄、張貞明、席上璉、王化遠、戴君錫、張睿、魯紀孔、趙加麟、馬曰森、文爲憲、劉異珍、文祖助、楊枝露、張寬餘、廣鳳鳴、姚大用、張玿、席同善、魯昌祚、郭祖泰，各助銀壹錢。

明倫堂前康熙丙寅春司訓張鴻翱手植三槐，後君子幸勿剪伐。戟門外启聖祠前柏樹四株，生員席上璉、男大善、同善栽。高之舒捐銀七錢五分，修龕等費訖。

康熙二十六年歲在丁卯三月吉旦

董事生員　楊丕振　張金禄　張貞明　戴君錫　劉異珍　文祖助

金饰神像记

【简介】

清康熙二十九年（1690）六月立石。现存垣曲县解峪乡乐尧村黑龙疙瘩黑龙庙。

碑青石质，长方形，高122、宽66厘米。碑石周边刻饰4厘米宽的装饰花纹带。碑文无题，共12行，行36字，字径2.5厘米，楷书。碑文记述了垣曲县黑龙庙金饰神像的经过。文后刊刻施财人姓名及数额。文擎天撰文，文笃庆书丹，王三爵刻石。

【碑文】

王茅鎮河之南，登其巔，越数嶺，有勝地曰黑龍潭。潭以龍名，誌靈也若龍；潭以黑名，則莫之考矣。黑龍潭之水出向圯，暨柳庄入大河，□縣治之東南隅，附黃河而宗於海焉。潭右臂其峰大秀，自下仰視，形係太陽金星，其勢自正西逶迤而來，直入四圍之中而爲中峰。上有參天之栢，森如竹植。余始於開泰之月八日觀會事於上，見其廟兩，即今玉皇殿、龍王廟也。後率子與孫避暑讀書於其處，方知增以廣生宫，其像俱備，時尚未飾以金，後聞粧□竣矣。近有督工丁玉明、薛玉印託余記之。余詢以財費所自出，暨首其事者，印告余以□，余曰：記者，記此而已。請據實以刻之石，而爲後之作善勸。若語傳之不没，非施財者意，非督事者意，併非作記者意也。

歲進士廷試候選訓導文擎天沐手撰

邑庠生文篤慶沐手書

募化住持僧鎮瑞

首事人　張□德　車在用　文自忠　辛玉鼎　丁玉明　葉生蛟　張國安　王登山　薛玉印　余永□　男積奇　張廉賞　王業茹　白崇貴　王登朝　王自經

王登山一兩八分　張敬德一兩四分　辛玉鼎八錢八分　張堯□七錢　車在用七錢五分　□世□八錢□分　丁玉明四錢八分　王業茹□錢八分　薛玉盤□錢□分　薛玉印二錢八分　葉生蛟六錢　文自忠五錢　馮積奇□錢　梁永興四錢七分　張心德五錢三分　白崇貴四錢三分　王國泰三錢七分　馬潤玉三錢六分　梁永旺五錢三分　梁永盛三錢二分　辛玉言三錢　王之順三錢　王登朝三錢　李曹娃三錢　梁篤字二錢八分　薛玉環二錢八分　趙起武二錢五分　辛玉柱二錢五分　袁國準一錢　僧人廣□□□　袁□□一錢　張帝醫椽一根　張明德一錢七分　王加貴一錢六分　柴進喜一錢五分　王□□□□□□□　馮積林一錢五分　王登臺一錢五分　文自富一錢五分　葉生瑞一錢五分　白崇智一錢五分　葉生林銀一錢　糧一斗　李成發一錢五分　□□□一錢三分　李□創一錢□分　趙起文一錢　王登殿一錢　□□川一錢　薛玉賓一錢　蓋加旺糧二斗　梁如薦一錢　王自成一錢　王□昌七厘　梁一英糧一斗　梁强一斗

飛龍康熙貳拾玖年歲次庚午六月吉日立石

稷山縣石工　王三爵

黑龙庙重修龙王殿记

【简介】

清康熙四十三年（1704）三月立石。现存垣曲县解峪乡乐尧村黑龙疙瘩黑龙庙。

碑青石质，圆首长方形，通高116、宽52厘米。首高18厘米，碑额竖二排篆书“皇清碑志”4字，字径6厘米，左右两侧刻饰菊花图案。碑石周边刻饰3.2厘米宽的卷云纹装饰带。碑文10行，行36字，字径2.2厘米，楷书。碑文记述了垣曲县黑龙庙重修龙王殿、创建戏台、修筑石窑的经过。文为宪撰文，文笃庆书丹。

【碑文】

治西南三十里自柳莊村西峪迤邐而往，有山自西北來，至東南峰嶙峋千丈，垣栢樹周□，下臨深澗，相傳左右有龍潭、鳳潭、雨潭。歲有旱滂，擊潭無不立應。故山之上坐西而東建有龍王殿，蓋自至正年始也。後北復建三清玉帝殿、聖母宫。語云：山不在高，有仙則名，斯山雖無仙而神居焉；水不在深，有龍則靈，斯潭以龍名，擬有龍潜也，故左右村落結社享獻。自有廟以來，未之或輟。近有砍伐栢樹事，邑侯劉公親臨其地，釐正四至，断歸廟中，諭道官吴三省者掌管其事，且諭更正龍王殿亦坐北而南，諄諄以焚修不可無人、有人不可無□爲念。故又刱建戲台三間，下修石窑一眼，以爲住持之具。今事告竣，問序於余，以傳瑱珉。余曰：噫嘻！斯蓋神之靈而山因之以名也，龍之靈而潭因之以著也，邑侯劉公之公正廉明而□□得相與有成也。余聞其事，不敢没其善，忘所自而樂爲之記也。是爲叙。

勅封文林郎署垣曲縣事永和縣知縣晋陵趙堯章

前任文林郎知垣曲縣事三韓劉東昇

垣曲縣典史關中盧起秀

邑廪員文爲憲撰文

邑庠員文篤慶書丹

住持道會司□陰陽學席録善　選擇喬玉棟　道人侯太順

經理事人　生員文徵　文曲瑩　生員文衍慶　舉人王言綸

本社首事人　馬積奇　薛玉盤　馬世臣　辛復紅　車聖命　張新德　白崇智　丁自成　薛玉環　辛復隆

時飛龍康熙肆拾叁年歲次甲申叁月吉旦立石

皇清碑記

刘缵孔张孺人合葬墓碑

【简介】

清康熙四十五年（1706）清明立石。现存垣曲县古城镇店头村。

碑青石质，长方形，高93、宽51、厚16厘米。正文1行19字，楷书。正文左右两侧各刻序文2行，楷书。

【碑文】

父生於崇禎二年十二月二十二日辰時，母生於崇禎四年八月初三日戌時

清處士繼聖劉公諱纘孔配孺人張氏並葬之墓

父卒於康熙□□年正月十□日□時，母卒於康熙四十三年三月二十二日申時

長男劉高璽　高□　高榮　孫□□

康熙四十五年□月清明穀旦

重建回龙宫碑记

【简介】

清康熙五十年（1711）立石。现存垣曲县解峪乡五福涧村鹰嘴崖回龙宫遗址上。

碑青石质，长方形，碑石下部残缺，残高48、宽62.5厘米。碑石周边刻饰5厘米宽的花叶纹装饰带。文12行，行存19字，字径1.5厘米，楷书。碑文记载了僧人海遗心重建回龙宫的经过。赵辛翼撰文并书丹。

【碑文】

重建回龍宫碑記

且□□之成也，非成於□□日，蓋必有所（下阙）美弗彰；莫爲之後，雖盛弗傳，天下事大抵（下阙）神功□爲人力之才思成者哉！余垣邑西南（下阙）祖諱尊神所□。是地也，前有黄流□□，後有危（下阙）數十年之募化，而建廟於□□□□丁（下阙）□而廟貌頹壞，神像□堪，往來君子不免（下阙）□組相通三晉之地産相易□（下阙）神聖欲爲默佑。於是僧人海遺心□□（下阙）不三載而焕然一新矣。庶乎爲之□（下阙）。

垣邑後學趙辛翼撰書

大清康熙伍拾年歲次（下阙）

□贈夙勤王太翁配孺人张氏赵氏合葬墓志铭

【简介】

清康熙五十五年（1716）十一月立石。现存垣曲县历山镇南堡村。

墓志青石质，长方形。文29行，行35字，楷书。鲁圣统撰文，鲁温周书丹。

墓主王取其（1644—1716），字夙勤，清垣曲县同善镇南堡村（今历山镇南堡村）人。

【志文】

□贈夙勤王太翁配孺人張氏趙氏合葬墓誌銘

儒林郎候選州同知表姪魯聖統撰文

邑庠生□表孫魯溫周書丹

余與表叔太翁世聯眷□者也，公之回禄，因而□出於是村，是以往來晤對，較別親戚爲最多而且久，見其德行，□□□□□□□人天相，當必矜式永久。無何，己未春，忽報以訃聞。嗚呼！山傾水壞，公何故□□□□□□□□。越一□季秋，表弟諱□者□選佳期，將啓先太孺人之壙而合葬焉。□□□□□□□□不文，誼何容辭？謹摭寔以叙。按表叔太翁王姓，諱取其，字夙勤，望馬□樸翁□□□□□□□城北□王莊。元時進士翰林學士薦父鄉賢從祀，□□□□□□□□□□□□□□□□□環山拱翠，愛其地而居。□進三子四茂祖居次，茂生守四□□□□□□□□□□□□□三泰生子王希通，祖居三歷世祖漁皆有隱德。適上下□□□□□四□□□父也。□諱工，爲人寬厚好施，崇禎間大饑，盡家財以濟。又借金□□□□□□米□□□及□□□□□不能償還，意欲以己家產還債，毫無怨言，至於□□□□□□□□□□□□□□□□□□生丈夫子七，太翁其五也。幼而穎異，博文□識，謹□□□□人□。無何，□□□□□□□□□□□□□□事志父志，行父行事，父母□□□□□□□□□□□□□□□□□□□□□□□□□□接□大抵生平節義□重，財利爲輕，遇人遇□多□□□□□□□□□□周濟家□族人不足者，量給麥粟，歷久不輟。所以天春有□人□□□□□□□爲□□□□□□□焉，斯誠生則有□□□□□□感矣。故按狀而誌，因敘其□□□。太翁生於順治元年六月十六日午時，卒於康熙五十□年正月十一日戌時，享壽七十三□。元配待贈太孺人張□□，壽官張天性女，繼配待贈太孺人趙氏，生□趙丕□女也，先太□□□□□□□□□□譚□□女，繼娶文□女，三娶絳縣蔡寓靈女，張太孺人出。次橋，娶□□□□□道□□□□□，娶張宗芳女，趙太孺人出。女二：一適生員文徽，張太孺人出；一適儒童張□□，趙太孺人出。孫男四，曰登□□□□，欞出；曰祥，□聘佾禮生文游檜□□□曰徐麟，四同獻，俱幼未聘，桓出。孫女六：欞出者二，一適儒童魯栩周，一字生員□□□□□；橋出者□，一字生員張□士子四里，一幼未字；桓出者二，一字童生張佺年子漸良，一幼未字。卜吉康熙五十五年十一月初四日，啓孺人之窆而合葬焉，禮也宜銘也。銘曰：

惟公茂德，隱而未彰。厥配賢淑，閫壼流芳。有子克貞，嗣續書香。奉以合□，冥目幽堂。桂蘭茂發，鳳誥龍章。

清故业儒先三伯讳式王公之墓

【简介】

清康熙五十九年（1720）清明立石。现存垣曲县古城镇南堡头村。

碑青石质，长方形，高112、宽60厘米。周边刻饰3.5厘米宽的装饰花纹带。碑已从中断为两段。碑中刻正文1行，字径7厘米，楷书。碑文记载了迁葬立碑的原因。正文左侧刻序文4行，行34字，字径2厘米，楷书。正文右侧刻立碑人名。王樞撰文并书丹。

【碑文】

清故業儒先三伯諱式王公之墓

祖生伯父叔兄弟七人，六門皆有其後，惟我三伯少亡，於順治十一年十月初五日寄葬河西祖塋前。後□新塋於蛟山之陽，葬祖□於□，伯父叔依次而穴焉。獨三伯猶在河西，□□七□□□□豫。但祖於末年臨終，命□六楹□□遷三伯塚。樞等備柏棺、綾被、綾褥，於康熙五十八年二月十六日遷葬於此。是爲記。

姪樞沐手敬書

康熙五十九年清明吉旦

姪王廷樁　廷橋　吏員廷楹　生員廷樞　奉祀生廷楝　廷林　廷□　孫錫瑢　錫耀　錫炡　始錫　錫琚　錫琁　錫玥　錫珍　錫玠　錫瑛　錫玿　錫佩　錫璿　錫焌　曾孫弼　輔　仝立

凡遷塋立碑所費銀兩僅出五　七二門

□宫金□短引

【简介】

清康熙年间（1662—1722）立石，碣上立石时间剥泐，据撰文者杨帝培推断，当在康熙年间。现存垣曲县古城镇李姓居民家。

碑青石质，长方形，高57、宽74厘米，石边刻饰3厘米宽的装饰花纹带。文19行，行26字，字径1厘米，楷书。石面严重磨蚀，多数文字不清。杨帝培撰文，□加锡书丹。碣石记述了善民金饰古城镇某宫圣像的情况。

【碣文】

□宫金□短引

今夫□典者子時新□□□□□祭□□有□□□□□漸其□□□人□人□□古□即□□俱如□□人何□□□於□□□□□□□□□□□□之始□宫先建，延數歲，聖帝聖母□□□□□□制，粧修而金□□□□今□十□□□□□□□□□光□□□□之□規制□咸□□□良爲□□□□□□□□□□□□民劉子□□□□心樂之仗義□□□□□而□□之□□不□二□不□自戒□暨□成□□餘□□□光□座煥然以□更□清□一□以妥神□事□求一言以誌盛□，余聞之，曰：嘻，異哉！□□□□□□□兹功成，胡其□易耶！豈真有□□□之□凡天下最□□□止在□□興一□財□誠真造化風霜□成□□□□□山□可移兹□□信□此真□□念大功，有不□然改觀耶！□今七□不兩□不□□□□□□□逢□矣。人人各□錢□，孰肯捐一毛□一□□□□信之□□不吝者真可嘉哉，真可嘉哉！將帝之□光□□□子之□□無窮□□從前十餘年締造得此，咸有成績□□也。此於田□奏□□□□宜□貞珉□不朽。嗚呼！昭昭皆天，□土皆地，凡廟中□一□□□□□□功□，吾願後之君子□其□慕斯舉也夫，尚其訓□刑□□□。是爲記。

邑居士楊帝培□心撰文

邑庠員□加錫沐手書丹

（施财人略）

（上泐）四月上浣之吉立石

卫族修葺祠堂碑引

【简介】

清乾隆六年（1741）立石。现存垣曲县英言乡英言村。

碑青石质，长方形，左下残缺。残高115、宽64、厚11厘米。碑文12行，行最多存37字，楷书。碑文记述了卫氏家族重修祠堂的经过。石面严重磨蚀，多数文字不清。□玠撰文，卫殿鳌书丹。

【碑文】

衛族修葺祠堂碑引

嘗聞家廟之設，所以安列祖之靈□□，展子孫孝思之誠者也。吾家昔日之有先祖之所（下阙）□□□□□□略者啓□□之□時序□□所選□□先聲莫□又以疏忽者貽遺□之（下阙）然□□□居爰□之□殷然縈懷，第惜吾族類雖繁，十室九匱，即有□營□造之志（下阙）□□□族興懷感念，聚族共議，乃以東山之官業一分而□□族之□舍一所，庶□□之（下阙）□□患無定在其□而□興無人，□□□□鋪户或傾圮，無以□其觀，則□略□□□□□□（下阙）景序而□感時將□□□□之故□□□□厥功□易，□□有□□□克（下阙）兩人盡心竭力，庀材鳩工，□□□□復□獨力，□□君□□人文焕□□侯珥與紹武等催（下阙）立八□□垂□□之□文□□□□□□左□□聰等族□次輪流日□□士夫此□□人□（下阙）奔走之勞，□□□□□□□□□□修□□□□故土易□不相□上□方告竣，將□□□□（下阙）而□□□新□□□□□□□□可□東序□序言□見□□□□土燦□汝□副子孫之孝思者（下阙）□尚□□文（下蚀）

□ □生員□玠沐手敬撰　殿鰲沐手敬書

□ □乾隆六年歲次辛酉□月吉旦

合族仝立

皇清邑庠生元公文公配张孺人鲁孺人合葬墓志铭

【简介】

清乾隆十年（1745）十二月藏石。现存垣曲县博物馆。

墓志青石质，方形，高51.5、宽52厘米。志盖佚失。石边线刻1.5厘米宽的花纹带。志文30行，满行32字，字径2厘米，楷书。张岳拱撰文，张友赐书丹，戴龙池篆盖。

墓主文元公（1648—1708），名祖勋，清垣曲县（今山西省垣曲县古城镇）人。邑庠生员。举止不苟，孝事父母，矜孤恤贫，多有德行。

【志文】

皇清邑庠生元公文公配張孺人魯孺人合葬墓誌銘

己未歲進士揀選儒學訓導姪婿張友賜頓首拜書

特恩癸□科副榜授直隸忻州定襄縣儒學教諭眷晚生戴龍池頓首拜篆

特恩丙辰科舉人揀選知縣内姪張岳拱頓首拜撰

邑庠生元公姓文氏，諱祖勛，余長姑丈也，後余姑廿載有奇捐館舍。續姑魯孺人於今歲皋月望初以疾内寢，表兄焯筮吉營葬，將啓姑丈暨姑母之壙而合窆焉，例有誌。按公爲潞公後裔，元時自介徙垣，爲亳水甲族，聞人代出，遠不勝紀。太高祖歲進士，歷任凉州衛教授，諱克恭。高祖增生，旌表孝子，儒官諱如衡。衡生化龍公，由明經歷任欒城縣諭。王父廩生，諱翰英。父諱溥，庠生。配孺人趙氏，生子五，公其長嗣也。厚重塞淵，舉止不苟。髫年即游泮水，人皆重之。性最孝，視膳問安，寒暑不間席。先人之業，田疇彌望，毫無矜容。人有不足於用者，即割餘以周，以故矜孤恤貧，焚券濟急，種種懿行，不能更僕數也。公卒於康熙四十七年五月二十九日，距生順治五年十月十七日，春秋六十有一。余姑性情和淑，女教頗明，辭世已久，生卒莫考。續姑魯孺人，係庠生聖幼公女，氣度貞嫻，母儀悉備。撫余姑母遺女，甚於己出。紡績自勤，和熊教子，俾至成立。且孫枝秀發，異日俱能爲文氏生色。謂爲先人之世德所積也可，謂爲孺人之名節所存也亦無不可，登非女中之錚錚而矯矯者歟！孺人生於康熙十三年十月初三日，距終享七十有一壽。副室張氏，現在室。子男五：□子煊、五子煆，俱少亡；次子焯，國學生，娶庠生秉周魯公女，出續二門；三子焌，庠生，娶庠生欽周魯公女；四字烱，娶庠生亦協張公女，俱魯孺人出。女二：長適歲進士安弈昌，余姑母出；次適安五禮，副室張氏出。孫男五：長奚錦，庠生，娶增生安公松齡女，焌出。三呈錦，聘魯公奎光女，焯出。次彙錦，聘國學生馬嚴齡公女；四濯錦，聘國學生趙掄昇公女；五抒錦，聘余胞兄國學生諱天拱女，俱烱出。孫女六：長適趙公三益子莪，三余堂兄國學生諱天衡子□鰲聘定，俱焯出；次適魯公啓達子守義，四適許廪生趙公禮行子官娃，六未字，俱烱出；五廪生馬公嵩齡子惠州聘定，焌出。曾孫男一，暻，聘例貢馬公扶漢女，奚出。時乾隆十年律中大吕二十有三日巳時，合葬於謝村西南之先塋，爰摭實而誌並銘於左。銘曰：

維山之高，姑崗之尾。維河之清，沇水之匯。金鎖玉鈎，龍翔鳳翽。一脈悠長，千峰拱翠。億萬斯年，而康而貴。

過繼男文子焯　孫呈錦泣血鐫

孤哀子文子焌　子烱　孫奚錦　彙錦　濯錦　抒錦　曾孫暻

乾隆十年十二月二十三日

重建北城楼□真武文□

【简介】

清乾隆十七年（1752）三月立石。现存垣曲县古城镇北门楼。

碣青石质，长方形，高43、宽90厘米。石面磨蚀严重，多数文字不清。碣文20行，行17字，字径1.5厘米，楷书。碣石记述了垣曲县重建北城楼并建楼上真武庙的经过。言如泗撰文。

【碣文】

重建北城樓□真武文□

邑之北門踞□□前□□□□□□□□山諸馮屏峙，舊有匾曰“舜澤不泯”，□□□也。康熙八年，前尹陞□太守□門□□□□創修城樓，上列真武神像。□□建□□□□紀邑□貞珉猶可徵考。□□□□□北懸泉山鍾□歷麻姑五里□□□□□□南至北門外，平衍中凸起高阜，□□□□下則水泉□潔，俗號金□綫。□□□□□□□□□□之地制大禹□□□□□□聯南門□□如削不相稱□真□□□□本神龜蛇□□□□南向背水□□□□□□之未合□□湯□壬申歲南□□□□修非□□□□矩仍不失舊□□□□□□照□垣水神面北以符猶□門外□□星布□門内□自北□□□□兩□□□綿亘各二三里，向患高□下下□山□□□□跬步，悉躬督修治，叠□石片□□□□郡悉康□矣。工竣即事而爲之記□□□□碑□云。

文林郎知垣曲縣事言子七十五世孫如泗撰

儒學教諭染慎幾

訓導鞏□

把總張廣材

巡檢李士杬

典史李京

生監　馬元文　席子温　楊雷壯　馬禹□　楊紹□　張中□　王有□　李長轉　□可久　王有□（下蚀）

僧會□吉員仁八（下蚀）

生員馬□□謹書

乾隆十七年三月吉旦

弦歌书院记

【简介】

清乾隆十七年（1752）四月刻石。原立于垣曲县文庙，现存垣曲县博物馆。

碣青石质，长方形，高64、宽153厘米。石右侧中部略有磨蚀。石边刻饰3厘米宽的水波纹装饰带。碣文39行，满行17字，字径3厘米，楷书。行间有界格。碣文记述了垣曲县知县言如泗创建弦歌书院的经过。言如泗撰文。

光绪《垣曲县志》卷十二载此文，石中磨蚀部分据志书补录。

【碣文】

弦歌書院記

國家聲教漸被山陬蕞爾，户誦家弦，郁郁乎焕哉，何其懿也！余以先賢後裔教習國子者六年，今一行作吏，撫茲垣邑，喜其地樸民淳，而文字頗優也。邑舊有勉庸書院，久就湮没，僅存遺址。今亳城書院，則吾邑先輩許公蒞此所建，而前任秦公名之者也。然屋止數楹，不足容多士，余思有以創之。乃廓勉庸舊址，揆日庀材，求其不傷財、不勞民，頗費經畫。既乃高其閈閎，敞其庭宇，廣其房室，紛龐鴻矣。落成，額曰“弦歌書院”，志所祖也。或曰：武城所教，教以禮樂。若今世書院，大率講習文藝，而文藝中又惟帖括是務，以希進取，不有大小本末之殊乎！余曰：然。抑又思之，學猶食也，考食制於内，則如淳、泡、熬、漬，今人罕有爲者。而後世所稱食品，如金陵鼎鐺七妙之類，古之時亦未有此。蓋因時異制，夫食則亦有然者矣。然燀之以薪，和於宰夫，君子食之，以平其心一也。今夫學古之爲教也詳，今之爲教也略，誠有不同。然樂群敬業，曉夕孜孜，務使理義充足於心，而藻採翔耀於外，於以供饜飫而資榮衛一也。况夫文章之原，肇自血氣，帖括一途，代聖賢言語，考錙銖，定毫芒，必如柳柳州云：不敢以輕心掉之，不敢以矜心作之，不敢以怠氣乘之，不敢以昏氣出之。方有當於清真雅正之則，而神吻宛合。夫心平則氣和，其爲禮樂也大矣！至三年大比，持羔雁於有司，以視鄉舉里選，吾烏知今必異於古所云耶？不然，中庭月落，萬籟無聲，絃誦不輟，側耳静聽，與夫風琴雅管比音而樂之者，何如也？余所見如斯，爰述祖德，□□□□□□以示來兹，庶善教者使繼其志，善歌者使繼其聲耳。

垣曲縣知縣□□□□□□□言如泗撰

教諭梁慎□□□□□□□琳校字

巡檢李士□□□□□□□京監刻

生員孫□□□文子焌督工

乾隆壬申歲清和月穀旦

言公渠碑

【简介】

清乾隆十八年（1753）五月立石。碑旧立垣曲县古城镇，现存垣曲县博物馆。

碑青石质，长方形，高154、宽62、厚15厘米。石从中部断为两截。碑石中间1行楷书“言公渠”3个大字。文左刻序文2行，首行31字，次行19字，文右刻落款1行，皆楷书，字径2厘米。碑石是垣曲县小赵、亳城两地村民为了纪念知县言如泗为浇灌民田所修渠道而建。

【碑文】

言公渠

言如泗字溯源，號素園，江蘇昭文縣人，言子七十□世孫，由恩貢考授正黃旗官學教習，乾隆十三年十一月陞任山西垣曲縣尹。

皇清乾隆十八年歲次癸酉五月□旦

皇清邑庠生员乡饮介宾文继善暨元配赵氏继配冯氏合葬墓志铭

【简介】

清乾隆十八年（1753）十二月藏石。垣曲县古城镇沇岭村出土，现存垣曲县博物馆。

墓志青石质，长方形，高54、宽70厘米。石边线刻3厘米宽的水波纹装饰带。志文34行，行28字，字径1.5厘米，楷书。冯□□撰文，鲁颖儒书丹，鲁守义书盖。

墓主文继善（1661—1737）名序，字从周，清垣曲县（今山西省垣曲县古城镇）人。邑庠生，乡饮介宾，勤俭理家，遇荒年施粥乡里，德泽为乡人称道。

【志文】

皇清邑庠生員鄉飲介賓文繼善暨元配趙氏繼配馮氏合葬墓誌銘

勑授修職郎直隸絳州稷山縣儒學教諭馮□□撰文

吏部候選州同知鄉飲正賓魯穎儒書丹

癸酉科中式舉人魯守義書蓋

繼善名序，字從周，二子：長元節，郡庠生；次元作，太學生，垣曲人。其先汾州介休人，自介遷垣，鍾山之靈、水之秀，五傳而至皓公，京畿道監察御史。七世至希韓公，華州參軍，爲人孝友，吏治蒸烝，公舉鄉賢。八世至庠生□礼，継善父、節作祖也。継秉質仁厚，年十二失怙恃，悲泣盡哀而合礼。少長不縱，爲子弟英□，事惟發憤於學。二十游庠，克理家政，勤儉適宜，漸致豐裕。康熙六十年□斗粟五錢餘，不忍坐視親戚鄰門□飢號寒，於是設□釜煮粥，凡不能舉火者，悉以食之，而轉危爲安，賴以全活，至今邑中老者猶追憶其德澤□□不忘。噫！世之積餘財而慳吝者□□也，况值歲飢，不乘機取利者鮮，况出粟以周親朋乎？於此知継之能孝於親、友於兄弟也，蓋行仁有序，能仁民者，必先能親親也。又知継之多内助也，蓋人有惻隱之發、周急之心，因妻之刻吝而阻止者多也。継之元配趙氏貞静柔順，継配馮氏慈愛寬和，以相其夫，則継之周急以惟不忍，不更易易乎？節、作咸温恭□實，仁孝持身，以志仁自勵，即以志仁訓其子孫。勿替引之，非継□□源而節、作衍其流乎？継善享壽七十有七。生於順治十八年六月二十三日亥時，卒於乾隆二年五月三十日戌時。元配處士諱永起趙公女，生於順治十七年十一月三十日子時，卒於康熙五十四年六月初八日□時。継配處士諱周順馮公女，生於康熙十一年二月二十五日子時，卒於乾隆十三年三月二十九日戌時。男二：長即郡庠生元節，元配趙氏，継配庠生諱之騄馬公長女，継配庠生諱正衡趙公次女，又配諱可法□公女，又配諱德厚張公女；次即太學生元作，繼配馮氏出，配儒士諱□□公次女。女二：長適庠生諱希賢劉公長子儒士元士，次適庠生諱桂□公四子歲進士巖楹，俱元配趙氏出。孫男四：節出者二，長佾禮生書對，配庠生諱士彦馬公次女，継配諱學瑞史公長女；次書言，配處士諱帝紳趙公長女。作出者二，長書札，聘增生諱錦堂席公四女；次書常，聘太學生諱扶□趙公三女。孫女四：一適諱達德張公次子士介，一適諱作楫王公二子我運，俱節出；一字歲進士諱巖楹楊公次子文龍，一幼，俱作出。曾孫二：整己、律己，俱幼。曾孫女一，幼。卜於乾隆十八年十二月十七日合葬於北郊祖塋之次，銘曰：

環山帶水，幽宅聿新。地靈蘊蓄，間出偉人。隨時蟠聚，□散愈神。百千斯禩，德福相因。

乾隆十八年十二月十七日

孤哀子元節　元作　孫書對　書言　書札　書常　曾孫整己　律己　敬造墓誌

望仙庄设立义学碑记

【简介】

清乾隆二十年（1755）十月立石。现存垣曲县望仙乡窑庄自然村。

碑青石质，长方形，上段残缺，残高73、宽62、厚10厘米。石边刻饰3厘米宽的花叶纹装饰带。碑文18行，行存22字，字径2厘米，楷书。碑文记述了垣曲县知县于廷瑞在望仙庄建立义学的经过。碑阴刊刻县令于廷瑞划入义学的荒山名称，共3排，每排12行，行7至10字，楷书。于廷瑞撰文。

光绪《垣曲县志》卷十二载此文，碑刻所阙文字据志书补录。

【碑文】

（碑阳）

望仙莊設立義學碑記

國家文教誕敷，普天之下，率土之濱，莫不家絃而户誦，猗歟盛哉！余以乾隆癸酉特膺簡命，來撫垣邑。夫垣界晉省東南，固一大鎖鑰也。麻姑峙其北，黄流繞其南。朴者業耕耘，秀者服詩書。人文蔚起，科甲聯翩，鼓舞作興，良有自已。邑中有弦歌書院，前任言公所建，但規模粗就，而肄業無人。余爲之延師督課，俾邑子弟咸得誦讀其中。既余以公事至邑之望仙莊，群山聳峙，萬壑争流，距縣治七十餘里，蓋極北邊境云。來謁馬前者，朴茂有餘，而彬雅不足，余惜其過於野也。夫古者，閭有師，黨有庠，正以建學明倫，隨地可施耳。而此莊之民，自高曾以迄子孫，從未沐浴詩書，既不知率其性之本，然爲司牧者膜外置之，將無以復其性之固有，不於作人之雅化尚有闕歟！余乃多方區處，以爲修繕計。庀材鳩工，謀構義學，使是莊共知敦詩説禮，且諭父老曰：朴則可久，峻宇雕墻無庸也。夫蠶叢既開，則周行可示，而秉教者不憚誘掖奬勸以從事，將見樵夫牧豎耳聞書聲之可愛，目覩儒雅之宜人，從前喬野之風漸歸爾雅，則雖深巖窮谷而絃誦弗輟，與邑中交相輝映，互爲唱和，斯固守土者之望也。是爲記。

文林郎知垣曲縣事加三級于廷瑞撰文

大清乾隆貳拾年歲次乙亥陽月穀旦立

（碑阴）

（上阙）合所人等蒙（上阙）爺公断，無良荒山盡入義學，以絶後患。故勒石以誌，（上阙）□於後。

（上阙）荒山一處　荷底窑荒山一處　上明崖荒山一處　（上阙）荒山一處　西蕭園荒山一處　石窄溝荒山一處　（上阙）溝荒山一處　上白草凹荒山一處　神仙脚荒山一處　（上阙）荒山一處　下荷樸掌荒山一處　蘆園西山荒山一處　（上阙）荒山一處　千金坪荒山一處　柳葉溝荒山一處　（上阙）山一處　柿樹溝荒山一處　南廟窓溝荒山一處　（上阙）山一處　下白草凹荒山一處　對田溝荒山一處　（上阙）山一處　廟窓溝荒山一處　大小三合溝荒山一處　（上阙）山一處　核桃樹溝荒山一處　鬼頭窓荒山一處　（上阙）荒山一處　□□園溝荒山一處　下河底腰荒山一處　（上阙）荒山一處　西蘆園梨樹溝荒山一處　下明崖荒山一處　（上阙）山一處

督工人　王明州　任元　閻□　鄧成□　武成統

本□揔長　王明海

荒山盡入義學以絶後患故勒石以誌

东岳泰山庙重修碑记

【简介】

清乾隆二十三年（1758）三月立石。现存垣曲县古城镇西敌原泰山庙。

碑青石质，圆首长方形，通高110、宽53、厚15厘米。首高20厘米，碑额竖排楷书“永垂”2字。碑文11行，行38字，楷书。碑文记述了西敌原等九村重修泰山庙的经过。文后刻官地四至、各村首事人及捐施金额。高淮撰文，张戾天书丹，宁君然、杨自立刻石。

【碑文】

東嶽泰山廟重修碑記

垣邑，古亳都也。東北二十里許有下敵原村，古昔肇興，戰勝在此。其地東峰疊峙，西流環繞，北近姚墟，南望子境，鍾靈毓秀，信爲一方靈地。而南不數武，有泰廟一所。是廟也，昔九村鼎建於萬曆壬辰之歲，重修於康熙戊辰之年，迄今世遠年湮，風雨飄搖，泰廟以及獻殿傾圮過多，而且溝水横流，漸至廟後。余等目擊心傷，思欲修葺。奈社無積貲，獨力難舉。因持緣肅達九村諸君子，共光輝前制。幸衆胥慷慨捐金輸粟，而輪奐復睹矣。於以妥神靈，光俎豆，榮施不誠無疆哉！至若廟後官地，歷世相傳，各有邊界。緣於乾隆二十一年具譚姓相訟，蒙縣主于老爺當堂訊明，地係官地，不得私肥其公，具斷若是，何莫非泰嶽之靈爽也乎？兹者，歲頒戊寅，功告厥成，故勒石以垂永久。更將衆善士姓氏並官地畝四至坐落鐫列於後，世傳不朽云。

邑增廣生員高淮撰文

儒童張戾天書丹

廟内官地一段，坐落廟後西北。東至古道，南至車有朋並譚姓，西至小渠並劉繼堯等，北至官道。又一段，坐落廟後。東至道，南至廟，西至古□道，北至張修禮。四至明白，永遠爲記。

劉村首事人　□天□　車□□　王天才　合社共施雜糧九斗六升　又銀□錢

□家□首事人　□□　□美賓　合社共施雜糧一石七斗　又銀五錢

□凹莊首事人　郭申福　郭申魁　合社共施小麥一石二斗　又銀五錢

周家凹首事人　周忠善　周□宣　合社共施一石一斗七升　又銀五錢

乾隆二十三年季春穀旦

稷邑石工　甯君然　楊自立　仝立

重修祀堂碑记

【简介】

清乾隆二十三年（1758）十月立石。现存垣曲县英言乡南白鹅村丁姓村民家。

碑青石质，竖长方形，高122、宽59厘米。碑石周边刻饰4厘米宽的装饰花纹带，图案母题为梅花、莲花配以缠枝花叶、几何折线纹。碑文10行，行34字，字径2厘米，楷书。碑文记述了丁氏祀堂重修的经过。撰文人剥泐，丁永□书丹，杨自立刻石。

【碑文】

重修祀堂碑記

祀堂之設，以遵制也。何言乎遵制？蓋禮於天子則曰天地，於諸侯則曰山川，於大夫則曰五祀，惟士、庶人則曰祖先。祀堂者，正以敬祖先也，故曰遵制。原吾丁姓之始，遷自洪洞，傳衍浸昌，已歷十數世。舊於村南建立祀堂三間，風雨久損，遂致榱崩棟折之頃。有合族目擊心傷，慨然以重修爲任，糾衆聚議，按丁給金，不期年而丹楹有加，榱桷有易，焕然而巍峨焉。族尊願爲刊石垂遠，予因思祀堂遵制，竊究其義矣。夫人之一身，上而父，父上而祖，再上而曾祖，至於高祖而服盡，服盡則恩易忘。下而子，子下而孫，再下而曾孫，至於玄□而親間，親間則情易疎。抑惟祀堂之觀成，春秋祭享之時，懸像以瞻，何者昭？何者穆？□□雖遥，固已洋洋而如在也。班位之序，某也尊，某也卑，族姓縱繁，靡不油油而孝弟矣。余□記？記吾宗族其將殫誠敬以敦孝友，俱於是兆云。

後世孫邑庠員丁（下泐）

後世孫儒童丁永□頓首拜□

丁家河丁節偕男文彩　文彬　捐楊樹二株　丁志明　丁志順　捐銀四錢五分　生員丁瑩捐匹一面對一聯　族長丁世彦捐銀一兩　監生丁永□捐獸一對

創建爲首　丁文輝　丁良貴

時大清乾隆二十三年歲次戊寅十月孟冬下浣穀旦合族立石

山西絳州稷山縣楊自立鎸

吕氏家庙碑记引

【简介】

清乾隆二十三年（1758）十二月立石。现存垣曲县华峰乡西坡村。

碑青石质，长方形，高148、宽59、厚19厘米。碑首不存。碑石周边刻饰3.5厘米宽的缠枝草叶纹装饰带。碑文6行，行51字，字径1.8厘米，楷书。碑文记述了吕氏家庙的来历和重建的经过。碑阴和碑侧刊刻世系图。吕调阳撰文，吕翕如序图，吕子俊题额，吕珩书丹。

【碑文】

（碑阳）

吕氏家廟碑記引

家廟之設，一以妥先靈，一以和族人也。妥先靈爲何？蓋前人以積功累德之深恩而生後之子孫，子孫每逢祭祀大典，欲有以報之而或無其廟焉。子孫之心不安，即先人之心亦不快，故曰妥先靈也。和族人爲何？夫族大則枝繁，枝繁則人衆，每逢祀典，苟非會聚一處以達孝享，則一族之面貌，不識者有之，甚且暌違日久，離心生隙者有之。故家廟之設，凡我同族，一心一德，共拜一堂，不惟可以序尊卑，而並可以消乖戾，故曰和族人也。吕氏舊有家廟，明末遭火，至本朝乾隆元年，衆議捐金復創，有族尊者費金百餘，功未畢而中止。嗣後，復有族尊諱運轉者，爲人公直，慨然起而繼□之，而門窗、門樓焕然一新。今欲勒石，以誌前功，不得不將家廟始末詳叙云。

明任河南開封府洧川縣縣副尹八世祖諱進

明正德庚子舉人任陝西鞏昌府西和縣知縣八世祖諱選

明嘉靖乙卯舉人直授無極縣知縣陞陝西階州知州十世祖諱士偉

明隆慶戊辰貢元直授陝西延安府府谷縣知縣十世祖諱克勤

明北直隆慶州任雲州堡倉大使十世祖諱慶

明隆慶河東運司吏考授倉副使十二世祖諱綸

明萬曆己卯貢元任南京來安縣訓導十二世祖諱守璉

十五世孫邑庠生調陽撰文

十六世孫翕如序圖

十六世孫子俊書額

十六世孫珩書丹

督工首事人　衛齊

各門首事人　運正　衛齊　在齊　温齊　匡齊　助韶　宗成　諧陽　調律　宗康　助壽　陳如　翕如　敦讓　敦信　純如　朝用　興魯　耀如　相如　栽柏樹二株

乾隆二十三年戊寅季冬立

（碑阴）

（世系图略）

（碑侧）

（世系图略）

重新关帝庙圣像碣

【简介】

清乾隆二十五年（1760）立石。现存垣曲县蒲掌乡下马村关帝庙内。

碣青石质，长方形，高38、宽75厘米。石边剔地刻饰牡丹花叶纹并配以花卉。碣文10行，行16字，楷书。碣石记载了下马村善士捐资重新关帝庙圣像的经过。文后刻施财人姓氏、金额。安受爵撰文，任振义刊石。

【碣文】

嘗謂善不揚，不足以示勸，布施者，人之善念也。往者，廿一年自八月十七以至臘月十五日，重新関帝聖像，創塑兩旁站神，繪廟粧閣，煌煌乎其焕然更新者，皆由善男信士之樂輸貲財以成斯功也。倘非旌揚記載，則善者與不善者等，誰復生勸善之心哉？迄於今，雖曰時事已過，而猶未爲甚久也。及是時，命匠刊石，各將有布施者勒名於上，庶幾使人有樂善不倦之心而功德永垂不朽云。

垣邑安受爵撰

李延良銀二錢　李延常銀二錢　鄧王雲銀二錢　閻成榮銀一錢　閻成宗銀一錢　李永進銀一錢　白印紅銀一錢　王帝瑞銀二錢　王禮銀一錢　閻有禮銀三錢　柴大有銀三錢　閻有志銀三錢　柴永康銀三錢　喬可禮銀二錢　宋興昌銀二錢　宋興旺銀二錢　柴永强銀二錢　閻有德銀錢半　閻英銀錢半　閻有生銀一錢　閻有温銀一錢　宋興晟銀一錢　宋祥銀一錢　柴國寧銀一錢　柴國平銀一錢　柴永壽銀一錢　柴大德銀一錢　閻有臣銀一錢　閻興銀一錢　宋興順銀一錢　張懷進銀一錢　閻有順銀一錢　柴大進銀一錢　柴大如銀一錢　閻希禎銀一錢　柴永變銀一錢　柴大紀銀一錢　閻瑞銀一錢　柴永祥銀一錢　閻希舜銀一錢　柴大璋銀一錢　閻有智銀一錢　宋智銀一錢　閻有伸銀一錢　宋若禮銀一錢　閻有信銀一錢　閻有瑛銀一錢　閻有法銀一錢　閻有朝銀一錢　閻有儉銀一錢　閻有寛銀一錢　閻有容銀一錢　柴國夆銀一錢　柴大緒銀一錢　閻有義銀一錢　閻下臺銀一錢　張成美銀一錢　柴永昌銀一錢　閻炳銀一錢　張懷瑾銀一錢　張懷禮銀一錢　閻有才銀一錢　閻治銀一錢　閻有明銀一錢

罰宋興玉銀五錢入官公用　閻門王氏銀一錢

首領人　閻有諒　閻有謙　各施銀三錢

塑匠　徐正印

石匠　任振義

木匠　王立生　施銀一錢

太清乾隆二十五年歲次庚辰亥月吉旦立

南墱坂村三社公议振风励俗禀官立法恪守碑

【简介】

清乾隆二十七年（1762）五月五日立石。现存垣曲县谭家乡南墱坂村学校内。

碑青石质，圆首长方形，通高104、宽46厘米。首高20厘米，碑额楷书“万古流传”4字，字径9厘米。碑身周边刻饰3厘米宽的卷云纹装饰带。碑文16行，行35字，字径1.5厘米，楷书。碑文记述了南墱坂村三社制定法规整顿民风的经过。石士琦撰文并书丹。

【碑文】

南墱坂村三社公議振風勵俗禀官立法恪守碑

自古覘國治者，先驗民風；觀民風者，即識主治。可見風俗美惡，實與治盛衰攸關。閤村等生長垣邑，素居萬山之中；作息墱坂，更安僻陋之鄉。敢期比户有可風之俗，袛求一鄉無乖化之漸。兹承縣主新蒞兹土，風聲遠播，共仰漢室召父；仁慈在抱，咸瞻南陽杜母，此固朝廷一簡得人，實爲垣邑萬民弘福也。雖甫沾至治，願永篤鄉風。閤村每年共舉公直九名，協同總長督一村人等循規蹈矩，不得蕩檢踰閑；守禮安分，罔敢干律犯法。凡有不孝不弟、大干律例者，舉報在案，聽主發沼。其餘賭博爲賊盗根源，共議見者即罰銀壹兩；開場賣飯者，亦罰銀壹兩五錢。舉一切盗人田禾、砍伐樹木，亦分别輕重有罰。如不願受，具報縣主案下究治，照議久行。人無大小，個個安耕鑿之常；時無冬夏，家家鮮玩愒之虞。如此地方慮静，風俗淳美，詎不少有補於朝廷，推化縣主至治也哉，爲此，伏祈老爺親閲批發，勒諸貞石，以垂永遠。

賜進士出身文林郎知垣曲縣事加三級記録五次湯老爺准行

本莊邑庠生員石士琦撰文並書丹

乾隆二十七年歲次壬午五月丙午朔五日戊戌

公直總長并合村仝立

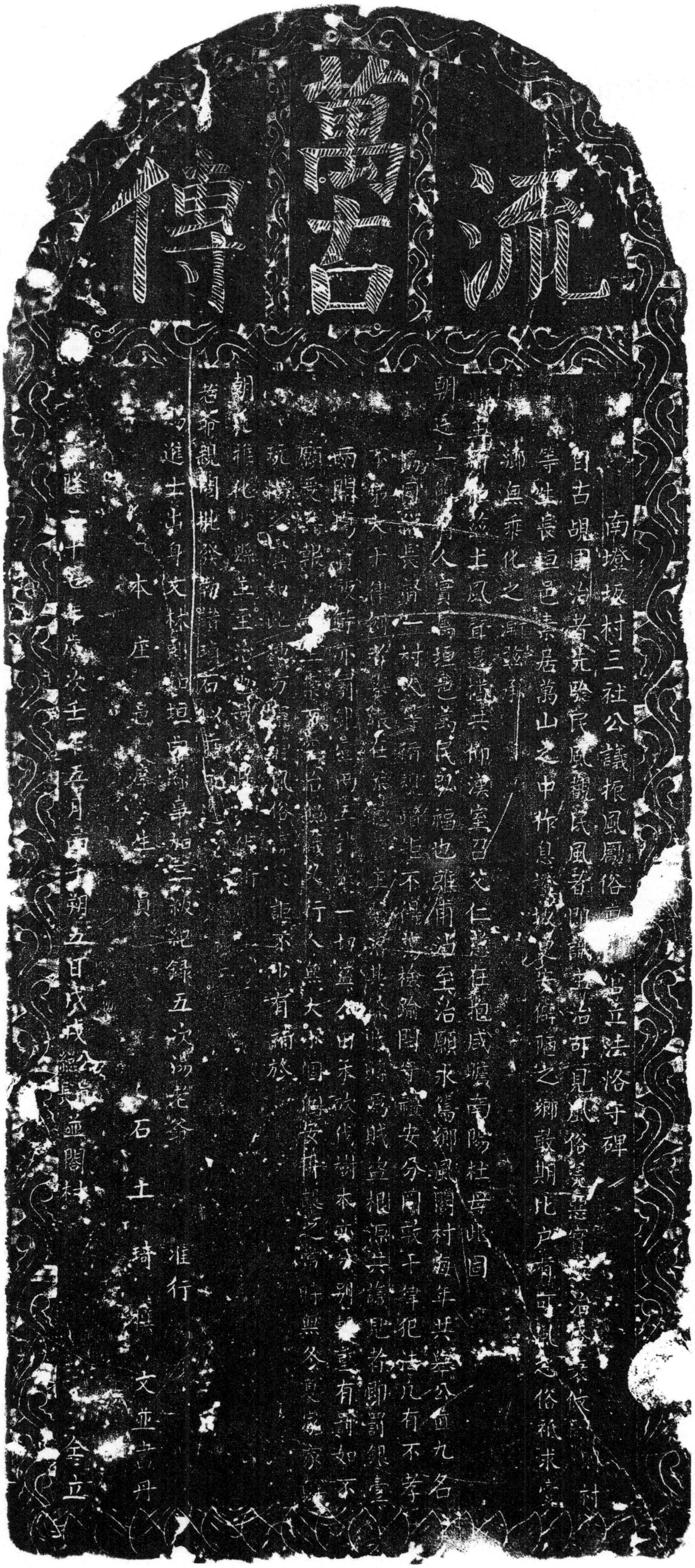
南墱坂村三社公議振風勵俗

重修利济桥碑记

【简介】

清乾隆三十四年（1769）五月立石。现存垣曲县同善镇河西村。

碑青石质，圆首长方形，通高113、宽56厘米。首高20厘米，碑额竖排楷书“永志不忘”4字，字径5厘米。左右两侧刻饰牡丹花叶纹。碑身周边刻饰4.5厘米宽的缠枝花叶纹装饰带。碑文9行，满行30字，字径2厘米，楷书。碑文记述了河西村重修利济桥的经过。刘□柄撰文，申陛扶书丹。

【碑文】

重修利濟橋碑記

嘗聞闕者補之，敝者修之，天下事莫不皆然，而况橋樑以通行人，尤爲相需孔急者乎！兹橋介在莊間，往來由之者甚衆，誠要道也。前之修理亦數矣，第歷年已憂，而水患之衝益大，其勢岌岌，不可以持久。於乾隆戊子秋忽焉傾圮，既負有爲之前，可使莫爲之後耶！因而合莊共議，務各量力輸財，以供灰石之費。猶苦莫裕，更募化於衆以助之，而慨然樂施者，罔不以斯爲有美之成焉。幸厥功告竣，蕩蕩乎乎，有利濟之歡，而無病涉之嘆。雖不可謂補缺，亦何莫非修敝之一□也哉。將欲勒石，未勸索序於予，予陋甚，何能爲文，特以俚言記其興修之歲月云爾。

儒學生員劉□柄撰文

國學監生申陛扶書丹　施銀乙兩

作首　張我富施銀五錢　申陛拔施銀三錢　石曰義施銀乙兩一錢

申萬合施銀二錢　石曰印施銀五錢　胡茂臣施銀二錢　趙步雲施銀二錢五厘

乾隆三十四年歲次己丑蒲月吉旦立

重修南门记

【简介】

清乾隆三十四年（1769）立石。现存垣曲县同善镇南堡村。

碣青石质，横长方形，高 31、宽 55 厘米。碣文 11 行，行 13 字，字径 2 厘米，楷书。碣石记述了南堡村重修堡城南门的经过。文后刻施财人姓名、金额。王之珆撰文并书丹。

【碣文】

重修南門記

環村皆山也。先人於有明之季刱建堡城，其捍□御患之意良善。第城垣漸圮，惟兹南門尚留故迹，然亦岌岌乎比之魯靈光矣。以視西北兩門，其何異之有？先是，□上二十三年募化貲財，議欲修理，奈有志焉而未逮也。越十有餘年，而磚包，而磚鋪，而厥功甫竣。若夫增修舊制，□祈望於後起者。

里人增廣生員王之珆撰文並書

首事　王廷楷銀二錢　王攀靈銀二錢一分　王始烋銀八錢　王樟銀二錢　禮生王始焞銀八錢　王守道銀一錢六分　生員王登雲銀八錢　增生王之睿　王之□　各銀一錢五分　監生王□職銀八錢　王□聰銀八錢　王子□銀□□五分　王質温銀八錢　王□□銀一錢四分

施財人　王□祚銀八錢　王登雲銀八錢　□□王□俊銀八錢　禮生王大業銀六錢三分　王正元□□□　王體森□□□　禮生王肇端銀二錢一分　王培　王□　□□　□□　曹中智銀八分　王友德王三□　各銀七□

乾隆□□四年□月吉旦

創立碑记

【简介】

清乾隆三十七年（1772）三月刻石。现存垣曲县长直乡涧溪村。

碑青石质，圆首长方形，通高100、宽45厘米。首高17厘米，碑额竖排楷书“永垂”2字，字径6厘米。碑石周边刻饰2.5厘米宽的水波纹装饰带。碑身正中一排楷书碑题，字径5厘米。碑题左侧刻序文5行，行32字，字径2厘米，楷书。序文记述冯氏置设祖茔的经过。

【碑文】

創立碑記

夫卜居者必擇其仁里，安葬者端在於佳城，蓋事雖有異，而理則相同。古人搜來山，察去水，良有以□。况我祖居葛寨，徙於澗村，未有祖塋，葬在零落，能不目睹而□□乎？爰是望青囊術者游於高家堰，仰觀俯察，指定窀穸，始置塋地二分。四至一主，位例中心，敢曰牛眠地府，不過以掌大温燠地，作先人棲神之域足矣。

清故先祖考諱召馮公妣淑德崔氏之靈合葬墓

□□□□□□孫馮祖京　曾孫馮翼興　玄孫承襲　仝立

時乾隆三十七年三月清明吉旦刊石

扩建广福庵记

【简介】

清乾隆三十七年（1772）六月刻石。现存垣曲县陈村镇陈村巷内。

碑二石联刻，皆青石质，圆首长方形。碑文记述了陈村扩建广福庵的经过。第一石碑首残缺，残高76、宽41厘米。碑石左右刻饰3厘米宽的缠枝草叶纹装饰带。所刻碑文无题，13行，满行34字，字径1.5厘米，楷书。第二石刊刻施银人姓氏、金额。通高98、宽41厘米。首高20厘米，碑额竖排楷书“助缘姓氏”4字。碑身周边刻饰3厘米宽的几何折线纹装饰带。文横分6排，每排20行，行3至7字不等，楷书。赵持基撰文，张敦化书丹，王进禄刊石。

【碑文】

（第一石）

□□□□名也。先是，有皈誠供養郭氏、郝氏、裴氏者，本一念正果，施建白衣大士香閣。閣之方不三四尺，無棟樑節梲之觀。吾族諱運亨者董其事，云歲久剥毁，□□□□□以壬午霖滂，故物僅存石址，淒風烟雨，苔緑莽深，所謂滿月成容，兜羅□□，□不可問。閣之左，今張氏諱遇春之昆仲；其北，則吾族諱和晋之叔姪及諱彭□之兄弟也。密邇於斯，目擊心惻，始謀恢擴舊址，起廢墟爲紫林。矢願布金，傾囊不惜，□□謀諸客長老善緣之助，銖累□□，後先相繼踵。土木既庀，工役用興，龜始於辛卯歲之十月，凡□越朔，工事告竣。以庵名庵故，負陽而面陰，麻菇山對峙其上。其□迄工也，棟宇聳□，□楹豁露，林靄山光，與大士慧照相掩映，近在指顧，視舊制卑隘直陪蓰過之。古有之作善降之百祥，又□□□之家，必有餘慶。兹舉也，蓮座重開，祥雲布護，皆諸君願力所致。倘所□作善而□□□□大士有感則應，無幽不燭，引慈雲於西極，注法雨於東□，□□普覆於積□，□君子綿綿翼翼，正未有艾，於今爲始。因顔其額曰“廣福”，而□其□□於石。

定園趙持基撰文

張敦化書丹

首事　趙鶴年　張逢泰　趙臨堂　趙興堂

時大清乾隆歲次□□六月吉旦

河津縣王進禄鐫

（第二石）

助緣姓氏

趙和晋銀□□　張遇春銀□□　張□□壹兩五錢　張□□壹兩□錢　楊□堂□兩□錢　趙彭□式兩式錢　□□□□□　趙質文五錢七分　趙德明　趙緒傳　各四錢　趙紹先三錢三分　趙發堂三錢　趙雲奇　趙□朱　各二錢二分　趙之鏞　趙有晋　各二錢　趙企清　高務善　高達　高超　各一錢九分　趙有衛　趙基□　趙□基　□□安　各一錢□分　趙之□　梁宏德　各一錢七分　常□泰　常揚泰　趙天錫　高山類　趙世耀　各一錢五分　趙之英一錢四分　趙基臨一錢二分　趙自愛　趙定晋　趙舜風　趙□□　各一錢一分　趙德昌　趙會魯　趙偉彦　各七錢　趙俊彦　趙有爵　馮□□　趙積善　趙□行　高作　趙積誠　張宗春　趙携晋　趙雲山　趙紹周　趙法聖　王錫爵　趙敬萬　趙舜薦　趙振基　趙理鳴　趙鶴鳴　趙天立　趙□哲　各一錢　趙持基　趙天聖　趙天雋　趙天秀　趙舜賢　趙玉楨　趙□堯　各一錢　趙奉進　趙作將　趙天育　各八分　趙自潔　趙思皇　趙接行　趙儒林　趙舜鄉　趙舜淮　趙月林　高攀桂　趙墨林　趙沐身　各七分　趙希忠　趙乾□　各七分　趙有遴　□彦敬　趙□晉　趙舜皋　趙□周　各六分　趙光□　趙德隆　趙自純　趙遵進　趙施令　趙可久　趙可則　趙有珠　趙臨泰　趙有建　高俊　趙舜張　趙鳳儀　各五分　王錫朋　趙思周　趙顯□　趙明疑　趙登科　趙篤□　趙治身　趙王宰　趙誠身　趙全身　趙希閩　張發財　趙舜寶　安興文　李明翊　趙舜誥　趙希洛　靳生法　各五分　邢光富四分

皇清乡饮耆宾温西文公配张氏继配张氏合葬墓志铭

【简介】

清乾隆三十八年（1773）十二月藏石。垣曲县古城镇沇岭村出土，现藏该村阎姓村民家。

墓志青石质，长方形，高50、宽57厘米。志盖佚失。志文30行，行23字，楷书。文鹗荐撰文，文□书丹，文楠篆盖。

墓主文周琬（1694—1773），字温西，清垣曲县（今山西省垣曲县古城镇）人。一生经商，后被推为乡饮耆宾。

【志文】

皇清鄉飲耆賓温西文公配張氏繼配張氏合葬墓誌銘

嘗觀世之庸碌無能者，往往株守成轍而不思變計，卒之墜其世守，流極於莫知所□，可勝嘆哉！有才情者出，即時勢，審力量而别具運籌焉。吾文氏食先人之德，世業縹緗，曾無有皇皇市廛者。而公以是年遭值艱屯，幡然改計，以爲承先啓後，非讀書不可，然未有治生無具而能矻矻窮年者。况禮義由飽暖而生，廉耻以富足而立，余安敢以株守坐困爲？爰隱身於市，權子母，較盈絀，積數十年遂致殷富。田園廣矣，宅舍輝矣，身榮入飲矣，子援例而列成均，孫秀出而事詩書矣，蒸蒸然竟成承先啓後之盛事，豈不超出尋常而動羡慕哉？且素行醇正，絶無市井狡獪氣習。鰥居多年，曾無失德之處，是又人之所心慊而深服者。余維據公之長而誌之，敢摭拾蕪詞，以蹈阿私之愆歟？配張氏、繼配張氏俱性情賢淑，無乖婦道，先公而卒者數十年，今合葬焉。公高祖可採，曾祖國英，祖瀇增，生父帶檜。公兄弟三人，公其次子也，諱周琬，字温西，生於康熙三十三年正月初五日子時，卒於乾隆三十八年九月十七日申時，享壽七十九歲。配張氏。繼配張氏，生於康熙五十一年五月初五日，卒於乾隆十一年二月初五日，享年四十三歲。生子三：長亦闡，國學生，娶李諱恭女，前張出。次亦暢，國學生，娶王諱奉天女；三亦純，娶劉諱永壽女，又繼娶崔諱爾杰次女；俱繼張出。女一，適趙諱維書，繼張出。孫男二：長榮黼，娶馬諱九禔女，純出，繼亦闡嗣；次啓敏，聘庠生魯諱守禮三女，純出。孫女二：一適魯其梅，闡出；次適馬諱玉瑝，純出。曾孫女一，幼，榮黼出。爰之爲銘，銘曰：

黄流黎帶兮，黛蔽爲屏。松柏拱翠兮，牛眠鶴騰。吉人六其徂兮，榮歸佳城。金湯石室兮，魂魄攸寧。

歲進士候選儒學訓導弟鶚薦頓首拜撰文

儒學庠生侄楠頓首拜篆蓋

儒學廩膳生員侄□頓首拜書丹

乾隆三十八年十二月初六日

孤哀子亦暢　亦純　承重孫榮黼等　泣血鐫石

买官地供奉广生圣母神碑记

【简介】

清乾隆四十五年（1780）七月立石。现存垣曲县蒲掌乡北阳村。

碑青石质，圆首长方形，仅残存上半段。残高72、宽42、厚10厘米。碑额竖排楷书“碑记”2字，左右两侧剔地刻饰花卉。碑文无题，共7行，行存30字，楷书。碑文记述了徐村窑村民以买地之租利供奉二郎庙之广生圣母神的经过。文后刊刻施财人姓名、金额及所购买官地情况。

【碑文】

廣生聖母之靈□也，佑啓後人，克昌厥嗣，三社之虔誠□□（下阙）三楹、舞樓一座。三年一迎，意甚恪恭。欲買官地以供神於無□西□（下阙）。至乾隆□年坐賽，徐村窑欲買地以養住持，通知本年水官，□□□□（下阙）就將□閚。欠至三十四年，尚宗典□算銀八兩，捐利放本本村□放不□□（下阙）社□□又使錢三千，使不求其歸結，將拖欠年久，而先人之捐貲亦泯矣。□於（下阙）一□。每年取租，以永爲迎神供奉之資。間有餘裕者，修補□殿、舞樓，不致廢□（下阙）□仰繼先人之志，以垂於不朽云爾。敢將本社布施及官地界限同刻石碑，以（下阙）。

（布施人姓名及布施金额略）

石匠（下阙）

計開：地一連，坐落北河西，東北二至喬府，西至（下阙）琵琶潭地一段，東北二至天河，西至（下阙）有芝蔴嶺地一連，東至吳學文，西至（下阙）並界下邊並至吳學文，價錢十七千□（下阙）

大清乾隆四十五年歲次庚子七月

处士车届周墓志铭

【简介】

清乾隆四十七年（1782）十月藏石。垣曲县古城镇沇岭村出土，现藏该村中。

墓志青石质，长方形，高44、宽48厘米。志文19行，行30字。楷书。车雁行撰文，车日新书丹。

墓主车克行（1708—1772），字届周，别号奇西，清垣曲县（今古城镇）谢村人。清苦持家，孝悌居世。

【志文】

處士車届周墓誌銘

廪生族叔車雁行撰文

庠生族侄車日新書丹

余族侄克行字届周，奇西其别號也，世居謝村。始祖諱海，敕封萬户侯。高祖諱明，曾祖諱映軒，祖諱獲中，父諱從枚。母賈氏，其公女。兄弟四，行居長。元配賈氏，效誼公女，葬於父塋左側。繼配王氏，潔己公女，墳丘隔父塋數武。繼配李氏，校□公女。□□□歸，生男二：長臨□，娶□氏，□□公女。繼姚氏，純儒公女，嗣三弟。次臨朝，娶許氏乘試公女。生女一，字劉君□□□□□□□。生於康熙四十七年十月二十一日酉時，卒於乾隆三十七年二月□□日酉時。享壽六十四歲。孝子臨朝筮定今年□□□□□□於□□□誌於余，余何以誌？誌其大者而已。當□□□□□□□□□□□□□□□□無以□貧而孝乃真孝也。且撫育□弟不分□□□□克□候選□佐仕郎，何以苦力□□者居多？至若三弟早逝，以己子臨□繼之；二弟繼亡，以四弟之子臨官繼之；迄今兩門家道日振，屬弟婦苦節所致，何其非行□□□□哉！□□至也哉？！《書》曰：“惟孝友於兄弟。”其行之謂也，故摭實以誌，並爲之銘曰：

姿性篤□兮與物無争，天倫不虧兮本文□生。忠厚傳遠兮家道日盛，吉地呈祥兮福□永貞。

乾隆四十七年十月二十一日吉旦

孝男臨朝□石

竹林寺创修禅院续置产业碑记

【简介】

清乾隆四十八年（1783）春立石。现存垣曲县新城镇古堆村。

碑青石质，三石联刻。碑文记载了竹林寺扩建和所置产业的情况。第一石圭首长方形，已断为上下两段，中部残缺。上段碑石高84、下段碑石高73、宽58厘米。首高28厘米，碑额竖排楷书“悠久”2字，左右两侧刻饰花叶纹。碑身周边线刻3厘米宽的几何折线纹装饰带。上段碑文10行，行存25字；下段碑文21行，行存30字。第二石圭首长方形，碑石从中断为两截，通高144、宽58厘米。首高30厘米，碑额竖排楷书“昭兹来许”4字，字径6厘米，左右两侧刻饰花朵纹。碑身周边线刻3厘米宽的几何折线纹。碑文接第一石刊刻竹林寺的产业和新置地亩。文24行，行49字。第三石竖长方形，高144、宽63厘米。文28行，行66字。碑文续第一、二石刊刻竹林寺周围和上、中、下三古堆、外村、北山等地的地亩财产。每石字径均2厘米，楷书。

【碑文】

（第一石）

竹林寺創修禪院續置産業碑記

治西距城六十里許有古刹一所，厥名竹林，（下阙）知其創自天眷元年，重修在萬曆四十三載。（下阙）事人等意欲前續一進，如環相連，乃僅建餘（下阙）故行未及，志弗快也；功未竟，□弗勒也，後果（下阙）而積貯有素，遂創東西厢房六間、門樓一座（下阙）□□□□天王金塑外，又新置地二十餘畝。詳（下阙）勒於石者，石可不於此而勒乎？尤可嘉者，大厦（下阙）兮任者猶不易易，而獨能咸破私囊，自成壯麗之觀，獨自經營（下阙）一矣。余寔不文，第摭實陳實，聊以示不掩人善之意云爾。是爲記。

本（下阙）

本（下阙）

重建金剛殿鐘樓首事人　鄉耆（下阙）

青龍寺師祖道昌（下阙）

青揚寺師祖道宣（下阙）

本寺（下阙）

時大清乾隆四十八年歲次癸卯□春丙辰吉旦

（上阙）石砢口。十三堰地一段，東南二至道，西至高行止，北至趙姓地。（上阙）地一連，東至道，西至山頂，南至辛張二姓地，北至小凹。（上阙）□北至張天定。桃溝地一段，西至溝，南至辛行適，北至辛行達，□至□。（上阙）好上天。尖溝河地一連，東至河，西至坡，南至高帝位，北至衛之□。（上阙）至趙室。下瓜園地一畝，東至道，西北二至辛法堯，南至辛慶衍。（上阙）南至衛之瑄，北至道。西渠地兩段，東西二至道，南北二至李上昇。（上阙）龍王廟前地一段，東西二至道，南至辛行適，北至趙逢源。（上阙）堯。石灰窑地一連，東至張天定，西至河，南至高行止，北至道。（上阙）凹。闕家墳東地一連，東至河，西至道，南至高齊嶽，北至張家三甲。（上阙）寺中嶺地一連，東至溝，西至閻重道，南至張家三甲，北至寺廟地。（上阙）地並閻重道。西坡地一連，東南二至河，西至道，北至辛移健並道。（上阙）墳前地一段，東至楊萬仁，西至河並道，南至張天定，北至趙室。（上阙）至龍王廟地。折腰溝地一連，東南二至溝心，西至文朝鳳，北至趙三冬。（上阙）□地。趙家墳東地一段，東南二至寺地並楊萬仁，西北二至趙姓地。（上阙）北至喬金旺、趙鑽普。龍王廟道西地一段，西至渠，東南北三至道。（上阙）米國宣，北至趙庭訓。又一段，東至道，西至寺地，南至楊萬仁，北至高承緒。（上阙）至張天定。以上老銀共六兩一錢三分七厘，係在張落里三甲。

（上阙）南至趙凝五。寺後地一連，東至河，西至張克治，南至辛三元，北至本寺地。（上阙）至衛之瑛，北至衛興唐。尖溝門前地一段，東至溝，西北二至赫連上，南至道。（上阙）北至衛興義並道。

寺前地一連，西南二至河，東至閻重道，北至寺地。（上阙）兩。共銀七錢四分七厘。

（第二石）

本寺□業地畝

花土□地一連，東至渠，西至辛士元，南至溝心，北至辛三□。大王溝姚家山，東至河，西至山頂，南至嵐□北嶺，北至頂並石坂口。十三堰地一段，東南二至道，西至高行止，北至趙姓地。水泉地一連，東至河，西至道，南至渠，北至辛元通。郭家凹地一連，東至道，西至山頂，南至辛張二姓地，北至小凹。龍王□前□□地一連二段，東西二至道，南至辛士元、車好崇，北至張天定。桃溝地一段，西□□□，南至辛行適，北至辛行達□□。□□□南地一連，東至道，西至渠，南至□進昇，北至車行規好上天。尖□河地一連，東至河，西至坡，南至高帝位，北至衛之□。□□□地一連四段，東至渠，西至□並□室，南至劉宏通，北至趙室。下瓜園地一畝，東至道，西北二至辛法堯，南至辛慶衍。□凹地一連兩段，東至溝心並衛洪義，西至衛興義、衛之瑄，南至衛之瑄，北至道。西渠地兩段，東西二至道，南北二至李上昇。□石嘴東嶺地一連，東西二至道，南至辛□堯，北張修身。龍王廟前地一段，東西二至道，南至辛行適，北至趙逢源。麻古垛地一段，東至道，西至辛仰堯，南至閻向丙，北至辛相堯。石灰場地一連，東至張天定，西至河，南至高行止，北至道。寺前嶺地一連，東至道，西至閻尚智，南至□興道，北至張□□。關家墳東地一連，東至河，西至道，南至高齊嶽，北至張家甲。寺前嶺地一段，東至閻興道，西南至張修身，北至閻尚智。寺中嶺地一連，東至溝，西至閻重道，南至張家甲，北至寺廟地。寺嶺上地一連，東至道，西至河，北至辛□□、辛行安□道，南至□地並閻重道。西坡地一連，東南二至河，西至道，北至辛□健並道。張博□地一連，東至河，西南二至道，北至□登雲。左家墳前地一段，東至楊萬仁，西至河並道，南至張天定，北至道室。寺東溝地一連，東至小嶺，南至寺地，西至張家三甲地，北至龍王廟地。折腰溝地一連，東南二至溝心，西至文朝凰，北至趙三冬。土瓜園地二畝，東北二至道，西至九甲，南至張家三甲地。趙家墳東地一段，東南二至寺地並楊萬仁，西北二至趙姓地。瑶土地一段，東至曹夢月，西至張毛蛋，南至溝心，北至喬金旺、趙鑽奎。龍王廟道西地一段，西至渠，東南北三至道。東坡地一連，東至張天定並趙宋二姓，西至道，南至米國宣，北至趙庭訓。又一段，東至道，西至寺地，南至楊萬仁，北至高承緒。左家墳東地一段，東至道，西至河，南至趙室，北至張天定。

以上老銀共六兩一錢三分七厘，係在張落里三甲。

本身新置地畝

尖溝門前地一連四段，東北二至道，西至河，南至趙凝五。寺後地一連，東至河，西至張克治，南至辛三九，北至本寺地。尖溝門前地一段，東至河，西至墳並柴主，南至衛之琠，北至衛興唐。尖溝門前地一段，東至溝，西北二至□連上，南至道。寺北嶺地一段，東南二至張天定，西至寺地，北至衛興義並道。寺前地一連，西南二至河，東至閻重道，北至寺地。

共地二十一畝，共價八十二兩，共銀七錢四分七厘。

（第三石）

坐落寺四圍地畝

寺後河地一連數段，東至天河，西南二至道，北至安姓並孫姓。寺後河西地一連二段，東西畛，東至天河，西南二至張姓，北至道。寺後嶺地一分，東至道並楊王二姓中下古堆官地，西至天河，南至道並本寺，北至道。寺中嶺地一分，東至王姓並中古堆官地，西至閻姓並天河，南至道並閻高二姓並天河，北至道並本寺。寺前嶺地一分，東至天河並道，西至閻姓並寺地，南至閻姓，北至樊姓。寺西南河西地一連二段，三畝，南北畛，東至天河，西至王姓，南至王姓並寺地，北至道。寺河西汎地一連數段，東至天河，西南二至道，北至辛姓。

坐落上古堆村地畝

村東東嶺上地一連數段，東西南北畛，東南二至辛姓，西至天河，北至魏姓並道。村東東嶺前地一連二段，二畝，東西畛，東北二至辛姓，西至天河，南至道。村東東窊地一連二段，四畝，東西畛，東至溝心並焦姓，西至孫姓，南至辛姓，北至道。村東小山坡地一連二段，六畝，東西畛，東至王姓，西北二至衛姓，南至景姓並蘆姓。村西堡子坡西地一連三段，二畝，東西畛，東北二至道，西至吴姓，南至辛姓。村西南堡子坡前地五畝，東西畛，東至道，西至辛姓，南至安姓並張姓，北至張姓。村南龍王廟渠西地一連二段，二畝半，南北畛，東至渠，西北二至辛姓，南至小溝。村南龍王廟道西地二畝，南北畛，東北二至道，西南二至渠。村南龍王廟東地一連二段，二畝，東西畛，東南北三至衛姓，西至龍王廟。村南龍王廟東地三畝，東西畛，東西二至道，南至衛姓，北至張姓。村南龍王廟道西地一連三段，五畝，南北東西畛，東至渠並衛姓，西至道，南至辛姓，北至衛姓。村西南地一連四段，七畝，東西畛，東西二至道，南至衛姓並寺地，北至辛姓並安姓。村南地一連二段，八畝，東西畛，東西二至道，南至辛姓，北至衛姓並寺地。村南拐灣渠地一連四段，十五畝半，東西畛，東北二至道，西至道並閻姓，南至閻姓。村南小神坪地二畝，南北畛，東南北三至道，西至渠。村北水泉前後地一連十數段，東西南北畛，東至天河，西北二至道，南至渠。村北水泉北地一連數段，東西南三至道，北至王姓並大石。村北郭家窊地一連十數段，東北二至道，西至嶺頂，南至小溝並辛姓。

坐落中古堆村地畝

村東嶺子上地一連四段，八畝，東西南北畛，東西二至道，南至閻姓並小道，北至成姓。村東瓦窑上地一連三段，七畝，南北畛，東至趙姓，西至天河，南至高姓並天河，北至道並趙姓。村東寺嶺上地六畝，東西畛，東至寺地並閻姓，西至道，南至李姓，北至閻姓。村西閻家場地二畝，東西畛，東至道，西南二至閻姓，北至道並劉姓。村北地二畝，東西畛，東至渠，西南北三至閻姓。村北和尚墳地六畝，東西畛，東西二至道，南至成辛二姓並道，北至閻姓。村北十三埝地二畝，南北畛，東南二至道，西至小道並趙姓，北至閻姓。村北神坪地一連數段，九畝，東西畛，東至天河，西至道，南至楊姓，北至王姓並寺地。

坐落下古堆村尖溝地畝

村東東汃地一連二段，六畝，東西畛，東至渠並道，西至天河，南至張姓，北至馬趙二姓。村東東汃地十二畝，東西畛，東至趙姓，西至天河並道，南至趙馬二姓，北至龐姓並寺地。村東東汃地三畝，東西畛，東至張姓，西至龐姓，南玉寺地並趙姓，北至龐姓並趙家墳。村東東汃地二畝，南北畛，東至張姓，西至趙姓，南至道，北至寺地。村東東汃地一連二段，五畝，東西南北畛，東至石埝，西至道，南至李姓，北至張姓。前尖溝河西地六畝，東西畛，東南二至天河，西至小道，北至王姓。前尖溝門西地一連數段，五畝，東西畛，東至天河，西至張姓，南至王姓，北至衛姓。前尖溝東河南坪地六畝，東西畛，東至席楊二姓，西至王姓並天河，南至曹姓，北至曹王二姓。前尖溝門後地一連二段，四畝，南北畛，東南北三至道，西至天河。尖溝龍廟前地一段，南北畛，東至道，西南二至天河，北至小溝。後尖溝門前地二段，四畝，南北畛，東至道，西北二至天河，南至道並溝心。後尖溝道上地一段，東至溝心，西北二至王姓，南至道。

坐落外村地畝

東井溝村東胡家嶺地一連四段，東西畛，東北二至溝心，南至吴姓，北至辛姓。磨窊前窑上地一連數段，南北畛，東至辛姓，西至黄姓，南至溝心，北至溝心。劉張村村南折腰溝地上下二段，南北畛，東南二至溝心，西北二至張姓。

坐落北山山石並地畝

大西溝並姚家山，東至天河，西至山頂，南至炭窑溝北嶺，北至山頂並石磐口。雲川山雲佛寺並東西磨兒溝、桃兒溝、荻子溝、圪岔山，東西北三至山頂，南至南辿並土嶺。石磐西窊，東至嶺頂，西南北三至山頂。石坪溝，東南北三至山頂，西至天河。

以上各處遺漏難以枚舉，緣豎石切於眉睫，不便詳細考查，日後徵明，另刊碑誌。滿年正糧銀八兩七錢四分八厘一毫六絲五忽，係張落里三甲。

兵部差官武德郎候铨守府鹤轩鲁公德行教泽碑

【简介】

清乾隆五十五年（1790）二月立石。碑原存垣曲县古城镇，现存垣曲县博物馆。

碑青石质，螭首长方形，首高77、宽69.5、厚16厘米，竖斗形额竖排篆书“皇清”2字。碑身高149、宽69.5、厚15厘米。碑石中部1行楷书“兵部差官武德郎候铨守府鹤轩鲁公德行教泽碑”20字。题左刻序文6行，行48字，楷书。碑文记述了鲁鹤轩的德行和教泽。题右刻亲友族人、受业门人、首事门人姓名。王文龙撰文，王泽□书丹，王□鳌校阅。

【碑文】

兵部差官武德郎候銓守府鶴軒魯公德行教澤碑

敕授文林郎癸酉科舉人垣曲縣知縣加五級紀録十二次滇南年愚弟王文龍頓首拜撰文

敕授奉政大夫癸酉科舉人甲戌明通任山東萊州府水利同知□□年愚弟王澤□頓首拜書丹

敕授文林郎乙□科舉人任江南震澤知縣鄉試同考試官伯英愚表弟王□鰲頓首拜校閲

余蒞兹土，知魯爲望族，而與鶴軒公係同年，更相友善。公癸酉科鄉魁而試差官，生平風規落落，有將相英武之風。舉凡邑中人事，指揮如意，余每以國士期之。乃屢蒙催召，辭不就職。而敦孝友，施教澤，亦足以爲一鄉一邑法。公諱守義，字筠詒，鶴軒其號也。兹於公之親友生徒輩不忍歿公之德澤，欲樹貞珉，求叙於余。余遂同宗兄潤亭公、石坡公略述梗概，以垂不朽云。

親友族人　（略）

受業門人　（略）

首事門人　（略）　仝立

龍飛乾隆五十五年二月吉旦

乡饮耆宾辉锦刘公暨配张赵王孺人合葬志铭

【简介】

清乾隆年间（1736—1795）藏石。刻石时间因志石不全而不详，据内容推测为清乾隆年间。现存垣曲县古城镇店头村。

墓志青石质，应为二石，现仅存一石。正方形，高宽皆50、厚8厘米。志文16行，行24字，楷书。

墓主刘文灼（1717—1793），字辉锦，号西崖。清垣曲县（今古城镇）店头村人。历世好善乐施，虽然读书，但以树艺立业，资产丰厚。处世以诚，人称长者。

【志文】

鄉飲耆賓輝錦劉公暨配張趙王孺人合葬誌銘

公姓劉氏，諱文灼，字輝錦，西崖其別號也。按其世系，自聞喜遷南堡頭以來，閱數十世矣。傳至參軍諱焕，始遷店頭村而家焉。焕公生子二，長曰鐸，成化間歲荒，出粟數千石以賑民飢，敕封七品節官。鐸公生子瑋，瑋公生子將仕郎諱太和，和公生子義官三思，思公生子廩員義官惟遜、惟敏。遜公生子義官際隆，俱尚義好施，時值洊□，際隆公承先志，亦輸粟數千石，濟活甚重，事聞，立坊以旌世德。敏公生子庠員憲隆，□□□吏員自達，是爲公祖。達公生子農官則虞，是爲公父。公行二，兄弟三。幼與兄庠員諱文炤、弟監生諱文煌俱讀儒書，以他務未暇卒業，遂務樹藝之事。久之，貲産頗豐，年五十六，榮入耆賓。賦性醇厚，不事紛華靡麗，撫世酧物一以誠，有犯之者，任其軫轕，兩耳若無聞。尤不喜以疾言勵色加人，人每愛慕之。迄於今公已没矣，而語及公之爲人，猶皆舉手加額，稱之曰：長者云，長者云。公生於康熙五十六年九月初四日辰時，卒於乾隆五十八年二月□□日辰時，享壽七十有七。元配趙太君，有安公女。繼配張太□□……

重修牛丞相墓记

【简介】

立石时间残缺，据光绪《垣曲县志》记载，为清乾隆年间（1736—1795）知县言如泗修墓立石。现存垣曲县谭家乡故原村。

碑青石质，仅存左上部分。圆首长方形，残高77、宽39厘米。碑额仅余“百世”2字。碑石左侧刻饰4厘米宽的水波纹装饰带。文存10行，行存18字，字径3厘米，楷书。碑文记载了垣曲县牛丞相墓的情况。

【碑文】

重修牛丞相墓記

縣東北譚家溝相傳有隋牛丞相墓，志乘失名，（下阙）之明年，蒞經斯地，從者告余曰：此即丞相墳也。（下阙）三十三年，前任吾鄉杜公碑碣已蟄陷埋地，幾（下阙）墓傍童叟僉云：春秋祭掃，自來無人，不覺凄然（下阙）蒞吏部尚書、贈開府儀同三司、光禄大夫，從煬（下阙）近是，與吾垣固屬風馬。既又於邑中訪求□裔，（下阙）邦文獻可以質諸者，夫有其舉之，莫或廢焉。（下阙）佃開耕，引渠灌溉，歲租所輸，供春秋享祀而（下阙）□□之各憲，憲曰可。經始（下阙）。

重修阎罗天子庙序

【简介】

清嘉庆元年（1796）十一月立石。现存垣曲县长直乡原峪村。

碑红砂石质，长方形，高130、宽60、厚13厘米。碑首佚失。碑文10行，行42字，楷书。碑文记述了原峪村众首人与住持僧人合力重修阎罗天子庙的经过。碑阴刊刻施财人和助工人姓名。马行汉撰文，杨树翰书丹，张士望书额。

【碑文】

（碑阳）

重修閻羅天子廟序

源峪踞長直鎮之西北，泉甘而土肥，人剛而好義。其村之東南有閻羅天子廟焉，歷年久遠，風漂雨蝕，不無損壞。舊歲冬，村欲重修，以妥玉帝、關聖於一堂。爰集社中作首十人，以經理焉，僉曰：其功浩大，非住持□之僧慶宥與其徒同相督工，不能成厥事。乃邀僧同募緣善信，而村亦慷慨樂輸，遂爲之重建殿宇、兩廊，移修舞樓、山門，並理娘娘宮、牛王祠，期年而工告竣。兹則廟貌巍峨，神像碧瑩，較昔倍覺耀日争光，陟降之際，庶有以妥神靈而慰人心矣。將勒貞珉，向余求序。余深嘉夫合村之好義樂施與僧師徒之忠而且力也，遂忘其固陋而叙其巔末以昭來許云。

邑庠膳生員馬行漢撰文

村處士楊樹翰書丹

張士望書額

作首人　張會元　張士望　恩賜九品畢企賢　張人士　樊茂文　楊奎捷　薛大才　楊之寬　劉金□　張起見

督工僧　慶賓　慶寬　慶宥　徒侄同格　同柱　同相　同桂　同枝　孫元順　元鈐　元賴　仝立

時嘉慶元年歲次丙辰十一月庚子下浣穀旦

玉□谷王倉　侄寶山　仝刊

（碑阴）

（施财人及助工人名略）

颜氏墓志

【简介】

清嘉庆二年（1797）七月藏石。现存垣曲县古城镇西石村颜氏墓地。

墓志青石质，应为二石，现仅存一石，长方形，高49、宽52、厚8厘米。石边线刻3厘米宽的几何折线纹。志文10行，行23字。楷书。

【志文】

字明鰲，顔公長子。餘幼，俱琄出。曾孫男二：長展翎，坊出；次展翩，培出。曾孫女三：長字飲賓立漫張公孫，次字懷義石公孫，俱坊出；次字連甲姚公次子，培出。於今嘉慶二年聯葬於老塋□父墓之次。銘曰：

屏山帶水，依父懷子。於世無競，於人何尤？宇宙春秋。

次男王大琄　重孫可坊等　鎸

時大清嘉慶二年七月十日藏

显考儒士圣承赵公妣高氏郑氏之墓

【简介】

清嘉庆三年（1798）清明立石。现存垣曲县华峰乡陈村。

碑青石质，长方形，高96、宽45厘米。碑石周边刻饰3厘米宽的变形螭纹装饰带。碑中楷书正文1行，字径8厘米。正文左侧刻序文3行，行24字，字径3厘米，楷书。碑刻记述了赵圣承的世系、子孙及配偶情况。正文右侧刻立碑人。

【碑文】

顯考儒士聖承趙公妣高氏鄭氏之墓

公諱有烈，字聖承，乃御史朗祖之十二世孫，庠員仰祖之三子也，享壽六旬有三。配高氏，繼配鄭氏。子一人，孫四人，曾孫四人。至其素行，悉載族譜，無事贅及云。

男鳳儀　孫希洙　庠員希涑　希洵　希淮　曾孫事粈　事耘　事耔　事粭　上石

大清嘉慶三年清明吉旦

皇清握瑾杨公及元继配张太君合葬墓志铭

【简介】

清嘉庆十二年（1807）十一月藏石。垣曲县古城镇沇岭村出土，现藏该村车姓村民家。

墓志一盒，青石质，长方形，高46、宽52厘米。志盖篆书“皇清握瑾杨公及元继配张太君合葬墓志铭”18字，竖分4行，首行6字，其余3行4字。志文28行，行26字，楷书。王捷登撰文并篆盖，席摇殿书丹。

墓主杨尚瑜（1738—1790），字握瑾，赠号好人。清垣曲县（今古城镇）人。经商立业，能孝事继母，赈济穷民。

【盖文】

皇清握瑾楊公及元繼配張太君合葬墓誌銘

【志文】

皇清握瑾楊公及元繼配張太君合葬墓誌銘

嘉慶十二年，余客居濟邑。九月之望，有投書至者，啓視，則吾楊同窗經爲其考妣乞銘狀也。念契誼責不容辭，乃爲敘之曰：公諱尚瑜，字握瑾，贈號好人。曾祖諱如檜，祖魁葟，父宋良，妣劉氏，繼董氏，公蓋劉出也。天性孝友，事繼母能得歡心。有從堂兄尚壐，幼與劉親公請來歸，視如同胞，產業均分，誠人所難及者。即其棄儒就商，貿易全無市氣。見親友艱窘，亦賑濟之，間囊空難濟，身代借貸，其賠息賠本，不知凡幾，此好人之號所由贈也。乃盛德如此，而嗣覺維艱，鄉里明理者謂，以公之素行，斷無乏嗣之理。果歲在丁亥生經，己丑生綬，辛卯又生緯，連得三子。則如公者，其即今之商瞿與經等少長，即請先生訓講，公勤應書館，志異上成。今經等端方自持，和平待人，不爲岸異，不爲苟同，則豈非公之盛德以傳家者乎？公元配太學生張公進德女，早逝。繼配廩生皇祉張公子南齡女，克執婦道，晝理中饋，夜勤女紅，有敬姜風焉。公生於乾隆三年正月初一日丑時，卒於乾隆五十五年四月初九日未時，享壽五十三歲。張太君生於乾隆四年九月二十一日午時，卒於乾隆五十年三月十七日卯時，享壽四十七歲。子三，係繼張太君出。長經，娶九盤趙公女，繼娶廩米公女。次綬，娶增生靖位馬公次女。三緯，娶雲登趙公長女。女四，係繼張太君出。長適含心石公，次適金道高公，三適鴻烈馬公，四適聯捷高公。孫男四：長天柱，少亡；三天禎，經出。次天棟，嗣於緯；四天梁，綬出。俱未聘。孫女六：長字石公如藩，緯出。二字席公檀，三未字，綬出。餘經出，未字。今卜吉葬公與繼張太君，因啓元配張太君之壙而合窆焉，既誌乃銘。銘曰：

稽公姓兮是楊，元繼配兮均張，城中何坊兮安民流芳。依稀乾道兮岱嵋蒼蒼，仿佛坤儀兮黄波洋洋。合葬祖塋兮亥山己相，獨佔牛眠於西坡之陽。

邑庠員眷晚生王捷登頓首撰並篆

邑太學生眷晚席摇殿頓首拜書丹

嘉慶十二年十一月二十四日吉旦

十三世祖讳政吕公配刘氏陈氏之墓

【简介】

清嘉庆十三年（1808）清明立石。现存垣曲县长直乡东交村吕氏家族墓地。

碑青石质，长方形，高123、宽60、厚13厘米。碑中1行楷书碑题，题左刻序文4行，满行61字，楷书。碑文记述了东交吕氏的来历及立碑的原因。吕际乐撰文并书丹。

【碑文】

十三世祖諱政吕公配刘氏陳氏之墓

聞之上古墓而不墳，後人封土爲壟，所以備遺忘也。然有墓無墳，固易忘；有墳而不立石以誌之，則仍忘。何者？久則無所考也。余始祖彦成自洪洞遷垣，□□葬下王村南。□傳十三世至公，改葬此地，號曰核桃樹凹。公長子拔翠葬皋落鎮，次子拔秀葬公塋右。秀子吞弦又改葬交斜村南垣，後因塋地缺，以□□□□□公之元孫諱進德者，出地價銀式兩五錢，葬公塋右邊。進寶三子述祖葬公塋下，余先君守祖次之，進寶四子敬祖又次之，此三墓者，皆公之六世□□□□□□又葬於□下，各出銀二兩五錢。余恐葬不依次，世遠易忘，故誌諸貞珉，使後世子孫知某爲某之墓，某爲某之子，庶宗派分明，不至湮没而無所考也。是爲序。

十九世孫國學生吕際樂頓首撰文並書

闔族仝頓首立

嘉慶十三年歲次戊辰清明吉旦

纯阳观创建并重修碑记

【简介】

清嘉庆十三年（1808）四月初五日立石。现存垣曲县华峰乡东型马村。

碑青石质，长方形。石边线刻3厘米宽的草叶纹装饰带。碑文11行，满行38字，楷书。碑文记述了东型马村创建纯阳观及历次重修的经过。姚文英撰文并书丹，宁君仁刊石。

【碑文】

純陽觀創建并重修碑記

東邢馬村之東有純陽觀，由來久矣。但有大殿二座、關聖廟一間，每逢迎神賽社，村衆咸相嘆曰：此廟也，得一獻殿焉，則陳設有庇，拜獻得所，不誠善乎！如此交相語者有年。至嘉慶八年，將逢迎神之季，村中公議，舉首事者十三人，爰始爰谋，創建大殿一座、娘娘廟一間。其等俱不辭責，仗義舉事，盡心募化，凡好善樂施者，悉量力捐金，初無難色。于是某也鳩工，某也庇材，不數月而大殿告訖，娘娘廟成。將老君移于新殿，舊殿改爲獻殿，將見禮神有地，祈嗣有賴，煥然一新。猗歟盛哉！迨至嘉慶十二年，玉皇大殿風雨傾圮，神像漂摇，村中首事十二人目擊心傷，乃葺而新之。村衆又復各施木料，創建關聖廟一間，舊廟亦改爲獻殿，然功未克底完。至十三年前後，首事輩齊力一心，于昔所捐施者請益之，乃塑娘娘神像，關聖獻殿撤舊易新。于是廟貌巍然，宏麗深邃，較前次之壯麗者頓然改觀焉。爰勒石以示不朽云。

儒學生員姚文英撰文并書

八年首事　姚居晉　姚典□　楊修忠　姚梁唐　姚全唐　要贊唐　馬宗英　趙知□

十三年首事　姚居寧　柴盛林　姚從唐　趙象明　柴望亳　姚居修　楊修基　姚金山　趙心順　柴頓乾　趙春水　姚文□　姚□□　姚世俗　趙明月　姚慶南

塑匠　鄭有仁

石匠　甯君仁

嘉慶十三年四月初五日　合村仝立

重修泰山庙碑记

【简介】

清嘉庆十三年（1808）六月立石。现存垣曲县同善镇刘村。

碑青石质，圆首长方形，通高124、宽58厘米。首高25厘米，碑额竖排楷书“永垂”2字，字径8厘米，左右两侧刻饰云龙纹。碑身四周刻饰4.5厘米宽的几何纹装饰带。碑文无题，共14行，行33字，字径2厘米，楷书。碑文记述了刘村等四社众人重修泰山庙的经过。郭鹏飞撰文，薛访贤书丹。

【碑文】

垣邑之北四十里許有山曰麻菇。自麻菇而上脊後，越數里望之，周圍皆崇山峻嶺繚繞，有清流激湍。其中大開障局，地勢雄渾，氣象飛騰，名號劉村。劉村巨所也，薛家堡、竹林社、周家凹，統劉村而稱四社，建泰山神廟於劉村之澗北，由來古矣。殿宇則畫棟雕樑，黝堊則丹楹刻桷。入斯廟也，泰山嚴嚴，赫聲濯靈，以妥以佑矣。昔之創造者，詎不美且備哉！然而缺略者，前人之有志未逮也；修葺者，後人之急公赴事也。獻殿之□，舞樓之東，基址宏廠而廊廡未建，巽風鼓吹，内外□踈，春秋報賽，境况凄凉。倘因簡就陋，謹仍舊貫，毋乃拘甚此竭力經營，固守成者之任，而四社之人所宜亟亟也。爰是嘉慶著雍執徐之歲單閼花月，僉議繕□，選董事者一十八人，鳩工庀材，調停觀成。建東廊六間，並牛王殿、捲棚，□凡數十年之風雨飄摇、滲漏破損者，悉補綴重新，及梅月而工告竣焉。余館薛家堡二載，衆親友囑余以誌厥事，不揣譾陋，詳其始末□云，條分縷析，文辭斐娓哉！亦聊即衆公之急公□□，補前人有志未逮之意□□序之。

邑庠生員郭鵬飛撰文

西堡儒士薛訪賢書丹

時大清嘉慶十三年歲次戊辰六月吉旦

重修圣母庙碑记

【简介】

清嘉庆十四年（1809）四月立石。现存垣曲县望仙乡望仙庄。

碑青石质，长方形，碑首已不存，下部残缺，残高126、宽66厘米。碑石四周刻饰2厘米宽的几何纹。碑文19行，行存40字，字径2.5厘米，楷书。碑文记述了望仙庄重修圣母庙的经过。席绣撰文并书丹，倪世俊篆额，侯应岹刻石。

【碑文】

重修聖母廟碑記

望仙莊乃垣縣勝地，與鼓鐘山遥遥相接，逶迤數十里間，《山海經》已載之矣。不曰鼓鐘之山，帝（下闕）百神乎！夫群仙所遨遊，絶非凡境，想其跨鶴驂鸞，往來於兹土者，自必絡繹雲漢，與恒華争奇，（下闕）人翹首以待，冀靈踪之屢著，而因以望仙名其莊也歟！余於嘉慶十有三年來設帳於望仙莊，（下闕）告余曰：莊有聖母廟一所，自乾隆二十七年修葺之後，迄於今已四十餘年。邇來風雨漂摇，華榱暗淡，薜墻頹壞，（下闕）神靈而佑我閭里也。幸而廟中租課所斂積有百餘金，可以爲補葺之資。若此項不給，則四社之（下闕）力捐輸，用勸善事。俟土木告竣之日，□祈先生述其始末，爲文一篇，庶可勒諸麗碑，垂於千百年（下闕）余曰：然。然諸公既有此志，余何憚一濡毫哉！今年二月，余就館後，則見其廟貌華整，迥非昔比，聖母有靈，將駕雲軿羅，葆羽飄飄然來□而來享也耶！且降祥於四社之户口，而使之年谷豐稔，子孫（下闕）神必鑒之。鑒之，斯福至矣。自兹以外，吾得與諸父老共游遥於山水之間，或登崖臨眺，或沿流徐步，或（下闕）於田間，或劇飲於林下，種種清福，大家歡喜，何莫非聖母之所呵護也哉！是爲記。

邑儒學廩膳生員席綉敬撰並（下闕）

邑國學生倪世俊篆（下闕）

首社首事人　閻學賓　鄧邦俊　武好智　王興周　武好讓　鄧邦相

二社首事人　賈生耀　惠景榮　王季禮　監生倪世榮　楊儀

三社首事人　張行貴　耆賓王乘龍　李發春　張學禮　監生王佔魁　孫學良

四社首事人　任美言　鄧繼周　田守禮　曹學勤

大清嘉慶十四年四月吉旦

石工　侯應岹

皇清显曾祖考国学生显一文府君妣待赠孺人王太君合葬墓志铭

【简介】

清嘉庆十四年（1809）十一月藏石。垣曲县古城镇沇岭村出土，现藏该村车姓村民家。

墓志青石质，长方形，高44、宽51.5厘米。志盖佚失。志文22行，行24字，楷书。文畧撰文，鲁洽书丹，孙鹏程题盖。

墓主文亦畅（1724—1792），字显一，清垣曲县（今古城镇）人。自营家业，能赈济穷民。

【志文】

皇清顯曾祖考國學生顯一文府君妣待贈孺人王太君合葬墓誌銘

叔諱亦暢，字顯一，吾族祖諱周琬之次子也。叔長兄諱亦闡，季弟諱亦純，爲人容色温温，言語呐然，如不出諸其口。自長兄歿後，遂廢讀書業，以家務爲己任，營業有方，不求分外，在莊理稞，哀憐家貧，寧我喫虧，凡有傷於佃户者，皆不肯爲。孝奉二老，無半毫乖逆，待孀嫂如禮，遇季弟有恩，在鄉黨循循規矩，大小人見之者，無不親敬，其可謂有德人也。奈年大無子，是一憾端，遂取弟之次子啓閭爲嗣。無奈不永年，先叔卒，又以侄啓闕兄之次子鉽爲嗣。鉽又不永年，又取侄啓嵋之子鏘嗣之，並取侄孫鑒之子麟圖爲鉽嗣，亦繼序不忘之意也。叔生於雍正二年九月二十二日，卒於乾隆五十七年十月初十日，享壽六十九歲。嬸母王氏，奉天公女，性情柔順，孝二親，和妯娌。平生多疾病，年已高，不肯厚於自奉而薄視其侄，亦壼中可爲規式者也。生於雍正六年二月初二日，卒於乾隆五十五年三月初五日，享壽六十三歲。今其孫鏘與其曾孫麟圖舉大事，余因略述其行狀，以告後來者。銘曰：

佳樹同於山而不同於蔭，吉人同於世而不同於辰，似纘無缺兮。而懿德之潤澤，猶能永庇其後昆。

例授文林郎候銓知縣己酉拔貢乙卯舉人侄畧頓首拜撰文

儒學優行附學生員甥孫魯洽頓首拜書丹

儒學優行增廣生員孫鵬程頓首拜題蓋

嘉慶十四年十一月初四日

承重曾孫麟圖勒石

广生殿增修碑

【简介】

据碑文内容，立石时间当在清嘉庆十四年（1809）之后。现存垣曲县蒲掌乡洼里村娘娘庙。

碑青石质，圆首长方形，通高124、宽52厘米。首高22厘米，碑额竖排楷书“广生殿增修碑”6字，字径3厘米。碑额左侧刻饰马兰花，右侧刻饰梅和鹿。碑文8行，行46字，字径1.5厘米，楷书。碑文记述了徐村凹、北杨、蒲掌及西河诸村增修广生殿舞楼、两廊，创建山门并造石桥的经过。文后刊刻施银人姓名及金额。尚岱龄撰文，梁光祖书丹。

【碑文】

蓋聞天地有好生之德，萬物同被化育；神聖有廣生之功，千秋永錫祚胤，此蓋與天地合其德而人宜隆其報者也。吾鎮徐村凹舊有廣生殿，創建不知始於何時，但每歲三月初九日演戲以和神聽，起會以崇歲祀，而我北楊、蒲掌村及西河諸莊分三社而迎賽不替，本莊其坐社也。自嘉慶十四年舞樓榱崩而瓦裂，神道斷絶而難通，且廟無山門，無以極幽深玄遠之觀，何以妥厥靈也？有守王公兄弟慨興善念，會合三社募化貲財，而四方諸君子亦群然樂施，討三百餘金。於是鳩工庀材，重修舞樓，兩廊各緒一間，西廊改爲道室，增舊制也。復又創建山門，另造石橋，填西注之溝，導南流之水，而規模爲之一新，神人亦可共暢矣。功成告竣，爰勒石以垂不朽云。

增廣生員尚岱齡沐手敬撰

信士梁光祖沐手敬書

（施银人姓名及数额略）

皇清显祖考临溪李府君及祖妣赠孺人尉太君合葬墓志铭

【简介】

清嘉庆十七年（1812）八月藏石。垣曲县古城镇沇岭村出土，现藏该村车姓村民家。

墓志青石质，正方形，高、宽皆56厘米。志文28行，行27字，楷书。李世元撰文并书丹。

墓主李长安（1684—1741），字临溪，清垣曲县（今古城镇）人。性情淳笃，体貌魁伟，处世坦诚。

【志文】

皇清顯祖考臨溪李府君及祖妣贈孺人尉太君合葬墓誌銘

我伯祖考葬於南門外洪慶觀西南祖塋，數十年於兹矣。伯祖母後四十二年而卒，今歿廿有八載，未及葬也。嘉慶壬申，承重捷元乃謀襄事，卜吉八月初十日安厝於北郭外謝村南新塋，因並啓先祖之壙遷與合葬。初以墓門之文與余議，余以固陋諉之他人，繼又曰：祖父母未有過人之行，吾不欲飾文以誣之，願得汝數言誌姓名，使後人知爲某氏之墓而已。嗚呼！我伯祖歿之時，余尚未得生，其何能記憶以爲之誌？然歿者其身，不歿者名，且余幼時亦曾習聞伯祖之梗概於我先祖父矣。性情醇篤，體貌端凝，與我先祖係從堂兄弟，居一出一入，問答甚疑，事無論鉅細，皆以笑語共商榷。形雖雁行，情若同體，至□與世構，不築城府，以坦誠樂易爲主。配我伯祖母尉孺人，簡恭淑慎，克盡婦職，其德足以配之。無何旻天不吊，未幾有我伯祖之喪，又未幾有我伯父之喪，爾時孤孫捷元且呱呱而泣。嗚呼！遭家不造，遂至斯極乎？然我伯祖母身親作苦數十餘年，雖盛暑嚴寒不憚勞瘁，衣粗食淡，自奉極儉，而於其孤孫倍加憐恤，少寒問衣，少頃問飢，以故捷元得優遊以至成立，且家業頗昌，援例入國學。嗚呼！伯祖父母有靈，其亦可釋然而長眠矣乎？按我伯祖諱長安，臨溪字也。歿之爲乾隆六年九月十五，享壽五十八歲。伯祖母生康熙四十六年六月初八日，卒乾隆四十九年七月二十日，享壽七十八歲。男一，諱仙採，先我伯祖母三十年而歿，所謂未幾有我伯父之喪也。配石孺人，岐山石公女。女二：長適文富臨，次適庠生姚遇午。孫男一，監生捷元，即今之襄大事承重者也。娶際康席公女，妾韓氏、武氏。孫女一，適馮仁壽。甥曾孫監生大棟。曾孫女二：長適張開吉，次幼未字。爰摭實以誌，遂銘。銘曰：

山光拂株，以處神人。山宅静好，以眠二老。厥封若堂，琴聲孔揚。天地不朽，要之等壽。

邑庠增廣生員從堂孫世元頓首拜撰並書

承重孫捷元泣血瘞石

大清嘉慶十七年八月吉旦

补修神殿并舞楼碑序

【简介】

清嘉庆十七年（1812）十一月立石。现存垣曲县解峪乡乐尧村黑龙疙瘩黑龙庙。

碑青石质，圆首长方形，通高88、宽45厘米。首高20厘米，碑额竖排楷书“永垂”2字，字径6.5厘米。碑身周边刻饰3.5厘米宽的装饰花纹带，图案为壶花配以龟背纹。碑文6行，行40字，字径1.5厘米，楷书。碑文记述了垣曲县黑龙庙补修神殿和舞楼的经过。文后刊刻施银人姓名及金额。文照宝撰文并书丹。

【碑文】

補修神殿並舞樓碑序

愚嘗思之，神之於靈也，無時而不在；其□也，隨處而皆通。況乎時雨之降，尤莫可測者也。余處古有龍王廟，所在之地名曰□子脖臍，□之則古迹，懷山襄陵之勢，宛然在目也。神之保佑一方，雨暘時若，實有難以盡述者。余前後已□□之，罔敢或懈焉。兹有衆首人所補修神殿一間、舞樓一間，功成□□之後，命匠刊石，乃請叙於余。余學□偏淺，才識卑陋，安敢妄爲指陳也哉！無已，則祇就其已□□□聊誌之。自此以往，知神之感應□萬也，愈見時雨若之，靈驗宜不爽矣。

作首人　王南旺施銀二錢五分　張玉山二錢　李尚材一錢　趙全璧三錢　王法魁二錢　文賜官三錢　文萬年一錢五分　皇恩張善載一錢五分　耆賓王景思三錢　張效載三錢　王進功一錢　張允棟二錢五分　李景天三錢　馬堂蛟三錢　張法元三錢　王步清二錢

邑儒士文照寶薰沐撰書

時大清嘉慶十七年十一月吉旦立石

张如驷夫妇墓碑

【简介】

清嘉庆二十四年（1819）清明节刻石。现存垣曲县长直乡南洼村张家庄北。

碑青石质，螭首长方形，碑座及碑刻下部因埋入地下不清。出露部分高122、宽64厘米。首高20厘米，碑额竖排楷书“潜德”2字。碑身正中一排楷书碑题。碑题左侧刻序文3行，行存31字，字径2厘米，楷书。序文记述张氏置设祖茔的经过。

【碑文】

恩榮顯考如駟張府君顯妣淑德安太君合葬（以下不清）

公諱捷德，字如駟，恩賜正九，享壽八旬有四。配安氏，享壽七十六歲。張氏世居三（以下不清）重卜居西坡，與曾祖諱應兆遂葬於高堰上。厥後公之祖諱縱芳又採新塋於此。（以下不清）子諱效光，所出兄弟二人，公行二。恐迷亂失次，故略叙之以示後云。

次男張景信　孫廷謂　廷珍　廷謨　廷蘭　廷拔　曾孫（以下不清）

大清嘉慶二十四年清明吉旦

重建汤圣庙碑记

【简介】

清嘉庆二十五年（1820）五月立石。现存垣曲县谭家乡上塄坂村汤圣庙内。

碑青石质，长方形，高52、宽112厘米。四周刻饰3.5厘米宽的花卉几何纹装饰带。文36行，行15字，字径1.5厘米，楷书。碑文记载了汤圣庙的来历以及上下塄坂等十八村重建汤圣庙的经过。高中和撰文，梁巨新书丹。

【碑文】

重建湯聖廟碑記

考宋慶曆八年《重修碑》與《粧塑聖王碑》，其始實淵德侯廟也。金元之際，紅巾作亂，十八村避於寨子山，賊兵嘯聚山谷，重圍不解。俄而空中現大神迹，賊兵驚散，人得安土如故，因名曰大神。遂移淵德侯廟於西北隅，營殿宇，崇祀典，報鴻恩於萬一。復以大神之名無所指歸，以湯之神聖祀焉，其義固傳聞有自而碣載未明，亦無實據可指。第湯以亳封七十里之國，一征葛伯，四方悦服，咸延頸而望之曰：徯我后后來其蘇。是湯德之感孚於人者深也，而且建都於亳，垣在五百里之内，實屬納穗納秸之地，則輪流賽社，崇奉而隆祀之也，禮所宜然。緣是十八村累次增修，益加烜赫，上下塄坂莊頭共捐銀叁百玖拾餘兩。不意十八年乙亥六月十九日忽遭回禄，上自寢宫、正殿、大殿並東西侍廟，火炬殆盡，豈天之氣數宜然，抑人之奉祀不恭與？然而十八村翼戴維舊，享祀彌篤，共捐銀五百四十餘兩，上下塄坂莊頭捐銀八十餘兩，重建正殿三間。厥後拔修募緣，意見各殊，遂有東西分建之議。東九村傾心樂輸，重建龍王廟三間、水官所三間。嗣又與東九村分作兩工，上下塄坂、劉村、莊頭建太子殿三間、東廊十間，翻瓦東北廊三間，牌房前增建香亭三間，以補其缺。功竣，謹據所聞見摭實而序之。

增員鄉飲介賓高中和謹撰

南塄坂村儒士梁巨新敬書

住僧　通菓　徒心鑒

時大清嘉慶二十五年歲次庚辰瑞月穀旦　仝立

重修汤圣庙正殿督工首事姓名碣

【简介】

清嘉庆二十五年（1820）五月立石。现存垣曲县谭家乡上墱坂村汤圣庙内。

碣青石质，长方形，高 50、宽 115 厘米。四周刻饰 3.5 厘米宽的螭纹装饰带。碣文无题，38 行，行 14 字，楷书。碣石刊刻了上墱坂等村重建汤圣庙正殿的督工首事人姓名。

【碣文】

上墱坂村

督工　監生張子究銀四兩

首事　恩榮任優　宋鳳朝銀一兩　趙帝寵　監生安恭銀三兩　馬步朝　張得鰲銀一兩　孟守分　王鰲銀六錢　吕步鰲　高清漢銀三兩　吕萬福　廉懷子銀五錢

南墱坂村

首事人　姚學聖銀六兩

督工　恩榮李士林銀二兩　儒士閻世寵銀一兩　閻希孔銀四兩　生員閻珍銀四兩　監生閻景昇

首事　恩榮劉金明銀□兩　恩榮張扶清銀一兩二錢七分　陳文銀三兩　閻喜官銀二兩　王東林銀八錢三分　石享銀一兩一錢　梁巨玉銀一兩二錢二分

莊頭村

督工　普其林　普其愛　臺端　柴永昌

首事人　張蘭　程文遠　安暢

重建正殿上墱坂村趙全龍施楊樹一株

時嘉慶二十五年五月吉旦立石

皇清国学介宾王府君暨元配待赠孺人崔太君合葬墓志铭

【简介】

清道光二年（1822）九月藏石。现存垣曲县博物馆。

墓志青石质，共二石，方形，每石高、宽均为54厘米。石边线刻3.5厘米宽的水波纹装饰带。第一石刻志文20行，第二石刻志文18行，满行皆22字，字径1.8厘米。楷书。王允升撰文并书丹。

墓主王立元（1747—1819），字会一，号南崖，清垣曲县（今古城镇）南观庄人。国学生。生性淳谨，善待兄弟，尤其善于化解矛盾。

【志文】

（第一石）

皇清國學介賓王府君暨元配待贈孺人崔太君合葬墓誌銘

胞伯諱立元，字會一，南崖其號也。嘉慶己卯捐館，兹卜書贈，榮歸佳城，伯母崔太君袝焉。不敢飾辭以訴，撮其大概，頗伸余痛。迺思平陸遷垣，歷數百年，所可紀者，十僅一二。始祖諱順至，支祖諱加有，太高祖諱復慶，高祖諱帝眷，曾祖從九品諱若文，祖耆賓諱從學，世以耕讀爲業。嗣男四，胞伯其家嗣也。次從九品諱魁元，出繼長門。三國學生諱三元，即余父也。四諱捷元，出繼三門。伯父幼性淳謹，處昆弟以恩，待族黨以和，爲□□難解紛，悉欲得一言以爲當。伯母崔太君，爾岸崔公次女，幽閒貞静，無愧婦道。子增生諱際昇，余堂兄也。當其未成立時，伯父母内外拮据，及後成立，而伯母逝矣。繼配增生介賓聞宋趙公次女，副室發雲柴公長女，皆有功於内助也。且伯父最愛書聲，余堂兄髫年入泮，雖未永年，不負拮据之意。不幸趙太君亦繼而逝，俱殯於祖塋。追憶之下，不禁泪□交流。幸嗣孫二嘉慶丁丑同游泮水，雖爾克自立，皆賴伯父作養之力，相與以有成。己卯三月，伯父染病在床，呼我叔侄於前曰：“吾無别言以

（第二石）

遺爾，願爾叔侄耕讀訓子，爾兄弟式好无尤，足矣。至諸孫之成立，更非吾之所能望也。”言畢而卒。憶我伯父自病至易簀時，數日之間，而精神言語依然如常，古云“生順没寧，考終命”者，伯父或庶幾焉。伯父生於乾隆十二年正月十三日寅時，卒於嘉慶二十四年三月十六日巳時，享壽七十有三。男一，諱際昇，配國學生廷用董公長女，俱故。女三：長適武生武魁張公長子上達，次適順天師公次子學博，三適廷乾□公三子英耀。孫二，俱庠員：長焕，娶國學生於潢席公長女；次炳，娶處士書林張公長女，繼娶緒朱趙公次女。曾孫四：長天賜，聘廩生三江申公次女，炳出；次地賜，焕出；三天設，炳出；四地設，焕出，俱幼未聘。卜吉九月十一日啓伯母崔太君□，合葬祖塋之次，爰爲之誌且爲之銘，銘曰：

伯父之恩，恩報昊天。伯父之德，德深淵泉。勒諸瑱珉，億萬斯年。

邑儒學廪膳生員眷再晚楊捧霄頓首拜填諱

胞侄王允昇抆泪拜撰書

道光二年九月十一日

不肖孫王焕　王炳　鐫石

重修关圣龙王马王庙暨三门厢房碑记

【简介】

清道光四年（1824）十一月立石。现存垣曲县历山镇朱家沟退坂庙。

碑青石质，圆首长方形，通高118、宽58厘米。碑额竖排楷书“不朽”2字，左右两侧刻饰龙云纹。碑文12行，行22字，楷书。碑文记述了退坂庙重修关圣、龙王、马王庙、三门、厢房所发生的肥私事件及后人重修的经过。王化宣撰文，王显书丹。

【碑文】

重修關聖龍王馬王廟暨三門廂房碑記

退坂之有虞帝廟，其來已久。後因風敲雨噬，墻頹尾裂，見者心傷焉。社人等突興善念，爰于嘉慶二年議舉首領二十人，募緣捐修，時上下堡以及山庄士民罔不各有樂輸。功興之後，主緣者收緣，督工者省工，豈非美舉？不意修至數月，功閣爲費資無出，尋及緣簿，主之者竟謂無存。意緣銀出入，盡在于簿，簿一不存，出入何據？肥私種情已畢露矣。因此共相嘈嚷，誓訟未出，迄今人亡大半，功仍半塗。後人即欲思竟前緒，亦不知出施者爲誰，未出者伊誰也。然而此功不繳，後功不興。二十五年，因廟中柏樹售金十餘兩，畧加補葺，聊當結局，以爲後圖之計。至施之有無多寡，不敢徑敘。遍訪諸村庄耆老名士，知者注明，不知者隨地統誌焉。嗚乎！化緣修廟，本爲妥神，烏可于中圖利？二十人管工，令一二主緣自肥，亦不能俱告無罪。兹勒石示众，以貽諸後，俾來者之知所戒慎焉。若罪之大小、報之輕重，天實臨之，吾輩亦唯聽諸冥冥而已。

邑生員王化宣撰文

邑處士王顯書丹

時道光四年十一月穀旦

首事人仝立

显考耆老刘府君妣淑德刘太君合葬之墓

【简介】

清道光六年（1826）七月立石。现存垣曲县英言乡龙尾头村两盘碾自然村东南，竖立在砖砌碑楼中。

碑首红砂石质，高60、宽52、厚14厘米。碑额竖排楷书“流芳”2字，左右两侧刻云朵纹。碑身青石质，长方形，高119、宽49、厚9厘米。碑中1行楷书正文。碑阴刻碑文15行，行存30字，楷书。碑身下部埋入土中不清。碑文记述了墓主刘生金的生平和后裔情况。

【碑文】

（碑阳）

顯考耆老劉府君妣淑德劉太君合葬之墓

時大清道光六年歲次丙戌秋七月吉旦

男劉玉華　玉文　國學生玉珍　孫廣甸　廣庫　廣畿　廣倉　廣省

（碑阴）

皇清欽賜耆老諱生金字麗水暨配劉氏合葬墓表

欽賜耆老諱生金，字麗水，姓劉氏，世居濟西聖佛頭村，現住東圪塔，特寄居牛（下阙）繼舜，父諱閏侯，累有積德，誕公昆弟二，公其家嗣也。忠信原於天授，孝友出自（下阙）藹孺慕，歷始與終而不改。於宗族昆弟外恭内敬，恂已信實，自少及老，而歷間（下阙）迎抒，歡欣以相接，槁焉者持之振，困焉者扶之蘇，其性生之仁恒然也。畢生間（下阙）質樸，然諾不苟，以故内外遠邇罔弗以古君子嘖嘖焉。尤異者精厥農，善厥儉（下阙）增式廓，公之克振家聲以貽後昆者蓋如此。生於乾隆十年十月二十九日戌（下阙）九日巳時，配垣邑店頭村劉公文煥次女，姿性婉順，動止幽賢，能盡孝於翁□（下阙）共推賢内助焉。生於乾隆十三年七月之初三，終於嘉慶二十五年十月之二，卜（下阙）韓家河韓公思任次女；次玉文，娶柏底王公光遠女；三國學生玉珍，娶南蒲王公（下阙）公大漢孫女。孫男五：花出者一，廣畿，娶韓公帝愛長女。文出者四，長廣庫，娶韓（下阙）家溝李公春花長女；三廣甸，娶劉□□李公金成長女；四廣省，聘韓公有龍長女。（下阙）趙寨王希順，次適北白鵝楊懷德，一適無恨衛廷魁，四字北白鵝楊雙富。孫文出（下阙）希聖，次適許村凹王明三，三尚幼，未字。珍出者三，長適北白鵝楊應鰲，次、三（下阙）後驗於其身，更驗於其子孫，不彰彰可見乎？今頊珉既具，援約舉其梗概以（下阙）。

重修建栖神观碑记

【简介】

清道光六年（1826）立石。现存垣曲县古城镇上壂坂村。

碑青石质，竖长方形，高166、宽71、厚14厘米。碑石周边刻饰3厘米宽的装饰花纹带。碑文10行，行49字，楷书。碑文记述了垣曲县上壂坂、南壂坂诸村善众重修栖神观的情况。碑刻中部文字多磨蚀不清，撰文人因磨蚀姓名不清。碑阴刊刻施财人姓氏、金额。

【碑文】

（碑阳）

重修建棲神觀碑記

閑嘗遊歷古今廟宇，見夫墜者舉之，廢者修之，輒不禁欣然稱善也。余□□□□□□□由來久矣，亦不詳其創建之始。但據碑記考之，自大元以來，其補葺整飭者已非一次，乃風雨飄摇，□□□□□□□□□□□□□村中人突起善心，議舉公直，於觀内柏樹數株及掇拾殘壞等物，變白金三百兩、錢七十五□□□□□□□□□□□□□□□□混元殿三間、關帝廟一間，修補玉皇殿、三官殿、龍虎門、土地祠以及閻王殿，□□□□□□□□□□□□□周圍墻垣，兼理内外道階，畢此數事，官銀已銷訖無餘，棲神觀復焕然一新矣。然□□□□□□□□□□□□□□□□□□□也。於是，上壂坂闔村、南壂坂北一社同心協力，效力輸財，共捐銀一百四十兩有□，□□□□□□□□□□□□□□□□□□猗歟休哉！不較前而倍增其光也哉！爰勒諸貞珉，以誌修舉廢墜之本末，且（以下磨蚀）。

邑儒（以下磨蚀）撰並書

時大清道光六年歲次丙戌穀旦

（碑阴）

上壂坂村西施財姓名開列於後

（施财人姓氏、金额略）

“五世同堂”碑

【简介】

清道光七年（1827）十一月立石。现存垣曲县华峰乡华峰村。

碑青石质，长方形，高142、宽68厘米。碑石周边刻饰4厘米宽的装饰花纹带，图案为牡丹、梅花、蝙蝠配以万字纹。碑中1行刻正文，共4字，字径28厘米，楷书。正文右侧刻序文7行，满行67字，字径1.5厘米，楷书。碑文记述了垣曲县吕君仰五世同堂的情况。正文左侧刻立碑人名。安奋撰文，安轂书丹。

【碑文】

五世同堂

禮者，引年詩，美黄耇。我皇上重養老之典，凡薄海内外，咸得膺受恩榮。若五世同堂，則尤足以見作人之雅化，而群生得霑濡於其下也。吕公諱君仰，字道亭，崇詩書，勤桑農，自上世以來，人皆稱長者。公居鄉黨，和平謙易，人亦以德歸之。年八旬有餘，三受恩榮，而又五世同堂。門有古槐一株，龎眉皓發，日與曾元婆娑其下，見者無不羡其可隸木公仙籍。云及公没，而其孫與曾孫亦亡，其孫媳郭氏，曾孫媳——余之再從堂孫女也，皆能守節自甘，盡婦道以訓子孫，人又嘆公之生也多福而刑於家者之逮也。今年冬，人欲以公之德鎸諸石，則公之德孚於鄉黨者可知矣。異日者建諸帝廷，得以表公與其一家之節孝，其光耀門庭又何如也耶！

例授修職佐郎候選儒學訓導歲貢生愚表姪安奮拜撰文

邑儒學生員愚表孫安轂拜書丹

鄉眷親族同立

胞姪恩榮再端　孫庠員鳴珂　佾生相文　扶文　顯文　佐文　榮文　振文　曾孫音和　音遠　音著　音揚　待來　元孫綿宗　同勒石

旹太清道光七年十一月吉旦

竹林寺大禅师双峰重修殿宇续置租田记

【简介】

清道光八年（1828）九月立石。碑旧存垣曲县古城镇古堆村，现存垣曲县博物馆。

碑青石质，长方形，高146、宽69厘米。碑首佚失，碑石周边刻饰3厘米宽的变形螭纹装饰带。碑文16行，行39字，字径3厘米，楷书。碑文记述了双峰禅师重修竹林寺并续置租田的经过。张抡秀撰文，张元德书丹，张省括题额。

【碑文】

竹林寺大禪師雙峰重修殿宇續置租田記

自古立教之名有三，儒與道外，更有釋氏。釋氏者，以釋迦牟尼佛而得名也。攷佛於周昭王時生於天竺國，其教僅在西域，至漢明帝迎入中國，而西方象教遂遍震旦乾坤焉。由是沐其教者建寺塑像，所在多有，竹林其一也。按竹林寺創於金熙宗天眷元年，寔南宋高宗紹興八年也。爾時國分南北，地隸於金，故以金紀年。至金章宗明昌三年，復爲重修，未六十年而焕然一新。嗣後由元迄明以至於今，閱歷不一，修葺屢經，而總未有如雙峰之盛者也。雙峰清介性生，居然佛家令器，勤苦自勵，不失法門薪傳。是以增光寺院，能使殿宇聿新，則棲神有所也；廣置租田，能使蓄積饒裕，則奉神有資也。無事修緣募化，而能擴前人所未有，視世之侈談飛錫，妄托皈衣，而陽則崇奉釋氏，陰則滋咎沙門者，相去亦何遠哉！今其徒孫静濟欲竪石銘功，問志於余。余以事無論顯微，貴於自勵；教無分彼此，期於有功。故儒以倫常爲重，道以清净爲高，而釋則以慈悲爲心者也。得其教者，雖未必慈雲遍覆，而以寺中之積成寺中之功，亦可謂不失衣鉢者矣。吾於雙峰有感於此，故於静濟之請而樂爲之書云。雙峰法名祖唐，字雲山，原係本縣嶺后莊人，張姓。

例授修職佐郎候銓儒學司訓丙戌歲進士眉峰張掄秀撰文

邑庠頂生八十一老夫度亭張省括題額

邑儒學優行廩膳生員杏塢張元德書丹

時大清道光捌年玖月上浣吉旦

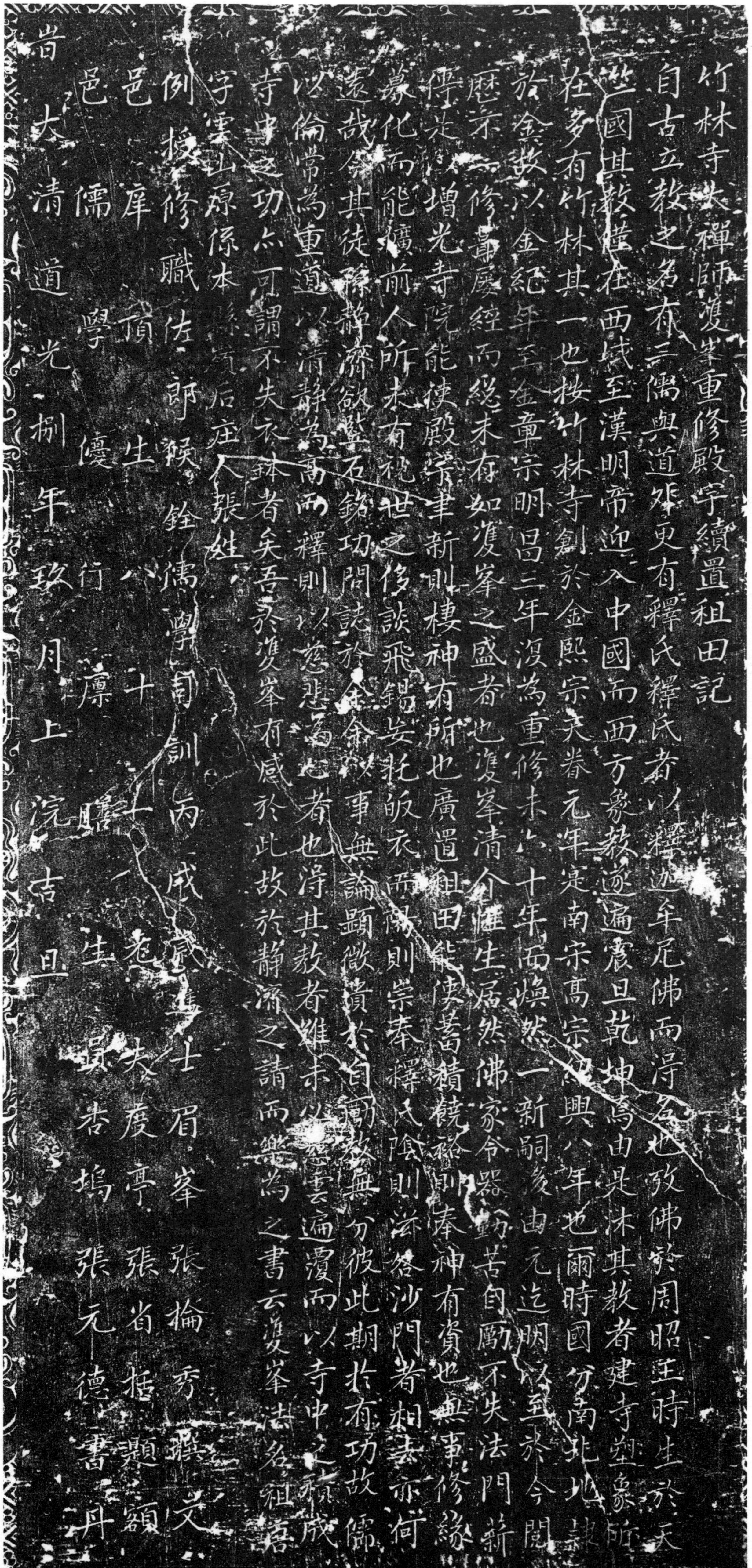
竹林寺大禪師渡峯重修殿宇續置租田記
自古立教之名有三，儒與道外更有釋氏。釋氏者，以釋迦牟尼佛而得名也。故佛於周昭王時生於天
竺國，其教肇在西域，至漢明帝迎入中國，而西方象教遂遍震旦。乾坤爲由是沐其教者，建寺塑象，所
在多有，竹林其一也。按竹林寺創於金熙宗天眷元年，是南宋高宗紹興八年也。爾時國分南北，地隸
於金。殆以金紀年，至金章宗明昌三年復爲重修，未六十年，而煥然一新。嗣後由元迄明，以至於今，閱
歷宗修，屢經而總未有如渡峯之盛者也。渡峯清介性生，居然佛家令器，勤苦自勵，不失法門薪
傳。是以增光寺院，能使殿宇聿新，則棲神有所也；廣置租田，能使蓄積饒裕，則奉神有資也。無事修緣
募化，而能續前人所未有。視世之修談飛錫，妄託缽衣，而於佛則崇奉釋氏，陰則游蕩沙門者，相去亦何
遠哉。今其徒孫静濟欲鑿石銘功，問誌於余。余以事無論顯微，貴於自勵，無分彼此，期於有功。故儒
以倫常爲重，道以清静爲高，而釋則以慈悲爲心者也。得其教者，雖未以慈雲遍覆，而以寺中之積蔵
寺中之功，亦可謂不失衣鉢者矣。吾於渡峯有感於此，故於静濟之請而樂爲之書云。渡峯法名祖嵩，
字潔山，原係本縣寧后莊人，張姓。
例授修職佐郎候銓儒學訓導丙戌歲貢士眉峯張掄秀撰文
庠生 十老夫慶亭張省括題額
邑儒學優行廪膳生員杏塢張元德書丹
皆大清道光捌年玖月上浣吉旦

重修龙王殿移建五道并重建舞楼另创僧舍马房碑记

【简介】

清道光九年（1829）七月立石。现存垣曲县华峰乡陈堡村。

碑红砂石质，方首。通高236、宽64厘米。首高70厘米，碑额竖排篆书“皇清”2字。碑身高141厘米，文21行，行50字，楷书。碑文记述了陈堡合社募资重修龙王殿，移建五道将军庙，重建舞楼，另建僧舍，创造马房，改砌月台的经过。弟维屏撰文，台拱霞书丹，文共赏篆额。

【碑文】

重修龙王殿移建五道並重建舞樓另創僧舍马房碑記

夫龍之爲神昭昭也。肇封自宋，列爵爲王，作商相之澎霖，遍地黄金無價；吸高僧之硯汁，一天墨水皆香。降澤既大，承祀無疆，托宇下者，有其舉之，不敢廢也。前之君子整玉室，理龍堂，上自殿宇，下及門墻，修飾已非一次，巔末何須再詳？但年代已久，榱桷有傷。洎道光元年，村中恭舉君等募緣合社，醵貲本庄，得銀若干，材庀厥美，卜日乃爾，工鳩乎艮。先動正殿，仍舊翻瓦。继拆戲臺，更新加樑。定爲撥夫納椽之規，則挨門以出。移建五道將軍之廟于十字中央。奈功未告竣，而錢已空囊。君等盡心竭力，不爲减色，務期增光，勸加布施，勛謂流芳。另建僧舍，創造馬房，月臺改砌，階級鋪張，院地平落，門樓孔將，衆擎易舉，不其然乎？戊君等之辛苦，慚我輩之踈荒。聊綴俚語，以勒碣陽。

東埜大邦弟維屏謹撰

東坡托月臺拱霞敬書

南園建奇文共賞篆額

姚永言、姚永建率子圣書、景平、振清、圣艮施廟東南邊路一條，永不隨糧

台老三門官施廟東北邊路一條，永不隨糧

首事人　文夢蘭　魯心廣　楊允升　台居冋　台映日　任忠　弟維垣　監生台輝仝立

時大清道光九年歲次己丑七月刊石

皇清待赠修职佐郎国学生联魁王公暨配车孺人赵孺人关孺人合葬墓志铭

【简介】

清道光十二年（1832）三月藏石。现存垣曲县博物馆。

墓志青石质，共二石，长方形，均高40、宽42.5厘米。第一石刻志文22行，第二石刻志文21行，满行皆20字，字径1.5厘米。楷书。席椿撰文，冯辅元书丹。

墓主王三元（1757—1830），字联魁，号中山，清垣曲县（今古城镇）南观庄人。国学生。孝敬父母，友爱兄弟，急公好义，乐于捐输，资助修学校、建庙宇，多有善举。

【志文】

（第一石）

皇清待贈修職佐郎國學生聯魁王公暨配車孺人趙孺人關孺人合葬墓誌銘

嗚呼！此吾親臺聯魁王公之墓。世居治南南觀莊，爲邑之望族。宗派昆弟，公父修來公墓誌言之詳矣。公父以厚德名鄉里，生公昆弟四，公乃其季也。公諱三元，字聯魁，號中山，賦性淳謹，德行遠播。其於父母也，竭力以事，人言不間，公蓋有白華之孝焉。其於昆弟也，另爨未争，終身不變，公蓋有棠棣之愛焉。及之親族鄰里，鰥寡孤獨，有緩急叩門、饑饉互告者，亦未嘗以不能推諉，公蓋有葛藟之仁焉。他如修黌宫，建書院，以及村莊各廟宇，賴公創造補葺，焕然而更新者，殆不可勝數，而公卒不殫勞焉。其好善好義之衷，隨地而勃發者，孰有如公也耶？其至公至直之慨，善世而不伐者，孰有如公也耶？此其所以壽踰古稀，飲食豐裕，步履康健，倏忽之間不疾而□終也。悲夫！公痛於道光十年八月二十九日巳時，距生於乾隆二十二年八月二十六日寅時，享壽七十有三。元配車孺人，克楨公次女；繼配趙孺人，九圍公少女；繼配關孺人，國學生生秀公少女，皆公之賢内助也。里黨稱之，嘖嘖猶在人口。男一，允昇，例貢生，趙孺人出。娶國學

（第二石）

生國楨鄧公少女，繼娶國學生之珺汪公長女。女三：長適國學生朋由高公次子龍章，車孺人出；次適國學生春元馮公次子璥正，三適國學生善基李公長子例貢生鳳集，俱關孺人出。孫男二：長昭明，聘國學生文權關公長女；次英明，聘附貢生宗孟姚公長女。孫女三：長適國學生文洋關公長子治國，次未字，三字國學生維新姚公四子起馮。繼繼繩繩，其相傳正未有艾也。公没已二年矣，鄰縣聞之，吊奠者至今猶不絶人，此皆公之德行所致也。兹卜吉三月二十六日啓車孺人壙，合葬於觀西祖塋之左趙孺人墓，其子乞誌於余。余以公繫親誼，且兼主東，不容以不文辭，略舉其生平大概，以誌且銘。銘曰：

非禄之是將，而善爲之光；非壽之是慶，而德爲之芳。條山麓，黄水傍，森松檟，鬱蒼蒼。宜爾子孫，歷千載而永昌。

例授修職佐郎候補訓導壬申年歲進士眷晚席椿頓首拜撰

例授修職佐郎候銓訓導庚寅年歲進士眷弟馮輔元頓首拜書

不孝男王允昇　孫昭明　英明　刊石

道光十二年三月二十六日吉旦

吕氏序图碑记

【简介】

清道光十九年（1839）二月立石。现存垣曲县华峰乡西坡村。

碑青石质，竖长方形，高172、宽68、厚19厘米。碑石周边刻饰4厘米宽的装饰花纹带。碑文记述了吕氏明代以来几代世祖的职官与名讳，并详细地刊刻了世系图。碑阳上层刊刻吕氏八、十、十二世祖的名讳及职官，下层刊编修、序图、书丹、首事人名讳，皆楷书，字径1.5厘米。碑阴及碑侧刊刻世系图，由于支系繁多，世系图又延及到碑阳中部。碑侧另刻族约2行，楷书。吕玉振编修，吕鸣珂序图，吕辅文书丹。

【碑文】

（碑阳）

吕氏序圖碑記

明正德任河南□□府洧川縣縣副尹八世祖諱進

明正德庚子舉人任陝西西安府左衛知事陞陝西鞏昌府西和縣知縣八世祖諱選

明嘉靖乙卯舉人任河南府無極縣知縣陞陝西階州知州十世祖諱士偉

明隆慶戊辰貢元任陝西三原縣訓導陞山西樂平縣教諭後陞延安府府谷縣知縣十世祖諱克勤

明北直隆慶州任雲州堡倉大使十世祖諱慶

明隆慶河東運司吏考授倉副使十二世祖諱綸

明萬曆己卯貢元任南京來安縣訓導十二世祖諱守璉

大清道光拾九年仲春下浣穀旦合族立石

十八世孫邑庠員雅奏玉振編修

十八世孫邑庠員珮玉鳴珂序圖

十八世孫業儒周乾輔文書丹

二十世孫肄業繩武綿宗書額

督工總理　俊德

各門首事　福德　南海　允昇　采風　慶人　慶銀　振鰲　相文　明哲　永貴　長法　萬震　東江　鶴鳴　鳳儀

（碑阴）

始祖諱彦成，配荆氏，暨十四世祖（以下世系图延至碑侧直到碑阳，略）

（碑侧）

合族公議，□門□表神主立石碑不出銀者，故後不得入家廟神主位。又議，子孫不拜祀祖考者，罰銀三錢；如不受罰，□□長帖其祖考名位。

族譜□□學□□案修造家廟之□落成，此神之力居多，故□字碑邊。

“德寿兼优”碑

【简介】

清道光十九年（1839）四月立石。现存垣曲县博物馆。

碑青石质，长方形，高134、宽62厘米。碑石周边刻饰5.5厘米宽的回字纹装饰带。碑石正中1行楷书正文“德寿兼优”4字，字径30厘米。碑为杨振秀六十庆典而立。正文右侧刻序文2行，行21字；正文左侧刻立碑人和立碑时间2行；皆楷书，字径5.5厘米。所有文字均剔地阳刻。

【碑文】

德壽兼優

例授修職郎吏部候銓縣丞楊老先生大人六秩榮慶

公諱振秀，字俊齋，號松巖……

鄉眷仝立

大清道光拾玖季梅月穀旦

皇清钦赐九品职衔元勋马府君暨孺人崔太君合葬墓志铭

【简介】

清道光十九年（1839）八月藏石。现存垣曲县博物馆。

墓志青石质，方形，高、宽皆50厘米。志盖佚失。石边刊刻3厘米宽的水波纹装饰带。志文24行，行32字，字径1.2厘米。楷书。马穀撰文，马空□书丹，马司农题盖。

墓主马告功（1760—1830），字元勋，清垣曲县（今古城镇）人。钦赐九品。为人孝友，轻财仗义。

【志文】

皇清欽賜九品職衔元勛馬府君暨孺人崔太君合葬墓誌銘

族伯諱告功，欽賜九品職衔，元勛其字也。生於乾隆二十五年十二月二十二日酉時，没於道光十年二月初八日寅時，享壽七十歲。昆季三人，次諱亦功，三諱建功，□伯居長。幼業儒，不拘拘於文墨而窺其大義。比長，事親有禮，□弟盡道，一門之内，稱孝友焉。接村人，不爲疾言遽色，至與四方諸君子游，又輕財仗義，然諾不欺人，咸欽其有豪士風。配孺人崔太君，亦能勤紡績，和妯娌，於伯有内助之美。没於道光十八年五月二十四日未時，距生於乾隆庚辰十二月廿四日丑時，享壽七十有九。男二：長男太學生有仁，配楊公諱士親次女。孫男二：長允若，娶王公諱嗣昌次女；次允協，娶楊公諱廷法次女。次男尚仁，繼三門諱建功後，娶王公諱致中長女。孫女一，字王公諱吉□□□有慶。女二；長女適王公諱建魁之子俊，次適□員李公諱應魁之子萬年。子子孫孫，蕃衍昌熾，非伯之盛德，何由致此？□□□之禮祭先河□□海所以□本□也。伯□□諱顔書，□旌九品。祖諱□□。曾祖庠員諱生□。高祖例授州同知諱肱。本太高祖賜進士，授咸寧縣知縣，陞吏部主事。□□造推而上，六世祖諱汝騮，丙午副魁，誥封文林郎。五世祖諱雲，敕授陝西□□知縣。四世祖諱進，飲賓，誥封文林郎。今伯之昆玉□□子孫□□□□□歷代祖宗積累深且厚也。則奕世之繩繩繼繼，追美前人，□在不可爲伯所期也哉！其子有仁等謹選吉日，安葬新塋，余因摭其實而爲□□□□之銘。銘曰：

龍蟠虎踞，中條之巔。□□龍□，於兹斯阡。

儒學庠員族侄轂撰文

儒學庠員族侄空□書丹

儒學廩員族孫司農題蓋

不孝男有仁　孫允若　降服男尚仁　孫允協　仝刊石

龍飛道光十九年八月初九日□□安葬大吉

创建卷棚越台碑记

【简介】

清道光二十年（1840）七月立石。现存垣曲县同善镇同善会馆。

碑青石质，圆首长方形，通高205、宽79、厚17厘米。碑额竖排篆书“卷棚碑记”4字，左右两侧剔地刻饰双龙纹。碑文12行，满行61字，楷书。碑文记述了同善会馆创建卷棚月台的经过。碑阴刊刻施财人姓名、金额。赵郁文撰文，王恒寅书丹，赵博文篆额。

【碑文】

（碑阳）

創建捲棚越臺碑記

按商賈會館之設，始於乾隆四十五年。其時先建帝殿，次及舞楼，而捲棚與越臺亦有志而未逮焉。厥後歷二十餘載，至嘉慶十年春，本鎮生理者度其地址，面其局勢，乃議建捲棚，砌越臺，以繼前人志。另舉総理八人，余父亦任其責。又恐鋪户等獨立難勝厥任，繼舉社中首事二十二人，同緣募化，共計得施銀三百八十两有奇，適值本歲大饑，遂罷是舉。越數年，秋夏豐登，生意殷富，乃收以前樂輸之金，選置物料，迄乙亥夏，創建捲棚三間，起築越臺一方。工竣刊石，屬余述其始末焉。今夫捲棚者，陳貢之地也；越臺者，拜跪之所也，無捲棚則陳貢慮其狹隘，無越臺則拜跪患其擠擁。茲則棟宇峻起，丹楹刻桷，局面方正，砌石鋪磚，較之前有帝殿而無捲棚，有舞樓而無越臺，不又赫然壯觀也哉！且剏建之奇，恃乎得地者半，恃乎得時者半，恃乎得人者亦半。會館捲棚越臺，其得地得時固不待言，而苟非得人以任之，夫亦何克至此？維時會館中一截規模宏厰，生面頓開，當春祈秋報時，俾梨園子弟輩搬演古今數奇莭，即烈風驟至，暴雨忽來，而商賈與里人皆得避處其下，此尤余情所樂道者。故聯絡數語，以爲後之繼起者勸焉。

邑庠儒學生員趙郁文撰文

從九職王恒寅書丹

國子監太學生趙博文篆額

社中首事　九品王化翔　九品王學泗　九品潘亮　九品趙殿友　九品王學偃　九品魏世傑　九品車長存　耆宾王晋奇　九品董以師　九品王攀鰲　九品甯文星　國學生王振風　恩九品甯显堂　國學生王青鰲　邑庠生趙玠　恩貢例贈修职郎昝章　恩九品崔名山　國學生王化俗　從九職王新鰲　文學憲　增員貤贈承德郎王若　國學生文硯

督工総理　□维唐　河内邢發財　監生王邦荐　吴紹彦　河内縣李有財　河内縣李明善　國學生趙權　從九職昝周禮

大清道光二十年七月上浣穀旦立

（碑阴）

社中布施開列於後

王翔繁施銀八兩　趙殿文　昝章　生員趙觀　監生王化俗　監生趙珍　監生文砥　以上各施銀三兩　從九姚□保　監生趙權　監生王青□　監生文硯　生員文□　監生文礪　以上各施銀二兩　王郭壬　九品王化翔　各施銀一兩五錢

河南府客商並本鎮鋪户開列於後

洛邑義和隆施銀五兩　來順店　監生邦齋　各施銀十二兩　王金德　昝卓　各銀一兩五錢　王金印　王金福　銀一兩二錢　王□生施銀二兩五分　九品王學□　九品董以師　九品車長存　九品車文禮　張晋明　王望品　王光熊　九品王學泗　董以儒　以上施銀三兩　洛邑信成榮施銀三兩　元吉□　以上施銀六兩　監生王振風施銀五兩五錢　益盛坊　□□□　王□□　西大興　□順坊　□□□　天□公　兩益坊　□□□　王化原　王□西　以上各施銀五兩　王烈　王振西　趙景□　王金相　王晏鰲　石璜　吏員董鰲　李青雲　文炳　王起元　文碌　□生王名士　以上各施銀五錢　王也魁　九品王青宋　施銀四錢　羲合館施銀八錢　王□緒　廉□鰲　□□儀克和　王振珠　足銀爐　和合館　二合鐵爐　新□染坊　白起發　郭奇吏　以上各施銀五分　王重德　王也則　王謀　王賢　衛起觀　張□堯　王金林　王重民　董以誥　張海成　王□　張法泗　王萬章　帝金壽　以上各施銀三分　□合館　三盛館　□繼武　車捧鰲　以上各施銀三分　王慕孔　李彪　昝□　顔□凌　郭生雨　以上各施銀二分　王□□施銀□　亢林□施銀□　張運大施銀□　王學□　扶道行　王化□　趙富元　李盛雲　王金□　王訪賢　王莒　王雲　王金中　以上各施銀二分　申得月　□爐　郭□武　高士昇　以上各施銀二分

主持　張法元

创建会馆财神庙碑记

【简介】

清道光二十年（1840）七月立石。现存垣曲县同善镇同善会馆。

碑青石质，长方形，通高122、宽58、厚12厘米。石边刻饰3厘米宽的花叶纹装饰带。碑文8行，行55字，楷书。碑文记述了同善会馆创建财神庙的经过。昝周鼎撰文，文修鉴书丹。

【碑文】

創建會館財神廟碑記

會館財神廟，前所未有也。自重修関帝殿並創建火神祠工竣，乃議建財神廟、兩□祀□，對其規模，不可高□，不可□□□□□□□□□□隘，以火神祠作榜樣，昭其□也。獨是寸甓寸瓦，無不需乎貲財；一木一椽，必借夫人力。總理本鎮生理者，募化得錢□□□□□□鳩工庀材，作其□宇，乃塈乃塗，彰以五采，不逾月而告成焉。余觀財神廟基址，在會館西北，關帝位乎正中，火神配乎東北，獻殿與舞樓及東西廊房輪奐華□，各抱其地勢，此豈非天造地設，以俟此廟之建，而成會館之偉觀也哉？且會館建関帝殿，始於乾隆庚子歲，商賈結社以享，累累皆有福應。況財神□居兑位，宿列西方，赤幘高冠，分司道□，其造福於人也爲尤最。然而神依德，人貴誠，惟愿余村商賈輩各修其德，各矢其誠，則神之玉□其成兩錫福無疆者，亦何不可前知之□□？夫一廟之建必有其時，一工之舉必待其人。故帝殿、舞樓修矣，□□不及此；獻殿、火神祠及西廊房建矣，而工又不及此。玆則棟宇輝煌，翬飛鳥革，則會館財神廟自可興，関帝殿、火神祠鼎峙千秋矣。用綴數語，昭玆來許。

邑庠儒學副生昝周鼎撰文

邑庠儒學生員文□篆額

邑庠儒學生員文修鑑書丹

督工總理　從九昝周禮　副生王化□　孟邑楊清山　河內李明善　城內席于折　監生趙博文　從九常國□

大清道光二十年七月吉旦刊石

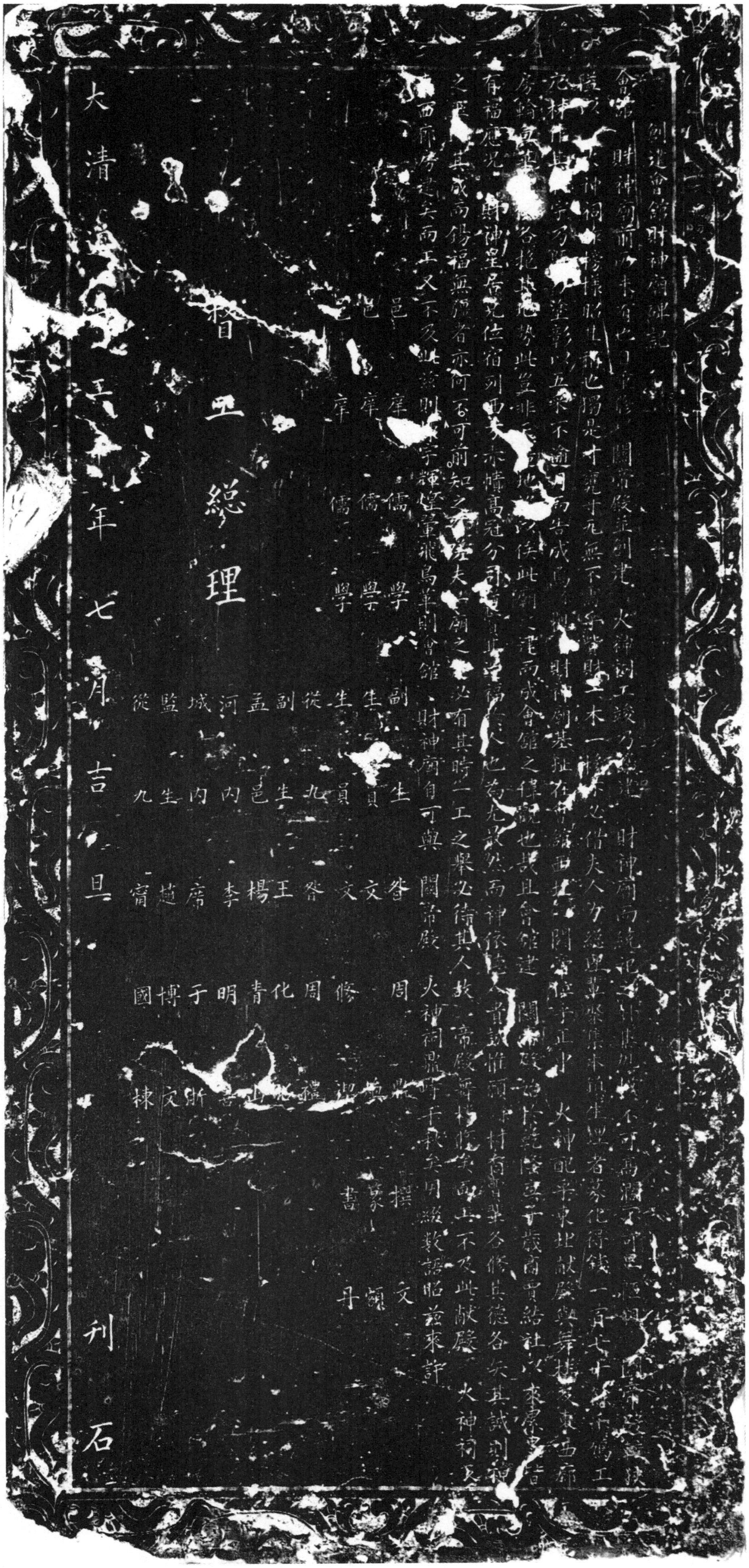
創建會館財神廟碑記
督工
總理
大清　年七月吉旦　刊石

重修虞帝庙碑记

【简介】

清道光二十一年（1841）三月立石。现存垣曲县同善镇朱家沟退坂庙。

碑青石质，竖长方形，高140、宽67.5、厚15厘米。碑文16行，行40字，楷书。碑文记述了朱家沟四社人众重修退坂庙的经过。王化宣撰文，王恒升书丹，卫鹏翔刊石。

【碑文】

重修虞帝廟碑記

朱家溝古有虞帝廟，錫名退坂，聿考其□，實天下之名區也。歷山峙其北，負夏繞其南，東監諸馮，西接鳴條，山環水聚，真一帝聖鍾靈之所。第是廟也，不知創於何時，考查遺跡，只有萬曆年間重修碑與崇禎三年重修碑記。迄今世遠年湮，已二百有餘歲矣！墻頽□裂，不惟無以妥神，亦且難以壯觀，見者莫不心傷。至道光二十年，四社人等突思興工，各舉首領四人，竭力輸將，故於廢者修之，缺者舉之，衆神宫殿以及捲棚三間、獻殿、舞樓概爲修理。尤嫌厢房狹隘，延客不便，又建東廊三間、恭燈一處，非敢謂增光於前，亦不没崇神報德之意云。是为記。

邑庠儒學生員王化宣撰文

邑庠儒學生員王恒昇書丹

督工首事　趙生長　趙鴻書　王積德　王恒昇　王名書　王□　王金業　馬章　李□　梁復祥　□東遠　常登俊　王巡　李世鐸　甯生茂

大清道光二十一年岁次辛丑三月中浣穀旦立

稷邑衛鵬翔刊石

社外乐输碑记

【简介】

清道光二十一年（1841）三月立石。现存垣曲县历山镇朱家沟退坂庙。

碑青石质，长方形，高144、宽68厘米。碑文9行，行39字，楷书。碑文记述了四社重修退坂庙时村外善士捐助的情况。王化宣撰文，王法圣书丹，卫鹏翔刊石。

【碑文】

社外樂輸碑記

夫好善本人之同心，樂輸亦世之公念，況补葺廟宇，增修神像，尤靈爽默佑，岂有不願輸助者乎！兹四社退坂廟，大明自崇禎三年重修以後，至今二百餘歲，歷時久遠，被風敲雨噬，墻垣盡爲倒塌，椽木許多朽壞，若不及爲整理，勢將傾圮靡底矣。社人等因各舉首領四人，鳩工庀材，乃功大費繁，自覺難以勝任，因而共相商確，募化村庄以及東西兩山，以神恩浩蕩，被福無涯，竭力輸將，共得錢一百六十餘千，以終其事。由是觀之，斯廟之成，雖係四社督修，然非衆人好善樂施之力不及此，故功畢之餘，特另爲刊石立碑，以遺諸後，俾來者之知所獎勸焉。是爲序。

邑生員王化宣撰文

邑处士王法聖書丹

督工首事　顔東遠　趙鴻書　李世鐸　趙生辰　常登雋　王積德　王恒䕶　王金業　李爽　馬章　王琢　梁復祥　庠生王巡　李世貴　王名書　甯生茂

石工　衛鵬翔

旹道光二十一年三月穀旦

下马村重修关帝庙记

【简介】

清道光二十一年（1841）十一月立石。现存垣曲县蒲掌乡下马村。

碑青石质，圆首长方形，碑额竖排楷书“流芳百世”4字。左右两侧剔地刻饰牡丹、荷花纹。碑身周边剔地刻饰3厘米宽的龙纹、花卉纹装饰带。碑文无题，共11行，行58字，楷书。碑文记述了下马村重修关帝庙的经过。文后刊刻施财人、首事人姓名。丁光禄撰文，柴希问书丹。

【碑文】

道光二十一年歲在辛丑杪秋，下馬村以重修関帝廟故，优觞落成，屬余誌之。义舉也，余文□辞□，□稱之有文，□□曰：託帝之世□乎□□□□□□曰：否。詳品行功業乎？曰：否。然則何爲記？曰：衆人不足以言聖，聖固非衆人之所能言，而亦莫能言之也。余□人也，安知聖□子豈欲作□□傳也耶！有□□而之佇在，聊以鄉里修葺有成功，敘義舉之颠末斯已矣。聞之是役也，爲故廟之將圮且隘也，□□□□□□鄉善士謀，僉曰善。相与□錢，□其基地□而□諸，於是取社中金幣，得四十餘千數，又廣募爲計，可矣。勾鄉人之爲人信服有知略者，獲四人，舉督役而自主之，正殿□□□三倍，□殿□而□□□五丈許，闊則猶是也，南北加長矣。始事於十九年十一月，明年十二月土木事蕆。繼延畫師爲塑繪，九閱月乃既工，盖□創新如今，合計共□□酬神者，問所費肆百餘貫矣，問其時一千餘日矣。披攘經營，擴摭纖悉，殫三年之所爲，以及其志之成而所爲無一不如其志者。是諸君慕義之志不□□□帝君□□之志常昭，与夫帝歿千六百二十三年矣，廟貌遍寰區，從古盡忠，□食厚報，使三教並重，四海同尊，未有若□其盛□其至大至剛之氣，將□與天地爲體耶！何廟宇之遍我陬壤也？謁斯廟者，即以下馬村之得名，爲帝之駐蹕焉，亦綦可哉？記成，客□□□。噫！□世□有朱旦之傳在者，□□□□疇□□在考品行功業，則志史暨諸名儒之書具在，余衆人也安知聖，惟俾來世知諸君子之嘗勤乎是役，其或繼此而有以慕義而起也。

廪膳生員丁光禄撰文

居士柴希問書丹

功德主　閻法喜捐錢二千五百文　閻法良捐錢三千五百文　□希高捐錢二千五百文　柴興鳳捐錢三千五百文

垣邑峪子村捐錢拾千文　韓河三合社捐錢拾千文　芮村東□社捐錢六千文　瑶頭永和社捐錢六千文　羅和永順社捐錢四千文　監生李清甲捐錢五千文　監生楊純仁捐錢四千文　監生柴興閣捐錢七千文　耆民閻朋齊捐錢四千文

首事人　閻天作捐錢一千一百文　閻天禄捐錢九百文　閻萬甲捐錢一千　張丙壽捐錢一千六百文　閻章捐錢二千八百文　柴萬林捐錢一千文　閻法貴捐錢三千文　柴廷福捐錢四千二百文　閻生美捐錢三千文　柴東福捐錢三千文　閻生春捐錢六千五百文　柴希林捐錢一千二百文　閻生全捐錢四百文　柴廷芳捐錢一千二百文　柴生金捐錢一千三百文　閻生茂捐錢一千文　閻生良捐錢一千文　宋朝章捐錢四百文

地理先生　閻天乙施地一尺一寸　靳琢基捐錢八百文　姚昇武捐錢四百文

石匠　王得位　閻法林捐錢五百文

木匠　張小□　吴全□捐錢一千文

畫匠　□家和　□□□　劉内仁　各錢一千文

土工　柴内春　閻生奇　各錢四百文

辛丑十一月吉日敬立

王承天夫人席氏节孝碑

【简介】

清道光二十四年（1844）十月初四日立石。现存垣曲县古城镇瑶店河村。

碑青石质，长方形，上部残缺，残高 127、宽 61、厚 11 厘米。碑中 1 行楷书正文，正文右侧序文已磨蚀不清。□文楷撰文，王清风书丹。

【碑文】

（上阙）處士字承天王公配待贈孺人席氏節孝碑

（上蚀不清）眷□文楷撰文

（上蚀不清）表弟石卞玉校閲

（上蚀不清）附貢表侄壻常嚴

（上蚀不清）侄王清風書丹

親族同立

胞弟王道展　道蕩　侄用泰　用康　用張　用光　用舒　孫效古　倣古　好古　師古　則古　學古　恪守

男生員王用予　用命　恪守

大清道光二十四年十月初四日穀旦

吕敬宗墓碑

【简介】

清道光二十六年（1846）春立石。现存垣曲县华峰乡华峰村。

碑青石质，圆首长方形，通高128、宽55厘米。首高26厘米，碑额竖排楷书“永垂不朽”4字，字径5厘米，左右两侧线刻花卉。碑石周边线刻4厘米宽的几何折线纹装饰带。碑中1行楷书正文，字径4厘米。正文右侧刻序文6行，行44字，字径2厘米，楷书。碑文记述了垣曲县吕氏的来源、茔地的情况及立石之缘由。吕鸣珂撰文并书丹。

【碑文】

六世祖考諱敬宗字恭□吕府君暨配　氏合葬之墓

自古創業垂統，雖賴先祖，而繼志述事，端需後人。我族從洪遷垣，寄居王村，族人久繁，瓜瓞著綿延之盛；枝分派别，子姓有親疏之殊。蓋惟世傳久遠，理所固然。故《禮經》云：尊祖故敬宗，敬宗故收族。明人道，必以睦族爲重也。始祖塋居村南，傳至六世祖諱敬宗，卜葬北坪，嗣後歷繼葬埋，遂成老塋。然源遠則流長，世久則情衰，無由集合衆志聯屬，族姓將□家視爲途人矣。乙巳冬，本門人等共議，將墳塋柏樹變賣銀兩，於丙午春願樹石於祖塋前，一以明尊卑之分，一以聯子姓之情。余因之録其始終，叙其顛末，刊於碑側，以誌不忘云。

邑庠員族鳴珂撰文並書

十八世孫首事人　懷德　振鰲　懷仁　懷知　明哲　吉泰　東江　永成　鶴鳴　天合　仝立石

道光二十六年春月吉旦

长涧村关帝庙创建暖阁碑记

【简介】

清道光二十八年（1848）十二月立石。现存垣曲县毛家乡长涧村关帝庙内。

碑青石质，长方形，高63、宽56、厚7.5厘米。石边剔地刻饰6厘米宽的花纹带，图案为龙纹、龟背纹配以万字纹。碑文无题，共9行，行26字，楷书。碑石记述了长涧村创建关帝庙暖阁的经过。张宗尼撰文，段书书丹，吴艮保刊石。

【碣文】

從來創造貴乎整備，經始期于有終，理固然也。長澗村于道光十五年創建關聖殿三楹，工已告竣矣，但廟貌巍然，神像焕然，而煖閣未就，人心歉然矣。関聖會會衆每入廟中，謂社人曰：関帝會中頗有官錢，可備煖閣之事。斯言一出，社人會衆無不樂從，遂鳩工庀材，不日告成。是煖閣之建，固會衆之興起善念；而煖閣之就，亦會衆之率作興事也。莫爲之記，不將没而弗彰乎？後之作者修廢補缺，使有基勿壞，歷久恒新，庶神靈可以永妥，亦不負會衆之美意也，豈不懿哉？

邑儒學生員杏壇張宗尼沐手撰文

邑儒士澗谷段書沐手書丹

関帝會　趙九龍　萬生安　張秉直　董鐸　段以寔　張學成　任登元　皇恩李可智　□世元　趙九江　段發　王彰　任登元　侯永道

監生恩榮再受段君名璋　男以平

大清道光二十八年嘉平月谷旦

石工　吳艮保　敬刊

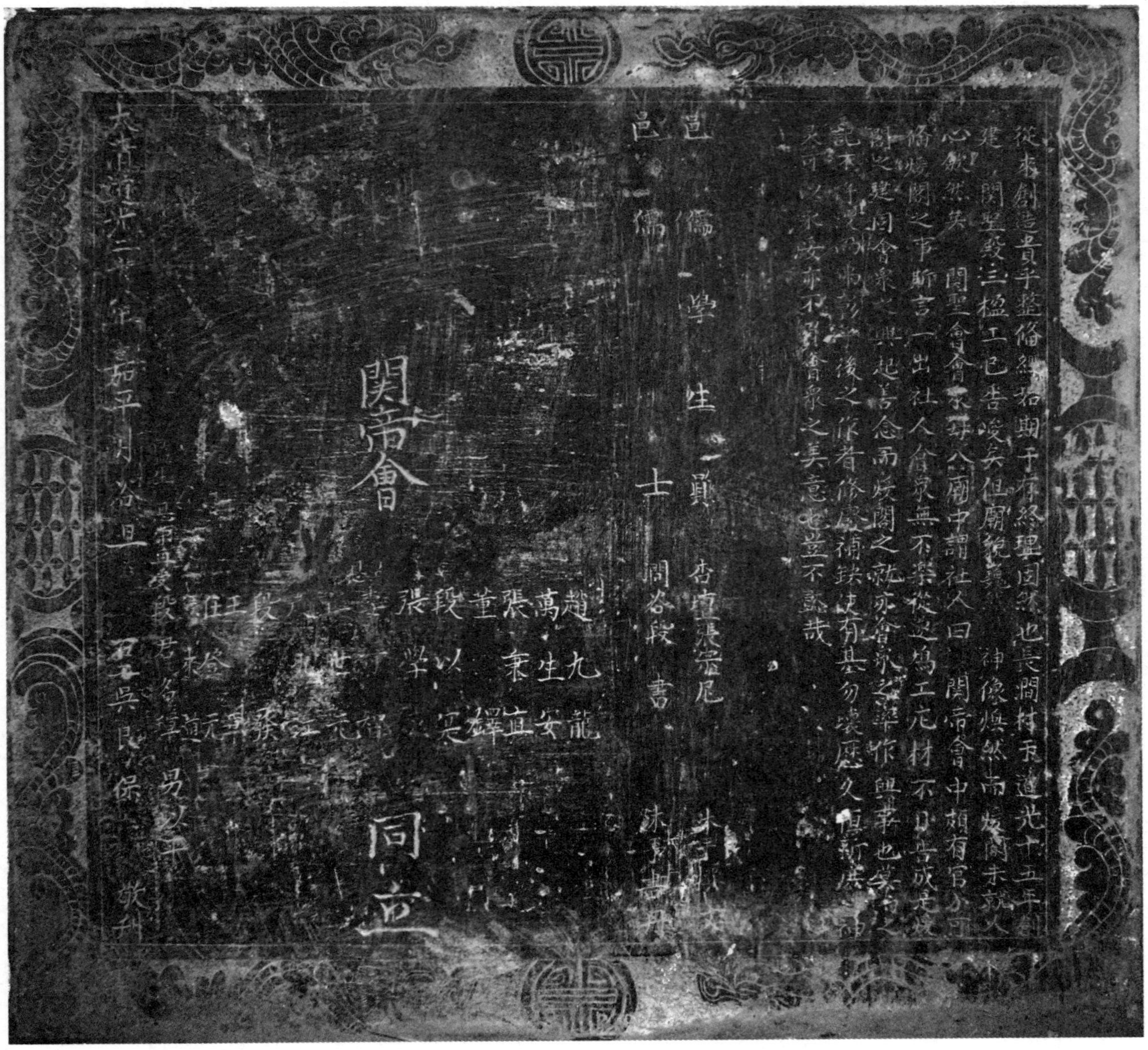

上下墱坂谭家沟三村水规碑

【简介】

清道光二十九年（1849）三月立石。现存垣曲县谭家乡上墱坂学校。

碑青石质，长方形，高 47、宽 84、厚 10 厘米。碑文 28 行，满行 17 字，楷书。碑文记载了上下墱坂、谭家沟三村因灌溉纠纷，经县主陈公决断后重立水规的情况。

【碑文】

閑嘗考舊碑所載，余之西渠開自弘治元年，澆灌上下墱坂、譚家溝三村，共地二十一甲。自下而上二十二日一輪，週而復始。所有餘水一天，用以爲滲渠、渠長、甲長勤勞之水，此其規也。康熙三十一年，係閻鳳州之渠長，魚鱗藏於伊家。六月間澗水暴發，將伊房屋冲壞，遂將鱗册湮没。至乾隆十五年，縣主言公將牛家墳荒地開墾一十八畝入於義學，亦用此水澆灌。若再增一甲，又嫌更章。因將滲渠之水，自寅時至巳時尾，許渠長、甲長澆灌；牛家地畝巳時尾接水，澆至次日寅時；仍照二十二日一輪，不得攙越。倘有恃强截灌者，渠長、甲長酌處。時有修補鱗册祈言公者，公言："鱗册所載，不過明其渠規，爲截伯水利計耳。鱗册之足據，豈若錢糧之足據乎？"於是僅立合同，以存矩矱。不意道光二十六年天旱水瘦，下六甲澆灌之日，東渠將水莼乾，因搬伊堰，控禀到案。縣主陳公訊明：均屬水地，均納水糧，下堰之水必從上堰過流，上堰只許石砌，不准草泥沙塗。是據錢糧爲之訊究也，試以陳公之斷而驗言公之言，信乎錢糧之爲足據耳。

時大清道光二十九年暮春吉旦

南墱村　上墱村　譚家溝仝立

孟母淑德晋孺人节寿碑

【简介】

清咸丰元年（1851）正月立石。现存垣曲县长直乡烹长村。

碑青石质，长方形，高140、宽63、厚15厘米。碑首已佚。碑中竖1排楷书正文10字。碑文右侧刻序文5行，行57字，楷书。碑文记述了晋孺人在丈夫早亡的情况下，含辛茹苦地拉扯幼子振兴家业的生平德行。正文左侧刻立石人。王人瀚撰文，王汝霖书丹。

【碑文】

孟母淑德晋孺人節壽碑

人之成家立業難，婦人之成家立業更難。婦人之成家立業難，婦人孀居多艱而成家立業則尤難。若孟母晉孺人者，可風矣。年及笄，適連元公，幽閒貞□，□□無議，閨中稱雅範焉。遭□久造，中年失所□，家計劇貧，子息尚幼，閫内而若閫外之憂。耕織兼理，晨夕不遑，艱辛孰甚歟！而且天性勤儉，教子殷勤，寬嚴交濟，俾克成立，家道亦稍起，人咸爲孺人慰。無何，長子又殤，孺人傷心愈甚，而勵志彌堅，飲泣而耕，操愈松柏；含泪而織，節凛冰霜。久而積苦成甘，家業稱小康焉。蓋視履考祥，福緣善慶，天之報施善人不終無爽耶！今者，年届八旬，康健不異於少壯，其次子述清、三子述彭、嫡孫天申不忍没其苦，欲爲孺人壽。鄉里親族共艷稱之，謀豎石以表彰焉，問叙於余。余素腹朄，苦不能文，第以其有關綱常、裨益世教也，固不辭鄙俚，謹道其實如右。

邑儒學廩膳生員浩然王人瀚頓首拜撰

眷晚王汝霖頓首拜書

鄉里親族仝立

男述清　述彭　嫡孫天申　天乙　天佐　天榜　天祥　天佑　恪守

時大清咸豐元年歲次辛亥小春穀旦

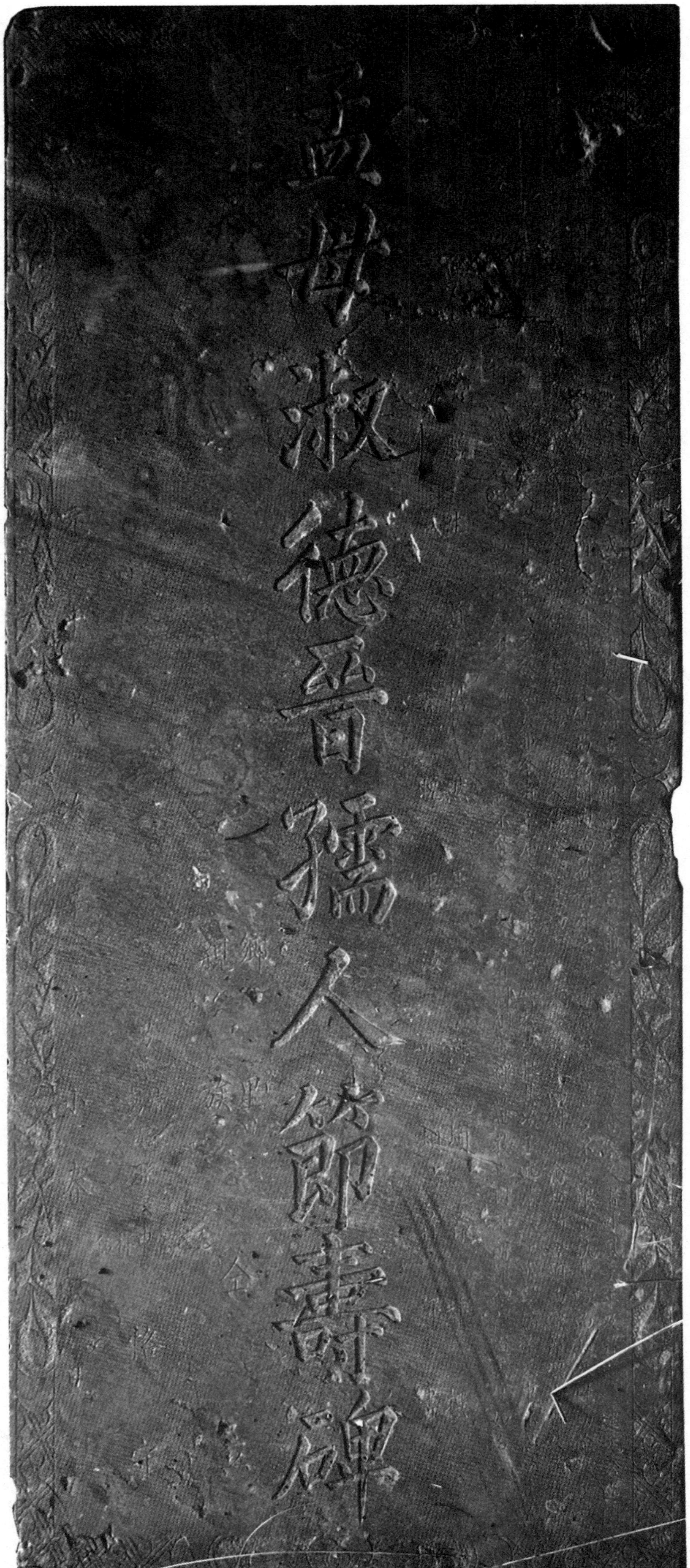

创建关帝庙并舞楼碑记

【简介】

清咸丰元年（1851）五月立石。现存垣曲县。

碑青石质，圆首长方形，通高166、宽62厘米。首高28厘米，碑额竖排篆书“流芳百世”4字，字径6厘米，左右两侧刻饰花卉。碑石周边饰有5厘米宽的花纹带。碑文12行，行52字，字径2厘米，楷书。碑文记述了垣曲县某村创建关帝庙和舞楼的经过。石玢撰文，王铭书丹，石莪篆额，姚建梁、姚务刻石。

【碑文】

創建關帝廟並舞樓碑記

自漢建安以迄於今弍千有餘載矣，而言帝之功與德者，無論縉紳庸愚，□之親切如目前事，故建廟以祀。自通都大邑以至一鄉一聚，無不虔誠而敬承焉，惟山西爲尤甚，以帝爲山西人故也。余觀□□□□人稀，自古以來，□有志而未逮。□逢致祭之時，多在壙野之間，莊人心甚憫之，力有不足，無如何也。客□□□□□□□□雨敬□神□蘸，風雨交作，莊人皆心傷焉。遂□造作之念，咸有樂輸之心，爰承首事諸人督工募緣，備□其事，□不□□□□□□□□其□□□施財之外，又施地基，慨然樂□□□各色金地兩有工□興焉。卜於三月興工，□月落成，創建關帝廟一座、舞樓三楹，於□□□□□□□□□□□人之□□爲□工成之日，□叙於余。余不□□，□略□數語以誌，□□後之人能與今同志繼而修之，□□功之可以有成□□。

儒學生員石玢沐手撰文

（上阙）候選□□王銘沐手書丹

儒士石莪沐手篆額

督工　石滿燈　王無隱　靳方祥　薛國雲

首事　吴永□　郭端　周憲都　侯秉智　侯秉信　吴振壽　吴振休　郭文成　□如□　石□□　□如秀　宋□琪　王連城　侯萬興

大清咸豐元年榴月穀旦合社仝立

石工　姚建樑　姚務

黑龙庙重修记

【简介】

清咸丰元年（1851）七月立石。现存垣曲县解峪乡乐尧村黑龙疙瘩黑龙庙。

碑青石质，长方形，高138、宽61厘米。碑身周边刻饰4厘米宽的装饰花纹带，图案为变形螭纹和万字纹。碑文无题，共8行，行84字，字径1至2厘米，行书。碑文记述了垣曲县黑龙庙重修的经过。文后刻施银人姓名、金额及民约。王廷珪撰文，王廷瓛书丹，刘体元刊石。

【碑文】

且以人□於物也，皆欲争先以爲主，而獨山川之毓秀，人如爲主而不得；廟宇之創修，人欲不爲主而不能。吾疑主物者之有無久矣，至此而直信其無。信其無，將遂置者可有可無之數而棄焉如遺乎；而非也，則無也而終歸於有。余社東北隅數里許有曰黑龍潭，其峰萃然起於蒼莽之中，亘數十里，尾蟠荒陬，首注大溪，引領而起，勢欲騰霄。或曰：此條山尾也，四面而懸崖森羅，宛若畫屏；下焉而清潭聯絡，形如紆帶，是蓋有靈秀主人巧爲施設者矣。夫以上接太空，下臨深壑，固周王之馬迹不到，亦謝公之屐齒難及。然猶始建黑龍廟，繼建玉皇殿，並聖母宫、仙姑室與夫舞樓、僧房，罔弗整備。而説者曰：是皆在昔主事之數人、地主之婁氏，及諸記感應、倡重修之縣主愈公、趙公、劉公，有以共襄盛事者也。近年來，廟貌、神像、聖駕、道路被風雨之飄摇者甚。余社諸君子募化本社，易材埴瓦，綴金施碧，不日而功告竣，囑余爲文，以誌瑣珉。余顧謂諸君子曰：是役也，爾等瘁瘏，爾等拮据，固慨然以爲主者矣。抑知有所以不自主者乎？不然，昔之主事創建者，胡爲突然而起事？昔之地主樂輸者，胡爲慷慨以從事？即昔之縣主愈公、趙公、劉公，胡爲而記感應事？胡爲而倡重修事？是皆有靈妙之主潛爲驅迫者矣。然今之代主於往昔，尤望後之代主於今日，此吾之所爲信其無而終歸於有也夫。是爲叙。

邑庠員王廷瓛校閲書丹

邑庠員王廷珪撰文

作首人　皇恩李如官捐錢五百文　張允知捐錢八百文　皇恩張法雲捐錢八百文　楊辛敖捐錢九百文　皇恩張步鰲捐錢一千文　張允集捐錢一千文　丁書元捐錢一千八百文　文乘乾捐錢二千文　監生王廷瑛二千五百文　車爰諮捐錢三千文　庠生文應麟捐錢拾千文　武舉王廷琦捐錢五千文　庠生文葶捐錢三千文　皇恩張自杰捐錢二千文　李景德捐錢一千五百文　袁中貴捐錢一千五百文　皇恩辛連夆捐錢一千文　張起秀捐錢一千文　文定乾捐錢八百文　王魁元捐錢八百文　王還捐錢八百文　趙九印捐錢七百文

三社公議禁止：廟圪塔上草木，人等不得損傷，牛羊不得上山。如若上山損傷，拿住一個，罰錢壹千，拿獲者得錢六百，四百入官。倘有不尊法規者，公治禀官究治。

咸豐元年歲次辛亥七月吉日刊石

稷邑石工　劉體元　施錢五百文

皇清儒士字承天王府君配待赠孺人席太君合葬墓志铭

【简介】

清咸丰三年（1853）六月藏石。现存垣曲县古城镇瑶店河村。

墓志青石质，两石，方形，高宽均50、厚9厘米。石边刻饰3厘米宽的几何折线纹装饰带。第一石文20行，行23字，第二石文9行，行16字，楷书。王清风撰文，王好古书丹。

墓主王道原（1782—1817），字承天，儒士，清垣曲县人。以教育童子为业，贫寒子弟不收学费。但累试不第。

【志文】

（第一石）

皇清儒士字承天王府君配待贈孺人席太君合葬墓誌銘

誌者，誌也，誌其實而並誌其名也。我王氏自沃遷垣，詳參家乘，至公一十八世矣。歷代世系，公父墓誌已載明晰，何煩復贅？公諱道原，字承天，生平業儒。在村訓蒙十餘年，未嘗言及修儀，貧寒子弟來者不拒，宜乎天佑之矣。乃命運多艱，累試不第，三十六歲而歿。席孺人矢志柏舟，盡從一之道，事親至孝，治家勤儉，處妯娌和睦，待子侄寬恕，是以鄰里嘉其賢，親族羨其節。及長子用予入泮，請於學憲，贈曰“節孝可風”，享壽六旬，而親友族黨之企慕猶未艾焉。試思，懸牌匾於生前，立碑銘於歿後，倘非公暨孺人名實兼優，何克臻此？公昆弟三，公居長。次弟道展，配靳氏；三弟道蕩，配石氏。子二：長即用予，次用命。女二，長適謝村車姓，次適南堡頭劉姓。侄男五：用徵、用康、用光、用泰、用舒。侄女二，一適豐村顔姓，一適南堡頭劉姓。孫三：石斗、百管、小石。侄孫八：好古、從古、則古、學古、效古、倣古、師古、志古。孫女一，適南堡頭馬姓。侄孫女二，俱幼。侄曾孫一，乳名添論。公生於乾隆四十七年歲次壬寅十二月初二日亥時，卒於嘉慶二十二年四月初九日辰時。席孺人生於乾隆四十七年九月初七日戌時，卒於道光二十一年十月初四日巳時。今用予等卜吉合葬，問序於余。余與公有伯侄之恩兼師弟之情，不能以無文辭，因據寔以誌且綴以銘。

（第二石）

銘曰：

先生諸美兮，忠厚性成；儒人貞烈兮，節孝可風。牛眠卜吉兮，榮歸佳城；馬鬣充封兮，鞏固無恙。

儒學生員族侄清風敬撰

後學儒士侄孫好古敬書

同胞弟道蕩　侄用泰　用康　用徵　生員用光　用舒　孫效古　孝古　倣古　好古　謀古　則古　師古　志古　曾孫得地　恪守

男生員用予　用命　孫服古　博古　慕古　恪守

清咸豐三年六月十四日吉時命匠敬刊

“古负夏”匾额

【简介】

清咸丰三年（1853）十一月题。原嵌于垣曲县同善镇南城门楼外侧，因城门拆毁，现存垣曲县博物馆。

匾青石质，长方形，已残，残高25、宽49、厚12厘米。仅存“古负夏”三字，文楷书。

【匾文】

咸豐三年十一月□（以下残缺）

古負夏（以下残缺）

皇清国监元柴翁暨元配待赠孺人张氏合葬墓志铭

【简介】

清咸丰三年（1853）十二月藏石。现存垣曲县蒲掌乡堤沟村下马自然村柴姓村民家中。

嵌合式墓志一盒。青石质，方形。盖高宽皆46、厚12厘米。盖文分左右两部分，所书内容相同：右侧篆书4行，前3行每行5字，后1行1字；左侧楷书2行，首行10字，次行6字。志石高宽皆45、厚12厘米。文27行，满行40字，楷书。李鹤林撰文，李清甲书丹，王希曾篆盖。

墓主柴兴信（1773—1840），字笃敬，清济源县下马村人。为人平和仗义，乡里推为忠厚长者。

【盖文】

皇清監生篤敬柴公配孺人張氏墓誌銘

【志文】

皇清國監元柴翁暨元配待贈孺人張氏合葬墓誌銘

公諱興信，字篤敬，濟邑下馬村望族也。嘗考其世序，曾祖諱國□，配閻孺人；祖諱大俊，配閻孺人；考諱永和，配閻孺人。先世以來，詩禮傳家，代有偉人。公乃余之表伯，□知之悉。迹其爲人，性和平而行端方，三代直道之風，公尚有焉。平居處鄉黨間，每爲人息争訟，排忿難，值親族婚葬，罔不盡心力而爲之，人咸推爲忠厚長者，是豈余過獎美也哉？公享壽六旬有七。元配張孺人，乃本村明敬張公之長女也，柔順恬雅，克相夫治，誠無愧淑女君子之配與！享壽五旬有五。生男六女三：長男名希高，元配下瑶臺監生有守靳公之長女，又繼娶河南生員林公之女；次男希閔，元配荀古垛約正慶元荀公之長女，又繼娶蒲掌九品克貴張公之三女；三男希孟，娶西陽秀實李公之長女；四男希賢，娶本村法舉閻公之長女；五男希曾，元配西陽生員應璽尚公之次女，又繼娶史家嶺成嶽許公之長女；六男希哲，娶上瑶頭九品景振李公之四女。克家象賢，誠卓卓也。至於長女，適回家坡光仁葉公之長子兆法，次女適王古垛玉德李公之長子同雲，三女適荀古垛清太許公之長子紹欸。孫九，孫女十四。長門孫名傑，娶西陽欣榮李公之長女；次名英，幼，未聘。孫女適王古垛廷奇衛公之長子光禄，次女適同雲李公之長子鳳居，三女許上瑶監生清甲李公之三子嵩南。二門長孫女適西陽安邦許公之長子天協，次女適上瑶頭清世李公之次子布南，三適西陽億令尚公之五子廷彦，四幼，未字。三門孫名茂，娶清世李公之四女；孫女適回坡兆臻葉公之次子景玉。四門長孫女適西陽勛榮李公之長子鳳崗，次女許西陽得讓王公之三子幽蘭，三女幼，未字。五門孫名祥，聘西陽慶榮李公之長女；次孫名梅，聘本村生新閻公之女；三幼，未聘。孫女許南蒲萬年王公之長子永清。六門孫名芳，娶西陽繼令尚公之長女；次名松，聘西陽昌令尚公之長女；三幼，未聘。長孫女許後灣起和楊公之長子生春，次女幼，未字。綿綿乎螽斯衍慶，蘭桂成行，此豈非公德之所致耶！公生於乾隆三十八年二月二十七日，卒於道光二十年十一月二十七日。張孺人生於乾隆四十年二月十七日，卒於道光十年九月初四日。於是卜期咸豐三年十二月十五日　時創立新塋，公夫婦同時歸窆。余不敏，爰爲摭石以誌之而復爲之銘。銘曰：

天地毓瑞，祖宗□芳。惟公之德，積厚流光。賢哉内助，姒姜比良。牛眠卜吉，馬鬣呈祥。瓜瓞綿遠，松蔭允長。百福並集，俾熾俾昌。

不孝男柴希高　希閔　希孟　希賢　希曾　希哲率孫傑等　泣血立石

表侄儒林李鶴林撰文

眷晚監生李清甲書丹

眷親監生王希曾篆額

皇清咸豐叁年拾貳月十伍日合葬墓誌銘

“朝阳门”匾额

【简介】

清咸丰四年（1854）三月刻石。原嵌于垣曲县同善镇南城门楼，因城门折毁，现存垣曲县博物馆。匾青石质，长方形，高39、宽77厘米。文行书。

【匾文】

大清咸丰四年三月穀旦

朝阳门

□□□十年十月穀旦立

皇清国学生宜轩席君及配高孺人合葬墓志铭

【简介】

清咸丰四年（1854）十二月藏石。垣曲县古城镇沇岭村出土，现藏该村申姓村民家。

墓志青石质，正方形，高、宽皆 48 厘米。文 33 行，行 18 字。楷书。安承燕撰文并书丹。

墓主席义（1804—1854），字宜轩，清垣曲县（今古城镇）进贤坊人。援例入国学。礼以待人。

【志文】

皇清國學生宜軒席君及配高孺人合葬墓誌銘

甲寅仲冬朔有二日，宜軒席君歿，其子天宰卜以十二月十五日，啓其母高孺人墓而合葬焉，乞銘於余。余館君家六七載，知君甚悉，且與天宰有師友誼，弗能辭。按君姓席氏，諱義，宜軒其字也，世居垣曲進賢坊。曾祖諱子温，鄉飲介賓；祖諱聚東，庠員；父諱廷獻，號臨樓，候補州同。妣馬氏、魯氏，俱例贈安人，生子二：長諱仁，國學生，前君二年卒；其次即君。君少治詩書，以家務煩劇未克卒業，遂援例入太學，然常以未能誦讀爲恨。凡子侄輩皆延師課業，其於成立。與人交際接以禮，故士君子轃輻不絶。距生於嘉慶九年六月初五日，享壽五十一歲。配高孺人，鄉飲介賓諱擎公次女，有婦行，孺人持家政，井井有條理，凡宜軒君所不逮者，皆能幹濟。□教子女，和妯娌，一門之内雍如也。《易》曰：有中饋，貞吉。若孺人者，可以風矣。生於嘉慶七年正月二十六日，卒於道光三十年二月十二日，春秋四十有九。生子三：長天成，議叙正九品，娶余堂祖國學生諱酉公四女，先君卒；次天宰，議叙正九品，余堂祖庠員諱畫公長婿也；三天輔，娶廩生諱錫純普公次女。女二：一適余族祖庠生諱司□公次子議叙正九品治南；一適貢生文公諱國樑長子子元，先君卒。孫一，蘭印，殤；孫女一，字張公諱守誠之子家珠，俱天成出。先是道光庚戌冬，君遷葬其父臨樓公於謝村新塋，今以昭穆之列，葬君於左次，禮也。銘曰：

伊人逝，俾不忘。牛眠地，馬鬣封。式固爾宅，子孫其昌。

儒學優行廩生姻再晚安承燕頓首撰書

儒學優行廩生姻眷弟普錫純頓首填諱

孤哀子天成　天宰　天輔　孫早亡蘭印　泣血瘗石

咸豐四年十二月穀旦

两所公议除暴安良碑记

【简介】

清咸丰五年（1855）十一月立石。现存垣曲县皋落乡埝堆村。

碑青石质，圆首长方形，现仅存上半部，残高76、宽47厘米。首高22厘米，碑额竖排楷书“永垂”2字，字径6厘米，左右两侧刻饰树叶纹。碑身周边刻饰3厘米宽的回字纹装饰带。碑文10行，行存16字，字径3厘米，楷书。碑文为保护地方安全所立的条例。

【碑文】

兩所公議除暴安良碑記

蓋聞稂莠不除，則嘉禾不茂；强暴不去，（下闕）年八月間突過垣邑，輒有無知愚民□（下闕）縣主憂之，爰命保甲牌長同村衆公舉公（下闕）擾乱地方，即許保甲牌長及公直在（下闕）縱亦不□挾私侵入。埝堆所止有甲（下闕）辦理。如事干條例，兩所十一牌一同（下闕）縣究治。恐年遠無憑，故勒石以垂永（下闕）

邑儒□給頂生員（下闕）

大清咸豐五年十一月吉旦

显祖考仰韩张府君祖妣淑德章太君裴太君王太君合葬之墓

【简介】

清咸丰六年（1856）清明节立石。现存垣曲县长直乡南洼村张家庄北。

碑红砂石质，圆首长方形，下部埋入土中。出露部分高83、宽53、厚14厘米。碑额竖排楷书“光前”2字。碑身正中一排楷书碑题。正文右侧刻序文3行，行存30字，楷书。正文左侧刻立碑文名讳。

【碑文】

顯祖考仰韓張府君祖妣淑德章太君裴太君王太君合葬之墓

祖諱景信，字仰韓，恩賜正八品，享壽八旬有二，歷世耕讀，勤儉傳家。祖妣□氏（以下不清）長男諱廷謂，字汝弼；次男諱廷拔，字其萃。生女三：長女適□村顏玉白，次女適（以下不清）劉先明，三女適宋村安景周。孫等恐世遠年湮，迷次失立，故誌之以示將來云。

顯祖考仰韓張府君祖妣淑德□裴王太君合葬之墓

孫君愛　君輔　君彰　君瑞　曾孫天合　從九天清　監生子明從九天元　從九定制　右制　宰制　天成　天俊　天杰　子誠　子魁　元孫立讓　立良　立温　立恭　仍孫鹿鳴（以下不清）

大清咸豐六年清明吉旦

显考汝弼张府君妣淑德阎太君合葬之墓

【简介】

清咸丰六年（1856）清明节立石。现存垣曲县长直乡南洼村张家庄北。

碑红砂石质，圆首长方形，通高103、宽51、厚11厘米。碑身正中一排楷书碑题。

【碑文】

顯考汝弼張府君妣淑德閻太君合葬之墓

大清咸豐六年三月清明

男君瑞　君輔　君彰　君□　侄君愛　孫天禄　天杰　天俊　天感　天元　定制　宰制　右制　天寧　天明　天樂　天□　曾孫立□

重修观音堂记

【简介】

清咸丰六年（1856）立石。现存垣曲县蒲掌乡北阳村观音庙。

碣青石质，长方形，高 44、宽 70 厘米。碣石记载了北阳村重修观音堂的经过。

【碣文】

且夫立廟祀神，豈惟是祈福祉，求呵護云爾哉！凡有以其舉之，莫敢廢耳。本村觀音堂之建，不知昉於何時。迨咸豐初年，殿宇圮毁，神像剥落，兆嗣而葺之，毋乃非所廢而廢乎！維時善士吴延芳、張起德等，目極情動，募化合村，各捐貲財，由是庀材焉，鳩工焉，歷數而工告竣。每睹輪奂之美，而覺諸善之不容没也，於是乎書。

（首事人、捐助人名单略）

大清咸豐六年十二月穀旦

创建两庑戏房茶房筑周围墙垣并两看墙两角门补修舞楼照壁合记

【简介】

清咸丰七年（1857）四月立石。现存垣曲县同善镇同善会馆。

碑为四石联刻，青石质，长方形，通高142、宽48、厚13厘米。每石周边均刻饰3厘米宽的回字纹装饰带。第一石刻碑文13行，行45字，字径2厘米，楷书。碑文记载了同善会馆创建两庑、戏房、茶房，筑周围墙垣并两看墙、两角门，补修舞楼、照壁的经过。第二、三、四石刻施财人姓氏、施财商号及金额。王恒泰撰文，文庚书丹，赵郁文校阅。

【碑文】

（第一石）

創建兩廡戲房茶房築周圍墻垣並兩看墻兩角門補修舞楼照壁合記

鎮北門外會舘，其始創建正殿、舞楼，胥客商成工，即本鎮士民亦稍佽之。厥後捲棚、陪殿、越臺、門樓屢有增建，莫非舉首事数人輪遞興工者也。庚子歳，首事楊公青山等於工竣後，又舉首事王翁名洋等任是責。至乙巳歳，歷年營積香錢若干，擬興工，慮不敷用，又捐輪貲財若干，僉曰：今正殿、陪殿與捲棚、舞楼諸工雕鏤龒錯，金碧綷飾，光輝奪目，而短垣敗堵，門宇矮淺，且逢演戲時，首事諸公與梨園優孺輩袒裼裸投於兩廡間，甚非所以敬神靈而壯觀瞻也。於是建兩廡十四楹、茶房一間、戲房三間；築周圍墻垣，俱砌以石，甃以磚，瓮以瓦；做兩看墻、兩角門，並補修舞樓、照壁。適有好義王翁景武者於廟東北施地基一方，嗣築土墻数堵，廟後乃得方正。工竣，囑余記其事。竊以工之興也，不関乎鉅細而関其緊要者爲最。是役也，墻垣枩例而偉兀整齊，兩廊排答而幽深攸芋，兩看墻、兩角門與門樓圪立如山，首事諸公與梨園子弟各有攸歸，不特較前之短垣矮縮、神人裸投大有懸殊，即與正殿、捲棚、戲臺、門樓諸工亦有踵事增華、交相濟美者，其工顧不要歟！余甚幸諸公之工有成而喜爲人道也，故序其事之顛末爲継起者勸。

例授修職佐郎候銓選儒學訓導附貢王恒泰撰文

邑庠儒學鄉飲介賓趙郁文校閲

邑庠儒學廪膳生員文庚書丹

（第二石）

捐輪字號姓名開例於後

友于店錢二十千文　長盛昌錢拾四千文　天昌公錢拾三千文　倪天成錢十千文　两益當錢八千文　沃邑衛天廣錢六千文　長盛公錢六千文　貢生趙治錢五千文　下堡三和窖錢五千文　复盛酒店錢五千文　千総車依鰲錢四千七百七十　三益協錢四千五百文　振興永　義太和各施錢三千文　同興坊　河內合盛和　錢两千九百文　猗氏一心德　從九王鳳池　各錢两千五百文　沃邑三太廷錢两千文　河內太和堂　廣源合　孟邑馬德　崔登　以上各錢兩千文　王振珠　崔榮　監生昝周南　生員文藩　永合公　景昌號以上各錢一千五百文　王蕬錢一千二百文　仁義號錢一千一百九十　庠生王名洋錢一千六十八文　王茯　太順爐　從九王檀　松茂號　楊洪泰　張子道　以上各錢一千文　何之模錢八百文　李萬倉錢七百七十　雙盛皮店錢七百文　協成坊錢六百四十文　楊玉秀錢五百二十文　石鏡　王文明　王振商　席金寶　趙逢正　石有倫　以上各錢五百文　吕德廣　甯國璵　五合爐　同興合　車繼田　王掄秀　李積華　常登俊　庠生昝屏藩　文鳳倫　以上錢二百五十文　祁青漢　甯天秩　崔炳　車森　賀成德以上各錢五百文　王振□錢四百五十文　天兴□錢四百五十文　赵兆合錢三百五十文　王庄錢三百文

道光二十年至咸丰二年本镇字号姓名香錢開例於後

天興公錢十七千七百六十　友于店錢拾六千八十文　倪天成錢拾四千七百文　合盛號錢拾

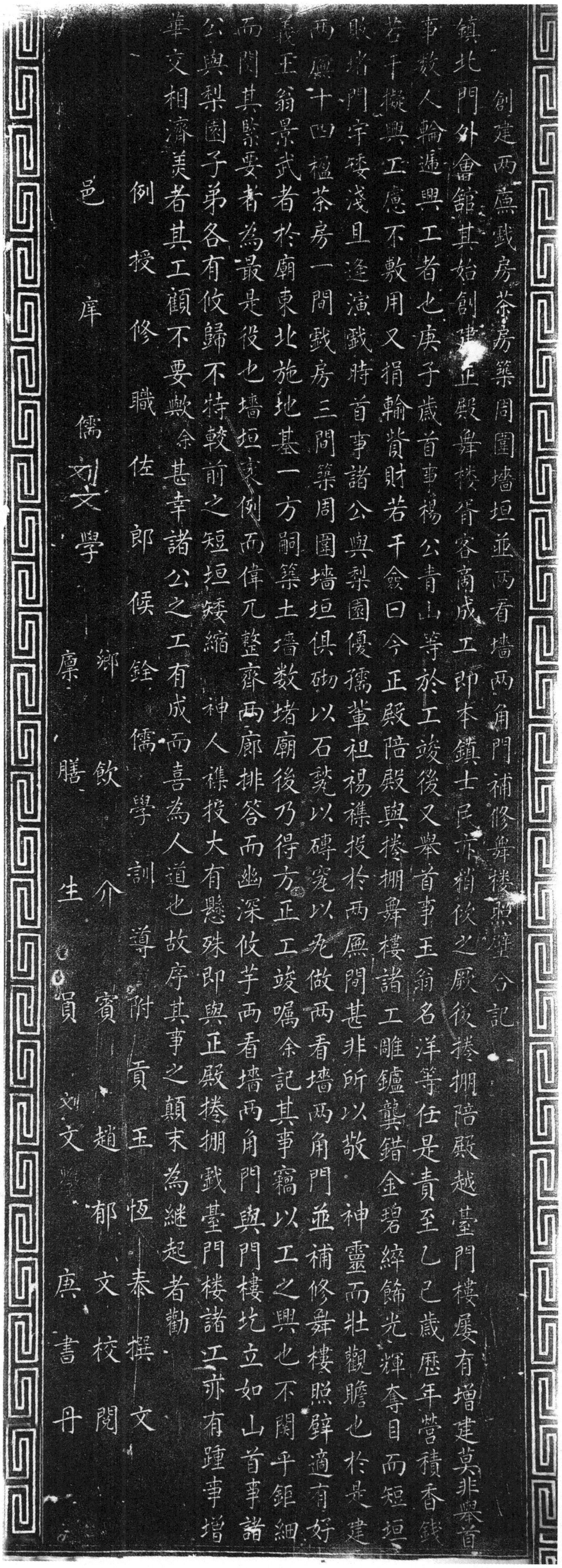

創建兩廡戲房茶房築周圍墻垣並兩看墻兩角門補修舞樓照壁合記

鎮北門外會舘其始創建正殿舞楼看客商成工即本鎮士民亦稍倣之厥後捲棚陪殿越臺門樓屢有增建莫非舉首事數人輪遞興工者也庚子歲首事楊公青山等於工竣後又舉首事王翁名洋等任是責至乙巳歲歷年營積香錢若干擬興工慮不敷用又捐輸貲財若干僉曰今正殿陪殿與捲棚舞樓諸工雕鏤龔錯金碧綷餙光輝奪目而短垣敗堵門宇矮淺且逢演戲時首事諸公與梨園優孺輩袒裼襍投於兩廡閒甚非所以敬　神靈而壯觀瞻也於是建兩廡十四楹茶房一間戲房三間築周圍墻垣俱砌以石甃以磚寬以瓦做兩看墻兩角門並補修舞樓照壁適有好義王翁景武者於廟東北施地基一方嗣築土墻數堵廟後乃得方正工竣囑余記其事竊以工之興也不關乎鉅細而閎其緊要者爲最是役也墻垣袤倒而偉兀整齊兩廊排荅而幽深攸芋兩看墻兩角門與門樓圪立如山首事諸公與梨園子弟各有攸歸不特較前之短垣矮縮　神人襍投大有懸殊即與正殿捲棚戲臺門楼諸工亦有踵事增華交相濟美者其工顧不要歟余甚幸諸公之工有成而喜爲人道也故序其事之顛末爲繼起者勸

例授修職佐郎候銓儒學訓導附貢王恆泰撰文

鄉飲介賓趙郁文校閱

邑庠儒刘文學廩膳生員刘文[illegible]庶書丹

三千一百文　協成坊錢六千九百六十　沃邑晋秦公錢六千八百文　張景孔錢五千六百七十　義合興錢五千五百二十　长盛公錢两千八百文　王茯錢两千五百文　從九王檀錢两千三百文　增盛號錢两千二百九十　庠生咎靖藩錢一千三百文　崔芳錢一千三百六十　義珩和錢一千三百四十　永昌號錢一千二百文　馮青山　賀成德　各錢七百文　和合館　楊洪泰　各錢六百八十　隆廣坊錢五百三十文　三順館錢五百二十文　張培正錢四百七十文　王振秀錢四百六十文　義合紫　王紫風　各錢三百文　李積華錢二百七十文　永顺坊錢二百六十文

（第三石）

楊振德錢拾二千九百　長盛昌錢拾二千四百九　義太和錢拾二千文　復盛酒店錢拾一千八百四　沃邑衛天廣錢拾千文　王心业錢八千二百文　生員文麟圖　从九咎周禮各錢九千文　天昌公錢八千六百四　两益當錢八千四百文　天順祥錢七千九百八十　沃邑三太廷錢七千六百文　和合號錢七千五百二十文　貢生赵洽錢七千五百　覃怀太和堂錢七千三百五　振興永錢七千二十文　同興坊錢五千五百　三益協錢五千二百七　沃邑衛三義錢五千文　陳代錢四千九百　集義公錢四千八百　中興泰　監生張茂德各錢四千三百　天意號錢四千二十　崔登錢三千八百七　王得鳳錢三千七百一　監生咎周南錢三千六百五　聚源號錢三千四百五　仁義號錢三千四百一　永合公錢三千四百　永和公錢两千九百二十　慶豐永錢两千八百五　王瑛錢两千二百三　甯國璵錢两千一百八　何之模錢两千一百　石有倫錢两千文　雙昌永錢一千八百九　席進寶錢一千八百二　趙逢章錢一千七百八十　雙盛皮店錢一千七百六十　天申公錢一千六百文　王蔚錢一千五百六　益興魁錢一千五百文　王振珠錢一千四百六十　義泰店　松茂號　吳全仁　以上各錢一千四百四　崔榮錢一千三百八　王得禄　東昌坊　各錢一千二百七　豐盛魁錢一千一百　呂德廣錢一千二十　張連元錢一千文　三合染坊錢九百四　二合毛盆匠　德盛永　各錢八百四　姚玉山　姚立成　各錢八百二　依和號　義昌永　各錢八百文　德順館　王振書　各錢七百四　典吏常登俊錢七百三十文　永順染坊錢七百文　協興館　从九王鳳池　甯國全　天和祥　以上各錢六百六十　車森錢六百四十　三興爐　立興號　順盛館　德興西　張守道　四義號　張懷山　以上各錢六百　永義公錢五百九　恒成馆　潘士□　文鳳倫　以上各錢五百八　甯天秩　協和永　各錢四百六十　王璉錢四百五　集義祥錢四百四　車繼田錢四百二十　雙盛永錢四百文　三合案　和順館　各錢三百八　錦豐號　同春園　各錢三百七　依成號　義興永　隆興館　以上各錢三百六　庠生咎靖藩　楊景□　各錢三百三　茂興□錢三百二十文　車上田　□盛館　各錢二百六十　聚義坊　协□房　福昌坊　各錢二百四十　恒陸館　義□染坊　各錢二百三十　□二合　二合號　王殿魁　以上各錢二百二十　新興坊錢二百一十　三順染坊　□炳　聚豐和　以上各錢二百文

住持　于萬倉

（第四石）

道光十八年至咸豐二年，花紅迎衣通共來貨錢壹佰壹拾伍仟九百七十八文、布施來錢一百七十千零三百四十八、香錢三百八十六千六百九十文，通共來錢六百六十九千零一十六文。木石物料工錢一切花費通共出錢五百九十九千有奇，除却下存錢七十千有奇，交與新頭承辦。

總理督工首事　沃邑三泰廷　庠生王名洋　已故從九張以昇　已故監生咎周南　已故沃邑衛天廣　已故生員文麟圖　王蘇　濟邑從九楊振德

代理　圖子從九文藪　昇子監生張懋德　廣弟從九衛天錦　南子咎運藩

新舉督工首事　中興泰　覃懷太和堂　天順祥　附貢王恒泰　從九王鳳池　崔榮　貢生趙同儉　從九王恒揚

太清咸豐七年歲次丁巳四月乙巳上浣穀旦立

重修娘娘庙碑记

【简介】

清咸丰七年（1857）七月立石。现存垣曲县白马村。

碑青石质，长方形，高160、宽72、厚13.5厘米。碑身周边刻饰3厘米宽的装饰花纹带，图案为壶花、菊花、变形螭纹和龟背纹。碑文8行，行46字，字径2.5厘米，楷书。碑文记述了白马村众社人集资重修娘娘庙的经过。张元亮撰文并书丹。

【碑文】

重修娘娘廟碑記

聞之白馬村，垣邑名區也。村東有娘娘廟，莊内有泰山殿一所。綠水繞前，峻嶺列後，北臨高山，南通大衢，猗歟休哉，誠勝地也。是以昔人擇地建廟，以妥神靈。然莫爲之前，雖美弗彰；莫爲之後，雖盛弗傳。前人創其始，而歷年久遠，風雨之飄摇、墻垣之傾圮，使不爲之修葺，不惟無以紹先志，而且何以□神靈？於是社中人等共議修造，人異而心同，□衆而詞一，僉曰：昔既創建，今宜重修。有財輸財，有力輸力，伐木鳩工而廟容焕然聿新，虔心告成而神靈不烏安妥，□於□樓稍門，前人創建而規模卑□，今更擴充而廣大之。庶乎與廟配合而足壯觀，禴祠蒸嘗祈禱有所，此□社中之□□永垂不朽也。兹者工竣，公直人等索余爲文，余愧不敏，□以是爲序。

邑庠州案生員鏡若張元亮譔文並書

首事人（略）　仝立

督工人（略）　仝立

時大清咸豐七年歲次丁巳孟秋吉日立

金塑神像并创建圣母火德瘟神殿及黝垩碑记

【简介】

清咸丰八年（1858）八月立石。现存垣曲县。

碑青石质，长方形，首部残缺，残高107、宽63厘米。碑石周边剔地线刻3.5厘米宽的花卉配以龟背纹的装饰花纹带。碑文10行，行51字，字径2厘米，楷书。碑文记述了垣曲县某村创建圣母火德瘟神殿和金妆神像的经过。石玢撰文，郭文焕书丹，石莪篆额，贺志成刻石。

【碑文】

金塑神像並創建聖母火德瘟神殿及黝堊碑記

竊維亘古以來，凡有功於民、德澤及人者，無不立廟以祀之，非邀福也，不過曰聊以爲報耳。余莊咸豐元年創建關帝廟三間，莊人僉曰：有主無□，殊不雅觀。但夙無蓄積，功難頓興。莊人於是尚不懈其力，共獻樂輸之心，珠積寸累至七年，於正殿之傍又創建聖母並火德瘟神殿各一間。黝堊棟楹，繪畫墻壁，金塑關聖、聖母神像，雖係人爲，實神所陰佑也。工竣之日，莊人立石，求序於余。余思自大明以至清季，重修者極多，創建者絶少，余莊廟貌雖樸，工程亦微，但係創建，並非重修，督修之功亦不可没也，因不揣翦陋，略叙數語，以誌不朽云爾。

邑庠生員石玢沐手撰文

例授從九石莪沐手篆額

儒士其章郭文焕沐手書丹

督修公直　靳如秀　生員石玢　九品王無隱　九品侯秉智　郭端　吴永鐸

募緣　從九侯萬端　靳如彦　王連城　侯秉信　吴珺　石天錫　郭文成　石焕雯

催夫　王連陞　胡彦昇　任萬楊　劉鳳鳴

時大清咸豐八年桂月穀旦

石工　賀志成

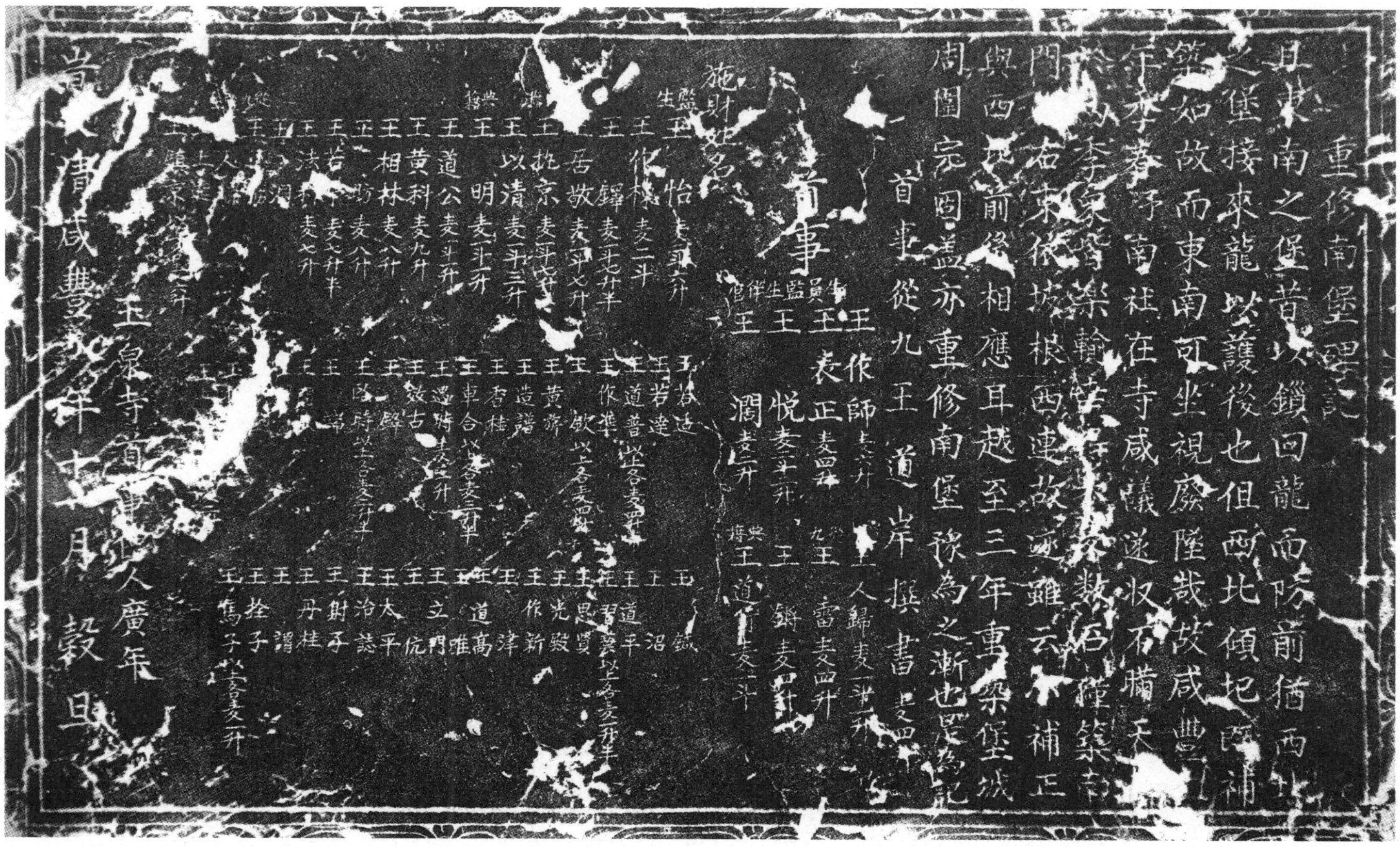

重修南堡碑记

【简介】

清咸丰八年（1858）十一月立石。现存垣曲县同善镇南堡村。

碣青石质，长方形，高 38、宽 60 厘米。碣石四周刻饰缠枝花纹。碣文 12 行，行 16 字，字径 1.5 厘米，楷书。碑文记载了南社诸同仁捐麦重修南堡城的经过。文后刻施麦人姓氏、数量。王道岸撰文并书丹。

【碑文】

重修南堡碑記

且東南之堡昔以鎮回龍而防前，猶西北之堡接來龍以護後也。但西北傾圮，既補築如故，而東南可坐視廢墜哉！故咸豐□年季春，予南社在寺咸議，遂收不瞞天□於兩季，衆皆樂輸，□得米麥数石。僅築南門□右，東依坡根，西連故迹，雖云□補，正與西北前後相應耳。越至三年，重築堡城，周圍完固，蓋亦重修南堡，豫爲之漸也。是爲記。

首事從九王道岸撰書　麥四升

首事　王作師麥六升　王人歸麥一斗一升　生員王表亞麥四升　從九王雷麥四升　監生王悦麥二斗二升　王鏘麥四升　伴官王闖麥二升　典籍王道行麥二斗

施財姓名　監生王怡麥二斗六升　王作棟麥二斗　王鐸麥一斗七升半　王居敬麥一斗七升　典籍王執京麥一斗七升　王以清麥一斗三升　典籍王明麥一斗一升　王道公麥一斗一升　王黄科麥九升　王相林麥八升　王昉麥八升　王若榮麥七升半　王法林麥七升　王□□　王□□　從九王正□　監生王人瑞　王上達　王鎮京　以上各麥六升　王若適　王若達　王道普　以上各麥四升半　王作准　王欽　以上各麥四升　王黄旗　王造譜　王香桂　王車合　以上各麥三升半　王遇時麥三升　王效古　王鋒　王臨時　以上各麥二升半　王端　王□□（下蚀 12 字）　王鋮　王沼　王道平　王習藝　以上各麥一升半　王思賢　王光殿　王作新　王津　王道高　王唯　王立門　王侻　王太平　王治志　王射子　王丹桂　王謂　王拴子　王馬子　以上各麥一升

玉泉寺首事僧人廣年

時大清咸豐八年十一月穀旦立

杨公讳守芳配丁氏合葬之墓

【简介】

清咸丰九年（1859）三月立石。现存垣曲县英言乡英言村。

碑青石质，长方形，碑身高 137、宽 55、厚 11 厘米。碑石周边刻饰 3 厘米宽的装饰花纹带。碑中 1 行楷书正文。正文右侧刻序文 5 行，行 41 字，楷书。碑文为杨氏六世孙为其先祖杨守芳夫妇所立墓碑。正文左侧刻世系人名，皆楷书。

【碑文】

楊公諱守芳配丁氏合葬之墓

朱伯廬曰：祖宗雖遠，祭祀不可不誠。故古人僾聞愾見，感春露秋霜而動孝思，良以食德者報功，飲水當思源，本根所在，不宜忘也。祖宗邱墓之處，形骸所寄，可任其埋没而不爲之誌表耶？推我七世祖卜吉兹土，不知幾經春秋矣。雖世遠年湮，事業無考，而浸昌浸熾，我楊氏得以繼繼承承，相延於無窮者，要皆公之貽謀有以永之之意。今墳墓已將就荒矣，因鳩合族人立以片石，庶後之子孫瞻□鬣而動孝思，貽瓜瓞綿綿，豈有□歟！是爲序。

七世孫監生應魁謹序

八世孫監生可舟敬書

公父天增，母馬氏，生公兄弟三人：長兄守禮、二兄守信，公其季也。公二子，長克洪，子三：長玉，生子一佩溶，子一，□信；次復；三景，生子二：長佩瑞，子二，長□□，次□信；次佩安，子二，長□□，次□□。次克濤，無出。

六世孫彦謨　長謨　有謨

七世孫應□　應岫

八世孫□□　□□　□□　□□　立石

大清咸豐歲次九年三月穀旦

十一世祖考庠员讳班字羽皇卫公妣待赠孺人淑德王氏合葬之墓

【简介】

清咸丰十一年（1861）十一月立石。现存垣曲县英言乡无恨村。

碑青石质，长方形。碑石周边刻饰3厘米宽的装饰花纹带。碑中1行楷书正文。正文右侧刻序文5行，行40字，楷书。碑文为卫氏十一世祖卫班夫妇所立。正文左侧刻撰书、立碑人名，皆楷书。

【碑文】

十一世祖考庠員諱班字羽皇衛公妣待贈孺人淑德王氏合葬之墓

從來墳塋豎石，所以表誼行於生前，誌盛德於没後。如太祖庠員衛公，諱班，字羽皇，大經之長子也。考之家乘所載，賦性敏捷，穎悟不凡，交人和易，有睦婣任恤之譽；處事決斷，無惝光遊移之見。爲人若此，今人感念而難忘也。公之墳塋有柏樹數株，至公之玄孫可儉，有心孝道，与合支公議曰：与其守樹以榮祖，莫若易樹以祭祖。於是出賣柏樹，積蓄錢糧，設之祠堂，盡祭祀於四時；樹石墳塋，表型儀於萬世。但有志未逮，未告厥功，復命有祥繼誌述事。乞余爲文，余特叙其事於前，並繪圖於後以誌之。

族孫業儒仰周沐手撰書

已故首事玄孫可儉　繼首事孫有祥　率合支仝立

大清咸豐十一年歲次辛酉十一月上浣吉旦

元敕授邑侯迁垣始祖考讳世英裴公妣孺人姜氏合葬之墓

【简介】

清同治元年（1862）清明刻石。现存垣曲县古城镇峪子村北新建碑楼中。

碑红砂石质，圭首长方形，通高208、宽72厘米。首高68厘米，阳面碑额竖排楷书“流芳”2字，碑阴碑额篆书“百世”2字。碑阳中部楷书正文1行，正文右侧刻序文7行，满行61字，楷书。碑阴刊刻裴氏世系图。裴炳元撰文，裴孺校阅，裴体仁书丹。

【碑文】

（碑阳）

元敕授邑侯遷垣始祖考諱世英裴公妣孺人姜氏合葬之墓

吾裴本秦之别姓，肇封自周，稱盛於唐。閱唐宰相譜，惟晋國公爲最。夫晋公，余族之三十三世祖也，諱度，謚文忠。聞喜東三十里裴柏村，即其故里。原號鳳凰，東西中眷，名宦鄉賢，代有其人。厥後徙陝西者有之，徙同州者有之，徙華州、安邑、管城、襄陽、并州者有之，雖别井殊鄉，各隨風俗，而昭穆親疏之序，釐然不爽。越十一世祖諱世英者，大元至元十八年由陝西耀州富平縣任垣邑尹。服職受□時□敬□□□禮齊德道，事事淪洽，輿情頌聲盈耳，口碑載道。及其没也，棺□預備，晝穴安葬，羽儀鼓吹，送至墓所。想牛眠之已卜，□昇魄降；睹馬鬣之固封，砂護龍還。□□謂吉地福人者，非耶？每逢祭掃，紙灰揚眉，蓬蒿滿眼，父老子弟共商豎石以誌。不意饑饉薦臻，烽烟屢警，數十年來，有志未逮。今春，合族公舉首事，命匠鳩工，獲告厥成。論譔表記，豈容闕乎？遷垣以前十世四十有五，未能悉叙其支派；涖政而後歷代一十零八，碑陰略繪其序次。情深於仰止，義孚於來葉，乘凉不忘木本，飲水須思泉源。爰繫辭曰：

以裴爲氏，錦綉綿綿。由晋徙陝，自陝客垣。派衍東眷，支分五門。習尚淳樸，古道是敦。聽鷄雉之和鳴兮，追念先祖；感不忘於没世兮，垂裕後昌。

首事　十二世孫學韶　十三世孫吉鳳　十四世孫光元　登學　十五世孫森　達　頓首

十四世孫庠員炳元頓首撰文

十三世孫從九孺頓首校閲

十六世孫從九體仁頓首書丹

龍飛同治元年清明吉旦

（碑阴）

謹繪九世　表祀萬年

（世系图略）

大京元讳景业吴公德配张孺人德孝碑

【简介】

清同治二年（1863）十一月立石。现存垣曲县蒲掌乡北阳村吴姓村民家中。

碑青石质，长方形，碑首残缺，残高129、宽58厘米。碑中1行刻正文，字径8厘米，楷书。正文右侧刻序文3行，行存49字，楷书。碑文刊刻了吴公景业与其配张孺人的德行。正文左侧刻立碑亲友姓名。张进中撰文，张文中书丹。

【碑文】

大京元諱景業吴公德配張孺人德孝碑

大清同治二年歲次癸亥十一月吉

太行之山自□方□□南來，層峰迭出，至□陽村而豁然間□□，右則章分如星拱，佳氣葰蘢，朝夕蟠繞。按輿圖者，知此中□□（下闕）傳□□□□□慷慨與人排難解紛，正直無私，意者即其人與！公配張孺人，乃余之姑也，事姑丁太孺人以孝□，方丁太孺人病（下闕）患□□□□□左右就養□□□年□排□□莫不贊美。余以至親，珥筆不敢溢一□，特據其實以誌之。

邑庠生愚表姪張進中頓首撰文

職員愚表姪張文中頓首書丹

監生愚表弟張舉英　監生眷姻弟楊應林　監生愚姪王洛書　愚甥衛□君　職員愚表姪張完中頓首

眷晚尚廷獻頓首

眷親友　衛丁思　□正中　監生李清甲　王繼程　李登雲　尚占令　九品張克坤　許崇基　文盛號　監生郭亦昌　張孟月　□□□　恭昇號　從九王仰聖　衛可欽　尚廷珪　生員張汝仙　天興純　楊華　王保民　王化民　張永霖　監生王□□　張仁金　監生□力白　從九楊三清　永軫號　王文會　丁克書　監生王林書　王希書　從九王□民　丁福來　郭居奎　監生王萬令　李鳳岐　生員張全中　□官丁業書　衛玉愛　監生張秉中　玉生茂　儀賓□太昌　王□雲　衛□□　監生王萬杰　武生張元中　生員楊作楨　丁維書　監生楊萬福　丁仁德　監生尚崘會　丁太安　王文□　王□□　□同昇　王知書　王萬德　郭三□　監生王敬書　郭昇奎　王芝書　監生郭志奎　德盛號　王載書　張□□　王□□　郭煥奎　監生張位中　梁明堂　張樂中　張模中　監生葡作肅　尚□□　監生□秀□　郭□□　張國範　尚□食　監生尚□令

男從九品獨山屯山西□□□吴□　孫（下闕）

皇清王公暨配贾氏石氏何氏合葬墓志铭

【简介】

清同治四年（1865）十月藏石。现存垣曲县古城镇瑶店河村。

墓志共二石，青石质，正方形，每石高宽皆50、厚11厘米。石边线刻3厘米宽的装饰花纹带。第一石文17行，第二石文11行，行均22字，楷书。文岸撰文并书丹。

墓主王可兴（1749—1814），字掘起，清垣曲县（今古城镇）瑶店河人。孝以持身，厚待弟侄，人称直道。

【志文】

（第一石）

皇清王公暨配賈氏石氏何氏合葬墓誌銘

墓之有誌，自古有之，蓋欲其人世□行誼，□□□□□□考也。公諱可興，字掘起，先世居住南□村，後遷居於瑶店河。其高祖諱弘如，曾祖謙、祖君操、父大典及□，皆忠厚傳家者。公生母趙氏早没，繼母汪氏，公事之至孝，督責□苦，雖年逾四十，猶不敢稍有違逆。昆弟二，行一。其生平待弟與姪甚厚，雖分居另爨業已多年，而其厚以視之至老不減，此亦人世所罕見矣。至其持身涉世，不自□□□人，不矜己而傲物，公□平平，心口如一。所以既没世□，鄉黨宗族無不稱直焉。公元配賈氏、繼配石氏、□繼配何氏，□中饋克修，亦照然在人耳目。公生於乾隆十四年十二月二十六日吉時，卒於嘉慶十九年十月初七日□時，享壽六十有六。生子三：長化原，娶席氏，係武生君耀公女；次化展，娶靳氏，恩賜從九亮卿公長女；三化寬，娶石氏，復回公女。男孫五：長溶，次户正、總正、戊寅、二虎。瑢與總正化展生，出繼化原；户正、二虎俱展子；戊寅，化寬生。瑢娶張氏，係庠生端公女。户正聘孫氏，文焕公女。總正聘郝氏，適道公女。

（第二石）

戊寅聘石氏，崚公女。女孫二：長化原生，字庠員敏臨車公子；次化展生，字金鑾顔公子。子孫繩繩，□非所謂忠厚傳家遠者耶？甲申歲冬，公子與孫將送公歸窆，索誌於予。予嘗合館於玆，與公相契，不能以無文辭，因不揣固陋，據實而爲之誌且爲之銘曰：

德之維厚，厥有恒性。知誘物化，遂失其正。緬彼王公，古道未亡。存心正直，制行醇良。胡不憖遺，鄉里悲傷。爰誌貞珉，永久不忘。

邑儒學庠員眷□弟文岸拜撰並書丹

時大清同治四年孟冬朔□日

男化展　化寬　孫瑢等　命匠謹誌

显祖考国学生云山张府君祖妣待赠孺人郑太君章太君合葬之墓

【简介】

清同治五年（1866）十月立石。现存垣曲县皋落乡埝堆学校门道下。

碑青石质，圆首长方形，通高96、宽46厘米。首高20厘米，碑额竖排楷书“皇清”2字，左右两侧剔地刻饰牡丹花叶纹。碑身四周刻饰3厘米宽的装饰花纹带。碑中1行刻正文，正文右侧刻序文4行，行27字，楷书。碑文刊刻了墓主人姓名及立碑之缘由。正文左侧刻立碑人姓名。张元音撰文。

【碑文】

顯祖考國學生雲山張府君祖妣待贈孺人鄭太君章太君合葬之墓

余曾祖昆季三人，余祖亦昆季三人。次曾祖乏嗣，次祖而後次祖亦乏嗣，期功無可繼者。親族共議，以余父雙承。父生余兄弟二人，余承長門祧，弟元章承二門祧。玆立石於次祖墳前，使支派不紊云爾。

長門孫元音謹誌

已故男正九張聯吉　長門孫元音　二門孫元章　曾孫□　柄　正　立石

門婿文日午　張辛　甥孫文樹榛　文樹功　文樹則　文樹業　張衡嵐　張曾嵐　曾孫文□平　張枝槐　張根槐

同治五年陽月吉旦

先考儒士上锡马府君妣淑德安太君合葬之墓

【简介】

清同治六年（1867）三月立石。现存垣曲县华峰乡华峰村。

碑青石质，圆首长方形，通高112、宽47厘米。首高20厘米，碑额竖排楷书“永垂”2字，字径7厘米，左右两侧刻饰龙云纹。碑身周边刻饰4厘米宽的装饰花纹带。碑刻正中竖分2排楷书正文，字径8厘米。正文右侧刻序文2行，左侧落款1行，皆楷书。碑石记载了墓主夫妇的生卒年月。

【碑文】

先考儒士上錫馬府君妣淑德安太君合葬之墓

考生於道光二十年八月二十二日巳時，卒於咸豐三年十月二十一日亥時。

妣生於道光十三年十月初九日子時，卒於道光二十七年六月初一日戌時。

承繼男庠員滄珠　孫餘慶　立石

大清同治六年三月吉旦

曾祖考登仕郎讳鹏飞阎公妣淑德孺人李氏合葬之墓

【简介】

清同治六年（1867）十月立石。现存垣曲县蒲掌乡下马村。

碑青石质，圆首长方形，通高123、宽53、厚10厘米。碑额竖排篆书“皇清”2字，左右两侧剔地刻饰荷花、牡丹纹。碑身周边刻饰3厘米宽的装饰花纹带。碑刻正中1排楷书正文，正文右侧刻序文9行，行存41字，楷书。碑石记载了墓主的世系及立碑原因。乔学孔撰文。

【碑文】

曾祖考登仕郎諱鵬飛閻公妣淑德孺人李氏合葬之墓

人之所貴爲子孫者，固當養生送死，不忘其所由生，更宜報本追遠，遥溯其所自始。□□□□□在乎宗廟（下阙）如不刊石以表墓，則世遠年延之餘，縱名字得考於系譜，而址塚每不知其爲某也。回憶□□曾□考妣之（下阙）次曾祖諱鵬萬，配靳氏；三諱鵬舉，配許氏；四諱鵬高，配柴氏。曾祖六子：長諱生海，配許氏，□□之祖考妣也（下阙）三生元，配靳氏；四生鰲，配張氏；五生桂、六生正，配荀氏。次曾祖二子：長生榮，配靳氏；次生軍，配□氏。三曾（下阙）生聖、次生忠，俱配許氏。四曾祖亦二子：長生柒、次生世，配李氏。祖考生四子，而先考居長，□天祥，慈母（下阙）柴氏；三天玉，配喬氏；四天忠，配柴氏。震祖一子天保，配郭氏，乏嗣。元祖四子：長天福，元配柴氏，繼配宋氏，亦乏嗣；次天□，配（下阙）三天禄，配張氏，後出亡；四天乙，配梁氏。鰲祖二子：長天吉，次保全，俱乏嗣。桂祖無出，取三門天德承繼。□祖（下阙）次天信，亦無出。三代一脈相承，悉命匠勒諸貞珉，庶不致後人有茫然之憾也。要非敢無報（下阙）出焉耳。

眷晚喬學孔頓首（下阙）

嫡曾孫慶昌率元孫通印　通□　通路　稽首（下阙）

不孝孫天合率曾孫慶信　慶彪　慶秀　慶會　元孫通中　通□通□　通□（下阙）

太清同治六年歲次丁卯吉月穀旦

金碧关帝神像并绘画正殿碑记

【简介】

清同治八年（1869）八月上旬立石。现存垣曲县。

碑青石质，长方形，高105、宽52厘米。碑身四周刻饰4.5厘米宽的装饰花纹带，图案母题为壶花配以几何纹。文8行，行40字，字径2.5厘米，楷书。碑文记述了垣曲县某村金饰关帝像、彩绘正殿的经过。申山重撰文，石藏坚书丹。

【碑文】

金碧關帝神像並繪畫正殿碑記

關帝廟獻殿修，東廊建，其繪畫無不焕然聿新矣。獨所勞心籌策未有底績者，特是神像衣冠弗新，正殿内外皆舊，不足肅瞻。爾時欲一時而新之，但資金消盡，力不足也。己巳春，九品□□□、九品石□□□□樂同公直與合社共議，另舉其首事，復募化社衆，各量力施財，以佐所費，社衆一□□議，咸欣然樂輸焉，此蓋前工之一助也。秋七月，遂選工之良者，於神像悉重金碧，玉殿内外藻彩，並油兩陪殿門，油舞樓兩旁插屏，不月餘而厥功成焉。自是睹在上者，神像炫然整肅，正殿麗然鮮明，與獻殿之焕然聿新適相輝映。此雖社衆樂輸，首事督理之力，實在二公勞心籌策之功也。是爲序。

本社儒士申山重撰文　施錢五百文

獎賞九品石藏堅書丹　施錢一千文

首事　張偉施錢一千五百文　趙芝施錢一千文　張和貴施錢一千文　從九石登高施錢兩千文　賈國棟施錢一千文　申起昌施錢一千文　從九申汪施錢一千文　石瑞昌施錢一千文　石希孟施錢兩千文　申普施錢一千五百文

時大清同治八年歲次己巳南吕上浣吉旦

歇马殿重修并增修碑记

【简介】

清同治八年（1869）八月立石。现存垣曲县。

碑青石质，竖长方形，高158、宽68厘米。碑石已从中断为两段。碑身四周剔地线刻4厘米宽的装饰花纹带，图案母题为石榴、牡丹、梅花、兰草等花卉纹。文14行，行51字，字径2.5厘米，楷书。碑文记述了庆宥僧徒于清道光、咸丰年间和同治年间两次重修歇马殿的经过。王天照撰文并书丹，张勋炳校阅。

【碑文】

歇馬殿重修並增修碑記

蓋聞莫爲之先，雖美弗彰；莫爲之後，雖盛弗傳，尝致歎於天下事，可共濟不可獨成也。歇馬殿踞懸泉東南之麓，嘉慶中，净土寺禪師慶宥與其徒同相修营山上山下諸殿，邑進士歷任三水縣安公前誌瞭如也。惜其功有未竟，風雨剥蝕，重以山澗暴漲，衝溢难支，徒孫元賴、元穎又於道光十年舉首事募化，得金約二百兩之普，金塑神像三十三尊，並塗其丹雘。十六年，復出累季積蓄，創建東西廊房十間。二十四年，重修正殿三間。三十六年，重修山門外靈官殿一間、元壇殿一間、西边楼门一間、東邊僧房一間，共一十七間。咸豐元年，修石堤，長二十五丈，高七尺。二年，又修正殿西邊娘娘殿三間。凡歷二十二年而功乃告竣。偉哉厥功！詎不宜勒諸瑱珉，用示不朽乎？無如緣簿失落，化施銀兩無從考稽，以致禪師諸功與首事募化之勤勞，俱淹没而未之彰焉。迨咸豐十一年，十社公直經理廟事，修葺山上山下，諸殿焕然一新。所有累年積蓄，於同治七年春置張、靳二姓地三契，價銀糧数俱載碑陰。冬，又釘西楼五間。八年，將兩陪殿八字依舊重修，月台、水道用石條鋪補，凡山上山下有前人之所欲爲而未逮與所已爲而未固者，靡不次第整頓完好，視前功不更詳密也耶？然惟知新猷之經营匪易，益知前功之創垂甚難也。今首事諸君子咸欲鐫石以誌前功，囑文于余，不獲辞，爰叙其事之顛末，以見夫禪師之世濟其美，亦以見諸君子之不没人善也。是爲序。

邑儒學生員張勛炳沐手校閱

邑儒學增廣生員王天照沐手撰並書

時大清同治捌年歲次己巳中秋上浣

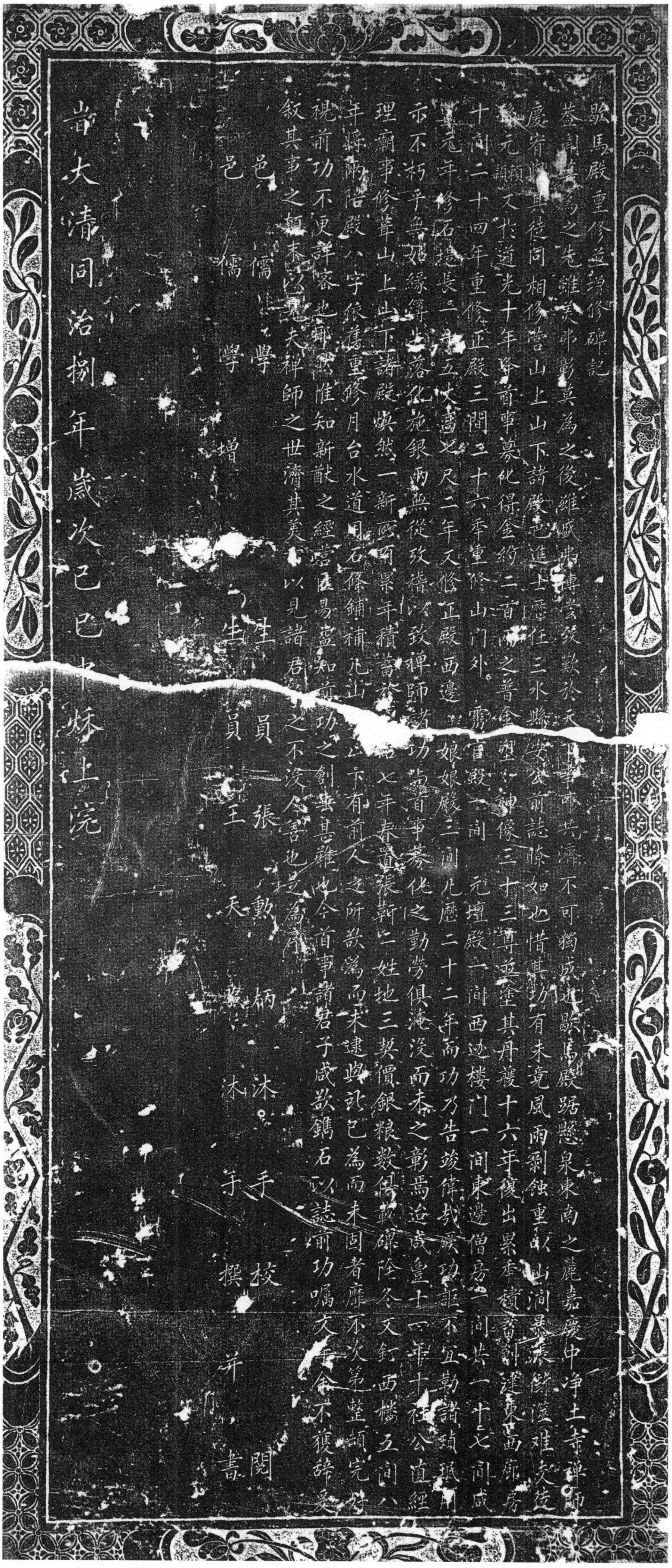
駁馬殿重修並增修碑記
大清同治捌年歲次己巳中秌上浣

先祖考双龄杨公之墓表

【简介】

清同治九年（1870）二月立石。现存垣曲县蒲掌乡南蒲村。

碑红砂石质，圭首长方形，通高166、宽53、厚12厘米。首高58、宽58、厚17厘米，碑额竖排楷书“皇清”2字，左右两侧刻饰云纹。碑身高108厘米，周边刻饰6厘米宽的装饰花纹带。碑刻正中1排楷书正文，正文右侧刻序文4行，行41字，楷书。碑石记载了墓主的世系及立碑原因。碑阴刊刻杨双龄墓表，文16行，行38字，楷书。张经撰文并书丹。

【碑文】

（碑阳）

先祖考雙齡楊公之墓表

公爲人□實，盛德足嘉。子玉春，力穡不綴，能順其親。至其孫丙戌、丙禄，恢張家道，寖熾寖昌。方丙禄之幼也，□名師使之習武藝。丙禄朝夕斫練，内外充實，英發凌厲，深得其妙焉。丙戌固可謂友於其弟矣。而丙禄□於公墓無碑記，兄弟同有立碑之意。無何，有志未逮，而丙戌已逝矣，丙禄縈其事於心，每日不忘。於是鳩匠竟其事，上以妥先人之靈，隱以遂兄長之心，而其事遂彰著於後世永遠不替焉。

孫從九丙戌　從九丙禄　曾孫監生廷奇　廷秀　廷楨　廷康　廷楝　廷樑　廷和　廷亮　廷楷　廷模　廷魁　玄孫芝範　芝瑞　芝祥　仝立

時大清同治九年二月穀旦立

（碑阴）

雙齡楊公墓表

雙齡楊公，其先人世居北白鵝村，家産中落，公性嗜稼穡，以田少居隘，有遷居之意。而遂卜宅於□南莊，漸致富饒，子孫繁昌，於以見公之立心獨厚而天之佑善爲不爽矣。公元配靳氏，係靳河浩□女，生子一，錫名玉春。繼配劉氏，係聖佛頭可觀公之長女，生女四：長女適柏底村延璽王公之四子，次女適張家墳景武郭公之子彦勢，三女適西陽村振朝許公之長子安嶽，四女適無恨忍性衛公子昇慕。玉春配尚氏，係北陽村至賓公之女，生孫女一，適高崖至純王公之次子好度。繼配衛氏，係□村登翰公之長女，生孫女一，適柏底村玉岐王公之次子景仁；生孫二：長丙戌，次丙禄。丙戌元配□□無恨村宅真公之女，生曾孫五：長廷楝，娶蒲掌村五魁郭公之女，生玄孫一，名芝蘭；次廷樑，娶聞□李公之女，無出，又娶蒲掌村登魁郭公之女，生玄孫一，名芝祥；三廷康，早逝；四廷楨，娶無恨村□□之女；五廷秀，娶無恨村可仁衛公之女。生曾孫女一，適韓河文丙韓公之長子執書。繼配靳□□□世公之女，生曾孫女一，幼，未出。又配袁氏，係柳下溝有義公之女，生曾孫一，名廷奇。丙禄元配□□□甯世公之女，生曾孫二：長廷和，娶靳河伴會靳公之女，生玄孫一，名芝瑞；次廷亮，娶蒲掌□□□之女，生玄孫女一，幼，未出。繼配靳氏，係芮村玉舉公之女，生曾孫三：一名廷楷，聘西陽村天□□□；一名廷模，聘芮村清林公之女；一名廷魁，幼，未聘。又配王氏，係段凹處士厚基公之女。雙齡□□□頭圪塔凹，繼配葬於本塋之右，以未與合葬，恐世久不詳其處，故特爲文以誌之。

廩生愚晚張經撰文並書丹

先祖妣淑德刘太君之墓

【简介】

清同治九年（1870）二月立石。现存垣曲县蒲掌乡南蒲村。

碑红砂石质，圭首长方形，通高146、宽53、厚12厘米。首高58、宽58、厚17厘米，碑额竖排楷书“皇清”2字，左右两侧刻饰云纹。碑身高88厘米，周边刻饰6厘米宽的装饰花纹带。碑刻正中1排楷书正文，正文右侧刻序文2行，行存38字，楷书。碑石记载了为刘太君立碑的原因。

【碑文】

先祖妣淑德劉太君之墓

劉祖妣者，祖考雙齡公之繼配也。以未與合葬，特勒石以詳之。庶省祭而（下阙）廢其祭焉爾。

孫從九丙戌　從九丙禄　曾孫監生廷奇　廷秀　廷楨　廷康　廷棟　廷櫟　廷和　廷亮　廷楷　廷模　廷魁　玄孫芝範　芝瑞　芝祥　仝立

旹大清同治九年二月穀旦立

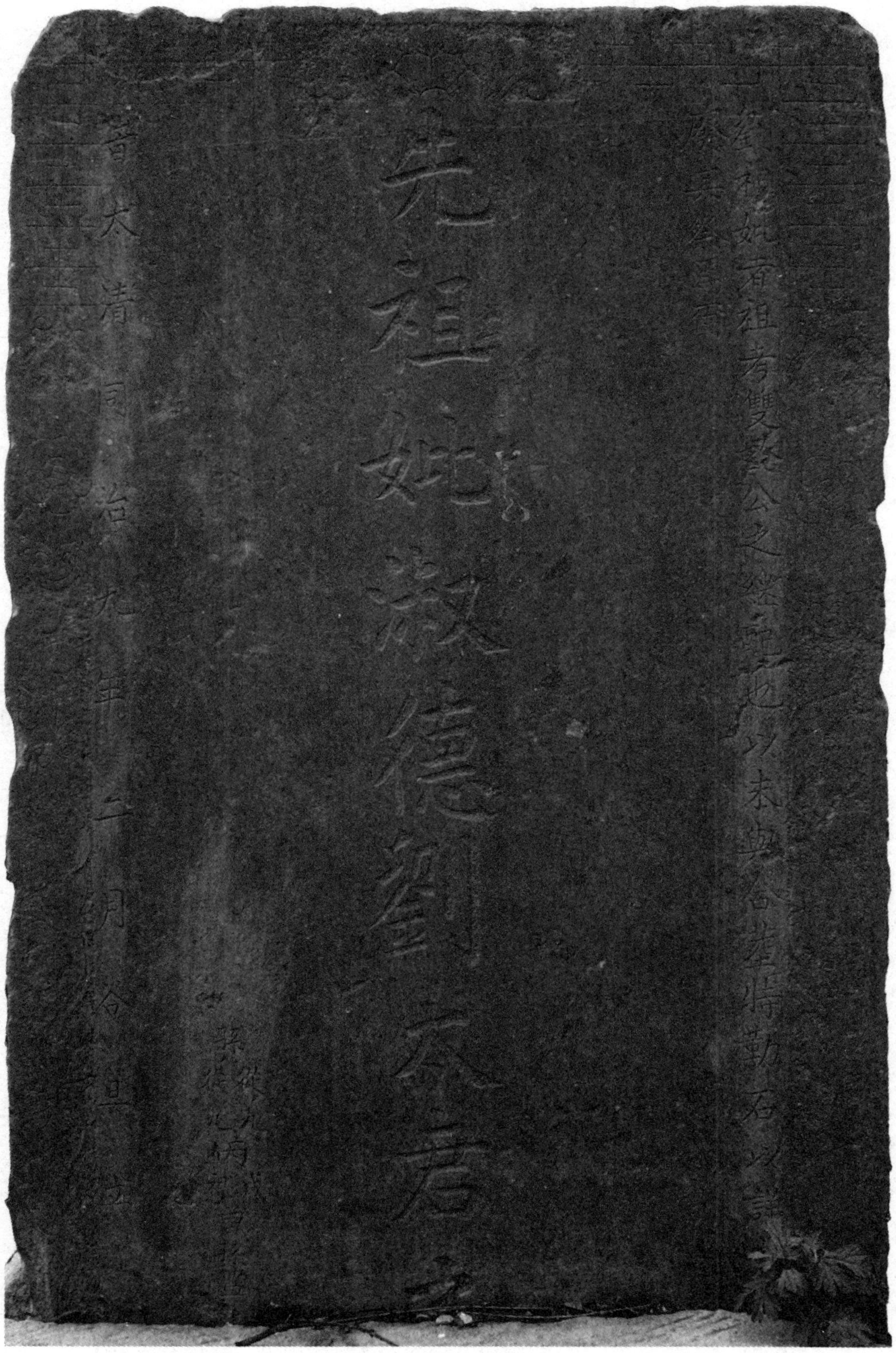

重建观音堂序

【简介】

清同治九年（1870）八月立石。现存垣曲县古城镇。

碑文记载了垣曲县重建观音堂的经过。王润之撰文并书丹。

【碑文】

重建觀音堂序

蓋聞山不在高，有仙則靈；水不在深，有龍則靈，人之所以重賴有神，而神之所以見稱與人者，因有靈而已矣。斯堂之建，由爲已久，前人之修，亦有其屢。其規模雖不宏敞，廟貌雖不巍峨，而有禱必應，無求不獲，亦正如山之有仙、水之有龍也。近自咸豐三年重修，至今又已傾圮。本巷人士雖有意補葺，而人少力微，難以猝辦。幸我縣楊大老爺慷慨樂施，鳩工庀材，而又有各署鉅公典夫衆信士慨施解袠資，於是前無獻殿，今而又建獻殿三間，凡二日而焕然一新，較之前人之修，更大有進然，非本巷人士之可得而及也。倘非我縣主之與諸公之力，修葺不可，遑言創建。今勒石以誌不忘，庶於福禄善慶，諸公之獲福無窮，而舍等之附驥尾而彰者亦受福。廟既矣，是爲序。

本巷魁文典籍王潤之敬撰並書

大清同治九年八月吉旦立

重修土地庙捐输碑记

【简介】

清同治十一年（1872）三月立石。现存垣曲县古城镇沇岭村车姓村民家。

碑青石质，长方形，高46、宽78厘米。碑石四周刻饰4厘米宽的花纹带，图案母题为壶花配以几何纹。文楷书。碑文刊刻施银人姓名及金额。

【碑文】

重修土地廟捐輸碑記

監生車守恭捐錢陸仟貳佰文　車和鸞　監生車憲古　庠生車天保　庠生車天榜　以上各捐錢三千八百四十五文　從九車鳴鐘　從九車效仲　以上各捐錢三千一百文　車乘殷捐錢貳千三百二十五文　車冲　議叙車法商　軍功六品車既攻　車炳然　監生車學古　監生車耘　車輯　車有德　監生車發韌　庠生車永魁　車步鸞　以上各捐錢壹千五百五十文　吏員車務遠捐錢壹千二百四十文　車子英　皇恩車遵古　車待選　車立德　以上各捐錢九百三十文　車續田　軍功孫武勝　車翔鸞　車靖□　車天爵　姚立言　車天順　儒士車建寅　庠生車樹海　車行遠　車聚工　車足樂　車玉平　以上各捐錢七百十五文　車振揚　車修業　車容恭　車汝弼　車昇雲　車玉福　以上各捐錢六百廿文　車天賜　車天定　譚聚潤　車剛　庠生車永祥　車學子　車致遠　車永泰　車永安　車永義　車小混　車金魚　車載遠　車玉艮　車守禮　車賜福　車玉譜　車步京　張寅　王懷印　車明發　裴宏選　以上各捐錢四百六十五文　監生王杰捐錢七百七十五文　車居峨　車得　孟守朝　車以德　車輻　車鎮兖　車創業　車天元　車宏業　車三登　黄葉寅　車通　車永昌　車來保　武勁子　車如月　車祥　車必正　車稀玉　車金福　車轅　車玉换　車追　車止智　車青雲　車發文　車吉耀　車栓子　車强　吕五經　車清選　以上各捐錢三百一十文

大清同治十一年桃月吉旦

泰山庙金塑神像补葺舞楼记

【简介】

清同治十一年（1872）三月立石。现存垣曲县。

碑青石质，长方形，高127、宽65、厚12厘米。碑石四边刻饰4厘米宽的花纹带，图案母题为戏剧人物配以几何纹。碑文11行，行60字，楷书。碑方记述了泰山庙金塑神像并补修舞楼的经过。碑阴刊刻输财人姓名。撰文、书丹人剥泐不清。

【碑文】

（碑阳）

泰山廟金塑神像補葺舞樓記

從來廟貌之煌煌、神像之炫炫，有創始者，有重修者，有補葺者，功不一而其爲修□一也。北郭外有泰山廟，由來久矣。按之碑石，大明末以闖賊燒毁，創建之始亦無所者，因縣屬之風脉所關，誠爲此方之吉曜也。形高四□，居嵩華衡恒之□；號□□□，司壽命福禄之□，一以参名而□雲□□□□建□龍王山以仁静而仁德好□因。右祀聖母，總之補風脉、施雨澤；左麟鳳，是皆垣民□無疆□□也哉！從□之梁□，重修於嘉慶十二年，田□之閆□三社等募化，勞心輸財，與席□□可師，豈不知姓名？董事諸君協力經營，自寢宫兩□品祠止，□□□及牌樓、山門、月臺，因查當創者建之，宜重修者修之，而前後神像無不金塑彩粧，焕然維新焉。由是廟貌輝煌，神像炫耀，而後世輪社祀神，同襄盛舉，豈□□□□弗替□？咸豐三年八月，賊匪自懷竄垣，將□又焚，神像碑石盡皆剥落，所餘者寢宫、舞樓、山門而已。余等目擊心傷，意欲募化，但兵焚之後久□，力實弗逮也。幸廟内有柏樹二株，餘銀五百，僅□正殿三楹、龍王、聖母兩殿，而銀罄工止，神像未及金塑。庚午夏，舞樓又將□□傾圮，修理之需□□□□也。爰集社人，設立緣簿，募化錢三百餘千，而神像金塑，以享報祀之典；舞樓補葺，可奏羽籥之所，且重筵□木□□□□□□□□□□□若夫□□□□□□□無貲修理，神像雖然維□，而廟貌猶歲如昔月，則有□於先□之者董事者也。俟異日時□□□□□□□□□□□□□□□人力庶□□□□□□後之覽者□□□□於斯文。

邑儒學廪膳生員□□□□□

邑儒學廪膳生員□□□□□

邑儒學廪膳生員□□□□□

欽加司訓銜垣曲縣知縣楊德□捐錢一萬

特授垣曲縣典史張迺翥捐錢四千

特授垣曲縣城守司外委張景衍捐錢二千

經理　姚俊士　車既攻

督工　席禮言　監生車憲古　皇恩戴克昌　席桓　車既鍾

住持　張□清

太清同治十一年季春吉旦

（碑阴）

（输财人姓名略）

东岳庙碑序

【简介】

清同治年间（1862—1874）立石。现存垣曲县古城镇。

碑文记载了垣曲县鲁论祖孙二人捐资重修东岳庙的经过。姚仰南撰文。

【碑文】

東嶽廟碑序

夫孝者，善繼人之志、善述人之事者也。治北東嶽聖帝廟金塑神像，補葺舞樓，而董諸事者斯人焉，有之者誰？儒學優行廩膳生員魯公諱論，字一書，其號曰中央。慷慨好施敬，捐錢巨萬，是蓋因其祖作之前，而公述之於後也者。公祖國子監大京元諱其清，字冰臺，西崖其號也。賦性忠厚，愛施濟，喜齎予。里黨有貧乏者，恒憫恤之；廟宇有傾圮者，常修理之。若黌宫、若聖母、若六星聖神諸廟，崇宏壯麗，焕然維新，類皆公祖之總理其事，而布施亦冠諸君子之首者也。以故不惟鄉中咸稱之曰“魯善人”，即徵之儒學正堂戊辰科解元銓選知縣鄭廣文，有褒贈匾額“好義樂施”。且嘉慶年間重修斯廟，理事勤謹，朝夕不懈，三年中直如一日，然亦特其淺焉者。尤可嘉者，廟勢宏廣，工費浩繁，然樂輸銀二百兩，締造經營，乃成鉅功。彼時諸董事有爲公祖獨樹碑一碣，永垂久遠，俾後之覽斯石而知輕財重義，可以感發人之善心也。不意咸豐三年歲在癸丑中秋之初，賊匪自懷竄垣，將廟焚燬，碑石亦盡肅剥落，公祖似乎泯焉，而尚德至善，人之不能忘也，矧其孫乎？兹廟成功，公亦理事，見其祖之碑石毁爛，目擊心傷，不忍淹没，即命匠刊石，紹復先人之休，屬予作文以記之。方叙其事，泣下沾襟，予亦不禁凄然曰：此公之孝所感發而激焉者也。壬戌歲，欽命提督學院洗宗師舉公與同考優場庚子舉人儒學閻老師嘉考語於公者“性篤天倫”，公今其不愧也。予不揣固陋，爰據其祖孫之顯標而提倡之，遂走筆俱誌之於貞珉，以爲後世法，是則予之所作序意也夫。

特授榮河縣儒學正堂姚仰南撰文

竹林寺重修后院禅房并钟楼二门记

【简介】

清光绪二年（1876）六月立石。现存垣曲县博物馆。

碑青石质，长方形，高146、宽68、厚12厘米。碑石周边刻饰4厘米宽的装饰花纹带，图案为装插梅花、牡丹、菊花的花瓶配以蝙蝠、万字纹。文14行，行50字，字径2.5厘米，楷书。碑文记述了竹林寺的创建、沿革及寺僧真鬃重修钟楼、二门、禅房、垣墉的经过。赵松鹤撰文并书丹，关万辉刻石。

【碑文】

竹林寺重修脩院禪房並鐘樓二門記

嘗聞天下事，莫爲之前，雖美弗彰；莫爲之後，雖盛弗傳，此在儒者之道則然，即釋氏之教，亦莫不然也。余村之北数里許，望之蔚然而深秀者，舊有竹林古剎一所。溯其來脈，乃中條之餘峙。則見有崇山峻嶺，茂林修竹，又有怪石清泉，映帶左右，荒煙蔓草間曲徑四達。東連磨窊，西接風山，南登皋落，北拱雲川。幽哉！真所謂洞天福地，禪林之勝境，壺邱之大觀也。然攷其寺之創建，自金天眷初元年至明嘉靖三十四年地震損壞，又至三十七年，法主遠會又重修。延至萬曆十年，糧累僧逃，寺院又圮，而佛像亦傾。迨至二十九年，本莊高登雲等敦請横嶺寺僧慶才四方募化，自輸叁百餘金，重建如初。除金塑神像外，餘金遂置田産。及我大清定鼎，人文蔚起，順治柒年重修，代代不乏。如慶魁、同寧、雲峰、雙峰数上人，繼前人未逮之志，承先師未就之統，經營殿宇而外，又續置産，閱歷不一，修葺屢經，碑誌載詳，歷歷可據。厥後有僧會司静濟者，賦性清净，誦經之暇，多植花卉，現植栢樹数株、梧桐一科，洵足增光於沙門，而爲佛家之令器者也。是以廟貌輝煌，神恩浩蕩，巍巍乎不特壯一寺之觀瞻，而且鎮一方之龍脈也。自数上人圓寂之後，世及漸墜，風雨飄揺，鼠蛀剥落，三莊諸君子目擊心傷，群然勵志積貯，專欲興工，已歷有年。缘累歲奇荒，未敢輕舉。今丙子春三月，諸君子與住持僧共經營，市木石，遂修鐘樓一座、二門一間、水陸殿院西禪房三間及四面垣墉，而此寺復爲之焕然一新。猗歟休哉！以寺中之積成寺中之功，而何事修缘募化也哉！若松亭者，可謂克承師訓，尤冀後之人踵而行之，庶衣鉢不至失矣。將見前此之□由是而彰，後此之盛亦由是而傳也。工竣，僧欲表首事人之善，竪石銘功，求叙於余。余不能文，僅述其巔末勒諸貞珉，以垂不朽□。是爲叙。

松亭法名真鬃，字豐玉，係本縣石家溝人，石姓。

邑儒學廪膳生員青田趙松鶴沐手撰並書

三莊首事人　恩榮□致貴　恩榮高金耀　恩榮辛恒秀　恩榮高天玉　□連珠　□廷秀　辛萬鍾　張名山　辛八珍　辛八元　孫青山　李生金　衛占印　衛占文　赫連方　楊金權　辛萬有　仝立

時大清光緒貳年陸月上浣吉旦

稷邑石匠關萬輝

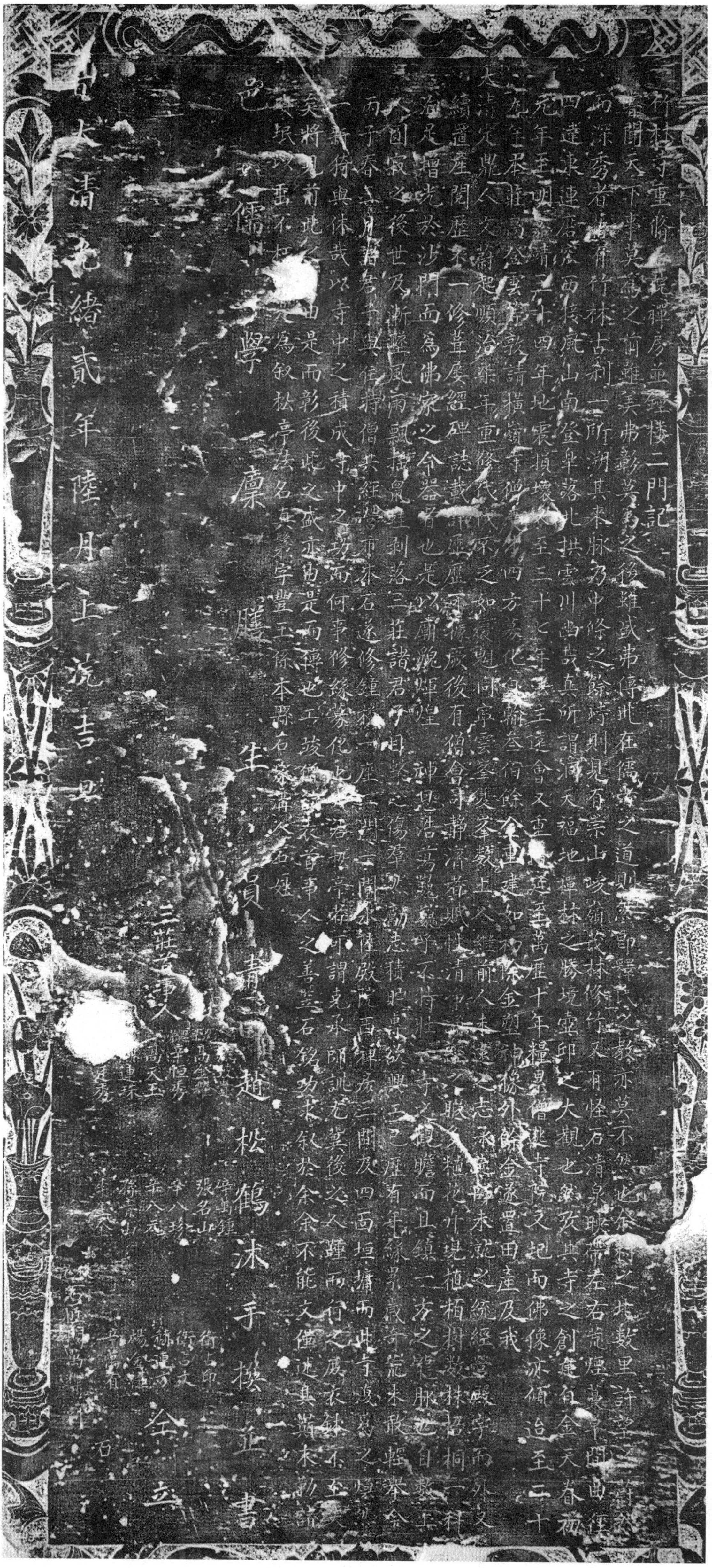
竹林寺重修□□禅房並經樓二門記
邑儒學廪膳生員青□趙松鶴沐手撰並書
大清光緒貳年陸月上浣吉日

代吉州陈公重建八蜡庙碑记

【简介】

清光绪六年（1880）立石。现存垣曲县古城镇。

碑文记载了吉州知州陈公重建八蜡庙的经过。儒珍撰文。

【碑文】

代吉州陳公重建八蜡廟碑記

儒珍撰文

國家釐正祀典，凡神之有功血食者，則莫不棲之以宇，祀之以時，俾所司永永祗承而無敢怠馳。祀典之有八蠟神，以神能福庇黔黎而默除其疾苦，其關於農政綦重也。昔伊耆氏始爲蜡蜡之祭，仁之至義至盡，《郊特牲》固詳咸言之。光緒己卯冬，余奉命來牧斯州，州之民僉曰：灾祲之餘，望歲彌急。而今年頗有秋，田鼠遍野，虐戾滋害，使來春蔓延不絕，孑遺之民，其何以堪？余聞之愀然曰：古者，祈報有典，此有土者之責也。迺訪所謂舊八蜡廟者而祭之，而廟顧僅存基址一方，屋宇門垣皆傾圮無有，遂又慨然曰：廟祀之不修，其何以揭虔妥神？於是，竭誠默告，且祝且禱。自古有年，祈除兇暴，惟神有靈，憫兹農功。廟早傾圮，靈爽式憑，剪厥類，保我嘉莖。爰及春夏，秋毫無驚，農人告慶，祀以馨香。余心默感，神鑒微衷。古人有言，使必報功。何以報之？重建廟堂。况屬正祀，鉅典煌煌，忝司民牧，捐廉首倡。民人樂輸，協心鳩工，仍其故地，舊址新盈，整厥門宇，周以垣墻。工既訖功，迎神將享，仰答神庥，聿遂典常。明祀有體，曰祗曰承。劉猛將軍，夙膺敕封，禦灾捍患，稼穡有功，合祔於廟，祀事孔彰。敢云報稱，神貺無疆，並作修辭，勒石不忘。辭曰：

間者田鼠爲災，一何極也。司牧有祈於蜡神，神聽果不惑也。驅除净盡，田畝安堵也。禾稼恐傷，神賜以粒也。小民恐飢，神賜以食也。凡百有心，感神德也。何以報之？新祠宇也。農民歡欣，進牲醑也。辭以侑之，神來格也。神惠其繼之承，事永無斁也。

例授登仕佐郎賞給五品銜仲卿吕公德行碑

【简介】

清光绪十七年（1891）十一月立石。现存垣曲县长直乡东交村吕氏家族墓地。

碑青石质，长方形，高166、宽70、厚13厘米。碑首不存。碑中1行楷书碑题，题右刻序文7行，行70字，楷书。碑文记述了吕仲卿的德行及立碑的原因。李若梅撰文，李梦花校阅，马国桢书丹，陕巨卿篆额。

【碑文】

例授登仕佐郎賞給五品銜仲卿吕公德行碑

余清晨盥浴畢，閑步門外，有數人携酒來，近之，鄰里某□也。問其故，僉曰：爲吕公竪石，索序於君。聞之，喟然曰：宜也，非諛也，先得我心矣。雖不文，烏能辭？蓋余與公爲姑表，曾往來□家，公之行知之甚詳焉。公名屏翰，字仲卿，古槐其號也。少失怙，及長，事母孝，事兄友，愛敬之德堪稱也；品端方，性□易，醇謹之德可慕也。所尤著，排難解紛，始無難色，後亦無德色，以故數十年，近鄰咸息雀鼠之争，得安耕鑿之業，而遠方之有事者亦如之，即古之魯仲連，何多讓與！丁丑、戊寅歲大饑，朝廷發帑金賑山右，薛公舉辦賑，公盡心竭力，不粘絲毫，事上聞，曾憲保由從九獎給六品銜，薛公以“公正堪欽”旌其門。丁亥夏，護城堤損壞，李公舉公督工，月餘始竣，資費自備，李公請撫憲又給五品銜。非公之德足動人，何以叠叠賞給若是乎？公子八人：長子仰斗，已卯科武魁；四子仰止，戊子科武魁；仰辰、仰尼、仰魯，以次游泮；餘俱業儒。公獨獲多男之慶，豈非大之報有德哉！公之爲人也，不矯俗亦不□俗，殆和而不流之亞歟？夫人一德足式，雖遐荒之猶聞風而生慕。矧公素行無慚，豈密邇之地竟戴德而不知？但其德不能悉舉，爰勒大凡於貞珉，再書緒餘於錦□，而公之德乃垂不朽焉。議定，請於公，公固辭。余曰：事成矣，雖已也。公不得已，始從，然其心終耿耿爾。

交斜闔所仝立

邑儒學給頂生員愚表兄友白李若梅端肅拜撰

例授修職佐郎候銓訓導歲進士愚弟管香李夢花頓首拜閱

邑儒學優行生員愚弟子卿馬國楨頓首拜書

邑儒學給頂增員鄉飲介賓眷晚友紹陝巨卿頓首拜篆

時大清光緒十七年葭月穀旦

敕授登仕佐郎
賞給五品銜仲卿邑公德行碑

创建便行桥序

【简介】

清光绪二十二年（1896）三月立石。现存垣曲县谭家乡璒坂村。

碑四石联刻，皆青石质，长方形，每石皆高142、宽52厘米，碑石周边刻饰4.5厘米宽的装饰花纹带，图案母题为壶花、琴、棋、书、画配以花朵、万字纹。碑文记载了西沟村数位乡贤创建便行桥的经过并刊刻施财人姓氏、金额。第一石刻碑文10行，行40字，字径2.5厘米，楷书。第二石刻首事人与立碑时间。第三石刻捐施人1行，字径5厘米，楷书。第四石皆刻捐施人姓氏、金额，横分7排，每排16人，楷书。王绍基撰文，赵格天书丹。

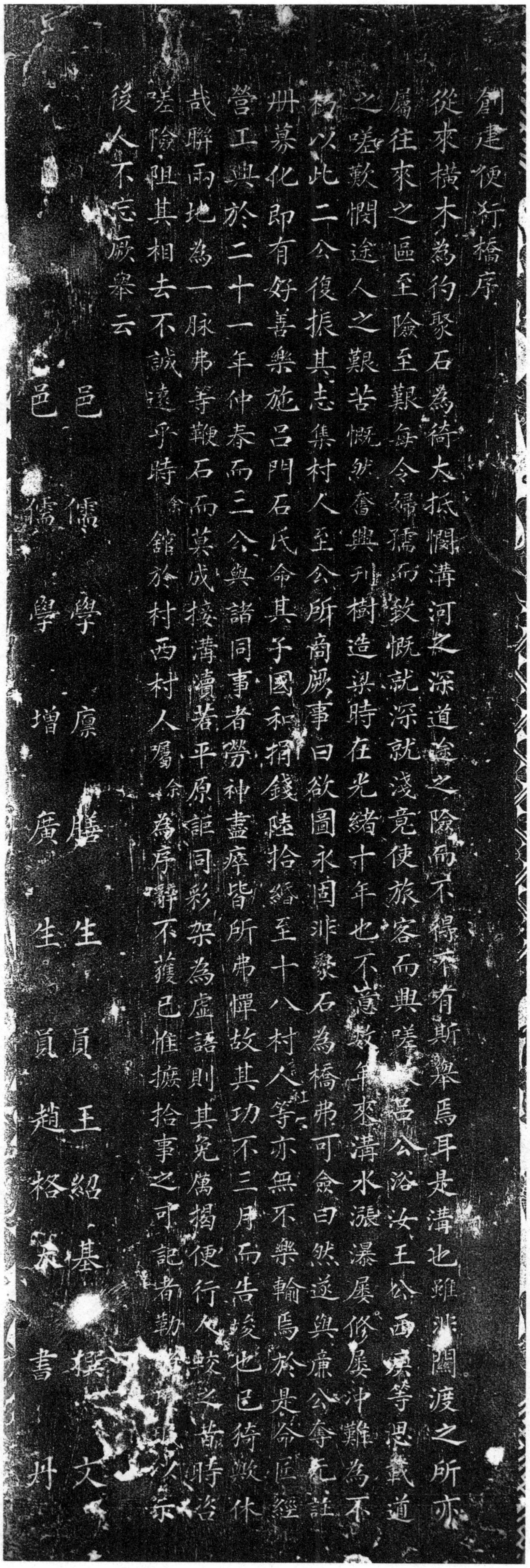

【碑文】

（第一石）

創建便行橋序

從來橫木爲彴，聚石爲徛，大抵悯溝河之深、道途之險，而不得不有斯舉焉耳。是溝也，雖非關渡之所，亦屬往來之區。至險至艱，每令婦孺而致慨；就深就淺，竟使旅客而興嗟。故吕公浴汝、王公西庚等思載道之嗟歎，悯途人之艱苦，慨然奮興，刊樹造梁，時在光緒十年也。不意数年來，溝水漲瀑，屡修屡冲，難爲不朽。以此二公復振其志，集村人至公所，商厥事曰：欲圖永固，非聚石爲橋弗可。僉曰然。遂與廉公奪元註册募化，即有好善樂施吕門石氏命其子國和捐錢陸拾緡，至十八村人等亦無不樂輸焉。於是命匠經營，工興於二十一年仲春，而三公與諸同事者勞神盡瘁，皆所弗憚，故其功不三月而告竣也已。猗歟休哉！聯兩地爲一脉，弗等鞭石而莫成；接溝瀆若平原，詎同彩架爲虛語，則其免厲揭便行人，較之昔時咨嗟險阻，其相去不誠遠乎？時余舘於村西，村人囑余爲序，辭不獲已，惟摭拾事之可記者勒諸瑱珉，以示後人不忘厥舉云。

邑儒學廩膳生員王紹基撰文

邑儒學增廣生員趙格天書丹

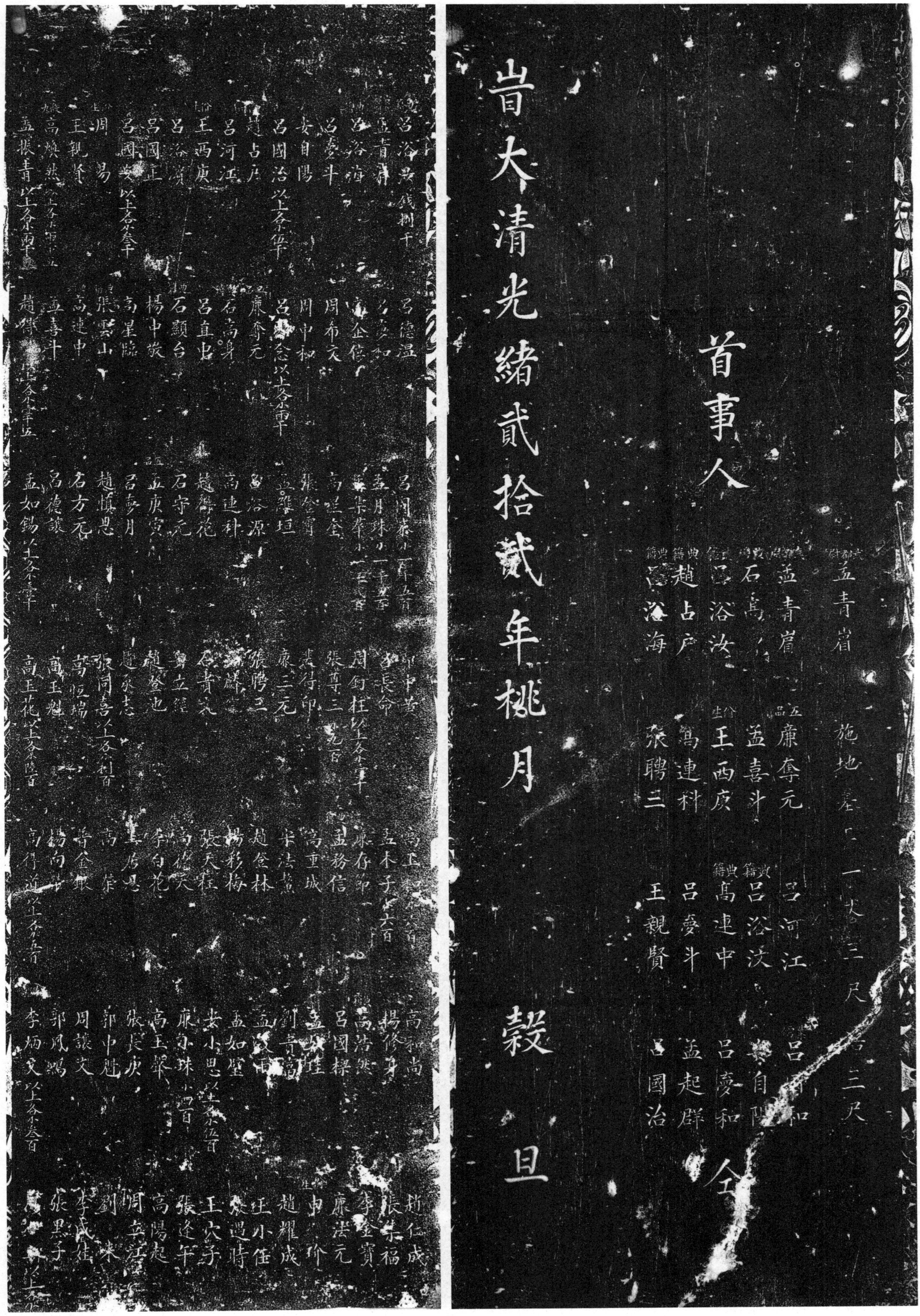
首事人
皆大清光緒貳拾貳年桃月 穀旦

（第二石）

武都尉孟青嵋施地基，長一丈三尺，闊三尺。

首事人　武都尉孟青嵋　典籍石高兒　典籍吕浴汝　典籍趙占户　典籍吕浴海　五品廉奪元　孟喜斗　佾生王西庚　高連科　張聘三　吕河江　典籍吕浴汶　典籍高連中　吕夢斗　王親賢　業儒吕□和　安自陽　吕夢和　孟起群　吕國治　仝立

時大清光緒貳拾貳年桃月穀旦

（第三石）

旌表節孝吕母石孺人　子國和　孫丙丁　捐錢陸拾千文

（第四石）

典籍吕浴汝錢捌千　宣武□□孟青嵋　典籍吕浴海　吕夢斗　安自陽　吕國治　以上各錢伍千　典籍趙占户　吕河江　佾生王西庚　吕浴濱　吕國正　吕國安　以上各錢叁千　佾生周易　王親賢　從九高焕然　以上各錢兩千五　孟振青　以上各錢兩千　吕德温　吕夢和　高企位　周希文　周中和　吕□念　以上各錢兩千　五品廉奪元　典籍石高身　吕直中　典籍石顯臺　楊中敬　高星臨　典籍張雲山　典籍高連中　孟喜斗　趙得榮　以上各錢壹千五　吕國泰錢一千五百　孟月珠錢一千五百　孟集群錢一千二百　高星奎　張金霄　孟繼垣　吕浴源　高連科　趙得花　石守元　五品孟庚寅　吕夢月　趙慎思　石方元　吕德讓　孟如錫　以上各錢壹千　郭中黄　吕長命　周釘柱　以上各錢壹千　張尊三錢九百　裴得印　廉三元　張聘三　□麟□　石貴文　安立經　趙登池　趙承志　張同喜　以上各錢捌百　高恒瑞　高玉魁　高玉花　以上各錢陸百　高玉和錢六百　孟木子錢六百　廉存節　典籍孟務信　高重城　宋法鰲　趙登林　楊彩梅　張天柱　監生高德天　李白花　王居恩　高榮　普全銀　楊向榮　高得道　以上各錢五百　高和尚　楊修身　典籍高浩然　吕國樑　孟□珪　劉貴富　孟殿雨　孟如璧　安小思　以上各錢五百　廉小珠錢四百　高玉聲　張長庚　郭中魁　周讓文　郭鳳鳴　李炳文　以上各錢叁百　趙仁成　張集福　李金寶　廉法元　佾生申玠　趙耀成　王小任　張遇時　王穴子　張逢午　高陽起　周立江　劉來　李成娃　張黑子　以上各錢二百

赵盛斋墓碑

【简介】

清光绪二十二年（1896）十月十九日立石。现存垣曲县皋落乡西河村泉水旁。

碑青石质，现仅存碑身中段，残高46、宽40厘米，左右两碑边刻饰2.5厘米宽的菊花纹装饰带。碑中1行楷书正文，正文右侧刻序文6行，行存17字，楷书。碑文记述了墓主的世系、亲族和立碑缘由。

【碑文】

顯考恩賜九品盛齋趙府君妣淑德待贈孺人王太君（下阙）

□□五昌字盛齋，雁序二人，行大，配王氏。（下阙）□□一，諱五起，子四：長雲登，配侯氏，生富（下阙）□雲中，妻楊氏，擇堂弟雲捧長子富堂爲嗣。（下阙）□財焉。女三：一適常公國珍，甥元；二適車公（下阙）玉鴻，甥世海者也。蓋公故老道明，學人舉字（下阙）已不類恒流焉。兹余族表兄竪石託記，余因（下阙）。

眷晚儒學生（下阙）

眷晚業儒典（下阙）

男（下阙）姪（下阙）

時大清光緒二十二年十月十九日

显考丰顺县右堂讳华字丽亭杨府君妣淑德例授安人卢太君□太君阳太君李太君合葬之墓

【简介】

清光绪二十五年（1899）三月立石。现存垣曲县英言乡北白鹅村。

碑青石质，长方形，碑身高128、宽56、厚11厘米。碑首不存。碑石周边刻饰5厘米宽的回字纹装饰花纹带。碑中1行楷书正文，正文右侧刻序文7行，行50字，楷书。碑文记述了墓主杨丽亭的生平。左侧刻立碑人名。韩葆泰撰文，杨南华书丹并篆额。

【碑文】

顯考豐順縣右堂諱華字麗亭楊府君妣淑德例授安人盧太君□太君陽太君李太君合葬之墓

嘗謂家修廷獻，乃士君子之願，而能得其願者甚寡也。蓋居窮抱經綸之具，苟得出世展致澤之術，古名士何以多抱膝之悵□□不然也。如麗亭楊公者，幼習儒業，勉爲明經修行之士，安享贏餘，幾等於懷葛天之民。其爲人也，識見明敏，氣宇軒昂，施與慷慨，□□見之庇蔭，故懿行未著於里黨。一旦有志仕進，謂居家言孝，爲臣當忠，無二道也。因赴京授職，選缺宦遊粵東潮州府豐順縣，離家八千餘里。公不憚風塵，跋涉赴缺蒞任。其往也，携二僕而已。莅任之□，鋤强安良，上憲稱其幹員。且廉清自持不貪爲寶甑塵釜□公□□乎。及其赴京獻貢，自京歸家，途無餘貲，衹偕二僕，□異清獻之琴鶴自隨哉！古語云，得志須爲天下，而公以解組歸□□□□公□莫□□已經□□語□公該當之矣。所惜者，公欲效陶朱公之所爲，志未隨而没。嗟乎，惜哉！今墳前鎸石，余不辭愚，記其□□□□□云。

愚侄婿郡庠生韓葆泰拜撰

族孫童生楊南華撰額書丹

男作模　作柱　作桂　作樞　作柄　孫之蘋　之芥　之蓮　之薰　之芹　之莊　之藏　曾孫樹順　樹成　樹萱　樹標　樹樑　樹棠　樹修　樹屋　頓首拜立

時大清光緒二十五年三月　日穀旦

显考登仕郎讳芳字兰亭杨府君妣淑德孺人尚太君合葬之墓

【简介】

清光绪二十五年（1899）三月立石。现存垣曲县英言乡北白鹅村。

碑青石质，长方形，碑身高127、宽58、厚12厘米。碑首不存。碑石周边刻饰5厘米宽的回字纹装饰花纹带。碑中1行楷书正文，正文右侧刻序文7行，行46字，楷书。碑文记述了墓主杨兰亭的生平。左侧刻立碑人名。韩葆泰撰文，杨南华书丹并篆额。

【碑文】

顯考登仕郎諱芳字蘭亭楊府君妣淑德孺人尚太君合葬之墓

從來文足經邦，武足□亂邦，有餘世之力不能也。下此，則經明行修，德建名立，苟得拜冠釋褐，立見廊廟，是□士人之幸免矣。不謂□合無期，田園終老，可慨也夫！如蘭亭楊公者，乃壽山公之三子也。長兄早逝，次兄苞雄才偉略，□拔有爲，□□世業，幸振家聲。公承父兄之業，幼習詩書，安享富厚，長勵耕耘，務□稼穡，君□□□□之惰，處世□侈靡之習。是公殆□爲克家之令子、當世之良嗣也。□不足以率勵□風俗哉？惜也，未享及年，故懿行不克多著。生三子，俱入邑庠，允文允武，雖皆由筠亭公培養之所致，蓋亦是公□□之有□也。今公之侄作模、作樞等□墳，將勒石以誌不朽，囑余序文，余愧疏陋，又不能辭，謹援筆以誌之。

愚侄婿郡庠生韓葆泰拜撰

族孫童生楊南華撰額書丹

胞侄作柱　作桂　監生作模　童生作樞　作柄　孫之芹　之業　之蘭　之蓮　之芥　之薰　之莊

曾孫樹順　樹成　樹人　樹萱　樹修　樹傑　頓首拜立

時大清光緒二十五年三月　日穀旦

显祖考庠生讳清选字美玉石府君妣淑德待赠孺人张高太君合葬之墓

【简介】

清光绪二十六年（1900）二月立石。现存垣曲县古城镇上璒坂村。

碑青石质，长方形，高 130、宽 58、厚 17 厘米，左右两碑边刻饰 3 厘米宽的装饰花纹带。碑中 1 行楷书正文，正文右侧刻序文 5 行，行 47 字，楷书。碑文记述了墓主的世系、亲族和立碑缘由。

【碑文】

顯祖考庠生諱清選字美玉石府君妣淑德待贈孺人張高太君合葬之墓

石氏自洪遷垣，托業於東石村，歷有年矣，余之祖乃十四世祖也。祖号汲引，同胞有二。次祖諱上選，留葬於南溝祀堂坡老塋，有碑可考。推余之祖心，豈不願與余之次祖生則樂同室之雅意，没亦同葬於曾祖之足下？然而地勢狹隘，誠可嘆也。適□□土，非所願乎？故不肖之孫遂卜新塋於此，余之祖不復獲葬於東石。生子一，卜葬於北羊。生女二：長女適於城内魯公彦，甥二：長甥輝煌，次焜耀。次女適於上畝原靳公恒春，甥二：長甥若天，次若德。事明語畢，非敢贅辭，而命工勒石，略表寸心，以誌永遠不迷也。是爲敘。

不肖孫典籍石顯臺　曾孫景融　鑒立

時大清光緒二十六年杏月穀旦

重修南门铺房碑记

【简介】

清光绪三十二年（1906）十一月立石。现存垣曲县古城镇。

碑文记载了垣曲县某氏捐资重修家庙外铺面的经过。允恭撰文。

【碑文】

重修南門鋪房碑記

允恭撰文

從來慷慨之功，必持慷慨之人以成立，所謂慷慨者，超群絶倫之謂也。余家廟門外西邊有鋪房三間，固先祖所創之業，後人執守之而勿敢替者也。乃歷年久遠，而風蝕雨噬，將有土崩瓦解之虞。族人目睹咸傷，而苦於無資，覺修葺維艱，弗敢輕動。適有族尊監生天祥、附貢生偕侄附貢生青雲，於光緒二十一年樂輸錢柒拾六千文，而鳩工重建，不逾月而工告竣。上棟下宇，輝煌一新，每年所得賃資，以備先祖燕嘗之費。始所謂慷慨之人以在慷慨之功者，此也。於是族人勒諸貞珉，俾後世子孫咸覘其慷慨之。

邑庠生員允恭敬撰

大清光緒三十二年十一月合族仝刊

故先考于多荣暨配李氏合葬墓碑

【简介】

清光绪三十二年（1906）十一月立石。现存垣曲县皋落乡埝堆村玉皇庙旁。

碑青石质，圆首长方形，通高116、宽56、厚8厘米。首高20厘米，碑额竖排楷书“皇清”2字，字径8厘米，左右两侧剔地刻饰芭蕉叶纹。碑石周边刻饰4.5厘米宽的装饰花纹带，图案为壶花配以蝙蝠纹。碑文7行，行27字，楷书，字径3厘米。碑文记述了墓主的祖居、迁居和立碑缘由。

【碑文】

故先考于多榮暨配李氏合葬墓碑

蓋聞水有源而流長，木有本而枝榮，始知先人之恩德，子孫世世不敢忘也。余先考諱多榮，配李氏，世居河南新邑石井村，已故殯出。自光緒十年，余與母李氏仰出谷遷喬之風，法孟母擇鄰之意，移居於西鄉埝堆所古松凹，家業日昌，子孫繁興，皆余母晝夜勤苦，兼先君時刻陰護之力耳。自母故後，諸紳士皆羡壺範可風，因懸匾於門。三十一年，余又遷居劉張村，早已將母卜葬埝堆廟後北山之陽，遷余父與余母合葬。特恐代遠年湮，子孫不能紀憶，因立石以誌不朽云。

子山午向，兼丙三分。

三子諱克興配李氏

承重孫長西生　次根生　三長生

大清光緒三十二年仲冬月穀旦

妆画瘟神庙碣

【简介】

清光绪三十四年（1908）立石。现存垣曲县英言乡英言村。

碣青石质，方形，高、宽皆46厘米。碣文无题，共11行，行24字，楷书。碣文记述了英言村历次重修瘟神庙的经过。文后刻施财人姓名、金额。韩凤楼书丹，谭振光刻石。

【碣文】

嘗思有人不可無神，有神不可無廟，蓋人賴神以安，神賴廟以棲，是人神廟之相須也明矣。道光年間，瘟神择地於此，以其地北依雲蒙、歷山，南靠岱嵋、黃河，東有天壇，西有諸馮。於是乃托夢王金章，金章與社人言夢中之事，社人心中情愿，於是王金章施地三分，以蓋瘟神廟一間。至同治年間重修聖廟，又蓋龍王廟一間，當時社人共四十七家，老小人口共二百五十八口，各各供獻，極其誠敬。不料光緒三年凶歲至極，餓死民人九分有零，社人至存七家，老少一十七口，閱者莫不哀憐。至三十四年神聖保佑，又添數家，同起敬心，各上布施，金粧神像，雕画墻屋。厥功告竣，以垂不朽云。

施石善人楊棲鴻

首事人　于在柏捐錢六千文　尤文清捐錢四千五百　王秀捐錢五千文　王端捐錢六千文　典籍王彥捐錢五千文　李清太捐錢三千五百　楊棲錦捐錢五千文　王講道捐錢三千文　伊花昇捐錢六千文　楊可旺捐錢二千文　王通道捐錢二千文　王志道捐錢三千文　李光水捐錢一千文　李春和捐錢八百文　李秉德捐錢四百文

居蒲掌典籍韓鳳樓書

石工　譚振光

畫工　董慎中

光緒三十四年歲次戊申穀旦立

重修历山舜庙记

【简介】

清光绪年间（1875—1908）立石。旧存垣曲历山舜王庙，现存同善镇南堡村。

碑青石质，长方形，仅存中段，残高60、宽50厘米。文存7行，行存24字，字径2厘米，楷书。碑文记述了垣曲、翼城、沁水三县同修历山舜庙的经过。垣曲知县薛元釗撰文，王善继书丹。

碑文又见清康熙《平阳府志》，残缺碑文据《平阳府志》补录。

【碑文】

重修歷山舜廟記

蓋聞耒耨之興，肇於神農；衣裳之化，斷自唐虞。《尚書》記四代唐並於虞，則是殿五帝冠三王。用中執兩，廣十六字之心傳；恭記無爲，開億萬歲之景運者，其爲舜帝乎？垣邑東北距城百有餘里，舊有歷山聖廟在焉。地居沁、翼、垣三縣之中，左控諸馮，右接鳴條。嬀汭二水發源於□亦合流，其即所謂往田耕稼地乎？迄今考之，群峰拱雙流帶圍，佳木葱籠，可作楨幹之選；豐草緑縟，堪作參芪之功。層巒叠嶂，氣聚精團，誠三邑壯觀，實古聖之遺迹也。《禮》曰：山林川谷，民所取材用也。非此族也，不在祀典。邇來狂徒賣山，奸商伐木。三邑士民，集衆共議，嚴禁爐廠，立止斧斤。山川由是而生色，草木亦爲之增榮。於是捐貲募化，恢擴聖廟，工竣已六年矣。恐其久而湮也，請誌於余。余辭以沁、翼不乏明公巨筆，何必囑余。乃據情以告曰：此事雖係三縣公舉，而實垣邑恩貢文允、稟生王人聚之力居多，且二人堅抗和議，即三邑亦所共知，以及沁邑杜茂清、翼邑侯魁立等罔不同心協力焉，此不得不請誌於明府也。余雖不文，責難再辭，姑即聖基之廣大、歷山之靈秀，並争山巔末摭實以叙，鎸之貞珉。俾後之登山者秉耒執耜，遥想象耕鳥耘之盛；謁廟者整衣肅冠，群欽鳳儀獸舞之休，庶幾古聖之芳踪歷久常新，三邑之風景永貞不朽。是爲記。

（上闕）代理垣曲縣知縣薛元釗敬撰

（上闕）調署沁水縣知縣周永懷公置

（上闕）生員王善繼敬書

（上闕）捐銀拾兩　（上闕）懷捐銀拾兩　（上闕）捐銀拾兩　（上闕）釗捐銀拾兩　（上闕）山捐銀拾兩　（上闕）山捐銀伍兩　（上闕）宣捐銀壹兩　（上闕）十捐銀三兩　（上闕）□捐銀伍兩　（上闕）□捐銀貳兩　（上闕）□捐銀貳兩　（上闕）□捐銀肆兩　（上闕）□捐銀肆兩

东滩村渡口并学堂南北湾地亩条规碑记

【简介】

清宣统三年（1911）六月立石。旧存垣曲县古城镇东滩村，现存垣曲县博物馆。

碑青石质，圆首长方形，通高112、宽51厘米。首高23厘米，碑额竖排楷书“永垂”2字，字径6.5厘米，左右两侧线刻戏剧人物图。碑身周边剔地刻饰4.5厘米宽的树叶纹装饰带。碑文记载了东滩村因渡口收费问题与邻村发生纠纷后，经垣曲县正堂审判并发布告示的情由。碑文可分两部分，右侧刻序文5行，左侧刻垣曲县正堂于宣统二年(1910)十一月十三日所出的告示10行，满行37字，楷书。碑阴额部竖排楷书“不朽”2字。碑文刊刻了东滩村公议的村约六条，共9行，行36字，字径2厘米，楷书。杜作升刻石。

【碑文】

（碑阳）

東灘村渡口並學堂南北灣地畝條規碑記

余村設立濟民渡，由來久矣。□年以來，凡裝運船隻，即在於清河口，與陽壺爲對渡之所。近因岸□冲壞，始移村前。去年冬，有李如圭窺此渡據村遥遠，□人瞭望不能周到，遂冒收規費，與總長王擇東起釁。經余村社首張克陽、王錫疇等據實禀案，蒙王憲□堂訊，永不準伊等混收，並出示張貼余村及清河口，俾衆周知。余村恐其年遠代湮，日就泯没，因將原出告示勒諸瑱珉。

蒙欽加同知銜署理垣曲縣正堂王爲出示曉諭事：

照得東灘村總長王擇東以吞利冒界等情禀控李如圭等一案到縣，據此當即差傳到案，經本縣訊明，查濟民渡地界，東至馬家墳，係屬東灘村渡口，與東坡莊以及鄰村毫無干涉。斷令：以後所有裝運船隻應出規費，歸與東灘村經收。該兩造已各具籌結在案，合亟出示曉諭，爲此，示仰該村社首總地人等知悉。自示之後，無論東灘清河，每遇裝載船隻，每隻與東灘村太王廟出香紙錢伍百文，歸該村總長經收。遇有肩挑貿易，不得任意妄索，致干查究。該東坡民人，永不准在渡亂攪。各宜凛遵毋違，切切特示。

右仰通知

宣統二年十一月十三日

告示實貼東灘村

（碑阴）

合村公議規則列后

——議南北湾所籌地畝錢文，歸入學堂經費。

——議每遇裝載卸載船隻，每隻與廟中出香紙錢四百，與總長出錢一百，與地方出錢五十文。

——議每遇裝載船隻，每隻與洪慶观庙上出錢一百文。

——議凡客商在庙中卸糧食者，每石出地步錢二十文，出裝船小脚錢四十文。

——議裝板小脚錢，套板出錢一千二百文；柏板四五六以上出錢六百文，四五六以下出錢四百文；雜木板出錢二百二十文。裝藥材棉花，各包每個與庙中出錢七文、小脚錢二十四文。倘有裝零板，每付與庙中出錢五十文。

——議卸車錢，每套出錢五十文。

保正　生員張清士

甲長　增生王恩榮　監生崔協雲

公直　崔可均　皇恩張克陽　皇恩崔憧　皇恩張惟富　耆賓魯可興　監生王錫疇　王廷旂

大清宣統三年六月中浣吉旦

石匠　杜作昇　刊石

不朽

合村公議規則列后

一議南北灘所筹地畝錢文歸入學堂經費

一議每遇裝載卸載船隻每隻與廟中出香紙錢四百與總長出錢一百與地方出錢五十文

一議每遇裝載船隻每隻與洪慶觀廟上出錢一百文

一議凡客商在廟中卸粮食者每石出地步錢二十文出裝船小脚錢四十文

一議裝板小脚錢套板出錢一千二百文柏板四五六以上出錢六百文四五六以下出錢四百文雜木板出錢二百二十文裝藥材棉花各色每箇與廟中出錢七文小脚錢二十四文倘有裝零板每付與廟中出錢五十文

一議卸車錢每套出錢五十文

保正　貢生張清士

甲長　增生王恩榮　監生崔協雲

公直　崔可均　皇恩張克陽　皇恩崔□□　皇恩張惟富　耆賓魯可興　監生王錫疇　王廷炘

大清宣統三年六月中浣　吉旦　石匠杜作昇刊石。

观坡村墓碑残块

【简介】

清代立石。碑上无刊刻年代，据内容推测为清代。现存垣曲县同善镇观坡村。

碑青石质，仅残存一块，略成长方形，高52、宽40厘米。存文9行，行最多存16字，字径2厘米，楷书。

【碑文】

（上阙）奉其（下阙）有歷（下阙）新塋各（下阙）終身如（下阙）不得不彼此贊成而共從其權焉者。公副（下阙）公學經。甥一，成。甥孫二：長勤功，次小銀。公（下阙）申次逢辰現。公繼配趙孺人，女四：長適下（下阙）西石村石公達三，甥孫女三。公三女適南（下阙）孫一，新質。再者，□公莊女。一適南堡王蔭（下阙）

重修泰山庙记

【简介】

清代立石。碑上无刊刻年代，据内容推测为清代。现存垣曲县蒲掌乡柳沟泰山庙。

碑青石质，仅残存左下角一块，略成三角形。存文10行，行存21字，楷书。

【碑文】

（上阙）□而其利□淺，蓋私心自封，雖膏腴數頃而不可傳爲（上阙）予所聞於南蒲，何其可人之多乎？當其創建廟宇□（上阙）不惜錢財，置地爲奉神計，重修者屢矣。所費在（上阙）真能使廟貌之巍然夫焕然新者，非曰前人之心（上阙）官地所在，曰其地在本廟外。東至王萬鈞並（上阙）□至王希公，北至下一節至溝心，四□□□（上阙）節至王萬令並界。又有郭家□□□□□□（上阙）四至瞭若指掌，勒諸貞（上阙）

（上阙）齋心撰文

（上阙）沐手書丹

普氏老四门本支世系源流考并图

【简介】

清代立石。碑上无刊刻年代，据内容推测为清代。现存垣曲县古城镇。

碑青石质，圆首长方形，通高112、宽48厘米。首高21厘米，碑额竖排篆书“纪功德”3字，左右两侧剔地线刻以石榴为主题的博古图。文15行，行40字，字径2厘米，楷书。碑文记述了普氏老四门的世系并刊刻世系图。普庆翔撰文。文后刻世系图3行。

【碑文】

普氏老四門本支世系源流攷并圖

十七世孫慶翔作

水有源，木有本，由是而百川分流焉，萬枝扶疎焉。然而江漢朝宗，葛藟庇根，則又反本復始之義也。間嘗周覽我普氏兆域，其在人馬嶺者，則元季蔭垣副尹濟川之墓也，是爲普氏遷垣三世祖考。川生有年，永樂三年登賢書，爲陝西堦州學正。年生經，中正統九年亞魁，爲涇王府教授。經次子暉，景泰七年舉人，以長安教諭升白河知縣，旋以卓異擢江西道監察御史，崇祀鄉賢。帝以三世連科，命於邑治建聯桂坊。三子曜誥封承德郎，爲翔老四門支祖。曜生曰孝，登外翰院承天府奉政大夫。以上五世並葬一塋。承懋，孝之四子，始葬北嶺小老墳。懋生能昇，昇生心正，正子二：長曰堯縉，四世皆從葬焉；其次曰堯紳，是爲翔第十一世祖。有幹濟才，曾督領河工，邑侯廖題給“築堤著績”匾額。又充鄉飲大賓，邑侯葉匾其门曰“老成重望”。及卒，卜葬於北嶺六畝地焉。縉過房子曰化成，國學生，生子二：上珍，庠員，多才多藝；上悦，恩進士，舉大賓二次，有理學名賢遺風，出繼修。珍生暲、昉、昀三子，昀出繼悦。紳之子二：化修，庠員；化成，出嗣縉。修過房子曰上悦，悦生皞，早卒，而撫昀爲之後。昀生我長祖父恩進士一齋及次祖父福申。厥後，福申公出繼暲，一齋公兼承昉祧。先考歲進士其文公，長祖父所出也；次祖父無子，我先考乃雙承焉。化成與昉，其墓皆在陳村，餘俱葬於此。粵稽自始祖以迄於今世，歷十九祀，更六百，其間或膺官爵，或爲師儒，或業農桑，披譜牒而考遺文，要皆忠孝傳家，克殫其天職者也。飲水而興思源之念，撫樹而動報本之思，烏得不善継善述，無怠於德而繩厥祖武也，願以告我後之人。

世系圖表

世：一　二　三　四　五　六　七　八　九

名：霓晃—澤中—濟川—有年—經—曜—曰孝—承懋—能昇

世：十　十一　十二　十三　十四　十五　十六　十七　十八　十九

名：心正┬堯縉—化成—上珍┬暲┬—錫椵┬炳蔚—慶翔┬雲龍
　　　　│　　　　　　　　└昉┘　　　│　　　　　├從龍—世法
　　　　└堯紳—化修—上悦┬昀┬—錫純┘　　　　　├承龍—世澤
　　　　　　　　　　　　　└皞┘　　　　　　　　　└攀龍

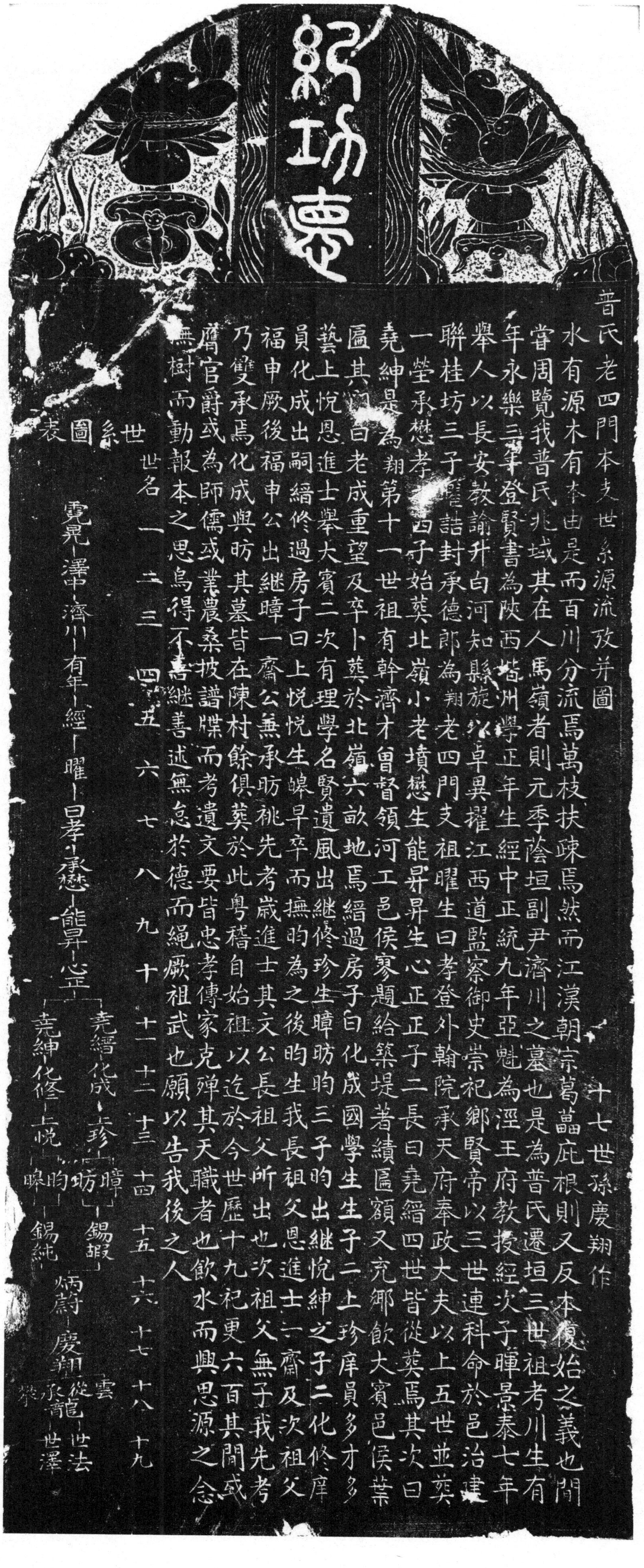

紀功惠

普氏老四門本支世系源流攷并圖　　十七世孫慶翔作

水有源木有本由是而百川分流焉萬枝扶疎焉然而江漢朝宗葛藟庇根則又反本復始之義也間嘗周覽我普氏兆域其在人馬嶺者則元季蔭垣副尹濟川之墓也是為普氏遷垣三世祖考川生有年年永樂三年登賢書為陝西岢州學正年生經中正統九年亞魁為涇王府教授經次子暉景泰七年舉人以長安教諭升白河知縣旋以卓異擢江西道監察御史崇祀鄉賢帝以三世連科命於邑治建聯桂坊三子曜誥封承德郎為翔老四門支祖曜生曰孝登外翰院承天府奉政大夫以上五世並葬一塋承懋孝之四子始葬北嶺小老墳懋生能昇昇生心正正子二長曰堯縉四世皆從葬焉其次曰堯紳是為翔第十一世祖有幹濟才曾督領河工邑侯寥題給築堤著績區額又充鄉飲大賓邑侯葉區其門曰老成重望及卒卜葬於北嶺六畝地焉縉過房子曰化成國學生生子二上珍庠員多才多藝上悅恩進士舉大賓二次有理學名賢遺風出繼修珍生暐昉昀三子昀出繼悅紳之子二化修庠員化成出嗣縉修過房子曰上悅悅生暭早卒而撫昀為之後昀生我長祖父恩進士一齋及次祖父福申厥後福申公出繼暐一齋公無承昉祧先考歲進士其文公長祖父所出也次祖父無子我先考乃雙承焉化成與昉其墓皆在陳村餘俱葬於此粵稽自始祖以迄於今世歷十九祀更六百其間或膺官爵或為師儒或業農桑披譜牒而考遺文要皆忠孝傳家克殫其天職者也飲水而興思源之念撫樹而動報本之思烏得不善繼善述無怠於德而繩厥祖武也願以告我後之人

世系圖表

世名　一　二　三　四　五　六　七　八　九　十　十一　十二　十三　十四　十五　十六　十七　十八　十九

霓晃－澤中－濟川－有年－經－曜－曰孝－承懋－能昇－心正－

堯縉－化成－上珍－暐－錫嘏

昉

堯紳－化修－上悅－暭

昀－錫純－炳蔚－慶翔－從雲

從龍－世法

承奇－世澤

榮

寿字刻石

【简介】

清代刻石。现存垣曲县博物馆。

砂石质，长方形，高 46.5、宽 96 厘米。“寿”字为圆形，直径 26.5 厘米，外圈线刻 2.5 厘米宽的缠枝草叶纹装饰带。“寿”字一圈外侧剔地线刻龙云纹。

重修关帝庙碑记

【简介】

清代立石。现存垣曲县古城镇。

碑文记述了垣曲县重修关帝庙的经过。

【碑文】

重修關帝廟碑記

人心之所以相維係而不泯者，理而已矣。至於人事之無可已者，則常視乎其勢。故莫爲之前，雖美弗彰；莫爲之後，雖盛弗傳，理也而勢恒參焉。邑治之關帝廟，其創始也至今若干年，其增修重新而紀之於石者，前人又屢屢爲之。顧自近數十年修葺而後，其間殿宇墻屋之摧折、丹碧之剥蝕，有心人雖目睹咸傷，而苦於灾款後之財力未舒，元氣未復也。前年春，城鄉同事諸君子始慨然議修，共相募化，而踴躍樂輸者争先助之爲快，共得制錢百餘緡。然後崇墉屹立，復宇相瞰，金碧耀彩，輝煌一新。此役也，經始於乙酉之春，至丙戌夏而工始告竣。邦人士女，咸易其觀瞻，莫不悦喜推美，誦興事者之勤也。夫典有必隆，不得而殺也；事有必舉，不得而廢也，人事之無可已嘗歟！抑人心之未嘗泯歟！蓋自古聖人神道設教，其著靈爽爲徵驗以奔走天下者，又罔非示群黎百姓以遍爲爾德之旨焉？至於我聖朝懷柔百神，昭明肸蠁，帝德震爍，彌綸古今，則末學之士所未敢弇窺，而肊贊者懼褻也。其創始繼修之年代姓氏，勒於前之碑誌者甚詳，固不必覼縷而爲之書云。

重修城内财神庙碑记

【简介】

清代立石。现存垣曲县古城镇。

碑文记述了垣曲县重修城内财神庙的经过。

【碑文】

重修城内財神廟碑記

竊維便民裕國首重財，潤下爨食，兼需水火。蓋培本計，養命源，所關非淺鮮也。縣署東設立財神廟，並塑水火二尊神像，額曰“星聚宫”。廟貌巍峨，廊廡分列，其所以妥神靈、隆將享者，規模亦綦宏敞。惜歷年已久，風雨摧殘，春秋禋祀，每有不純不備之感。辛巳夏，市廛信士嘅發善心，輸資修葺。營新繕舊，重修正殿三間，金塑神像。創建牌坊一座，圍砌花墻。他如樂樓、大門，丹楹榱桷，悉大施彩畫，光燦陸離。入廟而觀者咸交口贊曰：殿宇輝煌，美哉輪奐也；牌坊聳峙，焕乎翬飛也；閈閎維新，絢爛奪目也。行見財源益茂，河水安瀾，文明光照，神之靈，人之福，而諸君子亦與有幸焉。厥工告竣，勒石刊名，恭疏短引，爰誌神工之落成；傳後信令，聿照善果於不朽。是爲記。

回龙宫重修记

【简介】

清代立石。碑上无立石年代，据内容推测为清代。现存垣曲县解峪乡五福涧村鹰嘴崖回龙宫遗址上。

碑石仅存右下角一块。青石质，长方形，残高65、宽50厘米，碑右侧和下部线刻5厘米宽的花叶纹装饰带。文存11行，行存21字，字径2厘米，楷书。碑文记载了垣曲县回龙宫重修的经过。文后刊刻庙地四至。

【碑文】

（上阙）起吞天沃日之濤，排山倒海之伏，泛航者抵，則墜槳失（上阙）通崤函而引浮滙，洵爲（上阙）之間，聞其蓬頭兀坐，日夜不絶聲，勺水不入口，七易向（上阙）陶之甓，分財用，平板干稱，畚築程土，物議遠邇。略基（上阙）甲天下山川之勝也。從此棲神無涯，捍灾出沴，不惟（上阙）爲之辭曰：

陟彼高崗，瞻兹廟宇，肅肅其敬，靈其降福。

（上阙）趙和成同徒王禮崇功未完，早登仙果。

（上阙）場一所，今開四至：東至溝，南至官路，西至黄河，北至半山。

（上阙）趙和成名下起蓋殿宇，其地無升合錢糧，永遠爲照。

郭来云募化修路碑

【简介】

清代立石。碑上刻石时间缺失，据文中内容推测为清代。现存垣曲县博物馆。

碑青石质，竖长方形，现仅存下半段，残高101、宽62厘米。碑石左右刻饰5厘米宽的装饰花纹带，图案为缠枝花叶纹配以禽鸟纹。文5行，行存38字，字径2.5厘米，楷书。碑文记载了道人郭来云募化修路的善举。文后刻修路的分工地段。黄甲刊石。

【碑文】

（上阙）而成路。上而嵯峨巉巗，下而波濤滚滚，此險境乎，抑要道也？東與濟孟相鄰，西與平夏接壤，既非周（上阙）之□舉。凡東者、西者、婚嫁者、擔夫販鹽以及朝山進香、運納貢稅者，孰能捨此而他由哉？古人鑿之（上阙）久而破壞，事所必至，此又危中之危、險外之險者也。往來行人，足迹所履，能不目睹而心傷乎？自睹（上阙）有住持道人郭來雲者，突發善念，立志重修，募化十方，共勷盛事。則破□不慮其破，而壞者不憂其（上阙）其功僅可小補其隙。今功成之日，勒其姓氏於貞珉，千百載下，過路君子行將指而數之，以知其捐（上阙）王家嶺係二牌，馮家溝山頭係三牌，（上阙）照舊規修路，交界不得紊亂。並以及橋（上阙）石橋、石嘴，本屬第三牌交界，但有大損塌（上阙）□牌統修，以垂久遠云。

第一牌修路界：東至西窩溝東坡根下，西至欒芽溝。

第二牌修路界：東至五門溝，西至□沙溝。

第三前半牌修路界：東至沙溝，西至西窩坡根下。

後半牌修路界：東至欒芽溝，西至萌子溝。

作首人　王維善　化主柴遇春　王維長　住持道人郭來雲　崔爾甲　韓金龍　常法禹　趙太行　張元朝　王生玉　馮祖京　曹世寬　常太善　王生智　劉喜龍　崔萬鳳　陳所眷　柴生春　陳起鳳

土功　鄭永懷　鄭玉全　衛保印　鄭永福　四人錢五百六十文

石匠　黄甲　刊

（上阙）立

姚公乐输碑记

【简介】

清代立石。碑上无刻石年代，据文中内容推测为清代。现存垣曲县博物馆。

碑青石质，圭首长方形，碑石下部残缺。残高130、宽61.5厘米。首高10厘米，刻饰变形牡丹花叶纹。碑石周边线刻3厘米宽的几何折线纹装饰带。文11行，行存39字，字径3厘米，楷书。碑文记载了垣曲县姚煦乐于捐输修筑庙宇的情况。王炳勋撰文，鲁质愨书丹。

【碑文】

姚公樂輸碑記

公姚姓，諱煦，字抃余，本城安民坊人也。儉以自奉，勤以自治，素性然矣。而面於神也，肫懇篤摯之懷，（下阙）有不容已者在焉。以故興廢舉墜，督修庙宇，如六星、四聖、東嶽、文廟、書院，難以枚舉，至興（下阙）寺，尤有足異者。寺居邑之兑方，梵王宫前分建兩廡，移關聖於左，配地藏於右。正殿前亦分建（下阙）廡，列達摩於東，居準提於西。自此而外，若鐘樓，若山門，當移者移，當修者修，公一人獨勤數載，前摩員（下阙）先生已作文以記，此不足爲公異。異者，何樂輸是也？顧輸難，樂輸而出於儉以自奉、勤以自治者尤難。（下阙）公固不可以常情論也。忠厚真有古遺風，慷慨迥異今信士。物料不足，輸助絶少吝心；工資屢空，借貸（下阙）無難色。自治修之時，迨落成之日，已添銀七十兩，而又慮後此之補葺□出，又施銀三十兩。使住持嬴（下阙）蓄積，以爲後日補葺資。公之輕財樂施爲何如者？夫善不可没，因記而□□人之於廟也。□善足録尚（下阙）石以示將來。况公之捐銀百兩，其益於寺者，尤非一善之所可比乎？不記所捐，使善心□湮，其負於公（下阙）不少也。故特勒諸瑱珉，以誌不朽云。

敕封儒林郎乙酉科拔貢丙戌科廷試一等欽用户部七品京官己丑科會試同考官即陞主事加一級婣眷晚王炳勛撰文

邑儒學生員魯質愨書丹

皇清应授中宪大夫候补同知军功议叙四品加二级先考乐山行君行略

【简介】

清代立石。碑上无刻石年代，据文中内容推测为清代。现存垣曲县博物馆。

墓志应为二石，现仅存一石，石面严重剥泐，多数文字不清。青石质，正方形，高、宽皆56厘米。文30行，行42字，字径1厘米，楷书。墓志记述了行乐山的生平及其德行。

【志文】

皇清應授中憲大夫候補同知軍功議叙四品加二級先考樂山行君行略

嗚呼！痛惟府君之没於□七年，淹柩在堂，煢煢抱疚。兹日□□卜勉當大事敢□（下泐）之愆，以俟立言之君。□府君姓行氏，諱有條，子植□□□□山，先世自聞喜遷居（下泐）里。高祖諱學孔，禮部儒官；曾祖諱惟善，贈奉政大夫。奉政兄弟三人，伯諱惟新，□□□□行□七世曰居□，奉政□□祖（下泐）世法，庠生，俱贈中憲大夫。□妣周氏、妣王氏，與贈恭人。府君□□□孤，十歲祖父見背，□□人□猶有方□□□□□□一子之故（下泐）過人。雖□幼冲，語乃先世諸事，輒嗚咽不□。長門伯祖贈奉政大夫，取三門姪有修爲嗣。早□離時□□□汝有（下泐）贈□□大夫娶王氏，有子世□，□□持叔祖□□□□訴諸□□□有子而□祀（下泐）□□□有從孫而愛□而爲之□室，生子以祀□□（下泐）夫子之祀無所主，而未亡人將□□也。□之衆（下泐）愴靡寧。年弱冠，補學宫□子□□□□，尋以（下泐）觸緒井然外酧四方之饋容，□奉□祖母□夫人（下泐）繁多。或同異其聞，□□慮心抑忠心（下泐）□制錦於堂，率子弟族黨，遠及姻（下泐）龍章下，責樹坊表裏，崇祀節孝。先□□□□金□譏□（下泐）贈先代均如其官。而恭人上邀皇恩，冠帔雍容，諸孫繞膝，顧□□之□今□□□□有以□（下泐）之劬勞也。曷其有□？孺人之性至老彌篤，□□祖母（下泐）大略如此。平居待物寬恕，從無疾言□□。人有過面（下泐）素號知交，中道□嫌，府君始□禮遇，不少介□，比其□□（下泐）人言其□□鉅事□□獨任之。或勸以分辨，府君曰：□□以釋已，君子□不肯（下泐）族人有無子者，府君時加軫念。既没，聚族□□□並□祀其（下泐）老矣喪子，時時含悲，府君□爲己貲□其置妾，得延厥祀，以（下泐）時者予以粟帛。客死不能歸，□□□□而斃者□飙也。又嘗出穀，備□修（下泐）以是鄉黨之中、遠邇之戚，無不推□鉅□□者。縣太□施公聞之，舉□飲□賓，□□□再三（下泐）曰：是宜表厥宅里，□□□□□□□□□□軀偉貌，美鬚髯，性□寧（下泐）間□畫山水，雖年踰□□（下泐）不爲患（下阙）。

皇清显考儒士槐亭文府君墓志铭

【简介】

清代立石。现存垣曲县博物馆。

仅存志盖。志盖青石质，横长方形，高55、宽57厘米，石边线刻3厘米宽的几何折线纹装饰带。文竖分4行，首行5字，余3行均3字，字径9厘米，篆书。

【盖文】

皇清顯考儒士槐亭文府君墓誌銘

倡修道路记

【简介】

清代立石。石上无年代记载，据文中内容推测为清代。现存垣曲县同善镇河西村泉水旁。

碑青石质，上部残缺，石面严重磨蚀，大部文字不清。长方形，残高115、宽48厘米。石边刻饰3厘米宽的回字纹装饰带。文10行，行存34字，字径2.5厘米，楷书。碑文记载了王孺人等倡议兴修道路的情况。

【碑文】

（上阙）□□□人履薄冰□□人尤病涉繞行終□久矣，□□之□□□□□□□□□之□（上阙）王孺人視□□之□□□山徑之□□□其子□□□□□□□也□□行之□□□（上阙）□人亦捐錢五十千，此豈一倡遠近□□□□□□□□□邑韓公文□□□□□□（上阙）月□工，依山門路□陰爲夷身下盤高□上□□一□□□□山水陵□□□□□□（上阙）□□□予官秦中，聞之稱快，捐錢一百千□□□□□□令塼□夫□□□□□□（上阙）□三□人首先倡□振勵，遠邇始□□事。□道終平，□亦有時□而三孺人之□□不（上阙）多焉。是爲記。

（上阙）署陝西延安興安鳳翔同州等府知府壬子科陝甘鄉試内監試王□□撰文

（上阙）學生員□□秦書丹

（上阙）授修職佐郎候銓儒學訓導王翰勛校閲

古城李氏世次碑

【简介】

清代立石。石上无年代记载，据文中内容推测为清代。现存垣曲县古城镇李姓村民家中。

碑青石质，圆首长方形，碑首残缺，残高95、宽56厘米。碑身周边刻饰3厘米宽的卷云纹装饰带。碑文以金字塔形式自上而下分七世刊刻了世次图，左右两侧刊茔地四至。文楷书。碑文刊刻了古城李氏自一世至七世的人名。

【碑文】

世次

一世　潤身

二世　三樂　三元

三世　之榮　之珍　之貴　之薦

四世　庠員介賓鳳池　耆賓鳳羽　耆賓鳳閣　鳳臺　鳳樓　鳳起　鳳至　耆賓鳳林　吏員鳳翼

五世　自厚　自振　自明　庠員副賓自重　吏員自恭　自敬　自安　自忍　自嚴　自莊　自謹　佾生自正　自平　庠生自讓　自敏　庠員副賓子温　耆賓自良　監生子遜

六世　可大　耆賓可常　庠生可昌　可永　吏員可□　可群　可則　監生可親　可觀　可度　可法　可畏　庠生可托　可寄　可仰　可效　可望　監生可久　可興　可文　可嘉　可型　可旌　庠生聚東　可詢　庠生可瑛　可取　庠生可風　監生可揚　可因　監生可傳　可美　監生可宗　可焕　可奎　可羡　庠生可師　可寧　八娃

七世　君□　君□　君惠　君恩　君愛　君饋　皇□　君封　君亨　君澤　君臨　君進　君予　附殿　君□　令□　□□　□相　君施　君盛　階殿　庠生君召　君□　扶殿　君廣　君命　君沛　君衍　陟殿　君命　隆殿　吏員皇馥　君誥　廩生君陳　拱殿　君鈺　凝殿　君贈　君寵　皇殿　□殿　君旺　君德

東至三門讓官塋並可久地，南至馬姓地。

西至二門温官□並魯姓地，北至馬姓□。

本支世系详图

【简介】

清代立石。石上无年代记载，据文中内容推测为清代。现存垣曲县古城镇。

碑青石质，长方形，碑石下部残缺，残高94、宽56厘米。碑首横排楷书“本支世系详图”6字，字径5厘米。碑题下部绘制世系表。碑左侧竖2排楷书茔地四至，行16字，字径2.5厘米，楷书。碑文以世系图形式刊刻了某姓自一世至十二世的人名。

【碑文】

本支世系詳圖

儒	朝陽	大道	乾	明舜		所修	特生		
學	朝鸞	□□	坎	近舜			岳生	得印	
榮	睿	朝鵬	大化	震	從舜	所學	協生	萬合	得祿
	玄				紹甲	所養	慧生		
	□				近光	所志	岱生	萬吉	陛儛
						所毓	穎生		陛扶
						所修			

世典　祥
　　　悦
　　　悦
　　　慥
世奇　愉
　　　憧
世煥　忱

本塋卯山酉向，共計墳地叁畝。東至界石，西至堎垠，南至堎齊，北至堎垠。

捐施碑

【简介】

清代立石。石上无年代记载，据文中内容推测为清代。现存垣曲县。

碑青石质，长方形，高164、宽68厘米。文上下横分8排，每排29行，行3至12字，字径2厘米，楷书。碑文刊刻捐施人、捐施商号及捐施数额。

【碑文】

社中布施開列於後

王棚鰲施銀八兩　耆賓趙殿友　耆賓咎章　生員趙觀　監生王化俗　庠生趙玠　監生文砥　以上各施銀三兩　九品姚世杰　監生趙權　監生王青鰲　監生文硯　生員文確　監生文礪　以上各施銀二兩　王邦玉　九品王化翔　以上各施銀一兩五錢　王全德　咎章　以上各施銀一兩五錢　王全印　王全福　以上各施銀一兩二錢　王準施銀一兩五分　九品王學偃　九品車長存　九品董以師　九品甯文禮　張晋明　王望昴　王治魯　王光熊　九品王學泗　董以儒　以上各施銀一兩　九品郝克顯　王育國　九品甯文星　王吕和　解慶雲　甯撫堂　崔望山　王澤　九品姚維進　九品甯顯堂　王金鰲　王尚熊　王廷選　監生甯治堂　王江和　以上各施銀一兩　王際亨　董以文　王宜昇　姚維山　王治鄭　姚聖殿　張紹泗　九品甯臨堂　王廷瑞　王盛林　車永成　王振殿　王振印　王蕎　王連昇　以上各施銀一兩　張五官施銀八錢　王化西施銀七錢　甯仙蛟　車永文　以上各施銀六錢　九品任俊　董清吉　王惠遠　車長興　王功遠　王育廣　文廷方　王希濂　席得才　王化朝　趙明以　上各施銀五錢　王烈　王振西　趙景巨　王金相　王玉林　王晏鰲　石璜　吏員董鰲　李青雲　文炳　王起元　文碌　庠生王名士　以上各施銀五錢　王世魁　九品王育宗　各施銀四錢　王重德　王世則　以上各施銀四錢　王□謀　王賢　衛起觀　張攀堯　王金林　王重民　董以誥　張海成　王鐸　張法泗　董英　王萬章　席金壽　以上各施銀三錢　王萬玉施銀三錢　亢林山施銀三錢　張運太施銀二錢二分　王學泌　扶道行　王化魯　趙富元　李盛雲　王金鐸　王訪賢　王莒　王雲　王金中　以上各施銀二錢

河南府客商並本鎮鋪户布施開列於後

洛邑義和隆施銀五兩　永順號　監生王邦薦　覃懷合盛和　沃邑衛叔敬　介賓倪世榮　姚維唐　絳邑大興號　九品崔名山　復興號以　上各施銀拾兩　益盛合　絳邑馬魁元　以上各施銀七兩　沃邑監生常助清　沃邑恒茂號　以上各施銀陸兩　洛邑信成榮施銀三兩　元吉鹽店　監生王振風　以上各施銀六兩　益盛坊施銀五兩五錢　通順號　從九王攀鰲　河内西大興　鴻順坊　趙協和泰　天興公兩益坊　絳州協泰號　王化原　監生王官西　以上各施銀五兩　洛邑錦成榮施銀三兩　同順號　同太油店　以上各施銀四兩　趙公盛施銀三兩五錢　徐爾玉　從九王新鰲　萬盛號　興盛坊　陽邑陳松山　新興號　合盛坊以上各施銀三兩　同心館施銀二兩五錢　永春號施銀二兩二錢　潞府王進寶施銀二兩　洛邑永昇萬施銀一兩　文學康　義祥號　正興號　日盛瓦窑　太來堂　河内楊慶定　復盛坊　九品潘亮　以上各施銀二兩　秦永祥施銀一兩八錢　孟邑行繼富　行光先　以上各施銀一兩五錢　東瓦窑施寶瓶一個　獸一對　萬興號施銀一兩　吉慶堂施嗶嘰棹裙一條　絳邑陳翊翔　全盛號　車永餘　潘元高太岳　陽邑陳存仁　日盛號　二合油房　合興鐵爐　侯應超　高日英　以上各施銀一兩　足全樓施銀八錢　義合館施銀八錢　王纘緒　廉步鰲　絳州儀克和　王振珠　足銀爐　順泰爐　覃懷和合館　二合鐵爐　新興染房　白起發　□□□　以上各施銀五錢　董以鰲施銀四錢　雙合館　三盛館　德合號　車捧鰲　以上各施銀三錢　蘇繼武　王慕孔　陽邑李彪　咎鵬　顔子凌　郭生雨　以上各施銀二錢　申得月　親爐　郭漢武　高士斗　以上各施銀二錢

住持　張法元

石柱楹联

【简介】

清代立石。石上无年代记载，据联文内容推测为清代。现存垣曲县博物馆。

该石柱可能为墓地或牌坊之楹联石柱。原为一对，现仅存一石。青石质，竖长方体，高132、宽22、厚24厘米。石柱正上面阳雕一环，环内悬挂一阳刻板联，联文7字，为剔地阳刻，楷书。

【联文】

龍章鳳誥錫之光

中华民国

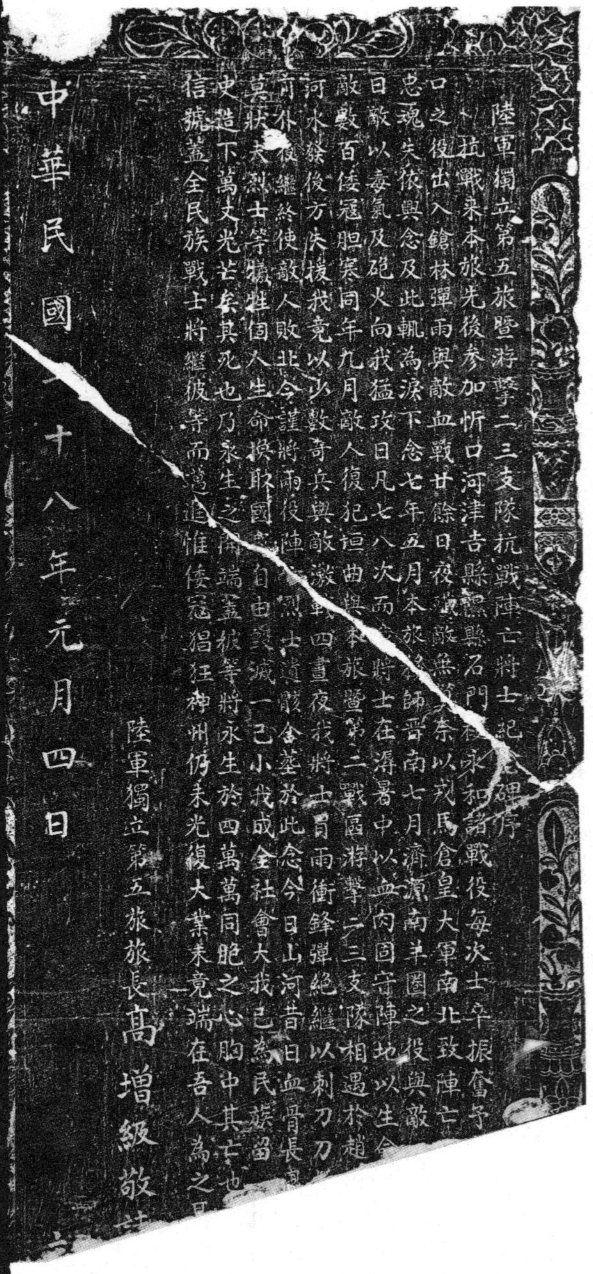
陸軍獨立第五旅暨游擊二三支隊抗戰陣亡將士紀[illegible]碑序
抗戰來本旅先後參加忻口河津吉縣[illegible]縣石門村永和諸戰役每次士卒振奮予
口之役出入鎗林彈雨與敵血戰廿餘日夜殲敵無算乃奈以戎馬倉皇大軍南北致陣亡
忠魂失依興念及此輒為淚下念七年五月本旅[illegible]師晉南七月濟源南羊圈之役與敵
日敵以毒氣及砲火向我猛攻日凡七八次而[illegible]將士在溽暑中以血肉固守陣地以生命
敵數百倭寇胆寒同年九月敵人復犯垣曲與本旅暨第二戰區游擊二三支隊相遇於趙
河水發後方失援我竟以少數奇兵與敵激戰四晝夜我將士冒雨衝鋒彈絕繼以刺刀刀
前仆後繼終使敵人敗北今謹將兩役陣亡烈士遺骸合塟於此念今日山河昔日血骨長
莫狀英烈士等犧牲個人生命換取國家自由毀滅一己小我成全社會大我已為民族留
史造下萬丈光芒矣其死也乃永生之開端蓋彼等將永生於四萬萬同胞之心胸中其亡也
信號蓋全民族戰士將繼彼等而邁進惟倭寇猖狂神州仍未光復大業未竟端在吾人為之
陸軍獨立第五旅旅長高增級敬誌
中華民國二十八年元月四日

重修建会馆碑记

【简介】

中华民国2年（1913）立石。现存垣曲县同善镇同善会馆。

碑青石质，圆首长方形，碑首因嵌于墙内而不清。现高180、宽69、厚17厘米。文10行，行50字，楷书。碑文记述了同善镇众商人集资重修同善会馆的经过。碑阴刊刻施财人、施财商号及金额。石光温撰文，倪彬书丹，王偀题额，王九霄刊石。

【碑文】

（碑阳）

重修建會館碑記

鎮北會館興修者有年矣。比來廟貌摧殘，不足昭崇奉而肅觀瞻。况西廊被禄不堪，此誠鳩工庀材，重修重建之所宜急也。光緒十八年春，客商謀修建，苦無貲，即在各行募化錢若干，而社人亦醵金助之，恐不敷用，又將本廟柏樹售錢五十七千，廟近有營積錢壹百二十三千，歲在乙未，遂將帝殿、舞樓、捲棚、越臺、左右陪殿、兩廡廊房、賬房以及茶灶、西北角房、周圍墻垣並山門，廡不陸續修建，彩畫聿新。各工告竣，索余記事。余思近年來秋夏半登，生意葉薄，又且本鎮客商寥寥無幾，而皆不吝床頭黄金，努力成工，安知吾鎮不大爲興旺？客商稀少者或可漸多，而生意葉薄者猶可暢茂也歟！是爲記。

前清儒學優行生員和生石光溫撰文

前清儒學優行增生雅齋倪彬書丹

前清國子監大學生子雋王偀題額

總理　國學生趙澤　從九品昝□藩　沁邑藩庄村侯金和　典籍史铭文　庠員介賔文丕顯　耆賔郭廣鑑　潞府襄垣王法江　典籍趙法

首事　典籍趙宗康　王守典　德昇和　耆宾石登文　李儒清　典籍王長庚　張福義　從九文華　甯鳳翔　典籍趙宗包　典籍崔捧玉　典籍王潤身

中華民國二年七月吉旦社商仝立

濟邑柏底王九霄鐫筆

（碑阴）

捐輸姓名開列於後

同興鹽店十千文　江西吴惠義施錢十千文　河南楊鬱文施錢七千文　倪天相施錢五千文　崔清水施錢五千文　德昇和　天佑予　復盛公　復盛公施錢四千文　復盛酒店施錢三千文　張儒明　趙復興　孟邑義昌永施錢二千三百文　從九趙宗義施錢二千文　長順興施錢二千七十二文　監生趙澤　典籍趙法　典籍趙宗康　太和堂　以上施錢二千文　佾生畢翰建　王憲聖　順興爐　從九文華　從九王守仁　從九趙宗舜　耆賓石光雯　德聚和　王天和　河南趙文盛　各施錢兩千文　佾生文丕顯施錢一千七百文　佾生趙俊施錢一千六百三十文　從九昝撫藩　耆賓石登文　仁和堂　聚珍爐　軍功王成瑞　賀畏三　以上各施錢一千五百文　王守典施錢一千二百一十文　日昇太施錢一千一百八十文　馬度勝施錢一千四百十四文　九品文鳳陽　九品甯法　耆賓王景龍　九品王景虎　王制有　典籍王長庚　從九趙宗雍　王守矩　典籍趙宗閔　九品趙宗著　監生文天佐　從九甯風梅　典籍甯永昌　王喜　郭西德　沃邑王治邦　耆賓趙忠　德盛協　以上各施錢一千文　邢居敬　劉萬章　張同昇　趙坤　天佑余　孟邑郭書山　濟邑王九霄　以上各施錢一千文　王守卓施錢九百六十文　文天光施錢八百文　耆賓文天縱施錢七百文　九品王青山　佾生趙宗達　各施錢六百文　王四方施錢五百九十六文　趙宗晏

施錢五百九十文　董茂施錢五百七十文　李儒清　生員張炳蔚　生員石光温　史銘文　王法愷　以上施錢五百文　趙宗商　甯風枝　張虎　王自榮　趙宗昌　王贊　王隨　王有齡　甯風來　王遇賢　姚旺祥　以上各施錢五百文　甯鳳翱施錢四百文　楊風枝施錢三百四千文　典籍王長富　文慰望　王鴻禧　賀戒三　趙守　以上各施錢三百文　劉克恕施錢二百三十文　祁清治施錢二百文　王懷琮　趙懲倪監三　王自修　以上各施錢二百文　王守澤施錢一百五十文

“瑞生林”碑

【简介】

中华民国4年（1915）立石。现存垣曲县。

碑青石质，长方形，高130、宽58厘米。碑石周边刻饰4厘米宽的装饰花纹带，图案母题为戏剧人物配以金钱纹。碑中1行刻正文3字，字径30厘米，楷书。上款1行13字，字径5厘米，楷书。立碑人刻在正文右侧，字径2.5厘米，楷书。该碑可能为一商号名称。

【碑文】

瑞生林

中華民國四年拾月合會敬叩獻

典籍故劉克恭　典籍故張鰲　梁明德　顔子芮　梁呈祥　監生楊㑇　典籍陳育寬　閻承瑜　典籍梁雕龍　張修身　閻文思　從九故梁擇吉　佾生故閻子榮仝立

清例贡生孔山申君及原配王孺人继配张孺人合葬墓志铭

【简介】

中华民国5年（1916）立石。垣曲县古城镇沇岭村出土，现藏该村车姓村民家。

墓志一盒，青石质，长方形，高32、宽56厘米。志盖篆书“清例贡生孔山申君及原配王孺人继配张孺人合葬墓志铭”24字。文49行，行19字。楷书。张庠林撰文，席尚友书丹，姚循篆盖。

墓主申景尼（1855—1908），字孔山，清垣曲县（今古城镇）进贤坊人。以经商为业，援例入国学。知人善任，诚以待人。

【盖文】

清例貢生孔山申君及原配王孺人繼配張孺人合葬墓誌銘

【志文】

清例貢生孔山申君及原配王孺人繼配張孺人合葬墓誌銘

宦轍飄蓬，勞勞靡定。丙辰春，余復將有豫東之行，孔山申君諸孤踵門，衰麻持狀泣而言曰：先妣張孺人新棄不孝等而長逝矣。痛念先府君即世已八易寒暑，不孝等罪孽深重，胡不自隕滅，而又遭此痛耶？將以陰曆三月四日，啓先府君之窆，與前妣王孺人合葬於祖塋之次，敢以銘之文請。噫！雖不文亦奚以辭。按狀，君諱景尼，字孔山，係出申氏，爲邑城進賢坊著姓。昆仲二人，君居其長也。曾祖諱效周，妣氏劉；祖諱三盛，妣氏張、陳；父諱椿，妣石孺人，繼張孺人。君少機敏，自入童子塾，已嶄然露角。稍長，即任家計事。蓄資惟君是賴，遂經商，以援例入太學，貢成均。君知人善任，巨細綜晝無遺，不以事未來而有惰氣，尤不以事紛至而有擾心，料於先，驗於後，無或爽者。與豫、津薇階張君燦光結昆仲交，無纖細齟齬，親於同胞者三十年如一日，人咸推爲闤闠雅誼，不啻今之管鮑也。仲弟景行，爲君繼妣張孺人所出，少失恃，君撫之，不幸早世，有遺孤，君又撫之，見之者不知有子侄之分。教誨子弟僅守規矩，無敢有縱乎禮法之外者，亦可以見君之爲人已。君卒於前清光緒三十四年九月十二日，距生於咸豐五年十月初十日，享壽五十有四。原配王孺人，前君歿，無出。繼配張孺人，卒於洪憲元年元月十三日，享壽六十有四。有丈夫子二人：長柏林，從九品，娶楊氏；次柄林，娶姚氏。孫一，炎池，柏林出。孤侄栖林，娶王氏。女二：長適閻姓，次適王姓。今擇吉於洪憲元年陰曆三月初四日，啓窆合葬於北門外謝村村西祖塋之次，禮也。因係之以銘，銘曰：

因時以之起，安命以之止。莓莓之田，利後嗣。既安既固兮，菇之原。同閟幽宫兮，聿維君之阡。

清文林郎拔貢直隸後補州前交城縣審員護理縣知事現任河南第七區烟酒公賣分局局員姻愚弟張庠林撰文

清例授徵仕郎候選直隸州己酉科拔貢生愚表侄席尚友鞠躬書丹

清山西大學堂中學專齋畢業宣統制科孝廉方正分省補用府經歷姻愚侄姚循篆蓋

孤哀子柏林　柄林偕孫炎池　泣血上石

期服侄栖林

洪憲元年三月吉日鐫

显祖考处士讳叶恭敬斋吕府君妣淑德待赠孺人李太君合葬之墓

【简介】

中华民国5年（1916）立石。现存垣曲县长直乡东交村吕氏家族墓地。

碑红砂石质，螭首方座，通高216、宽72、厚14厘米。首高83厘米，碑额竖排楷书“皇清”2字。碑中1行楷书碑题，题右刻序文8行，行49字，楷书。杨遇酉撰文，吕鸿烈书丹。

【碑文】

顯祖考處士諱葉恭敬齋吕府君妣淑德待贈孺人李太君合葬之墓

吕公諱葉恭者，吉樂公之三子也。其配太君李氏，三從四德，罔有缺遺，里人無不樂公内助得人，稱爲女中君子焉。乃天眷不寵，適公未幾而公早卒。太君矢志靡他，冰節是凛，上事翁姑益孝，下撫嗣子益慈。厥後孫仰辰、重孫中三、捷三、□三俱孩提失恃，而太君躬親撫養，無殊慈母。信哉！與馬后撫孫先後媲美，誠無愧矣。玆當樹石，故特爲誌而且銘云。銘曰：

皇天降衷，后土鍾靈。篤生太君，烈女儀型。三從曾講，四德克明。于歸名吕門，孝事姑翁。遭家不造，中道夫亡。矢志靡他，苦節傲霜。冰操裕後，亦何自揚？嗣子承歡，蘭孫滿堂。敬姜堪比，班昭可當。慈愛幼小，與馬后同。閭里懸匾，輿論至公。核實作銘，焉敢過揚？

邑清儒學優行生員再晚生書山楊遇酉頓首拜撰

孫清儒學生員例授明經進士候選訓導丕承榜名鴻烈頓首敬書

太君生於道光八年九月二十二日丑時，卒於民國三年十一月初七日卯時，壽終九旬。

孫庠員例授明經進士仰周　廩員故仰尼　庠生仰樞　堂孫癸巳武魁考授千總故仰魯　庠生仰辰　己卯武魁署太原鎮右營頭司把總仰斗　戊子武魁考授千總仰止　庠生仰魁　曾孫貴三　樂三　益三　寶三　過三　庠生中三　儒士元三　故捷三　鼎三　監生故緘三　高等小校畢業尊三　銘三　槐三　起科　成科　第三　高等小校肄業多三　拱三　連三　高等小校肄業友三　高等小校肄業道三　立三　善三　自元　紀元　福科　元孫明公　徐蟒　好禮　喜公　英才　好善　太原省高等小校畢業好義　高等小校肄業好剛　蟒子　發有　富有　靈公　天才　長業　全立

洪憲元年三月清明吉旦

显妣淑德例赠宜人陕太君之墓

【简介】

中华民国5年（1916）立石。现存垣曲县长直乡东交村吕氏家族墓地。

碑红砂石质，长方形，高142、宽63、厚12厘米。碑中1行楷书碑题，题右刻序文4行，行48字，楷书。杨遇酉撰文。

【碑文】

顯妣淑德例贈宜人陝太君之墓

太君陝氏，吕公仲卿之元配也，生長名門，幼嫻内則（下泐13字）□□公德配，洵無愧矣。乃天不延年，僅三十二而卒焉。嗚呼！天之報施善人顧如此乎！然觀（下泐12字）知非太君之賢孝所致，而天之報施不爽也哉！兹當樹石，故特揭其大凡援筆誌之。

邑清儒學優行庠員愚晚生楊遇酉頓首拜撰文

太君生於道光八年□月初六日子時，卒於咸豐八年十一月廿三日卯時，終壽。

男庠生吕仰魁　癸卯科武魁嘗授千總吕仰魯　庠員故吕仰範　□□署太原□□吕仰斗　□□□□吕仰辰　□生吕仰止　賜□進士吕仰同　庠士吕仰尼　孫貴三　樂三　益三　寶三　過三　中三　元三　捷三　□三　緘三　尊三　增三　起三　科三　成三　第三　□三　拱三　連三　終三　道三　善三　自三　元三　統三　福科　曾孫明公　徐練　好□　喜公　□才　□善　□義　好剛　蟒子　祭有　富有　靈公　天才　旻業　仝立

洪憲元年三月清明吉旦

重修□沟□桥碑记

【简介】

中华民国5年（1916）立石。现存垣曲县谭家乡上增坂村。

碑青石质，长方形，下部残缺，残高52、宽63厘米。文11行，行存21字，字径2厘米，楷书。碑文记述了增坂村重修桥渠的经过。文后刊刻施财人姓名、金额。

【碑文】

重修□溝□橋碑記

原夫□橋，所以利行人也。然□□爲□水而修之者，（下阙）□又老堰下至古磨大石夾，又有上九、十、十二□□（下阙）□溉約有數千餘畝，獲利偉厚，□天旱之一□□其（下阙）□□以不易修砌之故，會同私渠渠長、甲長□□□□（下阙）□卧碑前人已陳之。其記官食水利，即官修□□□（下阙）略無成迹可尋。當斯時也，石沙壅渠，水不下行，雖求（下阙）橋渠，□旬餘而告竣。不意至次年六月二十三日，（下阙）經歉歲兵變，又後水火爲灾，籌款維艱。由是我上九（下阙）錢暫從上五甲一出。自今以往，若其橋間有損壞，仍（下阙）而程效多，足見踴躍趨事之意，所願後之君子賡續（下阙）。

邑高等小校（下阙）

邑高等小校（下阙）

縣議員高虞文錢□千三百文　趙琴五錢五千八百文　□業□□王樹栗錢五千二百文　儒士石景融錢五千文　監生高唐文錢四千二百文　監生孟天錫錢四千一百文　□□增生高孔文錢四千文　庠生高殿魁錢三千五百文　監生趙琴一錢三千五百文　典籍安理經錢二千七百文　庠生孟天照錢二千七百文　吕學仁錢二千七百文　監生姚崇善錢二千二百文　州同□歲貢生姚温良錢二千一百文　廉永德錢二千一百文　庠生席百忍錢一千九百文　廉中元錢一千□百文　廉守恒錢一千八百文　典籍安麟經姚成德　監生姚熊祥　以上各錢一千五百文　典籍高得道錢一千四百文　安學堂錢一千三百文　魯松林錢一千□百文　趙小龍錢一千一百文　楊彩□錢一千一百文　監生□從善　馬得功　監生趙慎意姚效恒　□文煌　以上各錢一千文　高廉□　李效□　錢九百文

首事　高星臨

時中華民國五年歲（下阙）

显祖考国学生讳国儒郑府君妣淑德待赠孺人张茳张梁太君及先伯长体仁赵太次体严孙程太三体法段太仝茔合葬之墓

【简介】

中华民国6年（1917）闰二月立石。现存垣曲县毛家镇郑家岭村。

碑青石质，竖长方形，高130、宽56、厚10厘米。碑中竖排楷书正文。正文左侧刻序文6行，行46字，楷书。碑文记述了郑氏的来历、丧葬、世次及立碑之缘由。正文右侧刻立碑人名。

【碑文】

顯祖考國學生讳國儒鄭府君妣淑德待贈孺人張茳張梁太君及先伯長體仁趙太次體嚴孫程太三體法段太仝茔合葬之墓

□□氏自洪遷垣以來，二百有餘歲，二十有餘代矣。按其宗派，始祖葬於墓凹，歷代世祖葬於前河莊，祖考國儒及伯考□仁、體嚴、體法皆葬於兹。國儒堂兄弟四人，其三人即國珍、國起、國悦也。體瑞、體端咸國起所出，張鎖、體明、體亮咸國悦所出，體仁、體严、體法皆國儒所出。早管體仁所出，根斗、金斗體法所出。遐想前輩耕讀傳家，義方訓子，人文丕振，家道隆興，皆繼志述事之善者也。孰意光緒丁丑大祲后，人丁漸衰，家道微危，獨留伯考體嚴一人，修身治家，仍不逊乎光世。延□七旬有奇，蓄育錢薄，選擇來世暨侄等承嗣伯考昆弟三人之後。惜乎來世病亡，統嗣無人，伯母遺命，令孫丙戌承嗣厥後。今值殯期，不刊石以誌之，不惟無以彰厥德，亦並無以報厥恩。孫等恐代遠年湮，无所籍考，故刊石以誌不朽云。

承継孙高岐　根锁　曾孙丙戌　泉水　元孙尊周　立石

民國六年閏二月下浣穀旦

下马关帝庙重修碑记

【简介】

中华民国8年（1919）立石。现存垣曲县蒲掌乡下马村。

碑青石质，圆首长方形，通高218、宽75、厚15厘米。碑额竖排楷书“重修碑记”4字，左右两侧剔地线刻双龙纹。碑身周边剔地刻饰戏剧人物和缠枝花叶纹。碑文无题，共9行，行46字，楷书。碑文记述了下马村重修关帝庙诸殿宇的经过。碑阴刊刻施财人姓氏、金额。高金章撰文，吴兰浦书丹，晁青田、李永禄刻石。

【碑文】

（碑阳）

邑西百廿餘里下馬村泉甘土肥，民安物阜，上接天壇之靈□，下達九區之迴抱，左有馬跑泉，潺潺之水聲不斷；右依蝎子山，層層之峰密可觀。我濟稱爲名區，誠不誣矣。村南有關帝聖庙，自前清乾隆八年創修，又繼修兩山配殿，十二年修舞樓，二十九年修香亭，蓋益見其增光矣。至道光廿一年重修，有碑記可考。自修庙以來，凡有所祝□，無不應。更堪信者，咸豐三年、同治六年兩次大亂，關帝顯聖，兵燹不敢近村，秋毫無犯，合村沐德□□世至今一千七百餘年矣。英灵猶存，昭如日月，道同三教，□共天地，知後來之功德較當年爲尤勝也。重修及今七十有七年矣，庙宇被風雨所剥，神像恐有損傷，合村人等觸目興懷，於是商議興工，無不願者。將庵坡柏樹售有二十八株，得錢一百卌千文，本村外社共捐錢二百七十二千文。合村公舉首事人五名、領工四名、催工六名，同心協力，共勷其事，鳩工庀材，重修大殿三間、香亭三間、財神庙三間、道房二間、庵坡五聖堂一間、村北河神庙一間。自民國六年十月間興工，至八年四月間工成告竣。斯時也，登其臺，陞其堂，則見殿宇輝煌，克壯帝君之寶位；香亭美麗，足興過客之留連。如竹之苞，青山共翠；如松之茂，□水同新。而且左右嶺而曲折回護，前後埠而坦平如砥，魚蝦游於水面，鸛鵲鳴於樹巔，團團錦綉，塊塊文章，豈不可與漢陰春秋樓同觀哉！兹年立碑，首事人等囑余爲文，余自慚俗筆固辭，既而曰：此舉義舉也，何辭焉？因即其事之巔末而列陳之，敢曰文乎哉！

首事人　張登雲捐錢四千文　柴中清捐錢三千文　柴中科捐錢二千文　閻慶剛捐錢二千文　閻慶安捐錢四千文

承領人　張登花捐錢拾千文　柴中美捐錢貳千文　李魁元捐錢拾貳千文　閻天相捐錢貳千文　閻慶東捐錢伍拾千文　李魁孝捐錢拾千文

催工人　閻過道捐錢貳千文　柴中法捐錢一千文　柴宗德捐錢一千文　張登科捐錢貳仟文　閻慶廷捐錢貳仟文　閻道貴捐錢拾一千文

玉陽山居士高金章撰文並捐錢壹仟文

古騈邑雲塘吴蘭浦書丹並捐錢四百文

木工盧克岐捐錢一千文　石工晁青田　李永禄捐錢四百文　鐵工符印治捐錢二百文　韓□師捐錢四百文　畫工李國蘭捐錢二百文

總計各樣人工及一切雜項共化消錢四百一十七千文

大中華民國八年五月上浣之六日穀旦

（碑阴）

張金昆捐錢三千文　任家山　四合堂　侯士俊　鳳邑李新盛　監生荀慶珞　李清世　王玉慶　各錢二千文　張丙龍捐錢二千二百文　閻生道捐錢三千五百文　閻生元　閻生官　各錢二千四百文　柴生玉　監生荀慶弘　柴文金　各錢一千六百文　閻法榮　閻明江　閻生花　捐錢一千七百文　閻天祥捐錢一千八百文　閻法祥捐錢一千七百文　張萬慶　張萬和　各捐錢一千六百文　李京光捐錢

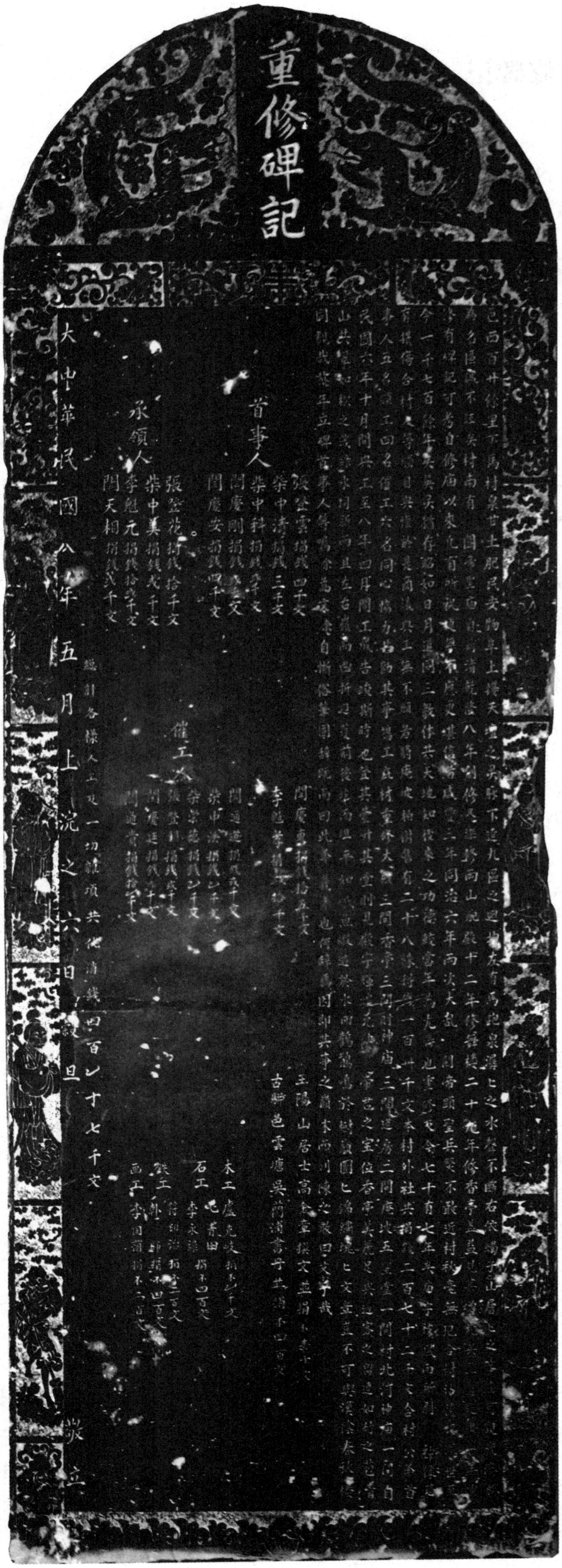
重修碑記

一千四百文　李萬敖　王希程　石段　李元鳳　曹永和　宋世助　閻居和　各錢一千二百文　柴建魁閻堯娃　張丙仁　閻生勤　閻生信　閻生玉　柴生海　柴生義　閻萬全　各錢一千二百文　李向南李清祥　李法南　李化南　李清苞　閻朋合　李一德　楊世才　楊起和　各錢壹仟文　閻朋壽　李福雲　柴生龍　閻天生　柴松林　閻生和　劉海成　捐錢九百文　王助　張玉璽　李秀文　李京彩　柴永清　吕懷德　吕懷信　荀繼彦　荀繼孔　各錢八百文　荀應彪　荀慶乙　荀繼緒　荀來興　李鳳居衛連雲　李瑞雲　吕懷仁　楊丙繕　聶興義　閻俊　石丹　張萬祥　閻生香　閻天有　李清林　李金貴　劉金堂　閻生卯　柴東秀　宋文彪　張方貴　閻天爯　閻生世　柴文德　荀生林　衛廷福　各錢八百文　閻生智　閻天　柴文書　柴廷春　張萬林　柴文宣　閻生義　柴興邦　宋廷林　閻生舉　閻天書　李□堂　柴永信　曹福來　齊得榮　柴文仁　各捐錢八百文

陽城縣王天仁施大燈一對

王光文　王光　梁上登　各錢六百文　劉萬庫　許邵□　荀井章　荀應甲　荀作緒　吕恒明　楊起貴　楊起法　楊柴氏　閻迷登　閻天吉　宋來成　閻得福　柴春林　柴東來　閻朋生　閻福存　柴生成　張明清　各錢六百文　柴柏林　王德美　劉玉福　侯思正　閻鄉長　李秀太　李秀平　李清江李清山　李清海　李清漢　李清太　黄金中　閻朋祥　陳安善　陳恒善　各錢五百文　郭延斌　陽城源恒　李法林　捐錢六百八十文　閻法存捐錢六百五十文　任有壽　王義江　閻朋鳴　尚應義　尚應倉　各錢伍佰文　閻朋興　宋文魁　閻法連　閻生法　捐錢伍佰四十文　張丙成捐錢伍佰三十文　荀應太　荀旭章　荀應中　柴永來　荀□福　許令才　王學賓　王景禄　李向雲　衛光文　李参文　李書雲　李世居　各錢四百文　李登雲　荀慶玉　荀全章　任一奇　楊起教　王文德　荀魁章　王正林柴起林　閻苗民　柴驢娃　閻天扶　閻得春　柴佳會　張青月　捐錢五百文　閻生行捐錢五佰文　楊若法　石吉　張金瑞　石界　劉海仙　丁學香　各錢四百文　丁學禄　高金方　丁才旺　石黄　石倉文　鄧安民　捐錢伍佰文　閻剛　閻生漢　柴廷奇　柴生林　閻天義　閻生順　苗君清　各錢四百文柴興富　劉玉隆　劉玉成　梁月中　吕恒成　許治岳　衛西義　劉清太　劉得敖　劉清揚　柴永安李成章　王登可　單生實　柴文魁　閻天爵　閻生斗　王登福　蘆見明　蘆見德　李雲法　安金昇吕恒月　尚應學　成萬倉　各錢四百文　李宗文　尚應倉　李清昌　李秀臣　李岫雲　閻天合　李雲全　荀慶善　李甫全　李甫章　苗永昌　苗永師　苗君臣　賈萬倉　陳光遠　閻林貴　閻林彩　閻林秀　閻林富　閻林玉　各錢四百文　閻林昌　閻天成　張玉花　閻香保　劉廷榮　張萬合　郭平玉王中奇　張萬瑞　閻才娃　閻生興　許青峩　柴永勤　王玉美　杜正祥　李大公　姚永昌　閻龍　閻書成　閻朋清　張丙印　衛宅法　楊可方　柴香娃　柴文學　柴文林　各錢四百文　閻明德　喬禄娃喬有中　喬有龍　王永壽　王永寧　王永禄　王永奇　劉美□　史□明　各錢叁佰文　荀慶禄　荀德禄　鄧保娃　錢四百文　王全成　李王福　李秀君　陳京月　各錢三百文　燕金貴　張玉林　李大儉任玉德　葉王敬　李書印　閻許氏　閻金保　各捐錢三百文　張月中　呼有法　李光魁　李光禄　李光臨　李光玉　閻監太　尚應興　尚應法　荀永會　李秀仁　李秀各　劉日仁　宋家進　王文海　閻清德　李廷福　翟魁福　各錢二百文　荀慶臣　荀繼邦　荀應斗　荀已堂　王已雲　王學漢　荀永良　劉文峰　李清德　荀慶和　鄧安保　荀應福　單來祚　王學中　張文良　許青基　梁貴太　李登才　程已庚　苗法旺　閻生峰　閻狗撓　柴亥仁　史繼美　荀光居　靳致安　荀紀統　荀光平　荀應興　荀繼善　荀慶隆　安魁　徐天成　劉玉雲　各錢二百文　史繼哲　侯一位　王永昌　宋文玉　李清揚　李清俊　吕增魁　吕佔魁　李清現　李惠南　牛林昌　喬美章　柴義林　各錢二佰文

重修退坂庙诸功碑记

【简介】

中华民国8年（1919）立石。现存垣曲县同善镇朱家沟退坂庙。

碑四石联刻。皆青石质，长方形。碑文记述了朱家沟四社民众捐输资金重修退坂庙的经过。第一石刻碑文14行，满行45字，隶书。王绍基校阅，李鸿文撰隶，王翰墨书篆。第二石刊刻首事人姓名，第三石刊刻四社捐输人姓名、金额，第四石刊刻四社各圣母会捐输者姓名。秦财源刻石。

【碑文】

（第一石）

重修退坂廟諸功碑記

虞帝古號，退坂俗名，星分冀域，地間歷馮，襟鳴條而帶負夏，傍沇水而道上黨，此诚退坂廟之大觀，前人之述備矣。歷閱遺跡，正殿奉祀虞帝，關聖、聖母配享左右，創建無考。門樓廊庑，明清以來重建屢次，積月累年，風融雨噬，遂有崩解傾頹之憂。聖母殿、龍王、山神廟墻倒瓦落，捲掤、東廊梁折椽吊。更可慮者，東廊後爲變水所囓，以致溝深崖高，石落柱懸。現雖不至化爲灰塵，蔓延恐蕩爲太墟矣。戊午春，四社邀集，議欲修理，佥曰：父老創之於前，我等修之於後，固其分也，又何容辭？爰舉首事督工二十人，以四社之盈絀，量力捐輸，得三百二十金有奇，各社娘娘會捐仍百金，恐不敷用，又出售廟内柏樹六株，得百二十金。遂選吉期，命匠動工。圣母殿三間、龍王山神廟一間、捲掤五間、東廊六間，換墻更樑，俱皆翻瓦一新。山門、西廊坏修缺補，周圍牆垣移更序次，東廊後崖破石垒之，以灰扣之，上怕變水，扣以石槽；不恐水囓，築以石墩。不甲辰而廟貌一新，較前之傾頹不堪者，大相懸絕矣。雖首事諸公經營得宜，要亦四社等爭先恐後之力也。工竣，囑余爲文記其事。余本陋聞，義不容辭，謹據其事之顛末勒諸貞珉，以示異日不忘焉。是爲記。

清候選教谕試用縣丞戊申歲進士子厚王紹基校閲

河東師範學校完全科畢業生斌甫李鴻文撰隶

本邑高等小學校肄業生西園王翰墨書篆

（第二石）

清例授佾生玉印李國璽閲正

邑高等小學校優等畢業增生師範講習所肄業德孚王格天書真

清例授恩榮九品歲首劉春　處士好德甯希賢并題

督工首事　邢從言　柴森　趙守剛　清佾生已故柴文通　清恩榮高代明　清國子監王樹棠　清恩榮安禎祥　高皇印　清恩榮王允武　清恩榮趙天博　清登仕佐郎已故王國來　清恩榮劉春　清登仕佐郎已故王□　清佾生李國璽　清佾生甯振温　清庠生李遇庚　清恩榮劉富　清登仕佐郎李嵩發　處士王玉書　已故文盛

（第三石）

四社捐輸姓名列後

王玉書捐錢拾七千文　王翰屏捐錢拾一千文　李鴻文捐錢拾千文　劉春捐錢九千文　王省三捐錢八千五百文　劉希謀捐錢七千五百文　高皇印捐錢六千五百文　甯胥呼捐錢六千文　姚大興　常學孔　柴森　王格天　捐錢六千文　柴鴻禧捐錢五千五百文　李遇壬　劉清信　捐錢五千五百文　李增彬　恩榮張懷珠　柴棟樑　武秉昇　甯振恭　甯振和　捐錢五千文　劉希界　□□　各捐錢四千五百文　安恒恭　高修金　柴亭　張連見　王儆法　已故邢智言　捐錢四千文　楊得科　以上捐錢二千五百文　王思三　甯希純　樊尊五　柴芳　劉清文　王守天　劉清行　王守詩　邢從言　趙守剛　姚友德

甯希賢　樊成吾　□友仁　邢諸言　李增耳　以上各捐錢三千文　安恒善　常晋蘭　常青芝　高修道捐錢三千文　王載天捐錢兩千八百文　王國學捐錢兩千四百文　甯天雨　李俊　甯振良　王賞菊　王自廉　王允恭　邢其言　李增位　王戒三　車中文　以上捐錢兩千文　馬占元　安恒秀　常青玉　車中辰　狄賞春　安恒德　柴民　李尊度　賈廷功　甯自有　以上各捐錢□千文　劉□　王秉聖　趙好善　王自結　王賞□　趙學仁　以上捐錢□□□　趙學禮　王學仁　李熊兆　趙學義　安恒度　趙學智　譚光武　狄福合　劉□　甯振儉　李樂　甯振□　王小□　王□□　甯□潔　柴文□　李□成以上□□□□□　常百梅　柴樹梅　趙□林　甯風□　以上□□□□□□　劉如海　王□□　閆永德李其規　甯風山　以上□□□□□□千文

（第四石）

四社各聖母會列後

必誠會　劉清文　王守賜　柴亭　劉□行　安恒芳　甯自章　佾生王賞棣　柴森　捐錢肆千文

茂盛會　劉清信　姚友德　姚友仁　馬占元　劉清泰　樊成吾　甯自潔　姚友位　捐錢貳拾千文

好生會　已故劉克己　車秉魁　趙思文　馬友元　柴文兹　劉清良　劉清和　捐錢柒千文

復生會　王翰屏　趙守剛　高等肄業王翰墨　王承天　增生畢業王格天　楊得科　王載天　捐錢伍千文

太和會　佾生李國璽　馬友元　王友三　捐錢貳千文

永生會　王自奮　張連薦　趙好善　樊尊五　王允恭　王自廉　樊英吾　王自潔　王增書　趙學仁捐錢陸千文

隆生會　王戒三　王效三　李金財　王學仁　李隨三　學兵團肄業李銘鼎　邢百書　捐錢肆千文

民生會　劉寶　車中文　安恒德　車中陳　趙九具　常青蘭　劉希謀　柴樹林　捐錢肆千五百文

後□會　張美玉　狄賞春　譚仰翻　常青枝　高立朋　常青梅　張良玉　常青兹　捐錢肆千五百文

□□會　李銘□　王儆法　李□規　王道三　捐錢貳千文

資生會　常青岱　常青菊　高修道　王國學　常青玉　常青□　高修金　張振玉　捐錢肆千文

□□會　賈廷功　柴鴻禧　樊盛吾　劉□吉　王效殷　柴本善　姚好義　捐錢三千文

時中華民國捌年歲次己未柒月吉日四社仝立

彰德府林邑玉工秦財源

大乡望耀西郑老先生德行碑

【简介】

中华民国 9 年（1920）立石。现存垣曲县古城镇东石村。

青石质，竖长方形，高 135、宽 65 厘米。碑石周边刻饰 6 厘米宽的壶花、牡丹纹装饰带。碑中 1 排楷书正文。正文右侧刻序文 7 行，行 48 字，楷书。碑文记述了郑耀西老先生之德行。正文左侧刻撰书、立碑人姓名。石洁撰文，石乘材书丹，王九霄刻石。

【碑文】

大鄉望耀西鄭老先生德行碑

人之持身涉世，不患不克孚乎鄰里，而患無善行之可稱。苟有善行之可稱，則內而宗族，外而鄉黨，莫不慕其風規，咸器重之。特人往往矯饰行誼，不克善以自勵，处鄉人之中，非同流而合污，即詭世而戾俗。求其修德勵行，平心待物，足以克孚乎鄰里者，千百中曾不之一見焉。若耀西先生名炳庚者，爲人賦性純厚，立志端正，常以禮義廉恥整躬砺節，與人相與，無少或忤。里人嘉其行修，議以村長經理村事。邑長亦奇其品概，委任保衛，團保董先生出任仔肩，卒能盡心辦公，不辭勞瘁。遇夫社會有興舉也，則督率之；鄉鄰有紛爭也，則排解之，以及里巷中喪葬冠昏，亦罔不竭力調度，贊勸其事。先生之行爲如此，雖其才德不足效一世之用，亦可謂一鄉一邑之善士也。庚申秋，戚友族黨感喟，不置謀不朽先生，爲之豎石，勾余文。余與先生比鄰相處，知先生爲人公正，不隨流俗爲轉移，遂樂爲之敘，以爲世之爲善者勸云爾。

邑高等小校畢業廪生山西模範示教养成所畢業士委派寧武縣模範示教員眷晚石潔頓首拜撰

清例授國學生由師範學校畢業旋蒙山西教育廳檢定教員侍教生史步雲頓首拜閱

邑高等小校畢業增生眷晚石乘材頓首拜書

濟邑石工王九霄敬刻

中華民國九年八月吉旦親鄰友仝立

胞弟丙辰　姪瑾　侨

不肖男嗣友　附生修　义　武　副生文　庄　孙中和　恪守

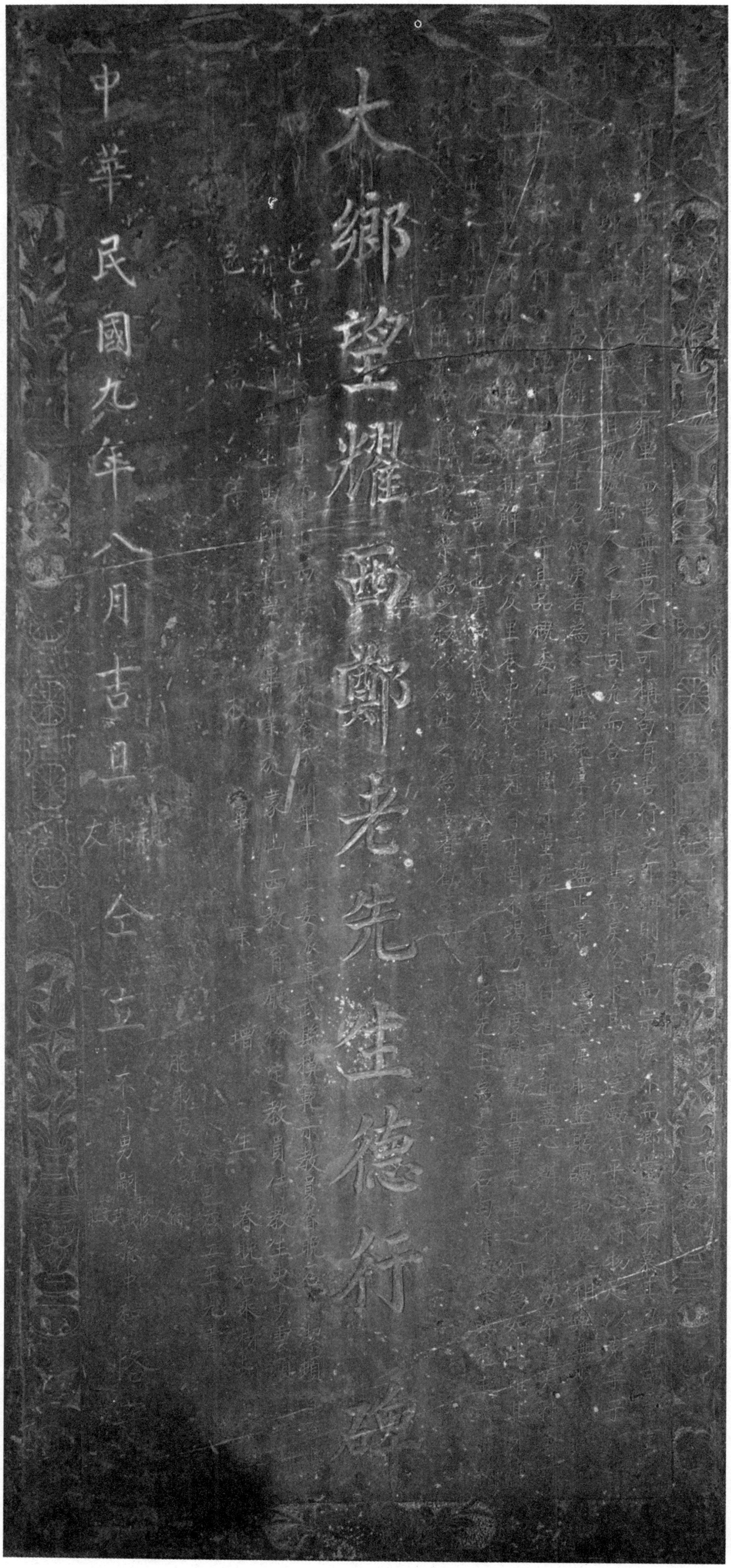

大鄉望耀西鄭老先生德行碑
中華民國九年八月吉旦 仝立

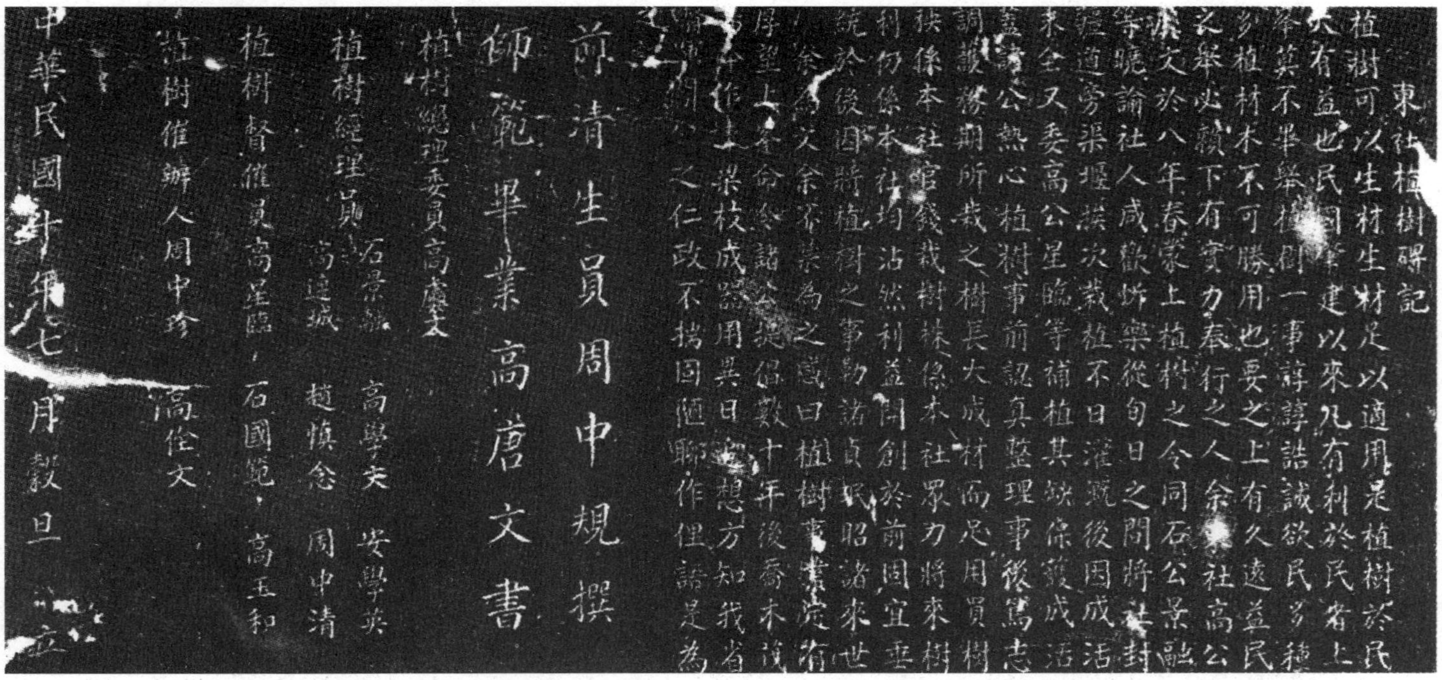

东社植树碑记

【简介】

中华民国 10 年（1921）立石。现存垣曲县谭家乡墱坂村。

青石质，长方形，高 38、宽 80 厘米。文 27 行，行 32 字，楷书。碑文记述了东社村民在政府号召下开展植树的情况。周中规撰文，高唐文书丹。

【碑文】

東社植樹碑記

植樹可以生財，生財足以適用，是植樹於民大有益也。民國肇建以來，凡有利於民者，上峰莫不畢舉。植樹一事，諄諄告誡，欲民多種多植，材木不可勝用也。要之，上有久遠益民之舉，必賴下有實力奉行之人。余東社高公虞文於八年春蒙上植樹之令，同石公景融等曉諭社人，咸歡忻樂從。旬日之間，將社封疆道旁渠堰挨次栽植，不日灌溉。後因成活未全，又委高公星臨等補植其缺，保護成活。蓋諸公熱心植樹，事前認真整理，事後篤志調護，務期所栽之樹長大成材而足用。買樹秧係本社官錢，栽樹株係本社衆力，將來樹利仍係本社均沾。然利益開創於前，固宜垂統於後，因將植樹之事勒諸貞珉，昭諸來世。屬余爲文，余不禁爲之感曰：植樹事業，定有厚望。上峰命令，諸公提倡，數十年後，喬木茂□，幹作棟梁，枝成器用，異日追想，方知我省督軍閻公之仁政。不揣固陋，聊作俚語，是爲之記。

前清生員周中規撰

師範畢業高唐文書

植樹總理委員　高虞文

植樹經理員　石景融　高學文　安學英　高連城　趙慎念　周中清

植樹督催員　高星臨　石國範　高玉和

植樹催辦人　周中珍　高　文

中華民國十年七月穀旦

清岁进士赏给军功六品衔竹泉李老先生德寿教泽碑

【简介】

中华民国11年（1922）立石。现存垣曲县。

碑青石质，竖长方形，高174、宽68.5、厚15厘米。碑首遗失。碑石周边刻饰4.5厘米宽的装饰花纹带，图案为壶花、牡丹、梅花、石榴配以葫芦、云板等。碑中竖1排楷书正文22字，字径8.5厘米。正文右侧刻序文12行，行82字，字径2厘米，楷书。碑文记述了李竹泉的德行和教育生涯。多有剥泐。正文左侧刊刻撰书人、校阅人姓名。碑阴刊刻受业门人、亲友人名。安恭己撰文，张友仁书丹，崔维序校阅。

【碑文】

（碑阳）

清歲進士賞給軍功六品銜竹泉李老先生德壽教澤碑

清歲貢生李竹泉先生德壽教澤碑序

青廉山之側倚亳川之傍，有隱君子焉曰李君竹泉。竹泉與余爲世交好，又爲余旁系之晚親也。始余總角時，受書於先君子，竹泉以親故，恒往來於吾家，與先君子談論今古，甚相契也。余□□□勺□□子見背，余出就外，傳竹泉又設教於□主館於余之别墅焉。余雖未親隨諸生之列，然以景慕竹泉之人之學，未嘗不朝夕過從，□作忘年之交遊。竹泉爲人寬恕樂易，而行尤□□，與人接談□□□□□□□□諧尤足令人解□，故其教人也，使諸生男女□居，□□□□□□□□□□□文字詩話，故於《隨園叢集》翻閲爛熟，□□□□□談話之資料，蓋其才力超逸，性之所近者如此。亦足以見竹泉之□□□。□余年已成童，遂負笈□□□□□□□□□□□□□□□□□□□□□□□其里居筆耕□織，永事教讀生涯。□□□□十春秋，□以風塵奔波，言旋靡定，遂與竹泉揆違遥隔，未再作睹面□□□□余以少年時景慕之，□□所謂□□不思也。□辛酉冬□□治谷之□四年，竹泉以明歲年登八旬，其鄉黨鄰里公擬爲竹泉立石，彰其德壽。其及門弟子亦擬附兹盛舉，酬其教澤，因來□□文於余。余□□□□□竹泉之年外□□□□□□□□□□□□□□□□□□□□以戚誼所□，□□□□□之文轉爲竹泉羞□，竹泉與余尚有軼事以証教澤之長不第及門者身受已也。憶余十二歲時，先君子以是年□□□□□□遇竹泉□□□□□□□□□□□□告曰，予曾祖□世□□道□□而汝又冲幼，比□□道之□□視汝一人之志□如何耳？汝好自爲之。勿忽□特余□北□即懷□□慚然愧以□□□□□先□□□□則必恭立，□未嘗□□□□□□□□□以□早知□□卑之□□也。何□□甫遭大故，即□名而不忌，余自此苦學□□□□至今猶不□此言，□所以□有今日者，實竹泉□□之語有以或之也。余於是□□□□日之用意且深□□□□□□□人隨時□□而皆可受益，正不必及門作弟子行者始□然足也，竹泉之善於教人大率如此。則其鄉黨鄰里凡與竹泉日接□者，其獲益享有□□□其有壽永而□□□□吾□□□□□且□□生□□□以故□□□□□□□□世同□者交遊而而以貢於成均蟄伏山中，隨享耄年，德茂之報，此余所以尊之□□□。雖然以竹泉之學之人而享此厚報，□□吾垣人士□□□□者，亦足如竹泉之□□□□□□竹泉之□□□□及及門生徒，其以人言爲□□□。竹泉名夢熹，字渭陽，竹泉其别號也。

清拔貢生七等嘉禾章署太谷縣知事愚表叔安恭己撰文

故署第四陸軍營□□□□陽曲縣知事愚弟崔維序校閲

清敕授□□佐郎候銓儒學司訓□□□穗嘉禾章□□戊申科歲進士愚表弟張友仁鞠躬書丹

清敕□□□□授□□□□□□□□□等嘉禾章省立第二男□□□員河東□□□□□□光緒壬寅年恩正□科舉人愚表弟張友賢鞠躬□閲

清附生□□□□□□□長前□□縣□□□□□清查財政委員愚再晚王立仁鞠躬□刊

侄暘士　吉士　故九則武　孫栖鸞　栖□　栖□　栖□　栖□　曾孫銀池　黄樑　王□　男吉祥孫栖□　曾孫□□　謹守

時民國十一年二月穀旦

（碑阴）

（受业门人、亲友人名略）

重修清良寺碑

【简介】

中华民国11年（1922）立石。现存垣曲县蒲掌乡蒲掌村。

碑青石质，圆首长方形，通高81、宽42、厚11厘米。首高22厘米，碑额竖排楷书“流芳”2字，碑身周边线刻富贵无边纹。碑文无题，共3行，满行33字，楷书。碑文记述了蒲掌村民重修清良寺的经过。韩绍薪撰文并书丹，王九霄刻石。

【碑文】

蒲掌村之南寺嶺清良寺由來久矣，不計創建於何時。但風雨飄摇，傾頽過甚，使不重修，此廟廢墜匇存矣。於是僉興善念，樂爲捐輸，從而修之，奂然聿新。又打土窑一孔。厥工告竣，因贅俚語以誌之。

業儒韓紹薪撰並書

承領首事　張三祝　王懷禄　張國華　郭世義　郭世寶　丁懷義　郭家順　史成章　王懷周　仝立

錢糧頭　張三壽　郭世耀

民國十一年三月下浣吉旦

石工王九霄刻

修筑便行桥序

【简介】

中华民国13年（1924）立石。现存垣曲县谭家乡境坂村。

碑为四石联刻，皆青石质，竖长方形，每石皆高132、宽48厘米，碑石周边刻饰4厘米宽的装饰花纹带，图案母题为壶花、荷花配以万字纹。碑文记载了境坂村修筑便行桥的经过并刊刻施财人姓氏、金额。第一石刻碑文10行，行45字，字径2.5厘米，楷书。第二石刻首事人与立碑时间。第三石刻外村捐施人姓名、金额，文横分9排，行24人。第四石刻本村捐施人姓氏、金额，文横分8排，每排19人，楷书。刘笃信撰文，高杰文书丹，颜德彰校阅。

【碑文】

（第一石）

修築便行橋序

橋以便行名，無橋必不便於行矣。墱坂村之有斯橋也，始自清光緒二十二年。既創斯橋而後，出其途者，莫不交口稱贊。十八村迎神取水反復平坦，更欣欣然嘉許。詎料民國三年五月間，河伯爲虐，冲斷橋樑大半，向之坦而無阻者，轉爲崎嶇難通矣。復何云便耶？僉擬早事修葺。乃馮夷方戢其威，旱魃又逞其狂，兼以烽煙鼎沸，民心皇皇，際此時局，實難乎其爲力。幸今者，晉政治平，年歲稍豐，修橋之議，其何能已？於是公推首事二十餘人，援例募資，到處慨施，毫無牽强，月許共籌資六百餘千，時民國十年冬也。次歲季春上旬属役，孟夏中旬告竣，竟月猶是。昔日便行橋之舊觀，從此若往若來，蕩蕩平平，四方行者無上下之勞，遠近旅人免跋涉之苦，凡輪流報賽之村社，皆與有便利焉。夫豈止墱坂一村獨享往來交通之利哉？且疇昔發起築橋慷慨樂施諸君子，或存或歿，對於斯橋之崩墜，蓋未有能漠然者。兹一旦堆砌，宛然上去龍頭，免風水之挑撥；下壯橋壩，圖永遠之鞏固。雖不敢謂較勝從前，或亦可瞑歿者之目，畢存者之志矣。予時主講第四高校，聞斯舉之善也，於是樂爲之序。樹石之日，以限於地勢，權於舊碑亭之左右兩端云。

清增生蒙内務部獎給四等義振褒章虚齋甫劉篤信譔

前第四高小校長國立第二大學畢業善慶甫顏德彰校

省立斌業中學畢業俊卿甫高傑文書

（第二石）

首事人　典籍吕得温　吕御賓　三等嘉祥褒章吕御汶　高連科　孟如圭　楊慎德　前清庠生四等獎章孟天照　吕國棟　庠生吕國順　儒士石景融　高連城　前清庠生二等獎章高殿魁　王正玉　吕容光　吕國興　銀色獎章監生趙慎意　廉存節　周中清　安則良　吕天仁　高校卒業吕克仁　吕學仁　孟昭嶽　仝立

時中華民國十三年三月穀旦

（第三石）

陳村捐錢一十五千　劉村捐錢一十五千　譚家村捐錢十千　北羊村捐洋六元　西型馬捐洋三元　豐村捐洋三元　東馬村捐錢四千　南墱坂　硤口村　東型馬捐錢五千　王村捐錢五千　南羊村捐錢五千　上畝原　西畝原　莊頭村捐錢四千　東石村　宋村　摇店河　同善南堡捐錢五千　同善上堡捐錢三千　從九安令聞捐洋二元　典籍張致祥捐洋二元

張卜友　安騮　張文科　顏端然　張文輝　安骔　顏友諒　銀色獎章安仁和　甲種實業校肄業安廷琛　安茂林　監生張西銘　以上各洋一元　三等獎章郭篤炡　耆賓張琴書　佾生顏德潤　顏則化　縣舊□□安麟聖　耆賓安馭　典籍張致讓　石扶成　柴維新　六政獎章車智桂　侯近仁　佾生顏捧茵

修築便行橋序

橋以便行名無橋必不便於行矣塏坂村之有斯橋也始自清光緒二十二年既創斯橋而後出其途者莫不交口稱贊十八村迎神取水反復平坦更欣欣然嘉許詎料民國三年五月間河伯為虐沖斷橋梁大半向之坦而無阻者轉為崎嶇難通矣復何云便耶僉擬早事修葺乃馮夷方戢其威旱魃又逞其狂兼以烽煙鼎沸民心皇皇際此時局難乎其為力幸今者晉政治平年歲稍豐修橋之議其何能已於是公推首事二十餘人援例募資到處慨施毫無牽強月許共籌資三百餘仟時民國十年冬也次歲季春上旬屬役孟夏中旬告竣竟月猶是昔日便行橋之舊觀從此若往若來蕩蕩平平四方行者無上下之勞遠近旅人免跋涉之苦凡輪流報賽之村社皆與有便利焉夫豈止塏坂一村獨爭往來交通之利哉且疇昔發起築橋慷慨樂施諸君子或存或歿對於斯橋之崩壞蓋未有能漠然者茲一旦堆砌宛然上去龍頭免風水之挑撥下壯橋欄圖永遠之鞏固雖不敢謂較勝從前或亦可瞑歿者之目畢存者之志矣予時主講第四高校聞斯舉之善也於是樂為之序勒石之日以限於地勢權於舊碑亭之左右兩端云

清增生蒙內務部獎給四等義振褒章虛齋甫劉篤信譔

前第四高小校長國立第二大學畢業善慶甫顏德彰校

省立一中學畢業俊卿甫高傑文書

首事人

呂得溫　孟天照　王玉[illegible]　安剛良

呂御賓　呂國棟　呂容光　呂文仁

呂御汶　呂國順　呂國興　呂[illegible]仁

高連科　石景融　趙懷意　呂學仁

[illegible]如圭　高連城　廉存節　[illegible]昭嶽

楊慎德　高殿魁　周中清

仝立

旹中華民國十五年三月　穀旦

耆賓張删書　佾生顔清杏　監生張修德　石良璧　典籍張雲太　典籍張帝太　安咸集　耆賓馬復盛　嘉祥褒章張潔身　石崇德　薛善士　張致庚　三等嘉祥章義殿金色章第克儉　六政褒章顔多貴　安志英　張子訓　嘉祥褒章顔友孔　從九車宗武　以上各洋一元　恩榮侯金章　梁錫福　梁俊　以上各錢二千　同心會館錢二千　銀色獎章張名珍　梁學堂　典籍張魁文　典籍閻子樓　佾生劉之諾　譚中和　靳統天　文樹壇　王三書　典籍第克允　以上各錢一千　□生劉篤信　任希義　臺耀魁　高□樽　安兆亭　趙行□　張芝賓　丁正山　九品高居士　趙□德　孟言中　石炳文　王之仁　申之儉　高丹桂　王三希　吕修德　監生劉篤愛　□□□　張□喜　何乃□　□□□　以上各錢□□　石壽山　師範畢業侯麟定　宋宗典　張□海　典籍吕□吉　前清增生□仁禮　安同雲　趙炳哲　監生趙無錫　席企堯　典籍任登榮　張得三　劉希法　高校卒業閻英林　張致花　車仰和　監生鄭文明　□敬天　王清位　□篤恭　以上各錢一千　高啓著　高壽榮　□良福　高傑森　三等嘉祥章張典全　楊得貴　□成美　高立身　馬金聲　譚文顯　馬崇慶　耆賓張捷三　台逢乙　閻克勤　高逢聘　石藴珠　靳逢西　佾生劉篤行　陳常行　鄭小邦　楊國楨　高逢賓　以上各錢一千　閻燠　王呈祥　石東鎮　高德元　張景春　劉篤敬　靳懋福　台紹夷　姚逢乙　譚中立　高中西　石修德　靳建廷　典籍張福錫　宋宗武　職員王積德　張銀虎　王選俊　三等嘉祥章楊遇鑫　台拌桂　以上各錢一千　安玉兆　三等嘉祥章張振綱　席企舜　常逢和　耆賓靳逢甲　張星煌　閻克勝　王吉慶　羅浮雲　劉增元　張作梅　張必端　任向榮　王樹榮　梁崇德　典籍王舉賢　典籍梁雕龍　任仰賢　臺士宏　文景魯　從九楊國臣　張星蘭　車盛和　趙天順　張士寅　王有智　以上各錢五百文

（第四石）

本村布施姓名開後

皇恩吕御汶錢二十五千　高校畢業吕克仁錢二十一千　吕天仁錢二十千　吕學仁錢十七千　王正玉錢十五千　安□恭錢十四千　庠生吕國順錢十三千　庠生孟天照錢九千文　吕國楝錢九千文　六政獎章孟春生錢八千文　監生趙慎意　吕國興　典籍吕得温　以上各錢七千　庠生高殿魁　監生高唐文　縣吏員高□文　以上各錢六千　吕容光錢五千文　王珮玉錢五千文　劉源恒錢五千　孟月桂　楊慎德　孟如璧　吕御濱　吕學之　吕□仁　□修補　□則良　以上各錢四千　□昭徽錢四千　吕習仁　吕擇仁　監生趙琴一　石景融　以上各錢三千　□□之錢二千文　趙琴五　吕近仁　吕純仁　□□□　以上各錢千五百　高連城　周中□　吕國法　吕□□　周中乾　王□□　王志□　高掉文　以上各錢一千八百　高玉和　孟仁□　孟月□孟月明　張恪齊　孟如花　以上各錢一千六百　楊登閣　廉有節　廉永德　孟同業　張星照　以上各錢一千五百　□□臨　張景□　張温□　□學聖　以上各錢一千四百　吕國落　張清學　周中憲　□□呈　□中寅　□□良　生員周中規　□俊儒　□臨江　孟起祥　以上各錢一千　□□之　高建祥　李英奇　郭振濟　高學文　路如魁　高□平　楊廷祥　孟福良　以上各錢一千　孟福順　孟福玉　孟浩然　孟如桂　孟孝先　孟豁然　郭明德　譚永富　吕愛仁　吕清之　高星臨　高星奎　楊春榮　楊□柱　張中長　廉永富　廉守節　楊月昇　石增光　安尊賢　張天發　以上各錢一千　張修德　王雲□　孟射斗　高學書　周中書　安學英　以上各錢八百　張士林錢六百文　高企曾　趙成德　趙中編　周芝蘭　周中珍　周庚文　周中南　周中元　高中元　以上各錢五百　高侊文　高佺文　郭積財　楊來盛　高治國　張扶元　廉中元　石增昇　孟永堂　劉逢春　石成旺　馬得功　石國富　石小更　石增彦　高英奇　李效忠　以上各錢五百文　周化昌　石學謹　石學慎　石同師　石國南　以上各錢三百文

重修关圣殿火神殿圣母殿并东西厢房舞楼大门及创建卷棚碑记

【简介】

中华民国13年（1924）立石。现存垣曲县同善镇观坡村。

碑六石联刻。皆青石质，竖长方形，通高152、宽54厘米。首、身皆分为二石，碑首皆高34厘米，除第三石篆书“旌义”2字、第四石篆书“流徽”2字，其余四石刻饰荷、兰、菊等花卉图案。碑身皆高118厘米。六石周边剔地线刻4.5厘米宽的花纹带，图案母题为壶花、莲瓣和蝙蝠纹。碑文记述了观坡村从光绪二十年（1894）开始历年来重修关帝庙内的关圣殿、火神殿、圣母殿、东西厢房、舞楼、大门并创建卷棚的经过。第一石刻碑文17行，行45字，字径2厘米，楷书。第二石至第五石刻捐施人姓名、金额，第六石刻督工、经理人姓名。侯国斌撰文，吴可恭、侯生光书丹，马善训题额。

【碑文】

（第一石）

重修関聖殿火神殿聖母殿並東西厢房舞樓大門及創建捲棚碑記

窃維古今來，凡廟宇之建置，莫難於創始，莫難於繼起，而實莫難於終成之美而且盛也。此意也，由余觀坡関帝廟始終所建之工推知，而益知其然矣。斯廟創自前清咸豐元年，其中火神、聖母諸殿及大門、東西兩廊並舞楼，皆係厥後次第創建之工。迨光緒二十年夏，不意風雨暴甚，溝水漲溢，冲壞壹是。於是社中共舉首領，二十九年，重修大門、舞樓、東西厢房；三十三年，重修関聖、火神、聖母殿，大興土木，遂復翻瓦之更新。迄民國十年冬，余等覺有正殿而無卷棚，雖僅足以妥神靈，而究不足以壯觀瞻也。用是，衆議售本廟栢樹四株，獲錢四十五千文，復酌加捐輸，人皆踴躍，其中且重施資助亦不乏人。遂一心協力，創建捲棚三楹，而輪奂罔弗稱美盛者。然前此創建継起雖有碑記，而水冲修葺並未竪石。遂衆方相商，一並命匠刊石，囑余以序。余不文，特摭實記之而深有感焉。大抵天下事莫爲之前，雖美弗彰；莫爲之後，雖盛弗傳，余莊関帝廟，何成工之完善而籌畫之周至乎？蓋以関帝之英灵炳如日星，與夫火神之顯赫離德照明，聖母之好生瓜瓞呈祥，廟之巍峨，寔神默佑之故耳。况前人後人創建之美且盛者，莫不遥相輝映而交相比隆矣。後之人苟能有損即修，有壞即補，庶斯庙之永新而神人之胥悦也夫。是爲記。

清例授恩榮副賓儒士政卿侯國斌撰文

清儒士薦甫石進五校閱

清國子監太學生彝齋石倫五校正

本邑高小校優等肄業生莊齋吴可恭　本邑高小校優等畢業生焕堂侯生光書丹

本邑高小校優等畢業生子順馬善訓題額

（第二石）

清例授典籍恩榮侯萬鑑　男已故國泰　孫麟驥　麟祚　施地壹畝壹分　錢拾參仟文

（第三石）

清魁文閣典籍侯金章偕男已故麟超　麟富　孫生焜　生光　生煌　曾孫希聖　希賢　施錢陸拾千文

（第四石）

清佾生已故石公輯五之妻馬氏命子壽山施錢伍拾千文

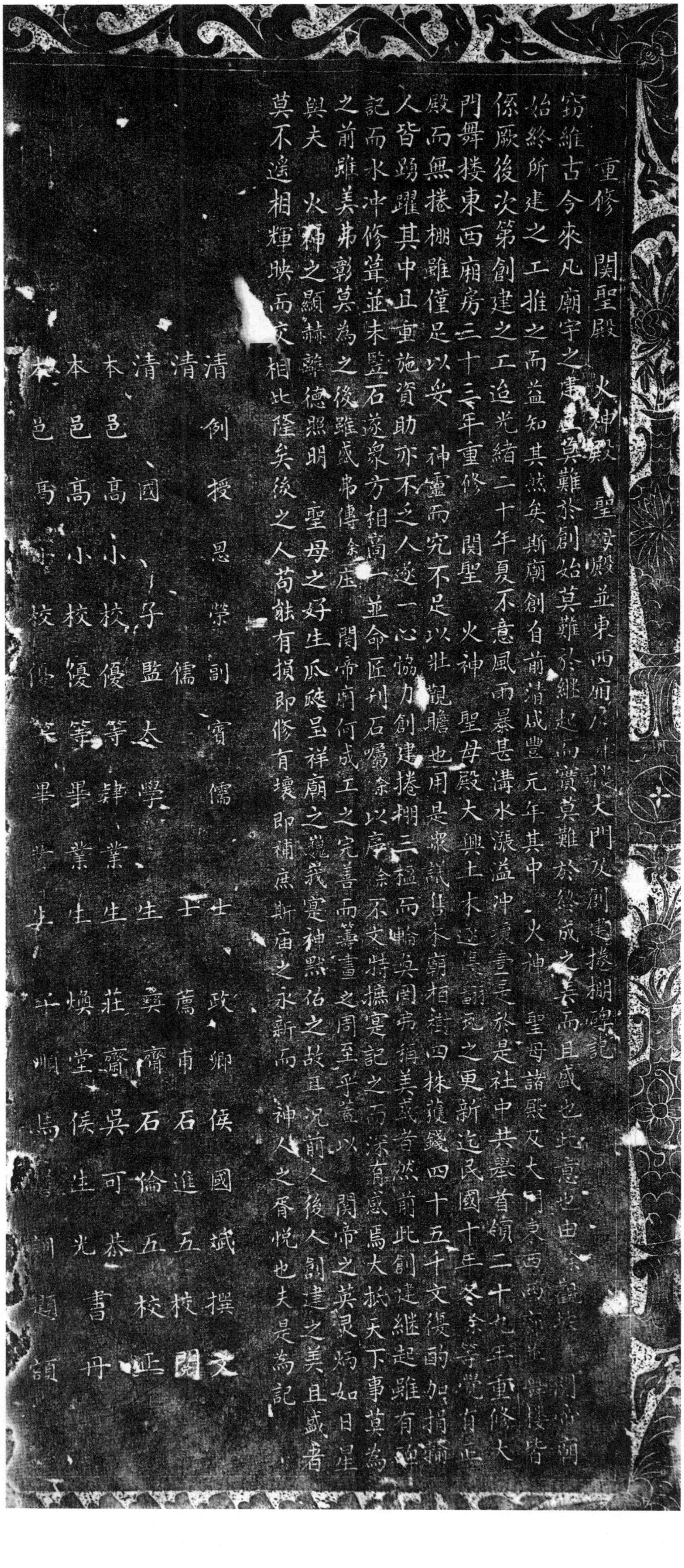

重修關聖殿火神殿聖母殿並東西廂房樂樓大門及創建捲棚碑記

竊維古今來凡廟宇之建莫難於創始莫難於繼起而實莫難於終成之美而且盛也此意也由余觀於關帝廟
始終所建之工推之而益知其然矣斯廟創自前清咸豐元年其中火神聖母諸殿及大門東西兩廂並舞樓皆
係厥後次第創建之工迨光緒二十年夏不意風雨暴甚溝水漲溢沖壞壹是於是社中共舉首領二十九年重修大
門舞樓東西廂房三十三年重修關聖火神聖母殿大興土木迭復翻瓦之更新迨民國十年冬余等覺有正
殿而無捲棚雖僅足以妥神靈而究不足以壯觀瞻也用是衆議售本廟柏樹四株獲錢四十五千文復酌加捐輸
人皆踴躍其中且重施資助亦不乏人遂一心協力創建捲棚三楹而輪奐閎弗稱美哉者然前此創建繼起雖有碑
記而水沖修葺並未豎石遂衆方相商一並命匠刊石囑余以亭余不文特撫寔記之而深有感焉大抵天下事莫為
之前雖美弗彰莫為之後雖盛弗傳余庄關帝廟何成工之完善而籌畫之周至乎蓋以關帝之英靈炳如日星
與夫火神之顯赫聖德照明聖母之好生瓜瓞呈祥廟之巍巍哉寔神默佑之故耳況前人後人創建之美且盛者
莫不遞相輝映而交相比隆矣後之人苟能有損即修有壞即補庶斯廟之永新而神人之胥悅也夫是為記

清例授恩榮副賓儒士政卿侯國斌撰文
清儒士薦甫石進五校閱
清國子監太學生奭齋石倫五校正
本邑高小校優等肄業生莊齋吳可恭書丹
本邑高小校優等畢業生煥堂侯生光
本邑高小校優等畢業生子順馬□訓題額

（第五石）

外村施財姓名開列於後

湯聖會施錢肆仟文

本社重修並創建施財姓名開列於後

典籍吳金輝施錢貳拾仟文　庠生侯奪元施錢拾柒仟文　庠生侯國章施錢拾柒仟文　耆賓石慶雯施錢拾陸仟文　耆賓石光雯施錢拾伍仟文　耆賓馬進學施錢拾壹仟文　恩榮馬進海施錢拾壹仟文　□□石倫五施錢柒仟文　恩榮侯國順施錢捌仟文　監生石福五施錢柒仟文　恩榮侯國和施錢柒仟文　吳金鐘施錢陸仟文　儒官侯萬泰施錢伍仟文　庠生侯魁元施錢伍仟文　祁清風施錢伍仟文　侯萬鍾施錢伍仟文　石振五施錢伍仟文　儒士石進五施錢伍仟文　吳璨施錢伍仟文　佾生馬汝良施錢伍仟文　□□□施錢伍仟文　石名山施錢伍仟文　石學□施錢伍仟文　石成山施錢肆仟文　靳金盤施錢肆仟文　張全德施錢肆仟文　馬龍甲施錢肆仟文　石教五施錢肆仟文　□□□施錢肆仟文　石玉五施錢肆仟文　石國炳施錢叁仟文　侯國斌施錢叁仟文　石聲五施錢叁仟文　石翼五施錢叁仟文　馬龍官施錢叁仟文　狄中和施錢叁仟文　侯國佐施錢叁仟文　靳成章施錢叁仟文　石傑五施錢叁仟文　樊金玉施錢叁仟文　趙言順施錢叁仟文　□□□施錢叁仟文　□□□施錢兩仟文　石□五　石□□　郭□恒　□□明　趙□□　石□□　石□□　石□□　以上施錢兩仟文

（第六石）

湯聖會施錢五百文

重修督工　靳登奐　侯魁元　恩榮已故馬進學　耆賓石慶雯　庠生已故侯奪元　恩榮馬金海　祁清風　庠生侯國章　已故石福五　耆賓侯萬鎰　已故石教五　石修五　耆賓已故趙恒芳　吳扶順　侯國順　儒士石進五　吳璧　典籍已故吳金輝　馬龍官　吳金鐘　侯國和　石玉五　已故吳金聲

創建総理　耆賓石慶雯　耆賓侯萬鎰　恩榮馬金海　□□石振五　典籍侯金章　典籍已故吳金輝

經理　恩榮侯國順　儒士石進五　侯國和　石壽山

督工　恩榮副賓侯國斌　馬龍甲　佾生馬汝良　吳璧　祁茂林　吳金鐘　靳成章　石傑五　典籍侯麟漿　庠生石逢西　□□趙言□　□□石成山　儒官侯麟定

時中華民國拾三年暑月中浣吉旦合社仝立

石工　譚永昌

创立第三高等小学校记

【简介】

中华民国 14 年（1925）立石。现存垣曲县同善镇同善会馆。

碑七石联刻。皆青石质，竖长方形，高 142、宽 48 厘米。七石石边刻饰壶花、蝙蝠、花卉纹装饰带。碑文记述了同善镇建立第三高等小学的经过。第一石刻碑文 15 行，行 47 字，楷书。第二石刻发起人、总理、学董、督工、募化人姓名。第三石至第七石刊刻施财人姓名、金额。王福清撰文，王绍基改正，王善述、赵宗周校阅，刘进良、倪文卓书丹。

【碑文】

（第一石）

創立第三高等小學校記

自科舉廢而學校立，通都大邑無論矣，即蕞爾彈丸，亦皆學校林立，爲造就人材計。吾垣地瘠民貧，籌款維艱，故立學校以來，僅有城内高小校一所，洵不足以容多士而宏造就。吾鎮雖有熱心學務諸君，擬欲再加擴充，力實不足。適民國八年仲春，縣長張公明此情狀，每年撥地方公款七百元，於第二區另辦高小校一所，誠盛舉也。然與其增設一所，何若增設□所，尤爲美善也。幸有發起人邀集首事諸君，到城與縣長共商，開議数次，結果分給二區三百五十元、三區三百五十元。惟我三區轄地遼闊，不便就學者仍屬多多，因增足四百元，同善四村設立一所，上蹬坂又設一所，各所每年獲領公款二百元，統計每年校中支費，所差良多。遂議舉學董多人，共勸厥事，各村募化。而我四村諸君子亦皆量力樂輸，多寡不齊，不數日捐輸經常費若干，每年按一分生息，助支學務。擇定本鎮商賈會館爲地址，舊有房舍數座，因便就簡，□加修造，恐不敷用，又建前後房三座，共計八間。是歲八月，即成立開學，不爲不速矣。斯役也，雖由地方公款植其舉，然要非發起人與學董諸君熱心教育，捐輸諸君仗義疏財，曷克臻此？兹則愈加擴充，學生由一班而添招兩班，要皆□□同心協力，殫精費神之所致也。後之人果克念此情由，繼其志而述其事，俾斯校日臻完善，人材永無遺棄，尤熱心學務諸君所厚望也夫。

清生員河東示範學校畢業現充本校主任教員潔生王福清撰文

清敕授修職郎候選儒學訓導試用縣丞戊申歲進士子厚王紹基改正

清例授修職佐郎候選訓導增貢生省署給予六政獎章孝堂王善述　河東師範完全科畢業優等現任本校校長仰岐趙宗周校閱

（第二石）

清高等小校畢業增生檢定甲等初級教員國選劉進良　高等小校畢業雙穗獎章正峰倪文卓書丹

發起人　歲進士王紹基　□□□教育□□王泰典　農校畢業王福履　候補區長趙中鵠　監生倪楷　□□□□王士时　□□趙聡

總理　五品監生王英吾　歲進士王紹基　監生倪謙　農校畢業王福履　候補區長趙中鵠

經理財政　楊樹魯　六政獎章王自榮　馬騰羆　六政獎章趙士秀　監生倪懋　劉成盛

庶務　從九王載陽　監生王積成　監生倪楷　六政獎章趙宏　從九李嵩發　六政獎章李席珍　監生石鳶　候補區長趙中鵠　六政獎章文天光　六政獎章趙士秀　監生馬立仁　从九李嵩发

學董　五品監生王英吾　農校畢業王福履　六政獎章王自榮　馬勝罴周之緒　庠生戴秀春　歲進士王紹基　監生倪楷　楊樹魯　監生薛講德　監生倪懋　鄧炳奎　监生石鳶　監生周梓林　監生薛講德　金色獎章趙審　王修宾

督工　庠生王玉振　附貢王善述　增生倪彬　恩榮潘秉義　儒士趙宗禹　樊春香　佾生馬義胜　楊作材　高洪　申之純　六政獎章文天光　庠生戴綉春　趙中品　典籍龐文界　儒士侯國賓　嘉祥褒章石楓林　監生倪銘　張國彥　六政奖章柴亭　高小畢業郭廣仁　監生馬立仁　□□獎章張振德　王

恕已　薛水源　王福典　六政獎章高治華　胡守身　郭清和　王鶉音　王步月　王安武　文書紳　丁立珠　狄省吾

募化　典籍史煥文　典籍李光和　周之緒　耆賓趙序倫　典籍郭俊極　耆賓薛廷畢　典籍郭趹東　劉希孔　趙合儉　儒士宋學禮　郭方田　王南辰　申之命　儒士樊述聖　從九馬瑞　監生甯永泰　王積勳　嘉祥獎章姚玉振　武宗周　侯身修　車德興　劉蔭棠　車中規　狄炳南　邢九齡　王克昌　郭臨陽　姚逢玉

（第三石）

清褒獎五品銜國子監太學生民國獎給紫紅綬銀質褒章山西省署獎給銀質嘉祥褒章金色雙穗獎章王英吾捐大洋壹佰圓

（第四石）

清例授登仕佐郎省給嘉祥褒章文華捐大洋壹佰圓

（第五石）

山西省署獎給嘉祥褒章石楓林捐大洋壹佰圓

（第六石）

山西省署獎給嘉祥褒章姚玉振捐大洋壹佰圓

（第七石）

劉村□□□　薛廷□捐大洋伍拾

上堡所捐輸姓名列後

王玉書錢五十串　監生石倫錢四十串　□□□□章錢三十串　樊春香錢三十串　佾生馬羲勝錢三十串　農校畢業王福履錢三十串　狄畏三錢三十錢三十串　從九馬作霖錢二十串　監生賈廷楓錢二十串　監生王輪屏錢二十串　郭挺秀錢二十串　監生狄省吾錢二十串　王禹□錢二十串　朱家溝社錢二十串　監生倪斌錢二十串　文董趙宗熹錢二十串　張如明錢二十串　□□李鴻文錢二十串　趙宏錢二十串　樊春林錢十五串　恩榮劉春錢十五串　從九王樹榮錢十五串　畢金泉錢十五串　文天業錢十五串　甯風來錢十五串　王福星錢十五串　高校畢業王福德錢十五串　甯永慶錢十五串　文善友錢十五串　恩榮甯法錢十串　馬平陂錢十串　趙清魁錢十串　王自從錢十串　從九甯風梅錢十串　王天江錢十串　侯萬寶錢十串

下堡所捐輸姓名列後

庠生王玉振錢二十串　進士王紹基錢二十串　侯萬坤錢二十串　從九王載陽錢二十串　從九侯金章錢二十串　監生申之述錢二十串　馬家河娘娘會錢二十串　王二門祠堂錢二十串　馮家山社錢二十串　典籍車文宣錢二十串　譚扶義錢二十串　庠生侯國章錢二十串　王恕已錢二十串　楊作禮錢二十串　石國將錢二十串　侯麟風錢二十串　石守山錢二十串　王宏道　越琪　馬義　趙宗雍　王自榮　車明　韓之盛　李俊　劉希孔　張江　郭清順　錢十串　馬斌　狄□生　趙合芝　趙合儉　馬□　王南辰　郭忠　馬翠　王省三　王侯　劉蔭芝　董思聰　錢十串　趙合□　常青枝　柴森　王克勤　高治華　董恩明　王潔身　狄進吾　趙應　王步高　甯振恭　錢十串　丁上官錢十串　王遇辰　賈廷蓮　武秉聖　李學堂　劉希謀　安恒光　馬慶　劉清信　馬舜　錢十串　監生王積屯　申卓章　馬金海　侯萬鎰　王春華　王德榮　錢十串　王發春　狄蘭堂　王□之　王之榮　馬騰羆　賈廷芝　錢十串　王臺　王夢白　席友京　侯國英　張人偉　李增義　錢十串　申之禮　王士英　張耀室　王麗□　馬松茂　錢十串　侯慎修錢三十串　張振德錢三十串　監生王士林三十串　王積厚　從九王立己　丁

驪珠　錢二十串　石得禮錢十串　石良相錢十串　高小畢業石良相錢十串　從九王登陽　楊樹魯　增貢王善述　錢十串　王正己　石國相　從九石運至　錢十串　馬楊善　張炳輝　高小畢業侯麟定　錢十串

劉村所捐輸姓名列後

監生周梓林錢二十五串　監生薛講德錢二十五串　生員郭廣德錢二十五串　郭風元錢二十五串　車執圭錢二十五串　耆賓薛廷振錢二十串　典籍吴金輝錢二十串　從九車宗武　郭成功　錢二十串　監生石鳶　典籍宋學詩　典籍史焕文　監生石學泰　典籍郭峻極　錢十五串　恩榮郭耀東　典籍薛貞魁　郭炳安　李天發　周庠　生員楊遇春　從九狄謙　錢十五串　監生馬立仁　□□□　薛生祥　錢十五串　恩榮石清文　恩榮趙持佩　譚逢極　石恒元　李光殿　錢十串　李增光　典籍周之德　趙序倫　六政獎章侯風岐　佾生龐文界　張德全　彭祖堂　錢十串　文庚子　典籍馬汝良　申之命　從九劉茂盛　李發　佾生張國彦　增光劉進良　錢十串　周學　六政獎章李席珍　高小畢業趙中央　高小畢業車德興　車珍興　石眉山　石名山　王仁壽錢　十串

望仙村捐輸姓名列後

望仙所捐錢四百二十串　監生倪銘錢三十串　倪文博錢三十串

中華民國拾肆年五月吉旦竪石

先祖考讳祥珍吴府君妣淑德尚太君合葬之墓

【简介】

中华民国14年（1925）立石。现存垣曲县。

碑青石质，圆首长方形，通高106、宽44厘米。首高20厘米，碑额竖排楷书“昭来许”3字，左右两侧刻饰牡丹花叶纹。碑石周边刻饰4厘米宽的花叶纹装饰带。碑题1行，刻于碑身正中，字径6厘米，楷书；题右刻序文4行，行31字，字径2.5厘米，楷书。碑刻为吴董氏为先祖吴祥珍及配尚氏所立墓碑。

【碑文】

先祖考諱祥珍吴府君妣淑德尚太君合葬之墓

先祖父諱祥珍，配尚氏，曾祖之長子也。生一子諱光禄，配許氏，葬先祖之左側。所生一子諱殿元，即婦之先夫君也，前配楊氏、戚氏俱逝。自身入吴門之後不數年，夫君仙遊，乏子無嗣，乃營葬夫君於先考妣之足下。竊恐代遠年湮，墳墓迷忘，特於祖考墳前竪石，以垂永遠不朽云。

孫婦吴董氏率曾孫跳門恪守

大中華民國十四年陰曆季夏月穀旦立

竹林寺整理地亩碑记

【简介】

中华民国14年（1925）立石。旧存垣曲县古城镇古堆村，现存垣曲县博物馆。

碑青石质，长方形，高146、宽63、厚13厘米。碑身周边刻饰3厘米宽的花纹带。碑文14行，行55字，楷书。碑文记述了民国初期诸公直整理竹林寺地亩以为学校的经过。阎希良撰文，杨洁书丹。

【碑文】

竹林寺整理地畝碑記

竊維世運之隆替，由於舉措之得失；業産之興衰，係乎人事之□正。如三莊竹林寺者，溯其創建，始於南宋高宗，距今七百餘，豈其間興衰屢經，稽其功著法門、增光寺院者，歷年已久，難知其詳。證諸碑記，惟□才、祥如、同寧、元珀、雙峰等，兹數人者，不惟有建修之功，而且有續置之績。延清同治之際，静濟、静旺、真鬚之儕，將寺中之業産出典殆盡，設非祥如遺規於碑，雖有今日租田，祥如實有功於□□而尤垂功於後世，其可謂創業垂統，洵有芘蔭之遺風焉。洎光緒大祲饉逃糧，累後雖有陸續入寺之僧，均屬平者，豈優有裨於竹林乎？□是三莊父老目睹心傷，集衆會議，舉數公直諸君協力整頓，不辭勞瘁，補葺罅漏，修築垣埤，逮民國九年車公設校，會議以寺中之積幣作學校之□□，公□應□，該寺又爲三莊造就人才之地，遂舉學董數人，聘請本莊教員楊温，春風桃李，今已六年。後車公委學董兼公直，始□□青光於寺，俾其□雜□於兹寺，以爲將來修造之資。□□新政公佈，業産無契者令增補之，逾化甲典契，□不準□。幸賴諸君仗義，□公□□寺中之□□□□雖不没前，亦云休矣。兹非人事之正，豈啻業産失墜，殿宇概不能久存，誠領袖之功、竹林之幸歟！是時，人民遵守補契而寺中□□□□旁□，且有未載碑之地畝，尤不得不關痛癢，況滄海桑田，古今通殊，更不得不以現時名稱以竪石也。□足將所有之業産□□□□□□□段地畝之數詳銘於石，以垂不朽。議決以後，囑余爲文，余以情桑梓難辭其責，故僅□其始終弗揜人善以誌之。

邑業儒歷授私塾現委女子初級小校教員□□楊文炳校閱

邑業儒歷充私塾教員子濤楊潔書丹

邑高等小校乙班優等畢業歷充國民小校教員尊五閻希良撰文

總理公直　帝萬□　閻文炳　赫連鰲　□永昌　□文□　□連山

總理公直　王進賢　高輯瑞　□克元　王化南　□□□　□□温

經理　辛文奎　□□□　□□□　□□□

時中華民國十四年七月上浣吉旦

石匠　潘□門　刊

清邑庠员南堡谭老夫子教泽碑

【简介】

中华民国 14 年（1925）立石。现存垣曲县古城镇谭家村。

碑青石质，竖长方形。碑中竖 1 排楷书正文。正文右侧刻序文 7 行，行 59 字，楷书。碑文记述了谭南堡老先生桃李满天下的教泽德行。序文左侧刻撰书、立碑人姓名。王明德撰文，王直臣校阅，张兰香书丹。

【碑文】

清邑庠員南堡譚老夫子教澤碑

竊聞之師也者，傳道授業解惑者也。古者，師有家法，弟子名一師□終身焉。所以馬□□經，聲馳漢代；□門立雪，譽滿宋時。若吾師譚老夫子之教□□，可□古之師道並傳焉。夫子印炳雯，字雲章，號南堡，年六十晉八歲，山西垣曲縣譚家村人也，前清名諸生。博綜載籍，篤志躬行。自年二十四五，即以經書及時義文教授里中，至今六十餘歲不輟。弟子從學者先後數百人，遠者數百里，又有遠不能及門，而必寄文藝以求政者。循循善誘，啓迪後進，歷數十年如一日，視弟子如家人父子。晨夕一堂，教以聖賢之道，語以孝弟之本，誘掖指導，啓頑發朦，成就者衆。夫子碩宿名高，經師望重，文章煥發，家學淵□，品節清高，則一塵不染；胸襟郎澈，則千頃不波。遇事排難解紛，鄉里悉拜嘉惠。至其世兄揚善等，趨庭詩禮，效鯉對以承歡；傳世箕裘，睇象賢而悦志，具徵天之報施賢者，正未有艾也。弟子等仰蒙説禮敦詩之教，廣被春風時雨之施，媿之報稱於涓埃，群欲仰止於無極。僉議恭立豐碑，以誌教澤；胥屬明德撰文，以記其事。明德渥沐陶成，敢辭譾陋！爰拜手而謹敘事實，以被於石，借垂不朽。只以□□不文，未克闡揚師恩於萬一耳。是爲記。

山西警官班畢業現任蒲縣警佐兼第一區區長受業門人王明德頓首拜撰

山西第二師校完全科畢業曾充本邑縣視學員受業門人王直臣頓首拜閲

邑第一高小校畢業旋蒙教育廳檢定國民教員受業門人張蘭香頓首拜書

男司□研究警察教練所畢業揚善　邑第四高小校肄業樂善　侄述善　兼善　良善　孫騰雲　凌雲　祥雲　瑞雲　登雲　恪守

時中華民國拾肆年捌月中浣吉旦刊石

清国学生六政奖章字子贞裴老先生德寿碑

【简介】

中华民国15年（1926）立石。现存垣曲县古城镇峪子村。

碑青石质，长方形，高147、宽63、厚12厘米。碑中竖1排楷书碑题18字。碑题右侧刻序文12行，行70字，楷书。碑文记述了裴子贞先生的生平德行。碑题左侧刻立碑人姓名。安恭己撰文，姚循书丹。

【碑文】

清國學生六政獎章字子貞裴老先生德壽碑

垣曲裴子貞先生，吾鄉之年高有德者也。始，吾與先生令姪楓廷同遊學於東雍，並訂金蘭之契，因以知先生。楓廷嘗□□：吾少孤，長而克自樹立者，叔父力也。楓廷没，先生又以待猶子者待諸孫，俾得一意攻讀，無内顧憂。而於鄉族中子弟之昇學者尤誘掖獎進，推其所以待子姪與諸孫者待諸族。暇常命姪孫輩召集族人子弟，教以識字讀書，門庭内外，翕然無間，吾之所以知先生者如此。吾所未知者，亦嘗側聞鄉黨之傳述矣。糾族人葺宗祠，以妥先靈，一也；修家乘繪墓圖，以免迷失，二也；責己嚴，待物寬，與人理事，必竭誠以赴，雖朔風烈日不之顧。卑幼偶有不當，必厲言以戒，使納軌就範而後已，三也。凡此種種懿行，罔非善德之歸、修齊之道，不外乎斯。惜先生囿於家政，僅以孝友施於家。在前清循例入太學，未能一試其治平之效。今先生七十有四年矣，其族人欽仰先生之德，咸擬樹石以誌慶，且屬爲文。昔吾讀《中庸》一書，至“故大德必得其位，必得其禄，必得其名，必得其壽”數語，恒疑聖人欺我。以爲，古之人真有大德者，其於位禄名壽不可兼有者比比也，何必得之云？及讀子張《干禄》章，見朱注引程子之言曰：“修天爵則人爵至，君子言行能謹，得禄之道也。”或疑如此亦有不得禄者。孔子□曰“耕也餒□□中，惟□可爲者爲之而已矣”數語，益信吾之所疑與或疑不約而同繼□□。此兩章微旨，對子張則曰，吕□□□寡悔，禄在其中。於《中庸》則曰，故大德必得其位禄名爵，□果能□□尤行寡□，則其有大德也可以斷言。然人人不必果能，則所謂位也、禄也、名也、爵也，猶不可期，其必得□□□斷言□大德者必兼得。非大德而有一言一行之□，尤寡悔者，雖不必□得，亦可必得其一二□□。此則吾昔之所疑，與程子所引，或人之疑□□□□以慨然□今□□□之德□□家庭而竟獲有名與壽之休徵，益信□老之言爲不誣也。在《詩·蓼□》之二□四：“其德□□，□考不忘。”又其三章□：“宜兄宜弟，□□壽。”豈不□□□□□□□因吾□先生□□交之□□以□□族人之屬，於是乎書。

簡任職存記署理大□□□□安恭己拜撰

大總統傳令嘉獎補北京參議員陸軍營□□□署理繁峙縣□□姻晚姚循拜書

簡任職存記署理垣曲縣知事□鵬運校閲

清敕授文林郎吏部揀選知縣壬□科□□張友賢拜首仝立

後堂姪□□□□□生褒獎□□獎章炳　孫師範卒業士林　師範畢業廪生毓麟　已故義賑□德獎章天建　清國學生毓瑞　中學畢業候選區長毓麒　曾孫清□校畢業士□　畢業廪生麟林　高小校畢業麟瑞　初級小校畢業士□　玄孫初級小校肄業□□

胞姪已故清歲進士揀選知縣恩慶　炳慶　已故□德獎章恒慶　孫進山中學畢業毓華　已故中學畢業毓芳　高小校畢業毓蘭

男師範畢業延慶　降服已故吉慶　高小校畢業鴻慶　初級小校肄業篤慶　孫初級小校肄業毓荷　毓蕚　毓蓍　毓蕾　仝叩首恪守

中華民國拾伍年十二月穀旦

重修祖庙并家乘碑序

【简介】

中华民国 16 年（1927）立石。现存垣曲县英言乡无恨村。

碑青石质，圆首长方形，通高 114、宽 46、厚 11 厘米。碑阳额部竖排楷书“百世”2 字，碑阴额部竖排楷书“流芳”2 字。文 11 行，行 20 字，楷书。碑文记述了张氏合族重修家庙和家谱的经过。碑阴刻撰书、立碑人名字。张尚德撰文，张儒宗书丹。

【碑文】

（碑阳）

重修祖廟並家乘碑序

惜哉！子思曰：夫孝者，善継人之志，善述人之事者也。若我先代創祖廟以慰先靈，造家乘以序昭穆，其志可繼，其事可述。而我濟濟后嗣，不啻不能善繼善述，即繼之述之，亦戛戛乎難矣。雖然彼一時此一時也，豈敢以無有堂之人，廢肯搆之功哉？如祖廟自乾隆年創建，家乘自同治年重修，皆年遠代湮，祖廟摧霜，家乘陳腐。況值此干戈擾攘之時，倘不急加修理，恐祖廟瓦□，家乘失傳，令後代復悼披黍离□之□。於是合族公議，决意於光绪卅三年重修上房、门樓，民國元年重修家乘，十二年重（修）厢房，十六年重修捲棚、耳房。今雖煥然一新，未是美奐美輪，誠不敢謂繼志述事，不过於祖廟家乘略補修云尔。

大中華民國十六年十一月冬至佳節合族仝立

（碑阴）

高等畢業尚德撰

清庠生效貞參閱

業儒儒宗書

族長　優級师范畢業充任本縣警務張良玉

五門首事　振德　儒科　仕民　有範　淇水　良奇　良才　正堂　林儒　理賬頭仁典　仝立

清□□□大夫□化总学夏县儒学教谕癸酉科拔贡己卯科副榜仲勉张府君暨□□□封淑人张母文太淑人墓志铭

【简介】

中华民国18年（1929）立石。现存垣曲县博物馆。

墓志共二石，现仅存一石。青石质，长方形，高49、宽58厘米。文33行，行27字，字径1.5厘米，楷书。

墓主张□骐（1850—1929），字仲勉，号沇西，清垣曲县（今古城镇）十字巷人。生而颖异，青年时就学太原，清光绪五年（1879）山西乡试第二。主讲乡宁、武乡及垣曲县书院多年。曾任归化十一厅总学教谕和夏县儒学教谕。屡蒙县府、大总统褒扬。著有《宦游记》《小学近思录注解》等书。

【志文】

清□□□大夫□化總學夏縣儒學教諭癸酉科拔貢己卯科副榜仲勉張府君暨□□□封淑人張母文太淑人墓誌銘

□□□□□異之□遭時不遇，或里閭終老，或冷官□遲，弗克發展，其素□□其□嗣昌大□往，連翩奮起，足以承先志而遂□揚，然後知天之□□，或□□其身，或於其子孫，非偶然也。若是者，足以志吾世伯張公矣。公諱□騏，字仲勉，號沇西，世居垣曲縣城内十字巷。自始祖九朗公由沃遷垣，歷世皆有隱德。曾祖父諱卜公，祖父諱廷鉞，俱國學生。父諱彦濤，光緒戊寅歲進士，候選儒學訓導。繼妣文孺人。公生而穎異，三歲時讀《毛詩》，琅琅上口，群許爲遠大之器。年十六，受知於提學林錫三先生，補博士弟子員，時已文名噪甚。後遊學晉陽，師事洪洞王霞舉、樂平李菊圃先生，而德業益進。清同治癸酉，爲山西督學使者龔□師所賞識，成選拔，時年二十有三。迨光緒己卯再應鄉試，人多以元魁擬之。及揭曉，竟中副車，知交多爲惋惜，然公初不介意也。公擅長制藝，尤於經史古文多所研求，且最注意於程朱理學。主講鄉寧、武鄉及本縣書院前後逾二十年，教育士子多所成就，如段雨田、閻永清、安於恒等，皆一時之雋秀。及任歸化十一廳總學教諭並夏縣儒學教諭時，亦以敦品勵行、講求實學勖諸生，當時士風爲之一變。公性正孝，一以悦親心爲急務，尤以好貨財、私妻子爲大戒。光緒十七年辛卯，公之封翁有微病，時適逢鄉試之期，有勸公赴省應試者。公堅不去，而封翁病日增，公晝夜侍奉，無稍懈。迨封翁逝世，哀毁備至。及舉辦考妣葬事，一切悉遵典禮，四方來觀者交稱贊焉。公友於至篤，視諸昆弟如手足，怡怡相得，毫無間言。惟教訓子姪輩，必以禮法相繩，稍有不合，即嚴詞呵斥，不少寬假。縣長任公親題楹額，書以“孝友義方”四字。民國十三年，親族臚列事實，合詞籲請大總統褒揚，蒙奬匾額曰“令德孔昭”。嗚呼！可以風矣。著有《宦遊記》《小學近思録注解》，待校付梓。公生於道光三十年十一月十一日巳時，卒於民國十八年己巳夏曆五月初四日午時，春秋八十。德配淑人，世系文氏，爲邑望族揚清公次女。年十八歸公，適家道中落，勤儉自持，躬親井田怡如也。事舅姑以□意承志，處妯娌娣姒閒和而有恩，不聞家庭有争競事。性好施與，鄰里間有窮乏者，輒□法周濟，不足則典質簪珥以與之，毫無吝□。□□生□丁丑□□，公奉命辦賑，淑人親手煮粥，活人無算。□□□□□□□□大總統褒揚，奬以匾額，題曰“懿德可風”。後先輝映，間□□□□□□□生於清咸豐三年癸丑四月十五日亥時，卒於光緒二（下阙）。

先生妣淑德张太君继妣淑德孙太君之墓

【简介】

中华民国20年（1931）立石。现存垣曲县同善镇同善村。

碑青石质，圆首长方形，通高103、宽43厘米。首高16厘米，碑额竖排楷书“流芳”2字，字径7厘米，左右两侧刻饰荷花。碑身周边线刻3厘米宽的几何折线纹装饰带。碑中1行楷书正文，字径4.5厘米。正文右侧刻序文7行，行37字，字径1.5厘米，楷书。碑文记述了垣曲县申氏的来源、近五代祖先的名讳、生母和继母的恩德及立石之缘由。申景唐书丹。

【碑文】

先生妣淑德張太君繼妣淑德孫太君之墓

余先世自洪遷垣，至八世祖諱穎，生復，由城内徙居斯莊已數百餘年矣。高祖諱世奇，配文氏；曾祖諱怡，配石氏；祖諱青雲，與祖妣薛太君俱葬郕北老塋。惟繼祖妣王氏，另立祖於老塋之右。考諱三重，與元配薛太君合葬足下。因塋道狹隘，張、孫二妣又卜葬於此。生余兄弟二：長即余，配氏邢氏，狄生父孫三：景虞、景康、景度。弟之垢配甯氏，生父孫二：景唐、景廉。姊一，適高公尊智，甥尚義。聞生母張太君勤慎和平，克盡婦道，生余僅五歲而西游，幸賴繼母孫氏撫養成人，衣食輒美於弟，鄰里多不之知。嗚呼！吾母如此恩德，欲立表道之石而力不及。兹年已七十，弟與室人皆先後辭世，遂督子姪五人竪石塋前，俾後世子姓略悉祖宗來源，佳城所在。是爲序。

縣立高小校畢業檢定教員孫景唐沐手書丹

不肖男申之純　之厚　孫景廉　景虞　景唐　景康　景度　曾孫百禎　百福　百禄　百祥　仝樹石

中華民國二十年夏曆二月既望越四日清明穀旦立

第三集团军陆军第二十师师长鲁锐锋义行碑

【简介】

中华民国20年（1931）立石。旧立垣曲县古城镇，现存垣曲县博物馆。

碑青石质，螭首长方形，首高96、宽77、厚16.5厘米，竖斗形碑额阴刻楷书“不朽”2字。碑身高198、宽77、厚15.5厘米。碑石中部1行楷书“第三集团军陆军第二十师师长字锐锋鲁公义行碑”21字。文右刻序文14行，行82字，楷书。碑文记载了鲁英麟于清末民国初投身行伍、救民于水火的德行。文左刻撰文、校阅、书丹人姓名。张友贤撰文，王晋丰校阅，张庠麟书丹。

【碑文】

第三集團軍陸軍第二十師師長字鋭鋒魯公義行碑

邑治有以義爲上君子曰魯君，文武兼資，非獨其功足多也，德尤懋焉。君□英麟，字鋭鋒，世爲望族。明崇禎末乙榜魯公世任以理學作牧鄭州，有德政，鄭人愛之，祀名宦。曩余長城内高小校時前輩孝廉虎臣公彬雅若儒者，素好士，嘗語余曰：吾家當有興者，其在長孫乎？即謂君也。已而君與招生試，國文冠等，夷以取第一，時雖幼而志氣遠大，不欲焉以文事見長，遂入太原陸軍小學。嗣入北平清河陸軍預備學校、直隸保定軍官學校。畢業後由排長累績進階而至師長，於今三年矣。本歲辛未之九，戚屬文長齡、學友王拱辰現已充兵差財政局局長，具悉君之事迹，詣余而言曰：近年來，軍事殷繁。我邑晉豫之大隊往來經過者歲率數次，地瘠民

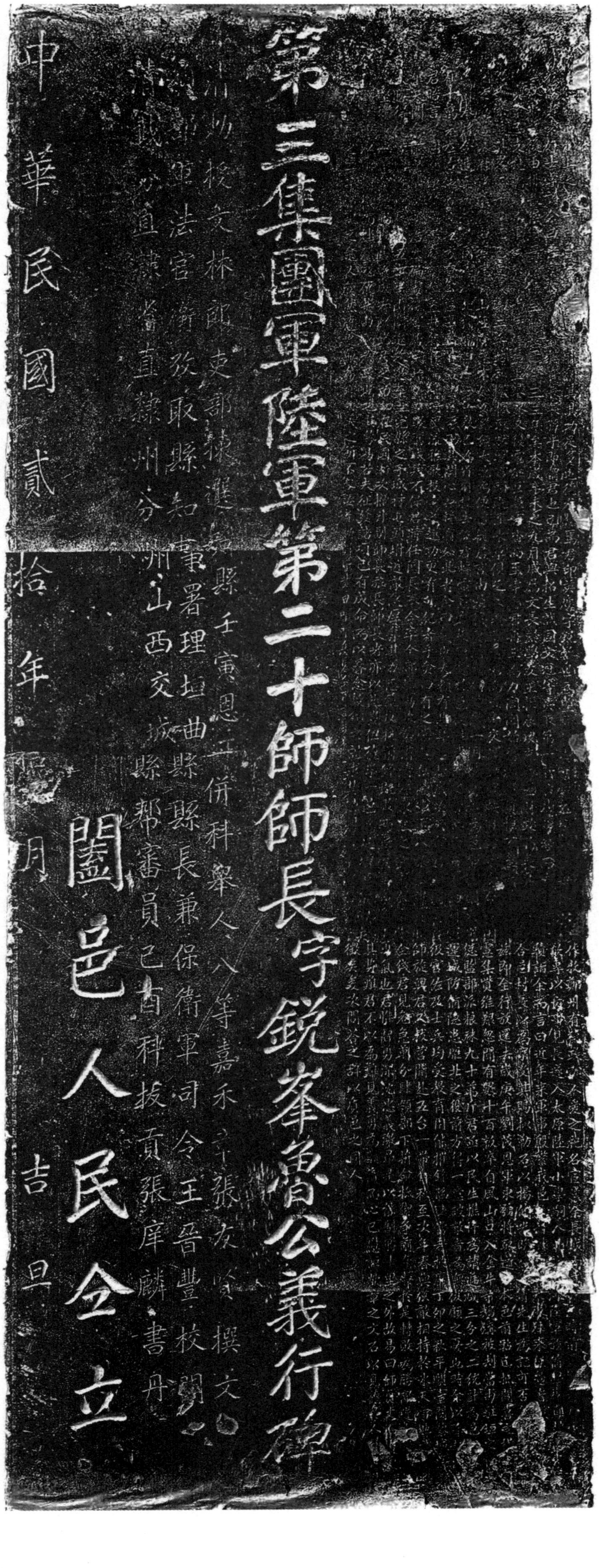

貧，業已支應困難，而軍械不充當時補益。上峰有復電徵巨款，重沓而至。幸魯君再三爲力，閭閻始得減輕負擔，不至大受影響。今合邑村長以爲，家受其賜，擬勒石以揚休光。晚生等請先生爲記，可否，乞裁。余應之曰：可哉！試述其略。二子曰：己巳之歲，第二兵站部檄取馱騾百頭。既至，水草俱乏，久無差遣。君向該部交涉，謂宜按日給費，勿令長困於此。即全行放還。去歲庚午，劉茂恩軍東發，將取道於本邑。前站已抵聞喜之横水鎮，君聞之，急造幕府建議，謂由垣達濟，山徑險惡，不如路經大邑爲便當。從君言，由是得免浩繁供饋。歲一月，生等議，爲邑軍增購火器，獨慮集資維艱。忽聞有數十百叛卒，自風山口入金牛寺，鵝溝被劫。當由駐垣之團長王榮爵奉君令遣兵，堵擊於同善以北，獲槍四十一枝，已爲省府提取。經君轉電懇求，復還於邑，從此武備之費無須再籌。四月，軍糧總監部派糧秣九十萬斤，君亟以民生憔悴爲請，遞減三分之二，統計爲邑人省款約在十萬元左右。他若凡地方有公益事，罔不設法襄助，其關心桑梓有如此者。余曰：義也夫！賴有此耳。憶昔歲次丙寅，君以團長駐守運城，防備隱患。雁北之役，前方得一意破敵者，爲無後顧之憂也。時余以事赴河東，與君晤顔，於團部便坐，圖書琴棋，位置井然，有儒將風流雅歌投壺之趣，功更有可紀者乎？僉曰：有之。當其任陸軍第八旅參謀長也，下級官佐及士兵均受教育，用能摧鋒陷陣，當者披靡。丁卯之秋，平順、壺關、黎城等縣發生天門會匪之亂，聲勢浩大，遍處擾害，居民一夕數驚，城幾不保。君時任團長，奉命率全部痛剿，次第肅清。乃東征之凱甫奏，北伐之師旋興。君又拔營開赴五臺一帶，自秋至次年春，與强敵相持於冰天雪地之中，數獲大勝，得保守地。迨戊辰夏，五出黑山關進攻，追至完縣之子城村屯頭附近，敵忽厚集其力，悉鋭反抗。前鋒既敗，兩翼復摇，勢將波動全綫。君見危急萬分，肆領部下拼命抵禦，争前奮擊，於是轉敗爲勝，敵遂大崩，友軍乃克堅守陣地，革命之勛大告厥成者以此。君之功在民國，漸次擢陞副師長、旅長、師長者，亦以此。豈但德乎，一邑爲足增重。余曰：夫戰，勇氣也。君惟智勇深沉，忠義激昂，足以能制勝千里之外。《易》曰：師貞，丈人吉。雖然猶有説成軍以出，相機而挫殲寇仇，是由我爲政也。其勢易，若徵發諸項已有成命，而以眷念故鄉之誼求其轉圜，權非自造者也。其勢難，君不以爲難，見義勇爲，願償而已慰，詎欲章之文石以見德於人！然而是舉也，村長倡之，二子請記之，余又欣然應之，無乃亦義之所不容諉者歟！則皆對曰唯唯。然則余所謂非徒其功足多，德尤有懋焉者，詢有徵矣。爰次問答之辭，以質邑之同人。

清敕授文林郎吏部揀選知縣壬寅恩正並科舉人八等嘉禾章張友賢撰文

總部軍法官銜考取縣知事署理垣曲縣縣長兼保衛軍司令王晋豐校閲

清籤分直隸省直隸州分州山西交城縣幫審員己酉科拔貢張庠麟書丹

闔邑人民仝立

中華民國貳拾年拾月吉旦

义举传令嘉奖席公企舜男监军监国孙奇策施古东渠一节

【简介】

中华民国 21 年（1932）立石。现存垣曲县古城镇硖口村。

碑青石质，长方形。碑文记载了硖口村席企舜无偿地将自家土地施舍，作为下数村众灌渠使用的义举。碑阳中部 1 行刻碑文，左侧 1 行刻落款，皆楷书。碑阴右侧 6 行刻序文，行 44 字。中部 4 行刻撰文、书丹、校阅人姓名和职官，行 24 字。左侧 5 行刊刻官地四至。皆楷书。归伦撰文，台中奎、申景达书丹，台联捷校阅。

【碑文】

（碑阳）

義舉傳令嘉奬席公企舜男監軍監國孫奇策施古東渠一節

中華民國二十一年梅月吉旦立石

（碑阴）

吾村自明洪武四年開浚古東渠道，引允水澆灌東西連之地，渠載縣志，迄今五百餘年矣。嗣弘治三年，下數村再懇求另從吾村堰下開渠，並誓曰：上不與下偏工，下不與上争水。吾先君子不私水利，應允其事，遂將西連地排入下數村甲内，以便澆灌；東連之地仍由古東渠澆灌。惟渠開口處向過席君地節，南至官地，北至天河，因地出租，歷有年所。渠長辦理，固多不便；花户出租，亦感困難。時值壬申夏，村長弟君昭仁倡首，集衆共商厥事，請席君將地施渠，村衆靡不贊成。遂推任君希鐸、申君景曾與席君提議，而席君未難，慨然允施，永不隨糧。此固諸公之力，實席君之功也。因命匠刊石，囑余爲文，余不才，聊綴俚語以誌不忘云爾。

前太谷縣林業技術員保定烟酒事務局稽查員弟歸倫謹撰

前國民革命軍第十三路獨立團第一營書記長臺聯捷校閲

邑立第四高小校畢業縣教育局檢定教員臺中奎　邑立第四高小校畢業縣教育局檢定教員申景達書丹

渠長　臺士宏　弟依倫　臺士廉

村長　弟昭仁

村副　臺士賢　文樹檀　臺鳳來

玆將官地附書於後

東渠六甲水地一畝，東至張，西至渠，南至弟姓，北至臺姓。

大渠九甲水地三分，東至渠，西至路並任姓，南至任姓，北至渠。

關帝廟舞樓後地一段，東至舞樓，西至任姓，南至張姓並劉姓，北至渠外稜根席姓並臺姓。

南寺神廟地基一方，東西九杆，南北十杆。

席莲青君墓志铭

【简介】

中华民国21年（1932）立石。垣曲县古城镇沇岭村出土，现存该村车姓村民家。

墓志二石，现仅存第一石，青石质，正方形，高、宽皆23厘米。文23行，行22字。楷书。

墓主席莲青（1881—1932），讳魁元，字梅生，号莲青，垣曲县人。生性聪颖好学，尤工书法。曾任山西省怀仁县、沁县、榆社县主计员。

【志文】

席蓮青君墓誌銘

君諱魁元，字梅生，號蓮青，垣曲席氏。考思誠，妣氏馬，繼妣氏姚、氏陶，君姚出。五歲失恃，十歲失怙，哀痛如禮。事繼妣，友幼弟，復雍睦無間言。家故貧，讀書中輟，性聰穎，理家餘暇輒閱書，有疑義求知賢達，久而學積漸富，書法尤工。會安君橋乙宰太谷，君因事赴省，與安君故雅好，約爲助公務，省垣招考掾屬，君遂往試，録取，委任懷仁縣主計員。歷任沁縣、榆社凡十餘年，以廉潔自好、忠誠任事受長官重倚。在榆社時，軍事供給甚劇，民力不堪，縣府乃屬君與紳某赴沁縣軍部請減緩，君引爲己責，力與申述艱難狀，卒邀允。比歸，僅需銀幣拾數元，官紳人民相與慨贊，謂今之古人云。君營生計，漸贏於昔，遇貧苦親鄰，量加拯恤。又念少孤煢，歸里時携有珍異食物，必薦親墓，然後家衆分食。值祀，先適墓，戚悼有加。弟春元少慧而不禄，撫孤侄、育寡娣均推愛，數十年無嫌怨。復擇購書籍碑帖藏於家，督子侄輩讀習，及他貧寒子弟好學者，亦假予閱覽。又以樂善之恉名堂，日餘賑以作詒謀。噫！賢已。君以中華民國二十一年季夏二十日疾終，享壽五十有二歲。元配安氏生子一，清書，經商。繼配裴氏無出。繼配申氏生子三：琴書，由祁縣中學校畢業，尋卒；嘉書，現肄業省垣法學院；崇書，早殀。女一，幼未字。孫一，鴻濤。孫女一，幼未字。今卜以季冬四日葬於垣曲西坡祖塋側。嘉書從余問業，先期以事狀來請銘墓，乃綜其略而制銘曰：（下闕）

清处士沇滨高老夫子教泽碑

【简介】

中华民国21年（1932）立石。现存垣曲县古城镇上璒坂村。

碑青石质，长方形，高182、宽72、厚15厘米。碑首已佚。碑中竖1排楷书正文12字。正文右侧刻序文10行，行70字，楷书。碑文记述了高沇滨祖孙三代与作者的交往以及高沇滨的生平德行。正文左侧刊刻撰书人、受业门人姓名。张友贤撰文，高登云书丹，安恭己校阅，高逢乙篆额。

【碑文】

清處士沇濱高老夫子教澤碑

在昔清德宗中葉，先君歲貢士雲□公設教城内，高君沇濱□□受業焉。余嘗因省親造諸生齋，見君温恭謙抑，沉默寡言，與君談，始知其生有二子。既又出詩文若干首以示，余讀之，□□榮□□抒也。由是每至□□朝夕，互相切磋，遂爲莫逆交。而君□鋭意深造，大有進步，蓋其爲學一本於誠，故成績頗有可觀。迨先君撤帐歸里，君旋膺西垕馬族人之聘教授生徒，自□□間斷絕者數載，□傳君病卒館舍，竟□志以歿，爲悵然者久之。光緒末年，余長邑第一高小校，君之仲子晋文來校受課，性聰敏，以最優等畢業。及至民國，安君僑一宰太谷，以□□□□得與赴任，委以□□。治乃不二年，因勞致疾，遂歿於公廨，余深惜未竟其施，然君可謂有子矣。君之伯子虞文，當肇設清理財政局之歲，以精明誠慤得充局員，鈎稽公□□□□□惟慎，卒揭前後仕侵蝕巨款之黑幕，而不爲官威所懾。其他如督辦十八村民團，經理第四高小校學務，皆著有成績，不愧象賢。余曾膺第四高小校教員，又見君之二孫□□□□□□□年有造，前程正未可量。於此嘆君雖未得志於當時，而後之人繼繼繩繩，克家延慶，君亦可以吐氣九原而副所望者歟！辛未歲建寅之月，君之族弟子逢乙、登雲詣余□□曰："昔沇濱先生之教育吾黨也，晝夜講解，誘掖忘倦。後抱疾在躬，猶按日以授課程，而又寒則問衣，飢則問食，席間函丈，儼若家人父子之相與，不施夏楚而皆知勸，方期沈□速而庶不負裁成之苦心，乃僅侍側四年，驟持心服，命也如何！吾等緬懷師恩，中若結轖，擬勒諸貞珉，爲萬一之圖報。竊念知吾師者，莫先生若，敢以記爲請。"余曰："有是哉！此不惟克盡師道，而且敦於族誼矣。"□曰：誠者，非自成己而已也，所以成物也，今且於君見之。故雖時歷三紀，而門下士猶思慕甚殷，彌深高山仰止之情，余行年歲七十矣，知己故交零落殆盡，回憶與君晤言之日九，不勝□昔之感。是□□高生之請，述君學行而並及於後嗣者，盖以篤念舊好，且益彰善人之必有后也，於是乎書。君諱致中，字育齋，沇濱其別號也。

清授文林郎吏部揀選知縣壬寅恩正併科舉人八等嘉禾章通家弟張友賢撰文

河北官産總處處長世晚安恭己校閲

清國學生自治講習所畢業受業門人高逢乙篆额

新絳縣模範示教兼勸學員受業門人高登雲敬書

受業門人　高□岸　高成富　高居□　高登光　高丹桂　高迎□　高績文　高鴻飛　高登雲　高唐文　高務學　李波昊　故高德裕　故高企才　故高森　故劉鋼鎖　故高樂志　仝立

時中華民國二十一年十二月穀旦

男□□虞文　□□晉文　孙□□　□□　姪周文　唐文　□文　宋文　孫□□　□□　□□　恪守

太谷县县佐高康侯夫子教泽碑

【简介】

中华民国21年（1932）立石。现存垣曲县古城镇上璒坂村。

碑青石质，长方形，高182、宽70、厚15厘米。碑刻已断裂为三块。碑石周边刻饰3厘米宽的装饰花纹带。碑中竖1排楷书正文13字。正文右侧刻序文8行，行62字，楷书。碑文记述了高康侯分别作为教师的德泽和太谷县佐吏的工作业绩。正文左侧刊刻撰书人、受业门人姓名。高孟文撰文，赵琴堂书丹，弟归伦校阅。

【碑文】

太谷縣縣佐高康侯夫子教澤碑

蓋聞民生於三，師居其一；又聞百年之计，在於樹人，良以育才之難，而師恩之不可須臾忘也。孟文□學於康侯夫子，□有年所，每□當年課讀，朝夕靡閒，即知爲憂心群倫、仁慈愷祥之君子。今歲清和之月，孟自舊都歸，值同學議，爲夫子豎碑道左，以彰栽培之□，且屬孟爲序。自□譾陋無文，而又迫爲序之不容已。惟孟束髮就教時，記憶尚不甚強，於夫子之嘉言懿行難盡搜羅，至爲憾事，姑就所知所聞者略叙於次。夫子諱晋，受號康□，天資聰敏，好學生成。蚤歲服膺今古名儒之訓。曾以優等卒業於縣立高校，經綸素裕，本可扶搖而上。夫子虛怀謙沖，自念術業未精，□序未立，先以校授□□，小試其事，遂設帳於里黨間，嘗訓吾儕曰：士當以利物濟人爲職，志不徒溫飽計也。夫子之言，何其大哉！夫士生今日，正值學絕道喪，人欲横流，所謂□□□□□行於世，於求溫飽而外，不思縱無量之欲者已！廖如晨星而能捐身心之力，以利物濟人，千百中誠不一得，宜夫子之喟然感□而以此言重告吾儕也？至□□□鄉黨、提携族屬、排難解紛諸事，尤爲吾儕所習見。民七年，吾鄉人安公僑一宰太谷，召之往，贊襄庶政，井井有條，安公甚器重之，遂委攝太谷分縣。雖歷時未□，而治事之周，計慮之遠，接人之誠，感人之深，至今過其地者，猶能訪悉其梗概。乃以操勞過度，竟爲病竪所侵，享年不永，魂游異地。言念夫子，不勝□□。

華北大學校畢業河北官産總處第一科科員受業門人高孟文敬撰

河北第七區烟酒事務局稽查員太谷林業技術員眷弟弟歸倫校閱

中央陸軍學生隊畢業斉保□軍第一連連長受業門人趙琴堂謹書

受業門人 □□□ 吕□仁 王璧 □□□ 吕□□ 吕□□ 马应□ 王□□ 吕□□ 趙琴書 趙□□ 高□□ 常五□ 趙□□ 吕□仁 趙□□ 周□伯 吕得銀 高照慶 廉錫□ 石導□ 靳□□ □□□ 高□慶 廉芳儒 高力行 楊永禄 仝立

時中華民國二十一年太吕吉旦

男祥慶 姪禎慶 恪守

谨奉上峰命令誊录古东渠谱碑记

【简介】

中华民国 25 年（1936）立石。现存垣曲县古城镇硖口村。

碑刻共二石皆青石质，竖长方形，每石高 130、宽 50、厚 10 厘米。碑文誊录了明洪武四年（1371）、万历十五年（1587）、清雍正十一年（1733）、道光二十二年（1842）、二十七年、二十九年、咸丰三年（1853）、民国 21 年、民国 25 年硖口村与下游诸村因使用渠水灌溉所发生的纠纷及历次重修渠堰的经过。第一石断为两截，文 20 行，行 56 字，楷书。第二石文 20 行，行 60 字，楷书。弟敦伦撰文，弟好仁书丹，台风来校阅。

【碑文】

（第一石）

謹奉上峰命令謄録古東渠譜碑記

洪武四年二月朔，金陵子來游硖口村，罩然望，穆然思，已而慨然嘆曰：此兩連者，乃天生水地，何不開渠納水，以救旱魃之虐乎？村衆頓悟，各願施渠，有劉賢、張才谷、王解通鳩庀，旬餘而工竣。一堰兩渠，上下均分，用力使水，挨次澆灌，不得□越。溝口有五，盡係官修。迄三月，四人率衆杖旗擊鼓，往口里印島，側流水再見之處，敬神取水，歲以爲常，求余作文，以叙厥事。余實固陋，愧慚良多。第以仁人之言其利甚溥，不容没也，於是秉筆直書，詳原委以弁諸首云。

後學劉永聲謹撰

計開溝口名目：煤瑶溝、鴿子溝、寺溝、泉子溝、楊家溝，以上溝口工程俱係官修。

渠道規矩：堰在沇河口，渠止佛□溝，距城三十里，上連分水一半，下連分水一半。兩連地畝數：上連地三頃三十畝，下連地三頃五十畝，共地六頃八十畝，挨次上滿下灌，週而復始。

硖口村施渠記

夫硖口之有渠，由來久矣。相挨之村時逢天旱，借水澆灌，亦非一次。迄弘治三年，下畝原劉運達、譚恭、東店頭王成業、狄三寶、文希張、石家村石俱用等懇硖口村施渠過水，欲從硖口村水堰之下另砌一堰，以便下灌。硖口村渠長谷中覺普天之下，莫非王土，水利之事，不可獨□伯，怡然應允其事。遂將下連之地派爲兩甲，與下數村闊大其渠，輪流澆灌，誓曰：上不與下傭工，下不與上争水，子子孫孫，言歸於好，無相害也。因各村首事諸翁求余記序其事，余不揣固陋，聊綴俚語以附之。

中和谷中題

萬曆十五年六月

重修叙

蓋物故者，宜新理也□也，亦時勢然也。今硖口村渠譜代遠年湮，衆嫌其朽蠹，欲更换厥册。余雖素懶，不敢憚其煩勞，遂字謄録，必詳其難其慎，依舊抄撰，不敢或增或減。

時維柔毛祭河之日

衛淇敬書於東瑶

重修叙

夫硖口村水渠之譜，由明及清，業已久矣。食其利者，不忍聽其廢棄，造於前者，詎可不傳於後乎？今蟲齒鼠折，故謄而録之，不辭其苦，詳以慎之，不厭其煩，敢云繼志，聊矢弗諼。

幽人臺亮敬筆於雍正十一年三月上巳

維嘉慶五年十月廿五日交執渠譜，忽被酒污，尤悔良多。衆令余急爲抄之，余唯唯而退。晚食畢，即挾譜至學，焚膏繼晷，另造一册，依舊繕寫，夜未央而謄就，敢綴數語以誌其故。

養正堂拙筆

夫硖口渠之有譜，四伯餘年考其原委，前叙已詳，不必復贅。且自明及清，上下兩渠並行，靡争亦非一日。洎乎道光二十九年六月，譚家村譚成山率本村王約等、下畝原車永昌等、石家溝石丕顯等、李家圪塔趙哲等，將硖口上連渠堰挖塌，又逼令硖口修佛□溝口渠工混行打罵，以致興訟到縣，蒙盧天將譚成山杖責二十，案仍未結。被本村弟公諱維屏、席公諱碩、臺公諱光斗等控絳州吕憲案□，批回未□，控布政張憲轅下，蒙批：控争水利，非勘不明，仰絳州飭委鄰縣前往會勘詳奪。委得絳縣周天勘訊：下數村人等永不得損傷上連□堰，硖口村永不爲下數村修佛云溝口，渠工斷結，乃盧天捏供袒詳，致令二十年又控於院憲楊侯轅下，蒙批：仰布政即勅絳州催令委員□速勘訊。於是，上下村衆咸遵仁天周大老爺訊斷。

首事人　弟維翰　臺拱霞　魯焕各施錢三千三百

（第二石）

文　文共賞施錢三千文　臺扶　臺光甲各施錢拾千文　任興懷　薛永昌

道光二十二年三月，河水冲壞硖口上連渠一節。村衆酌量，從席碩地措渠，永遠過水，席碩收價錢陸千文，永不隨糧。

同人　魯順邦　臺拱霞　弟維翰

首事人　臺俊　文篤　魯焕　弟悦　臺全　申延彦　張文　趙得道

渠長　姚曌風　文共賞

道光二十七年六月，略值天旱，澆灌不濟。村中人等另議渠規，編爲十二甲，不止五道溝。官修合渠無尺寸，私工書之，以昭將來云。

道光二十九年，忽遭深雨，河水漲發，冲壞措席碩地内渠一節。席碩前將此地價賣裴體仁，未批措渠一事。因魯心平等與裴體仁興訟到縣，蒙劉天訊斷，將地推給古東渠，硖口村補價一十三仟文，席碩子茂林退付地價三仟文。恐生異説，因筆書以誌之。

渠長　魯心平　文共慶　車軒

計開其地坐落上硖口，係平地，一畝五分，南北畛。東至魯焕，西南二至渠，北至臺拱霞，照地色遇割錢糧。

咸豐三年四月重修叙

夫修者，酌其事之當然，審其言之宜然，定規模，立章程，以啓後人之心。重修者，照其書之繁簡，依其筆之曲折，未損益，無增減，以繼前人之志。雖然，余實不敢當承先開後之謂也。但有渠長張公印焕文，目擊其譜之毁污，突起重修之念。求余謄録，余何敢托其拙而不效其勞乎？余何忍聽其壞而不任其事乎？於是揮毫以書，僅期不朽云爾。

敬撰　弟維屏

敬書　文共賞

校閲　魯鈍

敬理　張焕文　魯琨　姚立志

民國二十五年七月重修敘

凡事有其創，必有其修。不創無以成厥功，不修無以昭永久，此事理之至當，不易之定體也。余村鱗冊創始已歷數百年之久，興修越四次之多，沿迄於今，一仍舊規，未少变易。是無修正之必要，亦安敢畫蛇添足，絶長補短，而無故損益哉？今者，縣長王建設、局長薛轉奉上峰明□，催令各村鱗冊提交縣府修正，迨事畢送還，並令余村照鈔兩份，一份存縣，一份存村。余等未曾稍加筆削，足徵先輩所創鱗冊規模精詳，章程完善，有開誠佈公之雅，永久莫易之道。然昔人既能不憚經營，創之於前，今人繼志述事，豈不能效之於後？故逐字滕緣，以示後人。

弟敦倫敬撰

臺風來校閱

弟好仁書丹

壬申歲春，余村下數村因鱗冊糾葛，控王憲案下。斷令各舉公正士紳，從公私解了結。鱗冊照舊甲數謄録六份，一份存縣，每村各存一份。又昔時下渠所過餘村上連之私地，應允樹石□□。並言，嗣後再有渠過私地者，得聲請出租代糧。至五村輪流取水、演戲之事，聽各隨意。渠長歸李家圪塔服膺。但該村渠長如有恃勢紊亂渠規情事，渠長歸四村輪流，該村不得過問。上述各節，係仿照士紳和結事實以誌之。

公直　臺奎　劉復春　任登運　臺士宏　弟敦倫　楊國楨

渠長　臺士善　魯克思　申景顏

村長副　台採棁文　已故台士賢　任希還

臺折桂施鴿湇投河口地一節

弟處倫施廟前基地一

清乡饮介宾义赈奖章与德张老先生德寿碑

【简介】

中华民国26年（1937）立石。现存垣曲县古城镇。

碑青石质，长方形，高168、宽67.5、厚17.5厘米。碑首佚失。碑中竖1排楷书正文15字，字径11厘米。正文右侧刻序文8行，行63字，字径2.5厘米，楷书。碑文记述了张与德老先生的生平德行。正文左侧刊刻撰书人、校阅、题额人姓名。史采风撰文，张振华书丹，弟归伦校阅，张则韩题额。

【碑文】

清鄉飲介賓義賑獎章與德張老先生德壽碑

余少時聞與德先生名，即私心傾慕，然以未得一識荆爲憾。後余在清室末葉隨先君館，受訓於沇東硖口村時，先生閑嘗過從，余見其言行端謹，凝重自若，有仁厚長者風。時余雖年少，即以爲，他日齒德兼隆者，先生其首推矣。迨余講學斯邑，與其蘭孫敷華交益，稔悉先生之積功累仁有出人意表者在。先生忠誠儉約，服□不事虚華，督耕課織，以禮自範，從無疾聲遽色，《傳》曰："儉而有禮。"先生之謂矣。伉爽好義，施與不靳。民國十五年歲饑，先生以捐助賑款，曾蒙内務部給予義賑獎章，以□其惠，《記》云："積而能散。"先生有焉。其薄自奉也如此，厚待人也又如此。由是聞風慕義者益相推重之，所謂謙謙君子者，非耶！先生樂志林泉，不求聞達，綜其生平所□，雖無豐功盛績，足以炫耀當時，而嘉言懿行，輒爲仁人義士所艷稱。有清之季，鄉評高耆碩之名，國禮重賓筵之選，先生之爲人，概可知矣。至若桂子蘭孫，華韡□□，太和天地，近在家庭，尤足徵積厚流光、天錫純嘏者有以也。丁丑歲首，先生八秩初度，宗黨戚友咸欲進觴，以彰先生之德，先期謹愬丐余言爲侑。余維中古以前□風渾噩，俗尚淳龐，其人恒享大年，如康衢之叟、絳縣之老，集天庥而膺蕃祉者不知凡幾。晚近元氣日漓，即耄耋期頤，亦尚不可得。即間有一二人焉，能眉壽矣，未能必其身之康强；即康强矣，未能必其子孫之茂且賢。此數者，人所難能而先生乃兼之，謂非一代之人瑞哉！先生名卜友，字與德，盤谷則其别號云。

垣邑第一高等小校畢業愚世晚史採風拜撰

山西大林區署技術員河北第二烟酒事務局稽查員愚甥孫弟歸倫校閲

垣邑第一高等小校畢業族曾孫張蘭香校正

垣邑第四高等小校畢業愚堂孫張振華謹書

山西高等文官試驗合格現任山陰縣公鹽倉事務員堂曾孫張則韓題額

隣友親族仝立

不肖男高小卒業致勝　已故致安　義賑獎章致誠　致良　致治　孫金華　已故含華　初校肄業茗華　增華　檢定教員敷華　棣華　高小卒業蓁華　已故林華　俊華　曾孫則武　則程　則點　縣立師範卒業則朱　則歐　恪守

時中華民國二十六年歲次丁丑孟春穀旦

陆军独立第五旅暨游击二三支队抗战阵亡将士纪念碑序

【简介】

中华民国28年（1939）立石。现存垣曲县博物馆。

碑青石质，长方形，上部裂为两段，下部残缺，残高114、宽56厘米。碑石周边剔地刻饰3.5厘米宽的壶花、石榴和树叶纹装饰带。文13行，行存36字，字径2.5厘米，楷书。碑文记述了陆军独立第五旅参加的济源南羊圈战役暨与游击二三支队参与的垣曲赵家岭战役的情况。高增级撰文。碑阴刊刻陆军独立第五旅和游击二三支队阵亡烈士之姓名及所购埋葬义地的文契。其中，阵亡烈士姓名共8行，行存5列。埋葬义地文契6行，行24字，字径2厘米，楷书。

【碑文】

（碑阳）

陸軍獨立第五旅暨遊擊二三支隊抗戰陣亡將士紀念碑序

抗戰來，本旅先後參加忻口、河津、吉縣、隰縣、石門樓、永和諸戰役，每次士卒振奮，予敵重創。尤以忻口之役出入槍林彈雨，與敵血戰廿餘日夜，殲敵無算。奈以戎馬倉皇，大軍南北，致陣亡烈士陳骨荒野，忠魂失依，興念及此，輒爲淚下。念七年五月，本旅移師晉南。七月濟源南羊圈之役，與敵聯隊相持數日，敵以毒氣及砲火向我猛攻，日凡七八次，而我將士在溽暑中以血肉固守陣地，以生命宣我國魂，殲敵數百，倭寇胆寒。同年九月，敵人復犯垣曲，與本旅暨第二戰區遊擊二、三支隊相遇於趙家嶺。時板澗河水發，後方失援，我竟以少數奇兵與敵激戰四晝夜。我將士冒雨衝鋒，彈絶繼以刺刀，刀折繼以拳擊，前仆後繼，終使敵人敗北。今謹將兩役陣亡烈士遺骸合葬於此。念今日山河，昔日血骨，長風索索，感懷莫狀。夫烈士等犧牲個人生命，換取國家自由，毀滅一己小我，成全社會大我，已爲民族留下偉業，爲歷史造下萬丈光芒矣。其死也，乃永生之開端，蓋彼等將永生於四萬萬同胞之心胸中；其亡也，乃解放之信號，蓋全民族戰士將繼彼等而邁進。惟倭寇猖狂，神州仍未光復，大業未竟，端在吾人爲之耳。

陸軍獨立第五旅旅長高增級敬誌

中華民國二十八年元月四日

（碑阴）

謹將陣亡烈士銜名、籍貫、殉難年月日依殯葬次序自左而右列於後

二大隊四中隊　遊擊二支隊　列兵徐福誠　河北邢臺縣　廿七年八月十日陣亡

六一四團　一營一連　列兵馮照娃　甘肅威遠縣　廿七年八月三十日病故

六一四團　二營四連　下士戚得君　河南商邱戚老家　廿七年七月十九日陣亡

六一四團　二營六連　列兵吴金和　陝西眉縣孫家園　廿七年十月二日陣亡

六一四團　一營機一連　列兵曹文周　河南正陽曹凹　廿七年十月二日陣亡

一大隊二中隊　遊擊二支隊　下士王照三　山東曹縣

六一四團　二營六連　列兵王照賢　河南開封小蔡莊　廿七年九月八日病故

獨立中隊　遊擊二支隊　列兵賈瑞和　河北平山縣宜陽村　廿七年十月二日病故

六一四團　一營機一連　列兵吴建章　甘肅渭源吴家莊　廿七年八月十三日陣亡

六一四團　三營八連　列兵鄭志誠　河南鞏縣東泥河村

一大隊一中隊　遊擊二支隊　列兵張喜光　山西曲沃縣

六一四團　一營二連　列兵劉同記　河南商邱縣　廿七年八月十六日陣亡

六一四團　步兵砲連　列兵王錫堂　柘城縣　廿七年八月十三日陣亡

六一四團　一營三連　列兵曹運起　河南睢縣潦堤村　廿七年七月六日陣亡

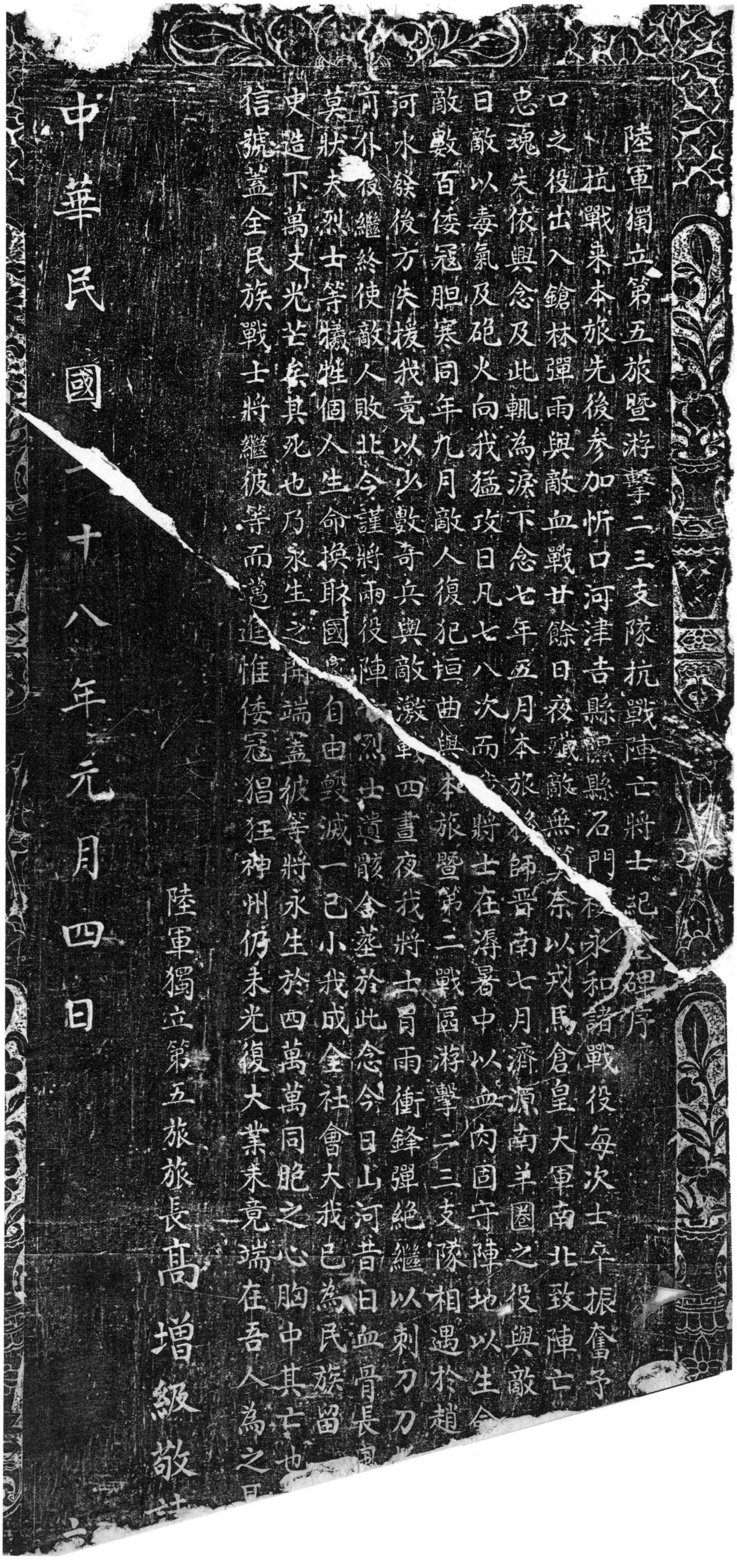
陸軍獨立第五旅暨游擊二三支隊抗戰陣亡將士紀念碑序
抗戰来本旅先後參加忻口河津吉縣寧縣石門村永和諸戰役每次士卒振奮予
口之役出入鎗林彈雨與敵血戰廿餘日夜殲敵無算奈以戎馬倉皇大軍南北致陣亡
忠魂失依與念及此輒為淚下念七年五月本旅移師晉南七月濟瀆南羊圈之役與敵
日敵以毒氣及砲火向我猛攻日凡七八次而我將士在溽暑中以血肉固守陣地以生命
敵數百倭寇胆寒同年九月敵人復犯垣曲與本旅暨第二戰區游擊二三支隊相遇於趙
河水發後方失援我竟以少數奇兵與敵激戰四晝夜我將士冒雨衝鋒彈絕繼以刺刀刀
前仆後繼終使敵人敗北今謹將兩役陣亡烈士遺骸合塟於此念今日山河昔日血骨長
莫狀夫烈士等犧牲個人生命換取國家自由毀滅一己小我成全社會大我已為民族留
史造下萬丈光芒矣其死也乃永生之開端蓋彼等將永生於四萬萬同胞之心胸中其亡也
信號蓋全民族戰士將繼彼等而邁進惟倭寇猖狂神州仍未光復大業未竟端在吾人為之
陸軍獨立第五旅旅長高增級敬
中華民國二十八年元月四日

六一四團　一營一連　列兵鄧懷珍　陝西沂山縣安樂村　廿七年七月六日陣亡
六一四團　一營一連　列兵王振聲　河南信陽北王凹　廿七年七月一日陣亡
一大隊二中隊　遊擊二支隊　列兵王古林　河南嵩縣
一大隊隊部　遊擊二支隊　列兵毛雲仙　山西平陸縣堡里村
六一四團　一營二連　列兵傅天成　河南□□北陳莊　廿七年七月□□陣亡
六一四團　一營三連　列兵司玉友　安徽城南司莊　廿七年七月二日陣亡
遊擊二支隊　第一大隊　列兵高大保　山西安邑西姚村　廿七年八月十日陣亡
六一五團　一營二連　列兵馬得勝　甘肅和政縣口西　廿七年九月廿二日病故
六一五團　一營一連　列兵王尚仁　河南項城縣　廿七年七月四日陣亡
六一五團　一營二連　中士李富安　河南禹縣　廿七年七月四日陣亡
六一五團　一營三連　列兵魏天魁　河南柘城　廿七年七月六日陣亡
遊擊三支隊　第一大隊　列兵王殿花　山西平陸縣澗東　廿七年八月十日陣亡
六一五團中尉　通訊排　排長王彦清　河南嵩縣　廿七年八月十二日病故
六一五團　一營三連　列兵郭□唐　山西萬泉縣　廿七年十月十二日陣亡
六一五團　一營二連　列兵趙光先　廣西興安縣　廿七年六月廿九日陣亡
六一五團　一營二連　列兵趙晉勝　河南新蔡縣　廿七年十月十二日陣亡
遊擊三支隊　第一大隊　列兵趙雲　河南滑縣　廿七年八月十日陣亡
六一五團　一營四連　列兵楊得功　河南鞏縣　廿七年十二月十二日病故
六一五團　二營六連　列兵李士才　江蘇泗陽縣　廿七年十月十六日陣亡
六一五團　步兵連　列兵陳人格　安徽霍邱陳營　廿七年一月十二日陣亡
六一五團上尉　一營機二連　連長劉占梅　河南林縣北婁莊　廿七年十月十一日陣亡
六一五團　二營六連　下士宋德明　陝西西鄉縣　廿七年七月四日陣亡
六一五團　三營七連　列兵范方全　河南虞城縣　廿七年八月十日病故
六一五團上尉　二營□連　連長徐金鏗　河南柘城縣　廿七年十月十六日陣亡
六一五團　一營六連　列兵鄭國才　河南杞縣　廿七年一月十六日陣亡
六一五團　一營一連　列兵姬耀祥　河南偃師縣　廿七年十月十八日陣亡

兹將本旅所購義地文契刻記於後

立文契人王官學，因國軍獨立五旅葬埋陣亡將士，需用本人東古堆平地二畝，其地係南北畛，東至魯姓，西至董姓，北至董姓，南至道，四至明白。今情願賣與獨立旅作爲葬地，當面作價大洋五十五元，嗣後認其所用。恐口不憑，故立字據爲證。

民國二十八年元月九日

立字據人　王官學

同人　曹丙森　曹仰奎　趙國璋　王文章　王恩洪　劉篤親　仝在

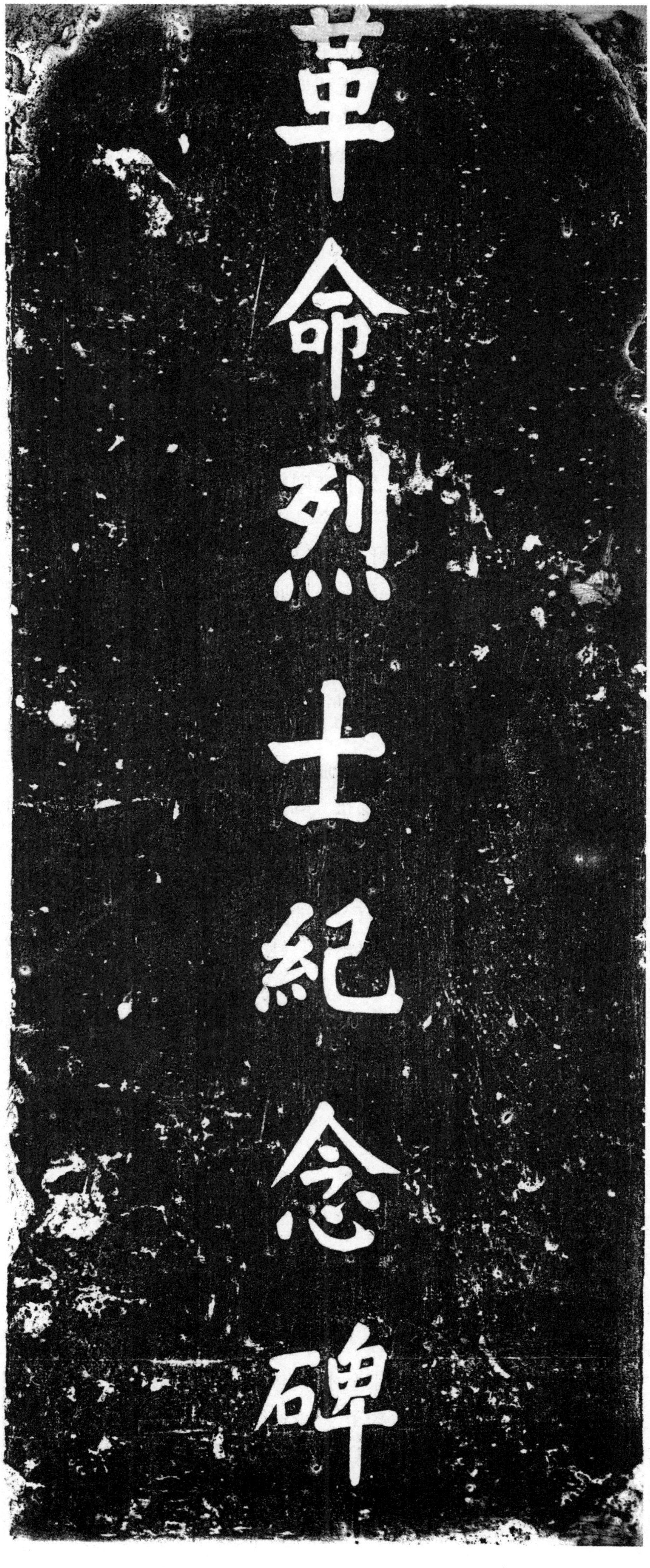

革命烈士纪念碑

【简介】

中华民国35年（1946）立石，1963年4月8日重立。现存垣曲县华峰乡华峰村碑亭。

碑青石质，四方体，高150、宽60厘米。四面刻文。碑阳竖排楷书“革命烈士纪念碑”7字，字径15厘米。碑阴文字竖排，分上下两部分，上部刊刻《重修垣曲县革命烈士纪念碑序》8行，叙述了重立纪念碑的原因、经过；下部刊刻《垣曲县抗日烈士纪念碑序》11行，行均82字，字径1.5厘米，楷书。碑左右两侧刊刻烈士姓名。楷书。

【碑文】

（碑阳）

革命烈士纪念碑

（碑阴）

重修垣曲县革命烈士纪念碑序

百余年来，帝国主义不断侵略我国领土，反动派竭力统治压榨人民。锦绣河山，支离破碎，全国人民，频遭灾难。“七七”事变，日本帝国主义发动侵华战争；一九四六年，国民党反动派丧心病狂挑起内战；一九五零年，美帝国主义重踏日寇侵华老路，在朝鲜燃起战火。全国人民在伟大的中国共产党和英明领袖毛泽东主席的领导下，英勇地进行了抗日战争、解放战争和抗美援朝，驱逐了日寇，消灭了国民党反动派，击败了美帝国主义，从而保全了国土，建立了人民政权，捍卫了社会主义建设。无数先烈为人类解放事业用鲜血写下了光辉的一页。

我县人民和全国人民一道，在历次战争中，发扬了高度的爱国主义和国际主义精神，同帝国主义和反动派进行了顽强的斗争。昼闯枪林，夜冒弹雨，前仆后继，视死如归，丰功伟绩，举世同钦。为纪念忠魂义骨，全县人民曾于一九四六年二月，为抗日烈士集资修建碑亭一座，乃于同年十一月，碑石被国民党军队捣毁。碑可毁而烈士精神永不泯灭。为此，重修碑亭，新竖石碣，并增刻解放战争、抗美援朝中的烈士姓名，以表忠烈，而慰英灵。愿英勇殉难的烈士精神永垂不朽！

垣曲县全县人民敬立

公元一九六三年四月八日

垣曲县抗战烈士纪念碑序

日本帝国主义早已垂涎着中华国土。侵占我东北，挑衅于察绥，卢沟桥事变，战火又燃遍了全中国。堂堂国军，十年内战逞凶，对外抗战怯懦。武汉失守，华北摈弃，大部国土沦丧，人民旋遭涂炭。我垣依山傍河，位居要冲，不幸三十年五月，又陷敌手。三十万国军竟然一触即溃。贾匪真一，侯逆中和，前者挟中央之命，后者奉阎锡山之令，名曰抗战，实为民贼。对日寇则退避三舍，信使往来；对人民则大施淫威，横征暴敛。贾匪杀人不眨眼，侯逆倡导“六十斤”，全县同胞既受敌伪之摧残，复遭顽匪之压榨，房舍变为废墟，肥田成为荒原，饿殍载道，尸骨遍野。回忆及此，潸然泪下。

三十年冬，太岳支队挥师南下，抱定抗日救国之热忱，担起解放垣曲之重任。全县人民，从而奋起。人民武装建立于北山望仙，抗日政府成立于三十一年八月。许多爱国青年，以身许国，不避艰险，不怕困难，住炭窑，开荒地，糠秕充饥，树叶当食，亲身生产，以克服灾荒。工作之暇，又从事学习。以打走日寇为天职，以保卫人民为己任。因而不仅为日寇眼中之钉，同时也为贾、侯心头之根。日寇曾迭次疯狂扫荡，奔袭清剿；贾、侯则更到处逮捕暗杀，活埋抄家。但英勇烈士，从未被这种残暴行为所吓倒，反而意志更加坚定。在战斗中，常与敌寇白刃肉搏，鲜血染红了沙场；在敌区里，虽遭敌奸酷刑，依然从容就义，至死不屈。弃家庭而不顾，提敌匪则发指。既抗日，又打匪，独战群奸；前者仆，后者继，视死如归。

数年来，许多青年为国捐躯，数百烈士效命疆场，用他们的血打败了日寇，用他们的血消灭了贾、侯。没有烈士的血，就没有抗战的胜利；没有烈士的血，更没有今天的垣曲。于今追昔，当书衣带。古有绵山之祭，今有划船之习。此亭此碑，应与同辉。事迹虽然不详，姓名尚可记忆。愿这块辉煌而庄严的石碑，永远矗立；愿诸君坚决而刚毅的英名，流芳万世。

垣曲县全县人民立

中华民国三十五年二月

（碑侧）

烈士姓名

军人

团长　郭华峰

副团长　□□□　□□□

副营长　任□□　弟□学　鲍英杰

连长　郭文谦　杨青元　王英夺　张爱华　王松龙　石金璞　吕好刚

连指导员　李□元　□□□　刘凤仪　杨□瑞　马敦仁　王全才　申景选　李善政

副连级　弟振常　王好治　庞金荣　陈海南　王松岐　李树圣　梁珍

排长　王新有　张得林　孟昭憎　任仰斗　王□卓　王玉棋　常金旺　李转运　李平社　文士连　刘笃畛　许登选　□□□　李□书　文得娃　□□□　臧焕文

队长　陈尚元　昝全良　安联□　冯英奎

重修垣曲县革命烈士纪念碑序
垣曲县抗战一烈士纪念碑序
中华民国三十五年 月

排级　史鸿任　赵崇谱　贾小虎　安绍贤　刘崇儒　赵□成　陈明海

班长　常更达　马仰秀　刘子河　郭喜进　宁书秀　段玉祥　王捷　杨正才　杨小才　赵绍义　杨小考　谭学先　卫石头　李有才　张开宽　段宗文　张文中　刘光俊　刘忠□　李顺连　赵申旺　刘　义　张三吉　王玉书　马小超　陈甲木　赵小准　韩保善　徐从温　陈振华　王永福　贾□光　尚涧锦　张甲寅　张有才　王崇德　李道福　丁恒民　□俊瑞　文英豪　文□和

副班长　马景华　刘河娃　范荣华　赵枝秀　李通元　王安章

战士　张中有　杨自安　胡□文　姜小南　□□□　□□清　王□□　安小虎　王万寿　文英福　王小安　王润书　王景育　王心善　王小善　王邦柱　□成代　韩初生　张振河　赵许庆　席奇光　阎小信　石振□　莫希武　范吉开　黄太旺　杨兴庆　□□亭　□小发　芦书奎　张□三　鲁福寅　张宏义　文狗拉　车小官　席勤富　赵小□　高小恒　弟申德　王福贵　赵克恩　赵来来　王条狗　曹鸿政　李小□　耿□□　张铁柱　成□瑞　杨□群　王和□　卫碌础　赵正才　张根石　吕九成　□振甲　米来成　杨小登　李□成　范文□　许明仁　刘炳仁　李正　赵□桂　焦德　白云　郭玉盛　范闷闷　李柱柱　郭英善　张堂堂　赵□□　于富　张翻身　徐福有　任心诚　阎凤岐　李福寿　李小丁　王敬昕　田光章　吴胜光　杜天寅　范九新　吕善芝　□□林　□文俊　娄士敬　□□英　张□安　贾小虎　高狗参　张栓科　狄小有　马小东　张如科　郭小龙　文廉义

党政干部

台联捷　李从文　李进城　刘广照　王博　刘怀书　常□英　郭举□　赵宏亮　刘学庆　□生辉　李正□　刘迎祥　贾林庆　马□□　刘博士　常磷明　赵崇安　王□伟　倪连　张德秀　阎澍荣　阎□□　刘希书　张国选　刘□□　赵丁□　叶小成

村干部

师握璞　杨岐　张振科　王得□　贾重光　张玉英　于振江　刘□□　赵登伟　□小南　张小雷　刘同训　高小四　柴保林　乔立更　乔玉瑞　□三友　李小卜　白根中

学道巷建修观音堂碑记

【简介】

中华民国年间（1911—1949）立石。现存垣曲县古城镇。

碑文记载了垣曲县重修观音堂的经过。郑河天撰文并书丹。

【碑文】

學道巷建修觀音堂碑記

甘露遍灑以救蒼生，慈雲普照而憐赤子，古來大慈大悲、度世度人之事，殆莫過於南海觀音菩薩者是也。學道巷觀音古刹，亦不知創自何代。考諸碑記，係明萬曆以迄清乾隆、嘉慶、咸豐等年間屢經修葺，未改舊觀，旋於同治八年始創獻殿三楹，並金塑佛像焉。然距今已歷六十餘載，佛堂獻殿幾被風雨，浸蝕傾圮，不堪言狀矣。非特觀瞻不雅，亦無以伸禮佛之心。以是同人等不忍坐斯因循，乃本集腋成裘之旨，募來兹善建修之用。當即推選公直，分工合作，鳩工庀材，爲時兩月，除重修觀音殿、五道廟、龍王廟以及獻殿三楹另行改造，以並創造大門一座，築以圍墻丈餘，所謂闕者補之，舊者新之，兼且畫樑雕棟，殿宇輝煌，焕然一新。嗣不啻樂善好施者之金玉姓字永泐貞珉，而陰德鳴仁亦膺厚福無涯矣。謹序。

邑人鄭河天敬撰並書

中华人民共和国

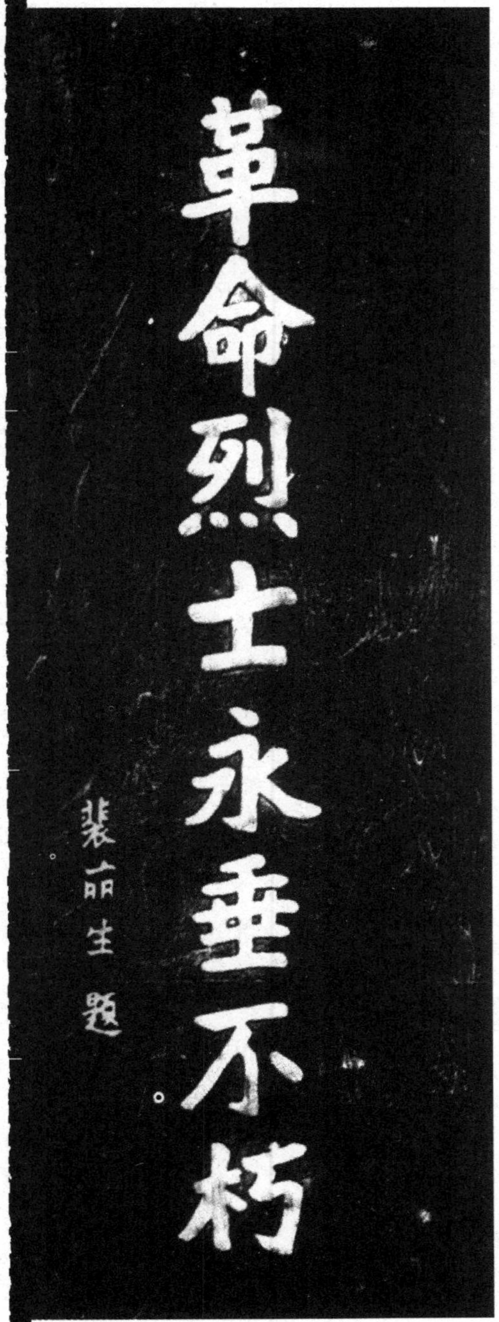
革命烈士永垂不朽。
裴丽生题。

山西省地质矿产局214地质队功勋碑

【简介】

1986年11月16日立石。现存垣曲县城新城大街北端。

碑刻为山西省人民政府、国家地质矿产部表彰山西省地质矿产局214地质队找矿功绩而立。分碑身、碑座两部分。碑身为汉白玉质，四棱锥形，高10.5米。碑身之阳刻文1行，山西省副省长阎武宏书。碑身之阴刻文1行，国家地质矿产部副部长张同钰书。皆楷书。碑座为花岗岩质。碑座之阳嵌横长方形碑石一块，红砂岩质。碑文19行，行21字，楷书。

【碑文】

（碑身阳）

开发地下宝藏，造福人民。

（碑身阴）

地质找矿，功勋卓著。

（碑座）

建國初期，根據社會主義工业建設之急需，中央地質部於一九五三年，在中條山麓組建華北地質局二一四勘探隊，由王植工程師主持，以銅礦峪爲中心，展開大規模普查找礦和地質勘探。在黨的領導下，全體地質勘探工作者，不辭艱險，茹苦含辛，經過三十寒暑的風風雨雨，踏遍中條山區的叢山峻嶺，揭開了中條礦藏的奥秘，探明了儲量豐富的銅礦。

一九五六年，首次探明銅礦峪細脈浸染型銅礦，規模巨大，遠景可觀，爲我國大型銅礦之一。在中條腹地，先後探明了胡家峪、桐木溝、篦子沟、老寶灘等十一處中小型礦床，極宜總體開發採煉，爲建設我國有色冶金工業的銅礦基地，提供了可靠的地質資料和礦産資源，并取得了豐碩的科學研究成果，提繳了百餘份各類地質礦産報告。一九八零年，中華人民共和國地質部，授予山西省地質局二一四地質隊爲地質找礦功勳地質隊的光榮稱號。爲表彰中條山銅礦開拓者的功勳，在此樹碑留念。

山西省人民政府

中華人民共和國地質礦産部

一九八六年六月立

樊好智墓碑记

【简介】

1992年4月立石。现存垣曲县。

碑文记述了樊好智同志的生平事迹。

【碑文】

青山护忠骨，绿海伴英灵。樊好智同志长眠于此，碧树乃其血汗浇灌，翠林留其魂魄永驻。他，普通农民，优秀党员，省林业劳动模范。三岁母丧，十三父逝，岁月艰辛磨练出铮铮铁骨；土改得救，解放翻身，革命烘炉造就成耿耿忠心。新愚公矢志不渝，任劳任怨，艰苦创业，造福后代；龙凹岭刺槐成林，绿荫蔽日，郁郁葱葱，惠及子孙。十五个春秋，三十把镢头，造林千余亩，价值六十万，荒山秃岭着绿装，负债穷村脱贫困。物质财富宝贵，精神财富无价。樊氏业绩值万贯，好智功德传千古。《汗水浇得绿满坡》，省报刊头版；《植树老人》展《新貌》，雄姿映银幕。积劳成疾，犹著高风，一息尚存仍战斗，献身林业无他顾；弥留之际，更见亮节，百亩山林献国家，四千现金捐学校。真正共产党人，无私奉献精神，典范昭后世，楷模励万代。垣曲山河铭刻，舜乡父老长怀。一九二五年二月六日至一九九一年四月三十日，樊公生命之树常青，好智同志英名永垂！

垣曲县人民政府

公元一九九二年四月立

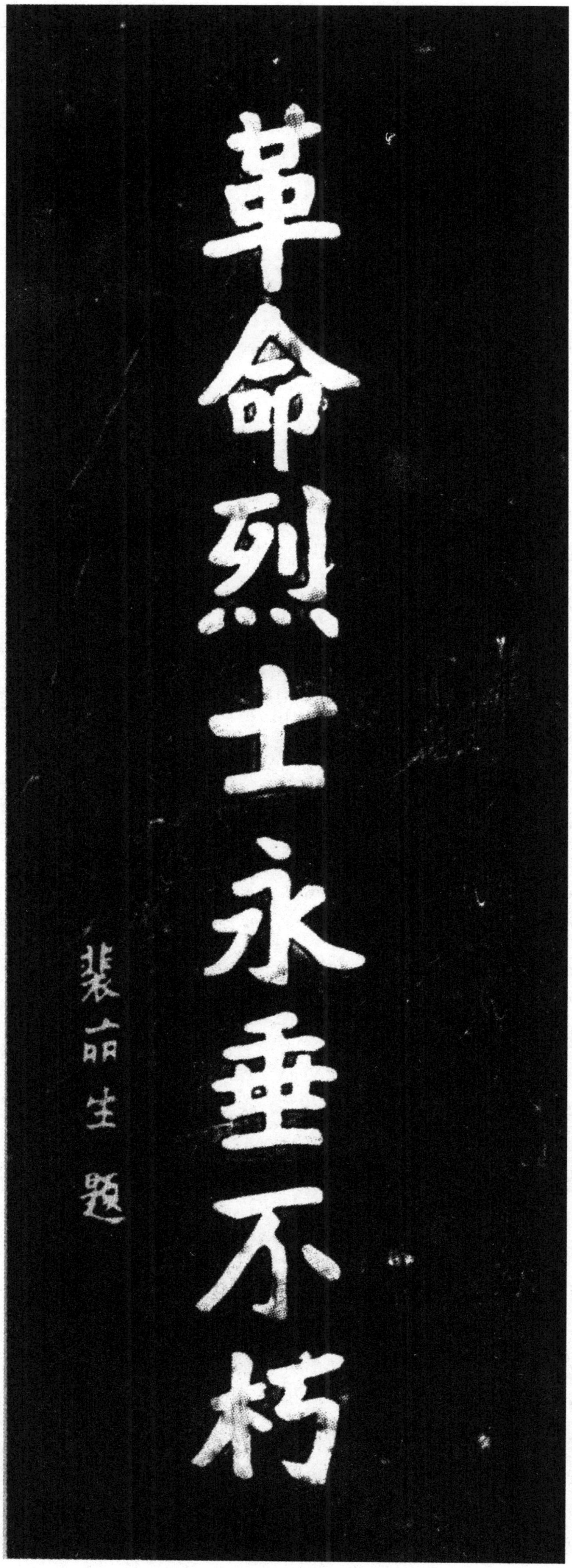

革命烈士永垂不朽

【简介】

1993年7月立石。现存垣曲县城寺圪塔山上碑亭。

碑青石质，长方体，高200、宽75厘米。四面刻文。碑阳竖排楷书“革命烈士永垂不朽”8字，裴丽生书。碑阴刊刻碑文，叙述了建立纪念碑的经过。左右两碑侧刊刻烈士姓名。文皆楷书。

【碑文】

（碑阳）

革命烈士永垂不朽

裴丽生题

（碑阴）

岁月峥嵘，历史飞奔，建国以来神州大地蒸蒸日上，舜皇故里欣欣向荣。抚今追昔，倍觉盛世来之不易；饮水思源，更加缅怀先烈功德。为彪炳忠烈，启迪后人，县委、县政府遂其民愿，于县城建立垣曲革命烈士纪念碑，以共凭吊。我垣环山傍河，历为兵家要地，古往今来，战火频仍。日寇侵华五次犯垣，杀人如麻，血溢亳水，凶焰所至，皆为焦土。国破家亡之际，共产党组织民众，反扫荡，炸敌堡，送情报，打游击，跃马挥戈，所向披靡。外患逐除，内战又降，兵匪为虐，民无宁日，田园荒芜，饿殍遍野。命运决战之秋，我垣健儿再效疆场，赴汤蹈火，在所不惜。将军冰河夜渡，军民破城克敌，枪林弹雨，置之度外，舍生忘死，报效祖国。镌石铭记烈士八百二十六名：抗战时期二百九十七；解放战争时期四百七十一；社会主义建设时期五十八。先烈中，有身经百战、功勋卓著的高级将领，有殊死拼搏、喋血杀场的普通战士，有在前线敌后出生人死的干部民兵，也有宁死不屈、惨遭杀害的仁人志士。其智勇、其壮烈泣鬼神，惊天地。半个世纪转瞬即逝，英烈事迹历历在目，全县人民惜创业之艰，继英灵之志，为祖国四化大业，为垣曲繁荣昌盛，光前裕后，继往开来。

愿先烈之精神与莽莽中条巍然屹立，永垂不朽！愿先烈之英名同滔滔黄河源远长流，万世流芳！

中共垣曲县委　垣曲县人民政府敬立

公元一九九三年七月

（碑侧）

烈士姓名

常乾坤　陈　瑞　李仰业　李从文　崔　峒　弟敏学　刘凤义　张梦龙　刘宝善　赵宗普
王式玉　姚潘南　王继孔　台联捷　张爱华　庞晋荣　李翰震　贾士诩　安且吉　王鹤卿　王元良
吕修仁　车　达　成槐枝　常士英　陈志光　王好治　郭文谦　聂　政　郭攀月　刘光照　王志杰
王建先　杨　峰　昝金良　史鸿儒　吕好刚　杨廷瑞　王英夺　王嵩龙　王　博　吕汉文　文英才
杜荣德　张忠富　李善政　王全才　吕　彪　安联汉　申景达　马敦仁　刘宗儒　徐振禄　赵三才
任振华　任士哲　侯林法　王振山　杨清元　陈明海　张海南　张希古　张学孔　李振海　王天保
郭小贤　高风华　席耀宗　王庆章　杨金川　许奎文　杨点礼　常子青　王富宝　莫春庆　侯金辉
尚中杰　李绍金　石如表　薛言庆　赵勤书　靳成功　靳绍荣　郭如英　郭亭军　李鸿儒　崔近荣
杨小来　石景明　陈海南　毛模娃　关德选　文德仁　史克勤　张三纲　王发荣　宁明经　申从贤
乔阳春　李丙辰　张来春　张鸿义　赵小混　赵许波　常林校　李正心　许登选　王　玉　马立国
刘之合　党小栓　贾小虎　赵鸿亮　赵芝秀　李林书　赵恒周　张文忠　马仰吉　赵小正　郭喜进
石珍林　张治岐　张人学　赵平安　任仰斗　张培周　李进宸　刘博士　刘学庆　盛逢寅　普恩庆
王玉其　李树社　杨小考　谭学先　王合义　王吉玉　王福玉　李之清　张振河　郭达喜　刘维祥
狄玉书　裴士南　姚潘南　马仰秀　王小劳　孔凡信　刘九花　刘光俊　李军军　贾林庆　刘怀书
石燕山　冯英奎　张金仁　赵丕显　臧焕文　常邻明　席奇光　刘迎喜　柴振宝　张士杰　张□法
师握普　韩小成　王　廷　马景智　王小安　王润书　王敬玉　狄文明　李小月　杜庚寅　范闷闷
郭九信　郭小龙　杨小栓　王小文　杨小才　王好信　王永行　杨玉春　周集祥　李小丁　马月吉
车守信　文士达　文英书　王合仁　吕善之　高狗参　王辉仁　张德林　王敬信　马玉玺　席润锦
赵崇宏　杨　岐　倪　连　张德修　于振江　张玉英　贾重光　刘清文　张振科　李树圣　王金有
宁树秀　安东鲁　陈甲木　张甲寅　张有才　段玉祥　贾克勤　韩保善　李进城　于小富　马天才
文连义　文瑞英　王海龙　王邦拴　冯金平　冯木春　田功章　吕九成　吕义林　刘笃学　刘安德
米来成　李学三　李战东　李金同　李柱柱　杨正才　吴胜功　张铁柱　张来泉　张开宽　赵盘桂
娄松林　娄士敬　席勤书　席国江　徐富有　郭永秀　莫希武　梁文福　焦　德　梁　珍　王萝阁
王祥喜　王万林　白根忠　乔立更　乔玉瑞　刘同训　李小中　李小丁　张小三　张小雷　张三佑
赵丁门　高小四　柴保林　谭亮水　王圪塔　陈振华　李国成　张廷林　车九新　李顺年　白　云
李转运　张三盛　张士表　樊文池　刘河娃　张堂堂　张合娃　阎树英　王中典　弟振成　张则诺
关林江　阎继周　张汝科　于长海　王月文　吴全胜　王良单　曹学圣　马景华　王占义　刘王义
任信成　赵申旺　徐从温　郝来娃　赵克思　段宗文　常更达　卫碌础　马小东　文英豪　文正才
文狗拉　王崇德　王德理　成勇瑞　刘炳仁　阎风岐　安铭贤　关风贤　许明仁　任孝文　李士臣
弟申德　杨振甲　杨群群　杨小官　孟昭曾　张中有　张殿山　张根石　姚生林　赵小聂　赵才娃
赵恒顺　赵章才　赵春远　郭英善　耿小苏　高小恒　韩初生　鲁福寅　颜小信　张翻身　刘元喜
靳永春　关道勋　陈良才　李福守　郭新福　侯玉喜　郭守松　张振华　阎文彩　杨小兵　张文俊
孟益秀　刘清云　刘振国　范金才　刘念欢　车平达　冯英金　韩更林　赵登荣　张根泰　王松岐
石金璞　杜祖兰　赵小兆　赵修德　贾全昌　卫石头　马小照　常金旺　曹鸿政　王永福　刘希书
马仰海　卫　娃　王官堂　王圣梅　王福贵　王成书　史新俊　刘维政　杨保安　李小芬　李龙从
张小生　张小友　张成科　赵来来　赵绍义　赵小来　郭庆林　贾英才　黄太望　薛荣廷　王清才

李小蛋　狄小才　郭铁毛　赵胡南　车新法　赵中富　刘振德　常怀斌　张小兆　张小泉　赵希增
琚成诗　王从林　王志强　王兆有　王改周　牛海水　刘根才　王刘成　王二小　王刘安　文牛娃
石志贵　冯小六　冯尚娟　吕明文　杨麦贵　李五虎　李鸿庆　李光义　张文科　张来法　张小顺
郑九丁　赵小五　赵官祥　胡小行　耿光普　梁林林　崔小旺　张振璞　赵育才　张俊瑞　吕士忠
陈英贤　程官乐　王文军　杜光印　张万才　李广章　冯才子　杨丰春　吴云魁　李改明　鲁德明
刘发源　张则华　高中和　程柏珠　于战傲　刑德林　芦书成　高小官　邱丙林　杨小根　张道明
王瑞武　吴光天　郭光华　车学礼　狄希英　杨祥庆　张道气　阎荣光　杨福宽　侯振辉　王根群
赵英杰　成松林　王以政　李成罗　王风凯　王　琳　李功成　李小妞　王栋梁　王官清　文二对
吕企孔　周官圣　邓甲科　王德民　史义奎　张其斋　侯振明　毛永仁　刘恒瑞　阎荣魁　王施仁
常士明　吕遵三　王希连　王小五　安拴世　许奎武　李文银　李小法　尚恩庆　张克斌　张转运
张建辰　胡珍田　郭百川　梁丙有　梁小海　黄胎娃　安竹林　文小和　韩康俊　卫相顺　马珍倪
许　盛　王小善　王万寿　王庆连　王光垂　王言善　石景坤　阎自俊　阎克义　成小经　许登连
刘小乱　吴小郎　杨　钻　杨小五　杨小河　杨中运　李鸿德　陈正发　陈贵祥　张小安　张栓科
赵贵堂　赵言书　段毛娃　荀保福　贺士顺　郭根清　郭丙文　贾合田　秦　元　康成章　韩金荣
谭小五　樊丙辰　安联星　弟中宣　马新芳　王来运　王蛋蛋　王普昌　刘光庆　许学忠　杨小马
杨正娃　陈双印　张小五　张怀贤　张克利　张加庆　赵平安　柴林三　梁五才　鲁小蛋　黄德寅
谢小泉　谭玉秀　谭文雅　鲍福成　吴恩亭　李学文　鲁崇礼　赵恒节　石　力　阎树棋　娄小南
赵德娃　杨　栋　安立正　周集生　刘善道　姚王成　张青标　李小毛　阎恒军　孟范才　刘廷瑞
谢忠选　郭加德　陈永华　刘崇德　袁金明　文明明　常委山　宋黑蛋　贾海龙　晋小毛　李绍和
李锡龙　刘德胜　刘中桂　赵振永　石太平　谭更才　王才娃　王国元　弟子荣　侯青玉　谭英杰
王俊德　王善伦　刘小林　阴青旭　郭桂林　张树林　王国栋　石荣河　宁立义　吉文编　成守珍
许恩听　李新年　张小根　张金保　普恩达　董太厚　赵九寅　王玉书　王戴山　王德顺　叶希山
吕丙礼　安小胡　刑来法　阎恒路　李三成　李书京　张古楼　张才日　郭玉酉　尚跟步　贾当月
丁改香　文满堂　王永恒　车小官　车振轻　刘小才　申九江　吕春山　杨建业　狄火林　李栓柱
李望成　张小南　张小安　张好俭　张福林　张小举　张道元　单文金　荀保连　贾良书　娄发振
郭小丑　郭正年　董芝儒　鲁小牛　裴小专　刘复生　刘栓虎　李福良　陈登华　赵小雷　韩文学
乔志法　伊海英　张万林　李希贤　成克斗　张岳智　郭振怀　李如意　郭成江　焦银娃　李成水
王松林　芦福奎　安才梁　鲁乐珍　杨三光　翟士英　李毛蛋　秦久炎　苗荣生　谭明山　刘生源
王宏章　王海棠　鲁少连　李虫羊　文志书　王安仁　马小龙　杨　健　芦书仁　赵言学　车祥骄
王钻苗　绍　臣　张　俊　成德芳　王　伟　王玉旗　李官申　杨家才　杨培才　孟英秀　张兴仁
高如行　薛言玉　刘耀池　安达天　贾德高　王圪巴　王希武　刘清林　安成林　张永法　张安成
尚义德　赵　椿　侯天智　柴光斗　郭银科　郭裕金　王锁柱　卫长喜　宁克义　石萝华　吕廷云
米登森　吉　生　李岐才　李都江　张狗未　李洁喜　李顺娃　芦小法　何成才　杨崇仁　张海抓
张小金　昝玉林　耿建国　郭清元　崔小虎　鲁金木　董小保　颜德书　常金才　文科学　丁福春
郭小刚　古康仁　赵攀贵　赵崇昆　许登华　王俊岐　张羊高　米丰隆　白士俊　申玉璧　刘海全
姚中立　侯云庆　张全林　赵或俊　普信昌　王恒礼　李克勤　李清富　卫长庚　文崇山　牛小玉
王还朝　赵小黑　张学礼　王超书　金海山　梁士彦　王赵书　阎保庆　王成杰　杨小发　杨小群
曾国辉　陈林风　崔双命　耿文玉　普福新　龚成文　谭建民　鲁佩章　吴殿恒　侯小改　王庆魁
常育才　姚康厚　卫青连　姜　森　冯国栋　鲍武明　王秀智　崔金才　李海庆　杨乙平

外籍知名烈士

任　达　郭华峰　杨鸿瑞　段英言

阎景祺墓碑铭

【简介】

1994 年清明节立石。

碑文记述了阎景祺的生平。鲁晋武撰文。文据《古城村志》抄录。

【碑文】

国泰民安，饮水思源。父讳景祺，阎府行三。生于辛亥，卒于辛亥。吾父幼年，民族倒悬，耕田经商，喋血转辗。解放号响，始有新天。推为主任，首入商联。常训吾等，报国为先。吾母有三，前二未见。王母牡丹，未登府槛。崔母芒芒，来府年半，朝露忽兮，悲夫云烟。吾母赵氏，讳曰凤娥。生于己未，逝于壬申。贤良淑德，古城誉满。妇女队长，奔波多年。保管钥匙，挂到队散。石坡块石，念此泫然。至孝祖母，早冕床前。三子七孙，血哺口含。半生饥饿，半生无眠。莺飞燕舞，树枯子甘。呜呼痛哉！思此泪面，梦寐不息，刊石祭奠。

一九九四年甲戌清明

鲁晋武撰文

县城集资兴学碑记

【简介】

1994 年 9 月立石。现存垣曲县城北部兴教亭。

碑青石质，长方体，碑阳竖排行书“教育兴县”4 字，碑文记述了垣曲县全县人民集资建学的经过。山西省副省长王文学书。碑阴刊刻碑文 11 行，行 45 字，楷书。左右两碑侧刊刻捐施人姓名。

【碑文】

（碑阳）

教育兴县

王文学题

（碑阴）

县城集资兴学碑记

追溯华夏五千年文明，横观世界七大洲风云，教育乃强国之本，百业之基。一九九零年夏，垣曲县委、政府高瞻远瞩，抓纲治本，以教育立县为宗旨，以改造校貌为先导，号召全县人民开展集资兴学、捐资助学活动。众望所归，群情沸腾。从城乡集镇到山庄窝铺，各行各业，千家万户，捐钱赠物，出力献策，为建校不辞劳苦，为集资慷慨解囊，即有捐万元之大户，亦有输绵薄之劳务。大街小巷遍悬捐资红榜，闹市僻乡频传奉献佳话。盛况深情，空前绝古；锦程宏图，继往开来。近四年间，全县集资突破千万元。幢幢教学楼拔地崛起，排排新校舍鳞次栉比。城乡学校旧貌换新颜，垣曲教育跃上新台阶。

捐资建校泽被后世，助教兴学功在千秋。造福桑梓，理当流芳。各乡镇或树碑刊石，或抄册存档，俱已褒扬铭记。县城干部职工集资二十余万，此项义举，亦应同辉。为表彰奉献之精神，弘扬重教之风尚，特镌此碑，永志纪念。

中共垣曲县委　垣曲县人民政府

公元一九九四年九月立

（碑侧）

（捐施人姓名略）

刘村完小建校纪念碑序

【简介】

1994年9月10日立石。现存垣曲县同善镇刘村。

碑青石质，圭首长方形。文11行，行34字，楷书。碑文记述了刘村等三村修建完小的经过。

【碑文】

劉村完小建校紀念碑序

我劉村完小初建乾隆伍拾貳年，年久失修，寔不能適應現代教學之需。村民呼聲日高，兴學育人，澤被之於後世來者，旺業固基之善舉。爲激教師教學之熱忱，勵學子求學之□□。支部、村委順民意，創新業，遂倡辦學，號名即出，應者八方。全體村民，外鄉游子，莫不慷慨□□，僅四十餘日，捐資七萬餘圓。其情感人肺腑，建築工程，實行招標承包。歷時六十餘天，建设标准教學樓十四間。爲誌建校盛況，更冀全校師生教學相長，早出人才，多出人才，謹□□□。

竹林黨支部　村委會建校領導組書記組長郭安奎　村長郭希光

劉村黨支部　村委會建校領導組書記組長李英民　村長張振邦

西堡黨支部　村委會建校領導組書記組長楊振雲　村長薛峰山

校長徐增平

监工　薛峰山　郭希光

施工　薛建設　馬六一

時公元一九九四年九月十日立

古城镇店头村创建希望小学碑记

【简介】

1995 年 9 月立石。现存垣曲县古城镇店头村。

碑文记述了垣曲县古城镇店头村创建希望学校的经过。

【碑文】

古城镇店头村创建希望小学碑记

儿童乃民族振兴之希望，教育为国家强盛之根本。扶持贫困地区，救助失学少年，希望工程功著千秋。沐春雨甘露，仰朝阳祥光，运城地区首家县办希望小学根扎沃土，苗壮舜乡。

校址择定店头，应天时，得地利，乐人和。东济连晋豫，此居通衢要冲地；高峡起平湖，将成移民重点区。行善扶良，村民恒具美德；尊师重教，百姓素慕高风。建校兴学，久有筹谋。展希望，遂众愿，阖村欢欣。男妇诚献赤忱，聚沙成塔；童叟甘输绵薄，汇滴为河。在外乡谊怀桑梓，踊跃捐赠；有关单位注爱心，慷慨解囊。作规划，跑资金，组织承建，首事人呕心沥血；冒炎暑，化冰寒，施工营造，建设者殚精竭力。能工巧匠，尽显其能；强男壮汉，各逞其强。四十六万元投资，新校园绣锦溢彩；三百个昼夜奋战，教学楼拔地顶天。金秋时节，终成大典。

饮水当思源，乘凉须知本。树丰碑，镌英名，彪炳兴学义举，铭刻创业伟绩，描绘蓝图，播种期望。期园丁谆谆施教，共谱红烛曲；望山伢孜孜求学，皆成栋梁材。教学相长，校村并进，人才辈出，桃李芬芳。则无愧社会主义之社会，亦不负希望工程之希望！

公元一九九五年九月立

垣曲县抗日政府纪念碑

【简介】

1995年9月立石。现存垣曲县同善镇望仙村。

碑分碑身、碑座两部分。碑身为竖长方体，碑阳竖排楷书“抗日政府纪念碑”7字，时任山西省委书记胡富国书写。碑座为正方体，正面镶嵌横长方形碑石，石高80、宽166厘米，刊刻《垣曲县抗日政府纪念碑序》，文33行，行18字，字径3.5厘米，楷书。左右两侧亦嵌碑石，均为横长方形，高80、宽156厘米。左侧刊刻抗战时期烈士姓名；右侧记载望仙人民抗日业绩，文30行，行20字，楷书。

【碑文】

（碑阳）

抗日政府纪念碑

胡富国

（碑座正面）

垣曲縣抗日政府紀念碑序

一九三一年，日寇悍然侵華，蘆溝橋事變，戰火燃遍全國。我垣依山傍河，自古爲兵家必争之地。一九三八年至一九四一年間，日軍五次進犯。中條山戰役，二十萬國民黨軍隊潰敗，日寇盤踞垣曲達四年之久。鐵蹄所至，燒殺搶掠，國破家亡，生靈涂炭。

爲抗擊日寇，一九四二年三月，新任中共垣曲縣委書記王銘山，隨我太岳部隊五十七團挺進垣曲，開辟望仙抗日根據地。同年農曆八月十五日，垣曲縣抗日政府在望仙栗溝宣告成立，張培民任縣長，相繼組建財糧科、民政科、文教科、公安局和縣農會。接着建立起人民抗日武裝縣大隊，王銘山任政委，張培民任大隊長。

抗日縣政府在中共垣曲縣委的領導下，以望仙爲依託，發展根據地，擴大游擊區，深入敵占區，同日寇展開英勇頑强的鬥争。並根據黨的指示，領導根據地軍民整訓開荒，生産自救，粉碎日寇圍困掃盪，配合主力消滅敵人。四五年農曆五月把日寇趕出同善鎮，八月解放縣城。三年中，抗日縣政府如巍峨的歷山聳立在中條山上，爲垣曲解放，爲抗戰勝利建立了豐功偉績。

值此抗日戰争勝利五十週年之際，正逢全縣政治穩定、社會安定、經濟快速發展之時，爲弘揚抗日政府的光輝業績，爲激勵後人開創美好未來，縣委、縣政府謹樹此碑，以誌紀念。

中共垣曲縣委　垣曲縣人民政府　敬立

公元一九九五年九月吉旦

（碑座右）

望仙人民抗日業績永載史册

望仙，一個富有傳奇色彩的山邨，相傳堯王訪賢路過此地，望見舜耕耘之地歷山，因而得名。

一九三八年，望仙就發展了第一批共産黨員，建立了黨支部，領導農民開展減租息運動。一九四二年，抗日縣政府在望仙成立後，從此望仙不僅成爲黨領導全縣人民對敵鬥争的中心，而且也是太岳抗日根據地的一個重要支點。中共垣曲縣委和抗日縣政府對日寇鬥争的重大部署是在這裏作出；建立各區抗日根據地，擴大游擊區，深入敵占區打擊日寇的英雄健兒是從這裏出發的；游擊區和敵占區送來的公糧是望仙人民轉運儲存的；各區向縣委和抗日縣政府請示滙報工作是通過望仙抗日村公所聯絡的；縣委建立的兩條情報綫和四條地下交通綫是望仙邨爲中心及時搜集傳送的。

抗日戰争期間，望仙人民群衆在縣委和抗日縣政府的正確領導下，與革命政權同呼吸，共命運，前赴後繼，英勇戰鬥，爲垣曲解放建立了卓越的功勲，付出了重大的犧牲。村裏先後成立了抗日自衛隊、民兵特别班、人民武裝委員會等抗日組織，同日寇進行了艱苦卓絶的鬥争。從一九三八年至四一年間日寇鐵蹄踏至垣曲，前後五次進犯，對望仙抗日根據地瘋狂掃蕩，全邨房屋被焚燒殆盡，牲畜家禽被搶掠一空，四十餘名群衆慘遭殺害，許多抗日志士效命疆場。

逝者如斯夫，來者當奮起。前輩的光榮業績必將激勵後人爲建設文明富裕的新望仙而努力奮鬥。

（碑座左）

抗日戰争時期英烈姓名

李安心	崔　峒	李仰業	弟敏學	劉鳳儀	張夢龍	王好治	劉寶善
趙宗普	郭文謙	吕漢文	王　博	王嵩龍	王英奪	楊廷瑞	劉光照
吕好剛	史鴻儒	郭攀月	賈子詡	昝金良	龐晋榮	張愛華	劉宗儒
楊清元	陳海南	陳明海	張希古	常士英	馬敦仁	申景選	安聯漢
吕　彪	王金才	李普改	任　達	郭華峰	陳志光	毛模娃	吳德選
文德仁	史克勤	張三綱	王發榮	寧明經	申從賢	喬陽春	李丙辰
馬立國	劉之合	黨小栓	賈小虎	趙鴻亮	趙芝秀	李林書	趙恒周
張文忠	馬仰吉	趙小正	郭喜進	石珎林	張治岐	張博學	趙平安
任仰斗	張培周	李進辰	劉博士	劉學慶	盛逢寅	普恩慶	王玉其
李樹社	楊小考	譚學先	王合義	王吉玉	王福玉	李之清	張振河
郭達喜	劉維祥	狄玉書	裴士南	姚潘南	馬仰秀	王小勞	孔凡信
劉九花	劉光俊	李軍軍	賈林慶	劉懷書	石燕山	馮英奎	張金仁
趙丕顧	臧焕文	常磷明	席竒光	劉迎喜	柴振寶	張士傑	張　法
李小月	杜庚寅	范　閎	郭九信	郭小龍	楊小栓	王小文	楊小才
王好信	王永行	楊玉春	周集祥	李小丁	馬月吉	車守信	文士達
文英福	王合仁	吕善芝	高狗粂	王輝仁	張德林	王敬信	馬玉璽
席潤錦	趙崇宏	楊　岐	倪　連	張德脩	于振江	張玉英	賈重光
劉清文	張振科	李樹聖	王金有	寧樹秀	安東魯	陳甲木	張甲寅
張有才	段玉祥	賈克勤	韓保善	李進成	于小富	馬天才	文連義
文瑞英	王海龍	王邦拴	馮金平	馮木春	田功章	吕九成	吕義林
劉篤學	劉安德	米來成	李學三	李戰東	李金同	李柱柱	楊正才
吳勝功	張鐵柱	張來泉	張開寬	趙盤桂	婁松林	婁士敬	席勤書
席國江	徐富有	郭永秀	莫希武	梁文福	焦　德	梁　珎	王夢閣
王祥喜	王萬林	白根忠	喬立更	喬玉瑞	劉同訓	李小中	李小丁
張小三	張小雷	張三佑	趙丁門	高小四	柴保林	譚亮水	王圪塔

陳振華　李國成　張廷林　車九新　李順年　白　雲　李轉運　張三勝
張士表　樊文池　劉河娃　張堂堂　張合娃　閻樹英　王中典　弟振成
張則諾　關林江　閻繼周　張汝科　于長海　王月文　吴全勝　王良單
曹學聖　馬景華　王占義　劉王義　任信成　趙申旺　徐從温　郝來娃
趙克思　段宗文　常更達　衛碌磋　馬小東　文英豪　文正才　文狗拉
王崇德　王德理　成勇瑞　劉炳仁　閻鳳岐　安紹賢　關風賢　許明仁
任孝文　李土臣　弟申德　楊振甲　楊群群　楊小官　孟昭曾　張中有
張殿山　張根石　姚生林　趙小聶　趙才娃　趙恒順　趙章才　趙春遠
郭英善　耿小蘇　高小恒　韓初生　魯福寅　顔小信　張翻身　劉元喜
靳永春　關道勳　陳良才　李福守　郭新福　侯玉喜　郭守松　張振華
閻文彩　楊小乒　張文俊　孟益秀　劉清雲　劉振國　范金才　劉念歡
韓更林　趙登榮　張根泰　王松岐　車平達　馮英金　石金璞　杜祖蘭
趙小兆　趙脩德　賈全昌　衛石頭　馬小照　常金旺　曹鴻政　王永福
劉希書　馬仰海　衛虎娃　王官堂　王聖槑　王福貴　王成書　史辛俊
劉維政　楊保安　李小兮　李龍從　張小屯　張小友　張成科　趙来來
趙紹義　趙小米　郭慶林　賈英才　黄太望　薛榮廷　王清才　李小蛋
狄小才　郭鐵毛
抗戰八年之英靈永垂不朽！

安仁同志永垂不朽

【简介】

1996年清明节立石。现存垣曲县古城镇谭家峡口。

碑青石质，圆首长方形，通高184、宽59厘米。碑额竖排篆书“流芳”“千古”。碑文横排左行，共38行，行20字，楷书。

安仁（1910—1971），本姓弟，名安仁，山西省垣曲县谭家乡硖口村人，中共党员。1933年北平大学工学院求学时就参与革命活动，1937年参加革命，曾任山西省第六专署科长、永和县县长、大宁纺织厂厂长、晋绥行署工业科科长等职，1949年任西北军政委员会驻大华纱厂军代表、陕棉一厂厂长。筹建了西北国棉一厂，历任厂长、西北纺织管理局和陕西省纺织工业局局长、党组书记，国家纺织工业部生产司副司长兼陕西棉纺织公司经理等职。1971年遭迫害去世，1978年平反。

【碑文】

（碑阳）

安仁同志永垂不朽

（碑阴）

安君讳仁，本姓弟，名安仁，从事革命后改称此号。君生于一九一零年六月，山西省垣曲县谭家乡硖口村人，共产党员。

一九二七年，接受革命先哲台联捷同志的革命教育。一九三三年在北平大学工学院求学时，与裴丽生等人发起创办进步刊物《垣民之友》，一九三五年因此被捕，经本县进步人士安恭己保释。一九三七年投入革命，奔赴抗日前线，曾任山西省第六专署科長、永和县縣長、大宁纺织厂厂長、晋綏行署工业科科长等职，为发展解放区，粉碎反动派经济封锁浴血奋战。

一九四九年随军南下解放西安，任西北军政委员会驻大华纱厂军代表、陕棉一厂厂长。一九五一年任我国第一个自己设计、安装、生产的大型棉纺织厂——西北国棉一厂筹建处主任、厂长，西北军政委员会授予他“基建模范”奖章，后历任西北纺织管理局、陕西省纺织工业局局长、党组书记，国家纺织工业部生产司副司长兼陕西棉纺织公司经理等职。“文化大革命”期间，惨遭林彪、“四人帮”迫害，于一九七一年五月二十六日含冤病逝。

一九七五年九月五日，经国务院批准，国家轻工业部在北京八宝山革命公墓举行安仁同志骨灰安放仪式，陈维稷副部长致悼词。一九七八年十二月二十日，陕西省委在西安纺织城隆重举行安仁同志追悼会，省委副书记王林致悼词，悼词中说：“安仁同志对党和革命事业忠心耿耿，立场坚定，在抗日战争、解放战争和社会主义建设中，做出了重要贡献……”他的革命精神和工作作风，值得我们深切怀念和学习。

君一生为国为民，忠贞不渝，功昭日月，辉映梓里，为我邑革命后来者荣幸也。

妻普瑾（普凤文）率子弟振铎　媳张芝娥　女安琪　振蓬　婿宁林贵　邱元敬立

硖口村党支部　村委会协办

公元一九九六年岁次丙子清明吉旦

硖口桥碑记

【简介】

1997年元旦立石。现存垣曲县古城镇谭家峡口。

碑青石质，圭首长方形，通高234、宽79、厚24厘米。碑额横排左行篆书“功德”2字。碑文为左行，上下横行。文42行，行21字，楷书。碑文记述了硖口村全体村民在县、乡两级政府及社会各界支持下，建设沇水桥的经过。碑阴额题“筹资榜”3字，刊刻捐款单位、捐款人姓名及金额。靳建邦撰文，清寒斋髯公书丹并篆额。

【碑文】

（碑阳）

硖口桥碑记

硖口村无桥之苦久也。至若秋霪夏汛，河伯暴戾，绝车马之喧，断物资之流，误求医之急，溺涉水之命。世代企盼通津之圯，祖辈恨无化虹之力。值改革振兴之元，商品经济之时，晋省注重路政建设，垣邑实施交通兴县。乡党委、乡政府审时度势，闻风而动。村支部、村委会集众公议，矢志建桥。村干首事，不遗余力，里巷筹资，无以徬徨。县委书记、县长焦阳生，副县长李广彬、晋勇、李道义，心系沇水，拨银赠物。财政局、交通局、林业局、移民办、保险公司，融资扶贫，雪中送炭。离乡赤子，情注梓里，慨解仁囊，同襄义举。杨新安、台联斌、刘玉平等，热心公益，筹谋排难，四方联谊。滴水沙粒，不弃微寡终成垣；贫地瘠壤，汗珠血银四十五万。乙亥十月破土，丙子岁末竣工，其制为高三阔六长百米，砼板十跨，颇为壮观。当其时也，干群同心，上下协力，鏖暑搏寒，历尽艰辛，终使长桥卧波，惊涛闲庭。晓夜不息驱驰，童叟无愁深浅。鞭石瑶岛，岂假神鳌；负轭银河，何劳乌鹊。呜呼！沇水之阻，河东七村之阻，非硖口一村之阻也。以一村之力，通百代之隘，不止为一岁化险夷，而实为众生永逸计；不止为一隅开方便，而实为八方登彼岸；不止为一桥架通途，而实为万民奔康庄。功莫大焉，善无极焉，此所谓富民之道，贵在立事，事无大小，功在求实也。告竣之日，村民镌之贞珉，村干刘培琳屡嘱为序。培琳为斯桥四处奔波，不辞劳瘁。余本不文，受托难辞，谨赘俚语，以敬献阖村父老乡亲。是为记。

靳建邦撰文

領导组

组长　任康民　姚泽民

副组长　姚蒙生　任佐峰　刘培琳

成员　任佐军　金胜利　文化民　张抗元　王抗美　弟振贵　台子安　姚蒙生　任海云

设计　刘培琳　崔丙福

施工　文和平　台林龙　张新社　台建康　姚〇勇　刘宝贵　谭战文　叶树学

监工　杨振源　姚腾云　张红霞　李小水　弟振明　张新社

硖口村全体村民立

公元一九九七年元旦

清寒斋髯公书丹篆额

（碑阴）

（筹资榜，略）

姚氏宗祠旧址碑

【简介】

1997年清明节立石。现存垣曲县华峰乡东型马村。

碑青石质，圆首长方形。碑额竖排楷书“追远”2字，左右两侧刻饰云纹。碑中刊刻正文1行6字，左右两侧刻序文8行，左侧5行，右侧3行，行35字，皆楷书。碑文记述了东型马村姚氏的来历、沿革及宗祠废毁的情况。

【碑文】

姚氏宗祠舊址

報本追遠，懷祖宗之功德；承前啟後，寄子孫之孝思。民風淳樸，情也理也。吾姚氏始於帝舜，係黃帝八代孫，早起原始，根深枝茂，源遠流長。南宋嘉熙四年，祖諱勤，自陝至洪，復徙垣邑。越數載，祖諱奇再遷原上，是爲型馬姚氏始祖。歷七百餘春，傳二十一世，忠孝□□，耕讀以延，繁衍生息，家祥族昌。約當明季，創建宗祠。屋止數楹，清雅質樸；堂設雖簡，端庄肅穆。神主軸中懸，列祖列宗昭穆有序；冬至日祭祀，諸子諸孫恭敬虔誠執禮，義行孝悌，明族規，施教化，合族凝聚力之所在也。而今滄桑變，世态新，房舍傾圮，遺跡尚存。華夏一统，炎黄之脉相繫；裔孫百代，祖功宗德難忘。察古鑒今，溯淵尋根，繼修譜牒，聯結族誼，緬懷宗澤，報效國政，爲後覓蹤，謹刊石以永誌。

十五至二十一世孫闔族同立

時公元一九九七年歲次丁丑清明穀旦

抗日武装纪念碑序

【简介】

1997年8月24日立石。现存垣曲县皋落乡民兴村。

碑分身、座两部分。碑身为竖长方体，碑阳竖排楷书“抗日武装纪念碑”7字。碑座正面镶嵌横长方形碑石，石高95、宽132厘米，刊刻《抗日武装纪念碑序》，文25行，行23字，楷书。左侧嵌竖长方形碑石，石高96、宽70厘米，刊刻烈士姓名；右侧嵌竖长方形碑石，石高90、宽70厘米，刊刻《忆民兴抗日武装根据地》，贾克泌撰文。文皆楷书。

【碑文】

（碑阳）

革命英雄永垂不朽

（碑座阳）

抗日武裝紀念碑序

天盘山麓，林茂峰秀，方圓百里，山莊數十。清以賈家山稱村，後以葫蘆峪概之。民興之名，乃抗日政府所命，意蕴抗戰必勝，人民必興。

當其時也，横岑閿嗚咽，中條山泣血。倭寇鐵蹄，踐踏垣邑，山川變色，黎民涂炭。挽救民族危亡，匹夫有責。抗日烽火燃于天盘山下，革命武裝在民興誕生發展。二區區幹隊在尖古垛成立，東山抗日游擊大隊在不落泉擴編，縣抗日報仇大隊在四面河問世。生銀府两迎策反倒戈，增兵添鎗；由自衛隊而野戰連，民兵奮勇當先。以二區區幹隊爲骨干，組建縣大隊，改稱獨立營，再編獨立三團，人民武裝不斷壯大。鎗上膛，劍出鞘，山澗怒吼，叢林揮拳。堅壁清野反掃蕩，神出鬼没打游擊。日僞聞風丧膽，賈匪棄甲丢盔。内除群姦，外御强虜，抗日縣政府之屏障；北接太岳，南達條西，革命根據地之中堅。赫赫戰功，巖石作證；殷殷鮮血，層林盡染。數百民興兒女，踊跃参軍参戰，闖鎗林冒彈雨，義無反顧；抛頭顱灑熱血，視死如歸。二十余名烈士爲國捐軀，長眠青山。

五星紅旗展，神州换新天。垣曲如此，民興亦然。明珠山村閃耀，公路溝嶺盘旋。蒼松翠柏送清馨，歡聲笑語滿校園。貧困將爲陳迹，小康前景灿爛。于今追昔，殊深軫園。值垣曲解放五十週年，爲繼承先輩偉業，發揚革命傳統，銘輝戰史，鎸忠烈名。此碑巍巍，永昭日月。

一九九七年十月二十五日

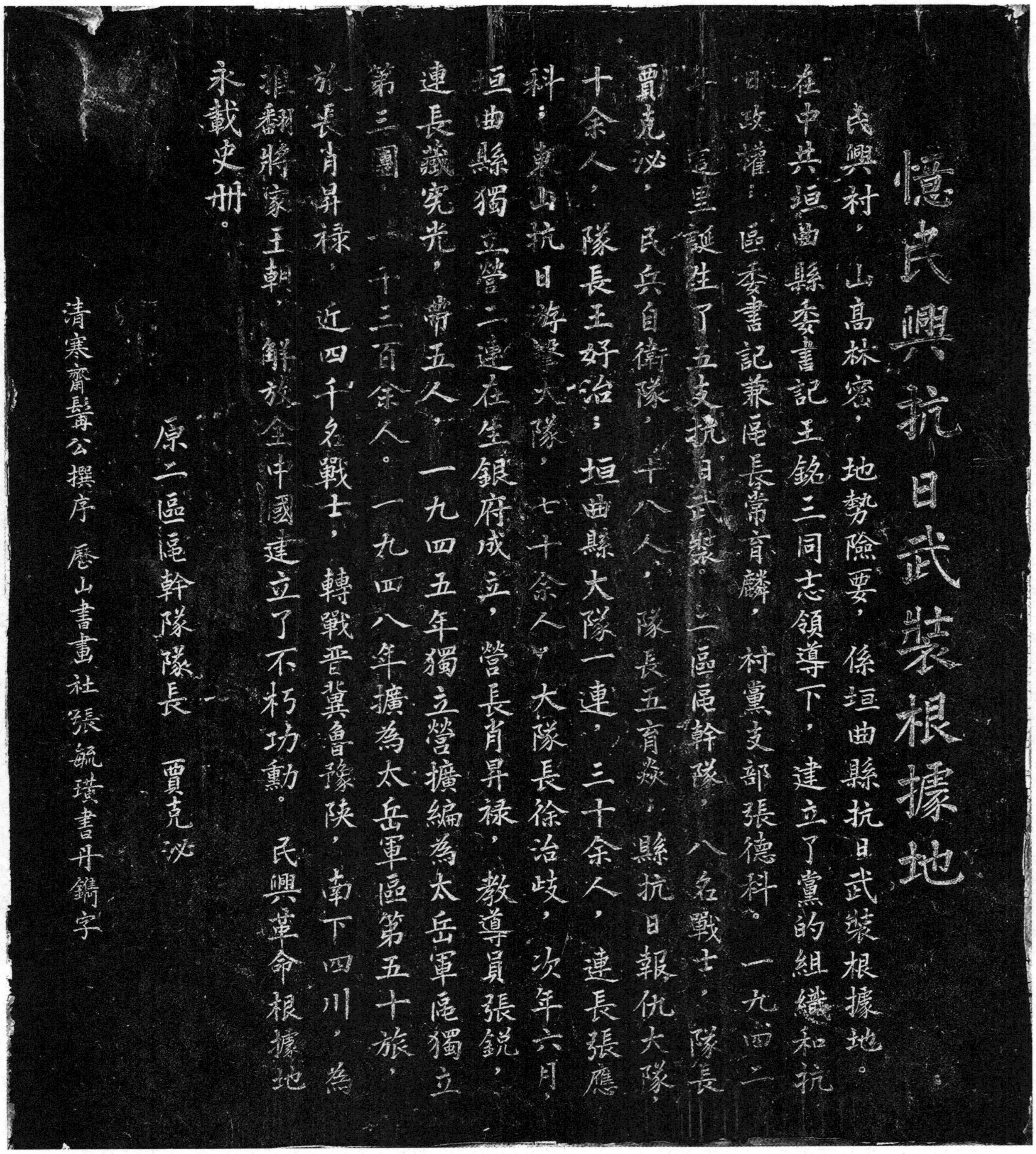

（碑座右）

憶民興抗日武裝根據地

民興村，山高林密，地勢險要，係垣曲縣抗日武裝根據地。在中共垣曲縣委書記王銘三同志領導下，建立了黨的組織和抗日政權。區委書記兼區長常育麟，村黨支部書記張德科。一九四二年，這里誕生了五支抗日武裝。二區區幹隊，八名戰士，隊長賈克泌；民兵自衛隊十八人，隊長五（王）育焱；縣抗日報仇大隊十余人，隊長王好治；垣曲縣大隊一連三十余人，連長張應科；東山抗日游擊大隊七十余人，大隊長徐治歧。次年六月，垣曲縣獨立營二連在生銀府成立，營長肖昇禄，教導員張鋭，連長藏宪光，帶五人。一九四五年，獨立營擴編爲太岳軍區獨立第三團，一千三百余人。一九四八年，擴爲太岳軍區第五十旅，旅長肖昇禄，近四千名戰士。轉戰晋冀魯豫陝，南下四川，爲推翻將（蔣）家王朝，解放全中國建立了不朽的功勳。

民興革命根據地永載史册。

原二區區幹隊隊長　賈克泌

清寒齋髯公撰序　歷山書畫社張毓璜書丹鐫字

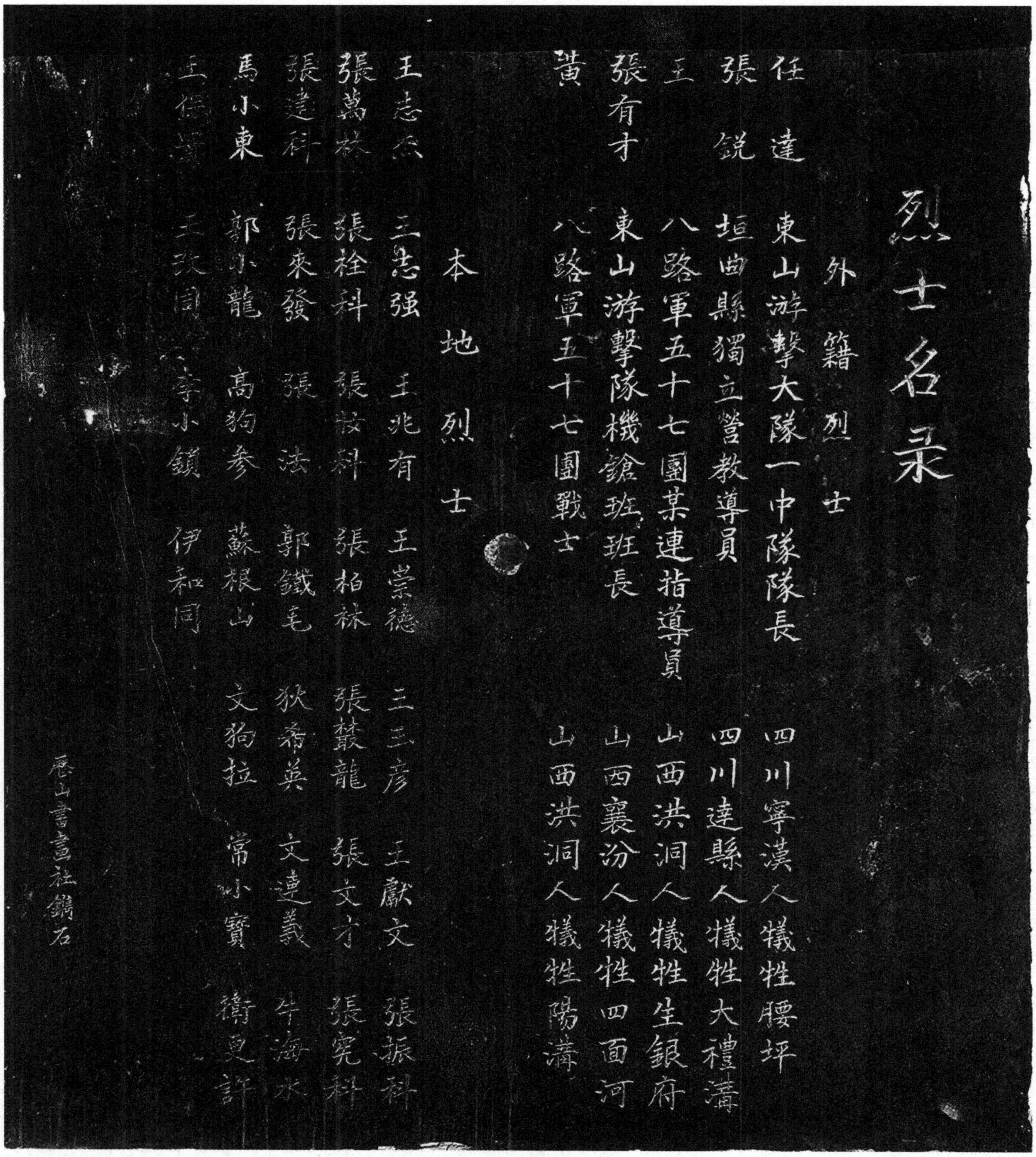

（碑座左）

烈士名录

外籍烈士

任　達　東山遊擊大隊一中隊隊長　　四川廣漢人　犠牲腰坪
張　鋭　垣曲縣獨立營教導員　　　　四川達縣人　犠牲大禮溝
王□□　八路軍五十七團某連指導員　山西洪洞人　犠牲生銀府
張有才　東山游擊大隊機槍班班長　　山西襄汾人　犠牲四面河
黄□□　八路軍五十七團戰士　　　　山西洪洞人　犠牲陽溝

本地烈士

王志杰　王志强　王兆有　王崇德　王玉彦　王獻文　張振科
張萬林　張栓科　張汝科　張柏林　張叢龍　張文才　張宪科
張建科　張來發　張　法　郭鐵毛　狄希英　文連義　牛海水
馬小東　郭小龍　高狗参　蘇根山　文狗拉　常小寶　衛更許
王保貴　王改周　李小鎖　伊和同

歷山書畫社鐫石

重修二郎庙记

【简介】

1998年农历三月初二日立石。现存垣曲县蒲掌乡北阳村。

碑青石质，圆首长方形，通高130、宽65、厚10厘米。碑首剔地刻云龙饰纹。碑身周边刻饰花卉和变形螭纹装饰带。文5行，行40字，楷书。碑文记述了北阳村民集资重修二郎庙的经过。文后刊刻施财人姓名。

【碑文】

重修二郎廟記

吾北陽村東隅之二郎廟，其創建年代不詳，現僅存正殿，稱二郎殿。據形製判斷，爲元代遺構。自清康熙二十八年（公元一六八九年）脩繕，至今已數百年，二郎廟歷盡滄桑，廟屋𢙢傾，垣墉圮缺，碑石斷僕，草木荒榴。北陽村民目睹不忍，遂斂財聚工，修葺大殿，重塑金身，使之煥然矣。時值公元一九九四年，今謹鐫此碑以記。

（捐钱人姓名金额略）

首事人　吳光前　吳殿民　吳文屏　尚華德　尚紅德　尚成生　蘆新明　王臣才

旹公元一九九八年歲次戊寅三月初二日　立

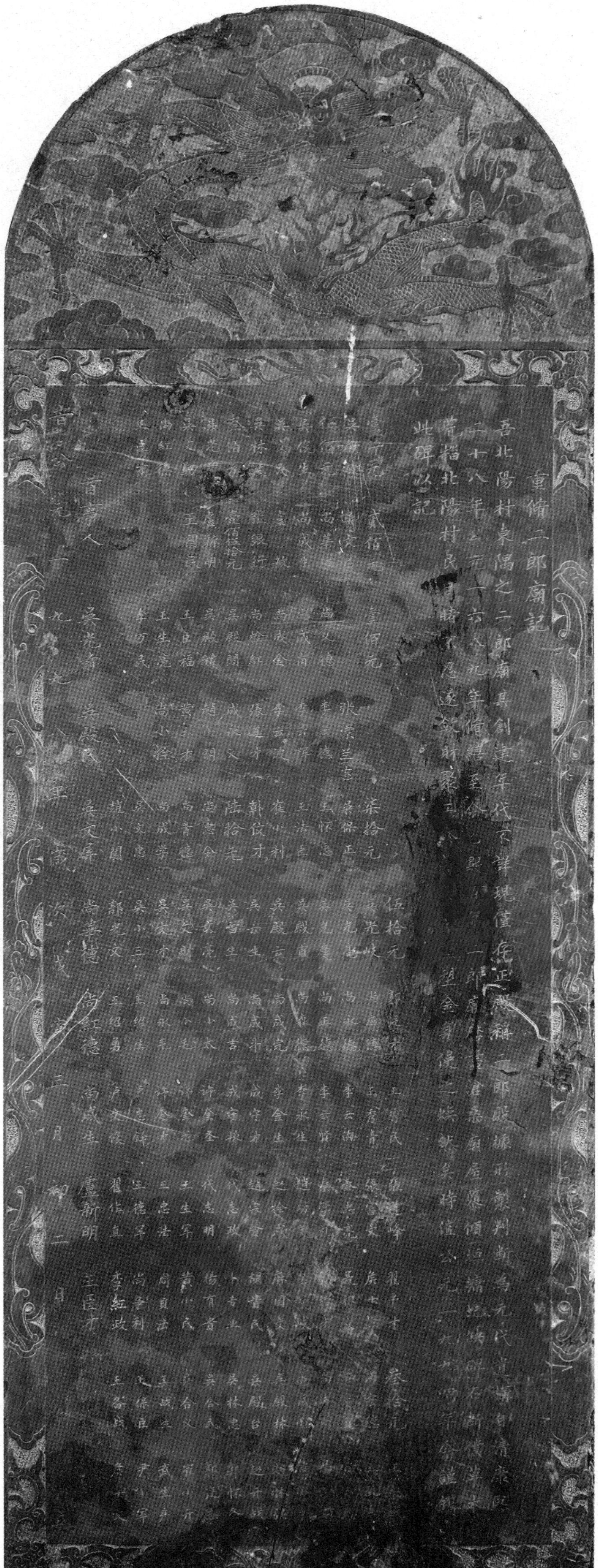

重立郑恩输粮千石救济万民碑

【简介】

1998年清明节立石。现存垣曲县古城镇谭家村。

碑青石质，圆首长方形，碑额竖排楷书“悠久”2字。碑文为纪念郑氏先祖郑恩输粮千石、救济万民而重立。碑石正中竖2排楷书正文。正文右侧刻序文3行，行31字，楷书。正文左侧刻撰文、书丹人姓名。安思和撰文，文清岫书丹，陈铁钊刊石。

【碑文】

敕旌義民九品鄭恩輸糧千石　救濟萬民

先祖鄭公諱恩，明代曾捐糧賑濟災民，皇朝賜以“輸糧千石，救濟萬民”之殊榮。原在老縣城建碑樓一座，清咸豐年間遷回本村。蓋因年久失修，今以傾圮無存，爲使祖宗功德昭著，後世同族子孫合議捐資，重建此碑，以示懷念。

二十世孫暨重孫敬立

垣曲縣四屆政協主席　書法協會主席安思和撰文

垣曲县果品公司書記石景文校閱

垣曲县博物館山西青年書法家文清岫書丹

豫偃師市陳鐵釗刊石

時公元一九九八年歲次戊寅清明穀旦

重竖吕氏传世图碑记

【简介】

1999年清明节立石。现存垣曲县华峰乡凹里村。

碑青石质，圭首长方形，通高205、宽64.5、厚10厘米。碑石首部剔地线刻龙纹。文8行，行48字，楷书。吕笃行、吕步华撰文。碑文记述了垣曲吕氏各支重立传世图碑的缘由和经过。

【碑文】

重竪吕氏傳世圖碑記

人本乎祖，水本乎源，千載百代，源遠流長。吾垣邑始祖原籍河東，爲避宋亂遷垣，卜居華峰，迄今七百餘載，相傳二十七世，繁衍二千餘丁，爲垣邑一望族也。上溯始祖諱彦成，至五世祖耕讀傳家，延續百年。自六世祖諱定入膠廩員後，人文輩出，縉紳叠興，族大枝繁，知縣以上達七人之多。相傳明中葉建七十二座連環式梅花園，園外建高十餘丈火神亭。然滄桑巨變，明末毁於戰亂，吾氏先輩散居四方。至大清晚期，吾族東交支二十一世屏翰（五品）及其子孫三代，皆有文武前程，俗稱十頂帽，譽滿河東，名揚三晉。爲拯救國民於水火，吾氏先輩二十一世修仁、二十四世漢文等十四人，浴血奮戰，爲國捐軀。更有人民解放軍高級將領企儒、雲、好清衆多後裔，在各条戰綫上屢建奇勳，枚不勝舉。後起之秀二十三世建輝女士居美，任耶魯大學博士后導師；二十五世亞兵留美攻讀博士后；許紅女士留英。久之，吾氏族胞外遷者甚多，謹邑内布遍東交、西溝、柏底、澗溪等三十餘個自然村，後代多有不知先祖來自華峰。值修譜之際，合族公議，復竪僅存兩通歷世祖傳世圖碑，以表思本追遠之意。是爲記。

二十二世孫篤行　二十五世孫步華撰文

各支首事人　克振　魯恩　好尼　企曾　華雲　好勤　文達　同善

督工　達音　銀平

二十世至二十七世全族合立

旹公元一九九九年歲次己卯清明吉旦　立

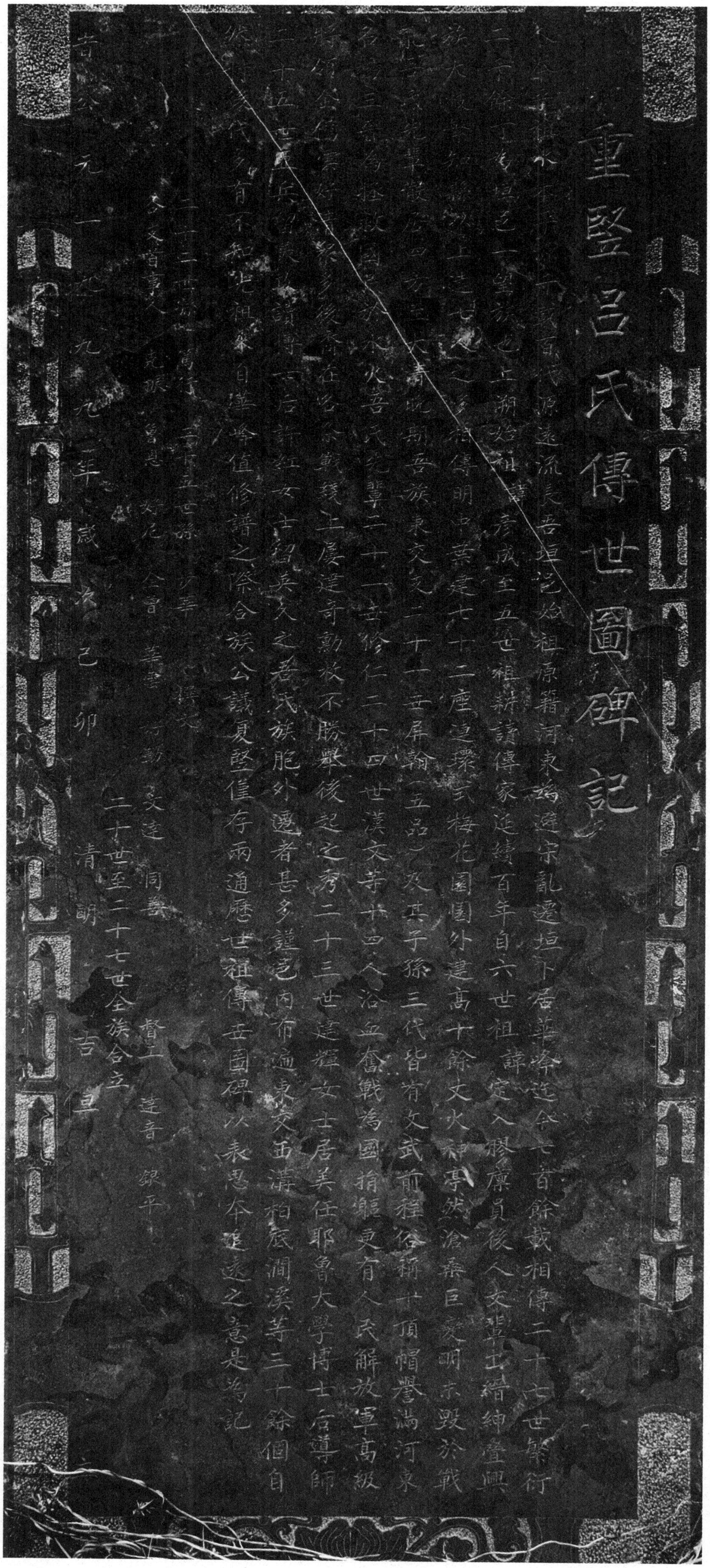
重竪呂氏傳世圖碑記
源遠流長吾垣呂始祖原籍河東為避宋亂遷垣下居華峪迄今七百餘載相傳二十七世繁衍
始祖諱彥成至五世祖耕讀傳家延續百年自六世祖諱定入膠庠員後人文輩出縉紳疊興
相傳明中葉建七十二座連環式梅花園園外建高十餘丈火神亭然滄桑巨変明宗毀於戰
吾族東支二十一世屏翰（五品）及其子孫三代皆有文武前程俗稱十頂帽譽滿河東
吾氏先輩二十一世修仁二十四世漢文等十四人浴血奮戰為國捐軀更有人民解放軍高級
戰綫上屢建奇勳枚不勝舉後起之秀二十三世建耀女士居美任耶魯大學博士后導師
許紅女士留英之吾氏族肥外遷者甚多遠至內布遍東交西溝柏底澗溪等三十餘個自
值修譜之際合族公議复竪僅存兩通歷世祖傳世圖碑以表思本追遠之意是為記
二十世至二十七世全族合立
公元一九九九年 歲次己卯 清明 吉旦

古堆村建校纪念碑

【简介】

1999年8月立石。现存垣曲县新城镇古堆村。

碑青石质，横长方形。碑石上部刻饰双龙纹装饰带，左右两侧刻饰变形龙纹装饰带，其间配以万字纹。碑文35行，行20字，楷书。碑文记述了古堆村兴建学校的经过。王建武撰文，文清岫书丹，张毓戊镌刻。

【碑文】

古堆村建校纪念碑

吾村地处垣境乾位，居于邑界之圻，县城之郊。背依驼峰，面预白涧，毗连绛城，北邻公司。居民仟捌百，七村分八组（七个自然村），人多耕地少，农均弗足永。人勤地不懒，秋夏五谷丰，欣喜我村民，富庶达小康。

树人为根基，耕读施古风。五十年代，刘、古、左、坡合办完小，选址刘张，陋居古刹。六七年，人口增多，分村建校，定址中古堆，营造十二间，三月破土，八月竣工，虽係土木结构，亦算当时一流。教学成果显著，荣居联区上游。然光阴荏苒，转瞬卌载，风剥雨蚀，屋漏墙圮，险情环生，已不堪施教。

余等执政者，深知兴学重，办教不可轻，新建不可慢。九四年九月十二日，全体党员、村组干部、群众代表共议厥事，决定投资三十万元，奋战一年，建一新校园。十月十三日奠基，翌年五月二十五日主体工程告竣，二层十六间之教学楼拔地而起。九七年围墙大门三配套设施臻成，一座占地两仟伍佰平方米之新校园从此诞生。

新校创建，当记三事：一则全体党员干部投资伍仟余圆，村民每人集资二十圆，村委自筹资金十五万圆；二则县教育局、有色公司、新城镇委在外赤子、本村教师、企业家等相助近十万圆；三则省长孙文盛等领导者因查灾于九六年九月四日视察我校，当场解囊两仟圆，堪称楷模，传为佳话。科教兴村，集资办学，功在当今，泽被后世。刻石铭记，永垂千秋。

建校领导组

组长　安新民　郭海森

成员　张志跃　孙建义　郑延民　阎　义　张小水　张勤勇　李永峰　席全秀　郭正峰　冯金锁　安良民

垣曲县第九届人大主任王建武撰文

文清岫书丹

历山书画社张毓戊镌刻

古堆村党支部　村委会

公元一九九九年八月立石

世纪曙猿石刻

【简介】

2004年4月29日立石。现存垣曲县古城镇西滩村。

共二石，皆青石质，横长方形。第一石为世纪曙猿遗址石刻，文横排6字，魏碑体。第二石为世纪曙猿化石发现简介石刻，石边刻云龙纹装饰带。文37行，行14字，楷书。石刻为纪念垣曲县发现世纪曙猿而立。王建武撰文，文清岫书丹，张毓璜镌刻。

【碑文】

（第一石）

世纪曙猿遗址

中国科学院

二零零叁年三月十一日

（第二石）

簡介

人類何始？非耶非娲。摒棄神話，誠爲演化。尋根問祖，類人猿是也。

太古之垣，森林茂密，湖泊遍布，洞穴聚集，氣温地潤，適于哺乳類動物居棲生殖，繁衍進化。近百年来，中外考古學家莅臨勘察，撰文論證，認定斯地系中國第三紀地層及古脊椎動物之發祥地。

一九九四年至一九九七年，中美聯合考察隊于垣曲沿河多處發現世界冣早具有高等靈長類动物特徵之世紀曙猿化石，掀開人類起源説研究新篇章。謂曙猿者，系類人猿亞目黎明時的曙光，意即目前世界上發現冣古老之猿。兹曙猿化石，凸顯連接低等和高等两者靈長類家族之過渡化成員，充分表現猴類、猿類及人類共同祖先演化之原始性。

二十世紀來，正當在華如此重大發現之时，適逢美卡奈博物舘百年大祭，爲紀念自然科學領域雙重盛事，故中美科學家將該化石定名世紀曙猿。

往者，世界冣早高等靈長类動物化石發現于北非法尤姆，距今三千五百萬年，世人曾認定，人類最早起源地在非洲。而今世紀曙猿之發現，早北非一千萬年，随之推翻了人類起源於非洲之説。鄭重于世公示，人類起源于亞洲。亞洲何處？中國。中國何處？山西。山西何處？垣曲矣。

垣曲縣人类遠祖源景区董事長盧偉

原垣曲縣人大主任王建武撰文

文清岫書丹

张毓璜鐫刻

旹公元二零零四年四月二十九日立

世纪曙猿遗址

关帝庙迁建碑记

【简介】

2005年4月立石。现存垣曲县蒲掌乡下马村关帝庙内。

碑二石联刻。皆青石质，圆首长方形，通高228、宽67、厚10厘米。首高34厘米。碑文记述了下马村迁建关帝庙的经过。第一石碑额竖排楷书“万古流芳”4字，左右两侧剔地线刻双龙纹；第二石碑额竖排楷书“功德千秋”4字，左右两侧剔地刻饰龙凤纹。碑身高194厘米，第一石刻碑文12行，行45字，楷书；第二石刻施财人姓氏、金额。清寒斋髯公撰文书丹，侯永俊刊石。

【碑文】

（第一石）

关帝庙迁建碑記

晋豫之交，西阳河畔，有村曰下马，依山傍水，民风淳朴。村之关帝圣庙，清朝乾隆八年创建。道光二十一年重修碑记云：“何庙宇之遍我陬壤也！谒斯庙者，即以下马村之得名，为帝之驻跸焉。”关圣帝君忠义仁勇，国人尊奉武圣，历代敕封帝王，威如四海，德贯九州。千余年悠悠岁月，其村承关帝泽露，仰武圣雄风，地藏乌金，田产碧玉，乐娱自慰。至民国六年再修，气势愈显恢宏。九十年代定为县级文物保护单位。世纪更替之际，黄河截流建库。碧波回澜，直逼村域。民舍多付汪洋，田园半溺龙潭。一千六百余村民半数徙居外迁，或易地新建，或投亲靠友，今已四春。主村六百余口守土后移，再造家园，房起楼矗，街直道平，村貌焕然新颜。历沧桑之变，尤念关帝威德，岂忍水漫圣殿。村民自发捐资，群起而呼，迁建圣庙。更幸得运城市文物局、垣曲县文化局鼎力支持，村民共举筹建首事及督工，甲申五月初始兴土木，乙酉三月间工成告竣。关帝庙正殿三间、献殿三间，画栋雕梁，金碧辉煌，庄严肃穆。帝君赤面长髯，端坐宝位，气宇轩昂。关平捧玺，周仓持刀，威武万方。东为火神、瘟神庙三间，西有财神庙三间、娘娘庙三间。舞台位于正南，阔绰宽敞，壮哉！关帝圣庙巍然挺立，小浪底绿水扬波欢歌，王屋山翠峰振臂助威。庙之建也，库区镶嵌明珠，旅游添增佳景，游客纷至，香雾缭绕，敬慕武圣千秋忠义。虔诚朝觐，祭祀祈祷，崇尚帝君万世英灵。惩恶扬善，护国佑民，接福纳祥，风顺雨调，百业兴旺，五谷丰登，此黎民之企盼，建庙之初衷也。勒石以志，永保平安。

筹建首事　李代生　柴长江　李战虎

督工　张学仁　李长理　阎战江　柴发铎　杨会生　张卫东

塑像师　胡宗强　郝贵荣

雕刻师　李金奇

清寒斋髯公撰文书丹

古城镇东石村侯永俊刊石

豫济建筑队工程队承建

队长　崔备战

時公元二零零五年岁次乙酉四月上浣穀旦敬立

（第二石）

关帝庙迁建捐资芳名

杨生产伍仟元　张永壹仟元　蒲掌乡文化站壹仟元　柴恒章伍佰元　李代生伍佰元　柴长江伍佰元　李战虎伍佰元　曹群香　张小朝　李明杰　吕建军　伍佰元　李代表叁佰元　张学仁贰佰元　阎战江　李长理　柴发铎　阎荣军　张二行　柴权亮　杨少忠　李国耀　阎保林　贰佰元　阎保民　张战生 .杨争产　杨会生　李三代　柴抗战　李长富　李敏　李双旗　张来生　李朋朋　张宗霞　西阳许战民　李红代　李全里　阎通德　杨小贡　阎书成　杨言生　张栓堂　柴法元　李直里　阎书

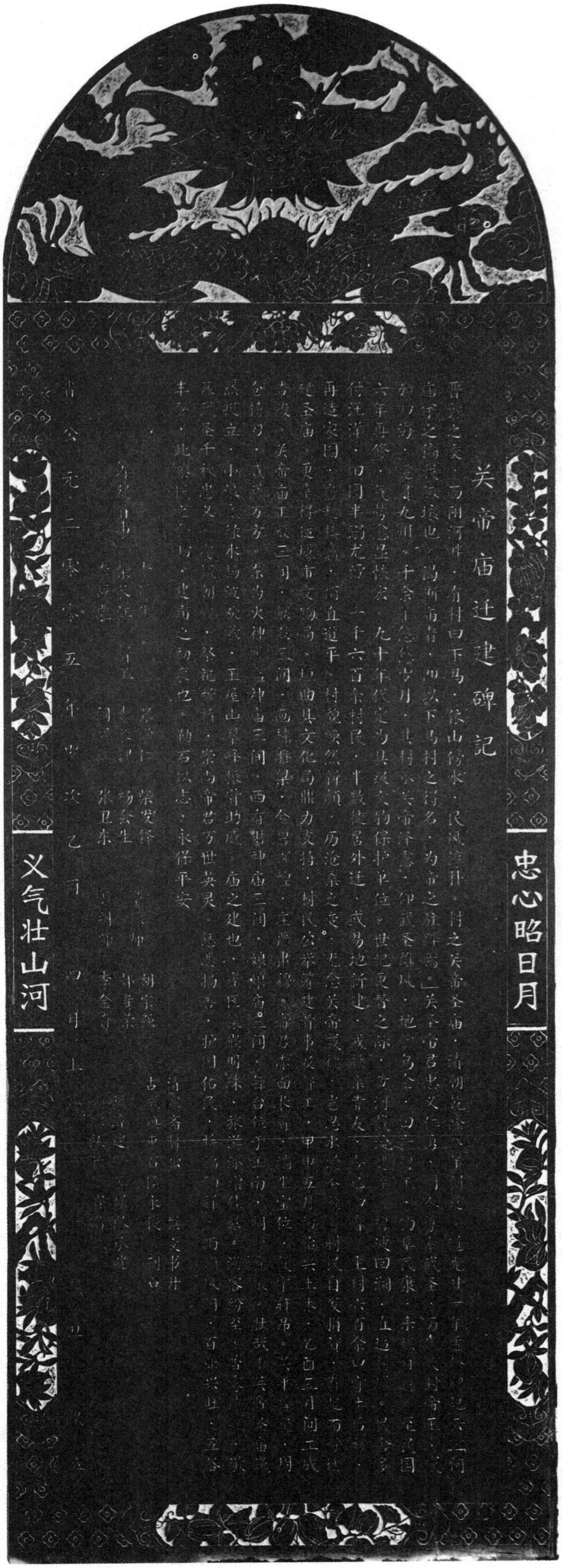
关帝庙迁建碑記
忠心昭日月
义气壮山河

云　柴年生　柴年贵　李争旗　曹风云　李红瑞　刘连军　阎保珍　李振旗　张春生　陈书旺　柴章虎　柴法军　张浩林　李胡强　柴永生　杨争新　阎保东　李红珍　阎福生　阎三军　李少友　杨冲江　杨小会　曹三保　柴安民　柴安庆　阎荣奎　阎力　李战旗　张学胜　阎卫生　前坡李战才　李鸿俊　程相奎　李刚　蒲掌郑发红　曹天保　阎苗苗　丁明娥　杨建海　张泽民　张卫东　芮城杨璞芳　阎荣明　堤沟阎小朝　河津胡宗强　各壹佰元　周王坤壹佰贰拾元　山东孔令山叁佰元　秦传县赵兴杰　芮村　叁佰元　邱家沟村　洼里村　郭家河村　北阳村　蒲掌村　河东村　南蒲村　堤沟村安河村　蒲掌信用社　蒲掌初中　马湾单文生　李红吉　阎小红　张苏峰　王古朵李小燕　陈明忠西阳村　贰佰元　张学祥陆佰元　李绍亮　下沃头村靳召文　靳小勋　蒲掌柴光茂　李红森　剧团张红卫　堤沟王志圣　荀下放　堤沟阎小民　堤沟荀占奎　柴三立　李红江　李红表　英言李怀玉　王古朵李成学　安礼民　新城刘明生　安海龙　芮村香客　花院汤帝庙　蒲掌供销社　窑头食品站　郝坡汤帝庙　马湾村马作贵　单兴文　杜志珍　李小勇　下沃头张浩琴　阎荣法　张卫礼　壹佰元　堤沟周根虎　荀晓光　荀铁良　荀卫生　荀保才　荀明福　杨小生　荀新民　李国军　荀永珍　王大永　伍拾元　蒲掌郭红军　梁书祥　李西云　赵鸿发　汤高占　西阳卢本军　吴考庭　郭光文伍拾元　柴海生　杨二生　杨青江　柴盛春　阎小生　陈二刚　阎小民　杨冲民　张小生　张学春　张建设　张社员　柴小春　阎荣金　柴法明　阎元生　阎战龙　张中山　安小来　张立刚　阎通志　杨冲峰　张小来　张来行　柴全新　柴法江　柴过渡　阎海朋　张浩福　阎立立　阎小康　刘爱国　刘国强　柴安龙　柴保生　张小红　曹卫国　李八里　柴永安　杨玉义　张学智　杨战生　杨冲林　阎三旺　陈小四　阎荣民　阎书锋　张学忠　杨冲范　李小长　李国利　柴江才　张国红　杨冲森　张卫星　张保战　杨栓堂　杨二朝　柴江战　柴全红　张学民　张国战　杨小生　阎小朝　陈二毛　张二章　马建录　张腊珍　杨小片　张浩志　李虽里　靳永英　柴群生　李力　张卫民　杨冲智　杨金生　张国军　杨乱生　阎路军　杨小朝　曹小国　阎海刚　杨战良　阎荣堂　阎军红　杨明显　杨芒生　杨生燕　杨中生　杨波　阎小太　曹森　杨供战　阎军民　杨增言　张胜利　阎书旺　阎安民阎民　柴树立　杨代生　阎长理　杨冲窑　曹小二　张春红　阎伍江　李红学　李红儒　阎保森　李增朝　李元朝　李卫生　阎杰　李成峰　李胡群　李小训　阎平均　阎正军　杨冲云　阎吉元　李复军　杨明芳　李红荣　陈富员　杨新民　阎小亮　阎作东　杨高生　李栓行　张学诗　张克青　柴高博　双庙柴铁娥　李敏　张建民　张占刚　高崖牛文学　崔炳文　无垠张哲　下窑头靳发成　靳先进陈河苗东　高门楼尚智德　洼里娘娘庙　无垠庙管会　堤沟王占庆　各伍拾元　西阳王吉保　吕米聪北阳吴小堂　尚成吉　陈河王汉斗　史清春　芮村丁全兴　许奎任李书玲　堤沟颜路军　荀小云　乔怀斌　双庙李海成　马湾丁林英　阎战元　下窑头香客　各捐叁拾元

公元二零零五年四月吉旦

裴丽生诞辰一百周年纪念碑

【简介】

2006年10月31日立石。现存垣曲县古城镇峪子村。

碑青石质，四方柱体，碑首每面宽46、高81厘米。碑身每面宽81、高219厘米。石边刻饰6厘米宽的变形云纹装饰带。碑石是垣曲县峪子村民为纪念本村革命先辈裴丽生而立。碑阳刊刻前山西省委书记陶鲁笳1999年6月所撰《裴丽生传》序言节录，文16行，行66字，楷书。碑阴刊刻裴丽生生平事迹，共19行，行79字，楷书。

【碑文】

（碑阳）

一九零六—二零零六

裴麗生誕辰一百周年紀念碑

公元二零零六年十月三十一日

（碑右侧）

陶鲁笳《裴麗生傳》序言節錄

裴麗生同志是一位德高望重的老同志，在我國科學界特别是在山西省人民中有着深厚的影響和崇高的威望。

我和麗生同志初識是在一九四八年八月，他由太行行署副主任奉調到太行區擔任太行行署主任，我作爲太行區黨委的副書記兼組織部長和他見面，一見如故，相識恨晚。到一九五三年一月，我擔任省委第一書記，麗生同志擔任省長兼省委第二書記。在三年零三個月時間內，我們成了名副其實的搭檔。我們是在一個共同的目標下進行合作的，即既要充分發揮省委在全省工作中的領導核心作用，又要充分發揮政

府相對獨立的行使國家行政權力的作用。書記、省長相互支持，相互尊重，相互學習，取長補短，團結合作。既是戰友，又是知己，我們的心是相通的。我在和他合作共事的過程中，就感到他對一些有爭論的原則問題能夠運用理論思維獨立思考，提出自己獨到的見解。他爲人處事有許多突出的優點，他是一貫崇尚實際的實幹家。他總是和工農出身的幹部相處很好，并善於從他們和工農群衆身上吸取營養，使自己的思想作風工農化。深入實際調查研究是他搞好工作得心應手的法寶。

麗生同志長期從事經濟工作。在太嶽抗日根據地時，他在行署工作，爲克服日寇掃蕩分割封鎖帶來的嚴重經濟困難，他傾注全力抓發展生產保障供給，組織根據地農副土特產品向日寇占領區“出口”，換回根據地急需的食鹽、煤油、火柴、藥品等戰略物資，滿足了軍需民用，政績顯著。解放戰爭時，他先後擔任運城、臨汾、晉中、太原四大戰役的後勤司令員，組織指揮幾十萬民工、民兵，密切配合前方部隊的需要，有條不紊地完成了機其艱巨的後勤保障任務，受到徐老總和彭老總的讚譽。建國後，他在省政府工作，響應毛主席、黨中央的號召，爲實現財經狀況根本好轉而斗爭做出了卓有成效的業績。之後到了中國科學院，他爲科學家們的基礎研究，爲我國的“兩彈一星”做了大量組織工作和後勤保障工作，在科學界得到了好評。幾十年如一日，麗生同志在他長期的經濟工作中貫穿着一條理論聯係實際的紅線，把書本上學到的馬克思主義經濟學轉化爲實踐中的馬克思主義經濟學而事業有成。

《裴麗生傳》是一個卓越的共産黨人的奮斗之歌、正气之歌。它對於即將踏入新世紀的青年一代的人生觀、價值觀、世界觀的形成，都是極其有益的。

陶魯笳

一九九九年六月于北京

歷山书畫社鎸刻

（碑阴）

裴麗生原名裴毓華，曾名陶君怡，漢族。一九零六年十月三十一日生，垣曲縣譚家鄉（今古城鎮）峪子村人。二零零零年三月十八日十九時十五分在北京逝世，享年九十四歲。

裴麗生二三年入太原進山中學學習，二七年加入共産黨，“四一二”白色恐怖，黨組織遭破壞，與黨組織失去聯係。二九年考入清華大學經濟系，受馬列主義薰陶，堅定了自己的政治信仰，三一年參與發起成立了社會科學研究會。次年參加北平社會科學工作者聯盟，出版《在馬克思主義旗幟下》秘密期刊。三三年四月在清華大學重新加入共産黨，同期發起並組織領導了《垣民之友》社，創辦了進步刊物《垣民之友》。同年六月清華大學畢業後，曾任北平《世界日報》國際版和天津《新中國報》副刊編輯。三五年五月，在運城菁華中學任教。三六年九月，任山西犧盟總會宣傳部負責人。三七年十一月，受黨組織安排，到犧盟洪趙中心區任宣傳部長。三八年二月，任山西第六專署河東辦事處主任。四零年二月，任山西第三專署路西辦事處主任。四一年任山西第三專署副專員。同年九月起，先後擔任晉冀魯豫邊區太嶽行署副主任、黨组書記，太嶽區反掃蕩委員會主席，運城、臨汾、晉中、太原戰役後勤司令部司令員。四九年三月后，任太原市市長、中共太原市委常委，山西省常委、省委第二書記，省人民政府副主席、主席、省長、省政協主席等職。五六年後，任中科院党组副書記、秘書長、副院長。七七年調任中國科協，任中國科協第二屆全國委員會副主席、黨組書記，國家科委黨組成員、國家科委紀委書記。八三年離休。八六年當選中國科協榮譽委員。九零年七月任中國老區建設促進會會長。九二年十二月辭去會長職務，留任老促會顧問及中國老區專著編委會主任。

裴麗生是中國共産黨八大、十二大代表，第三屆全國人大代表，第三、五、六屆全國政協委員，第六屆全國政協常委。

裴麗生在新中國成立前，宣傳進步思想，積極參加抗日討逆救己運動，建立抗日政權，組織抗日武裝，出生入死，浴血奮戰，爲山西的全境解放做出了重大貢獻。新中國成立後，在山西工作期間，組織人民開展自救，恢復經濟，發展生產，在全中國較早地抓了生态環境建設和保護工作。特別是以生物措施和工程措施相結合辦法治理黃土高原的主張以及減輕晉西北税收負擔，鼓勵農民恢復生産積極性的

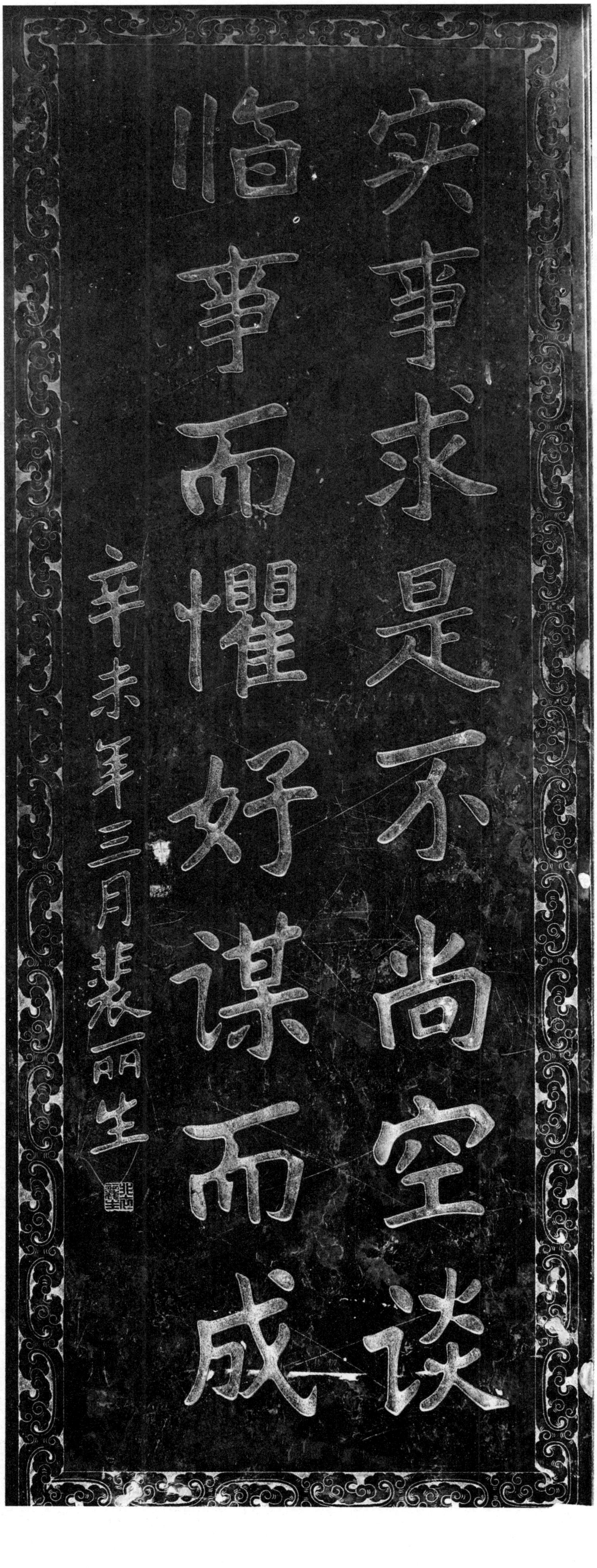
实事求是不尚空谈
临事而惧好谋而成
辛未年三月裴丽生

建議，得到了省委同意，贏得了毛澤東主席的充分肯定。在中科院工作期間，根據國家經濟建設的要求和國際科學發展的趨勢，大胆開拓新的科研領域，確定學科發展重點，改建了若干研究機構，具體組織科研計劃和任務的實施。分工領導中科院新技術局後，逐項落實課題，提供科研條件，爲保障“兩彈一星”的研製做出了重要貢獻。“文化大革命”中受到“四人帮”一伙殘酷迫害，却始終對黨忠心耿耿，絲毫没有動搖對共産主義事業的堅定信念。在中國科協工作期間，爲解決科協開展工作的人財物問題四處奔走，嘔心瀝血。在擔任全國人民大代表和全國政協委員、常委期間，履行職責，深入調研，建言獻策，做了大量的卓有成效的工作。退居二線後，發揮餘熱，關心老區和貧困地區的發展，生命不息，奮鬥不止。

在裴老遺體告别儀式上，國務院所發裴老生平曰：“裴麗生一生忠於黨，忠於人民，對革命事業矢志不渝。堅持理論聯係實際，走群衆路線，尊重知識，尊重人才，關心同志，愛護幹部，胸懷坦蕩，光明磊落，堅持原則，作風民主，嚴以律己，寬以待人，始終保持人民公僕本色，充分發揮了共産黨員和領導幹部的模範帶頭作用，表现了無愧於黨、無愧於人民，爲黨的事业奮鬥終身的高尚品德。”

裴麗生的一生是全心全意爲人民服務的一生，是追求真理、艱苦創業、獻身於共産主義事業的一生。

緬懷先輩，銘記對黨對人民所做的重要貢獻。激勵後輩，培養爲國爲社會服務的棟樑之材。

峪子村全體村民仝立

公元二零零六年十月三十一日

（碑左側）

实事求是，不尚空谈。临事而惧，好谋而成。

辛未年三月裴丽生

下编 佚失石刻

重修渊德侯庙记

【简介】

宋皇祐元年（1049）五月立石。碑石已佚，文据光绪《垣曲县志》卷十抄录。

碑文记述了渊德侯的来历及垣曲县重修渊德侯庙的经过。焦廷坚撰文。

【碑文】

重修淵德侯廟記

原州軍事推官將仕郎試秘書省校書郎焦廷堅撰記

天地設位，陰陽之數定矣。然而深山大澤，神池靈沼，感精誠，見怪物，而不測者，其亦神乎！《禹貢》：析城山，在河東濩澤之西，中有地而枯凋。耆舊所傳，素多靈異。若歲大旱，人祈爲霖，郡□不遠數百里而至此甚衆，咸鑿池爲坎，虔以禱之，斯須水冽於中者，必沛然而沾足不則已。噫！若是，果神靈而莫測其端也。慶曆八年，自冬至於三月不雨，天子減常膳，避正寢，聞之遣中貴人□地□水□來，京師應期而澍。自是禮加侯爵，以神其事。絳州垣曲縣二十里有聖王廟，圖籍載之，實斯地之神也。皇祐改元之四月，大理寺丞朱公皓治縣事之明年，衆皆議曰：兹廟建立，多歷年數，燥濕所侵，殆將頹圮。曩以神像之軀衣冠毁缺，慶曆六年，募工之良者，既加於繪塑。其猶正殿未完，虚廊未葺，倘宇之廢，則何依焉，可不勤於締構？因令測景揆日，運斤度材，經營樸斵，一新大壯。五月，工用告畢，美哉輪焉，如鳥斯革。於是潔粢，盛備籩豆嘉殽旨酒，以落其功。《禮》曰：山林川谷，民所取財用也，非此族也，不在祀典。矧能出靈爲風雨，以澤天下乎！故宜享爵號，安廟□祭祀，終古不朽而已矣。廟成請辭，刻石爲記。

沿革碑记

【简介】

元至元二十八年（1291）立石。碑石已佚，文据光绪《垣曲县志》卷十抄录。

碑文记述了垣曲县的沿革及重新建县后吏民建设廨署的经过。宋景祥撰文。

【碑文】

沿革碑記

絳州學正宋景祥撰

至元二十三年，詔秘書監編類天下地里圖誌。郡域摘委文資正官、通書能吏與本處學官，尋討古書碑刻、近代野史、州縣分野、山川土産、古跡人物、風俗集録呈獻。時予守絳陽學官，縣以圖説來講究，因據所録，雜考古文傳記，應上命焉。二十六年正月，余以事到垣山觀訪形跡，乃知耳聽風聞，不如目睹之真且審也。縣去絳州二百三十里，自冷口谷崎嶇盤礴，林木障日，峰巒倚空。山行七十里，始得民廬稼穡之地，似與外内相隔。崗阜原隰，土田肥良，林落接連，可樹蓺桑麻黍稷菽麥，給居民財用衣服食飲，恍若晉淵明所記桃源地。然在《禹貢》屬冀州分野，南臨大河。《書》：《禹貢》云，河水自華陰東至於砥柱，又東至於孟津。此則砥柱、孟津之間，河北岸之邑也。春秋時爲晉地，漢屬河東郡，境有陽壺、清廉、亳城、葛伯、皋落之城邑，皆古迹也。《左氏傳》：襄公元年，晉圍宋彭城，以五大夫歸，寘諸瓠邱。杜預注云：瓠邱，河東東垣縣東南有壺邱。《水經》云：河水經陽壺城，即垣縣之壺邱亭也。清廉，在今縣西北五十二里，後魏割聞喜、夏縣東界於清廉山北置縣，曰清廉，隸邵郡。隋大業二年廢，唐武德元年復置，九年廢。亳城，在今縣西北一十二里，即《尚書》“湯居亳，與葛伯爲鄰。”葛在西南五里葛伯寨是。臯落，在今縣西北七十里，《左傳》：閔公二年，晋侯使太子申生伐東山臯落氏。又：襄公二十三年，齊侯伐晋，爲二隊，入孟門，登太行，張武軍於熒庭，戍郫、邵。即此地也。或云周召分陜之所。後魏文帝皇興四年，置邵郡於陽壺舊城，西魏大統三年改爲邵州，隋大業三年州廢，爲垣曲縣，以近故垣城，因以爲名。唐武德初又爲邵州。貞觀中廢，復爲垣曲縣。龍朔三年隸洛。乾封二年還絳。天授三年又属洛。長安二年復還絳。貞元二年割入陜州。元和三年復歸絳州。五代歷宋迄金，逮我聖朝，相沿不改。至元三年省併，附於絳邑。逮至元十三年，境内軍民劉讓等四十餘人連名狀訴，以爲本縣地里寬遠，東連王屋濟源，南控本處黄河濟民古渡，西通解鹽路徑，北接冷口谷道，四通行旅經商。又有舜耕歷山讓畔之田、湯都葛伯仇餉之所，相去絳縣一百七十里，差役公務，期限徵集，涉水登山，遠者往回四百里，動經數日，多妨農務。又招違慢罪責，以致民人身雖處而心不安，産雖置而田不闢。乞上司憫憐，復立縣事，誠爲便當。於是，前官裴珍、都監吕忠信、楊林、典史劉讓、耆老魯斌等五人詣州，及路赴京師，凡三載，卒獲所願，聽本邑復設官置吏，時至元十六年也。凡附絳縣十有三年。是歲冬十月，尹至。又二年，主簿至。又三年，知縣達魯花赤八十合兒至。是時，縣治荒蕪，官無几榻之位，吏乏簿書之室。投下總管裴世英、奥魯王安、濟民渡譏察車彦英、許漢、原玉、裴和洎鄉閭社長，共鳩工集役，興修廨宇，凡三十餘楹，制度焕然一新。前立正廳，旁掖兩室，左右列廊廡，處有司之案牘。後有暖廳，旁如前制。東西作房舍，待居者寢處。庖饌、月臺，像於渤海庫舍。庸其架閣，圓扉肅然。儀門南向。以椽數計之，共二百有八。廨宇東，吏有姓常者院地四畝，民又自出錢，買以爲主簿宅。起正廳、夾室、南舍、厨房共一十二楹，椽數計三十。又醫學之舍楹有三，養濟之院楹有六。城隍之祠宇嚴邃，文廟之功績又大，别有碑記，兹不復云。嗚呼！民之勤劬亦至矣。忘其勞而不憚者，知暫勞而永逸故也。夫立一邑之官府，副一方之觀望，則所謂興修，故不可無也。尹簿之政，已經十稔，監縣則再易矣。今達魯花赤押石寒，本朝華族，食世禄，風姿開朗，達於政體。尹岳宏，字巨卿，家世南頓，簪纓士族，性剛直，威而不猛，治有殊績。主簿崔仲，上黨名家，勳業舊裔，貳政之勤，綽有餘裕。城舊墉西南突出若曲尺，垣曲之名，豈緣是歟？金貞祐二年，馬縣令展移西北城一里許，今則方足矣。故併録之，以貽將來者觀覽。暨司吏郭寬、戴宣、賈世榮、胡彬等請刻諸石，故爲之次叙云。

垣曲县新修文庙记

【简介】

元大德四年（1300）九月立石。旧存垣曲县古城镇，现已佚，文据《山右石刻丛编》卷二十九抄录。

碑青石质，圆首长方形，通高125、宽73厘米。碑额竖分二排篆书“垣曲县新修文庙记”8字。文29行，行51字，楷书。碑文记载了垣曲县两任县尹率寮吏建修署衙、新修文庙的经过。宋景祥撰文，张国钧书丹并篆额，李温刊石。

【碑文】

垣曲縣新修文廟記

絳州儒學教授高平宋景祥撰

夫子之道，與元氣爲一。太極未判，道在乎中，所謂先天而天弗違；兩儀既分，道行其間，所謂後天奉天時。八卦畫而體乃明，六經章而用斯見。三皇以上，全其體者也；五帝以下，致其用者也。人惟不明乎道，故設爲名教，以修治品節。放勳曰：匡之直之，輔之翼之，使自行之。家有塾，黨有庠，遂有序，國有學，皆所以明道。周衰教廢，人倫錯亂，天生夫子，使主道統。授以帝王之德而不授以位，令師表百王，垂法萬世，其任不亦重乎！夫子聖之時，道與時偕行，循環變化，甯有終極，則知生爲春夏，殺爲秋冬；夫子時也，日月□明，星辰森列；夫子文也，静爲雲霞，動爲雷霆；夫子神也，潤爲風雨，凝爲霜□；夫子教也，人仰天光，皆言敬畏。而不崇天道，不奉天常，豈真能敬畏？蓋六經之道，天道也；五常之教，天常也。君臣父子兄弟夫婦日用常行之理，斯須不可離。聖人代天理物，爲民立極，故内有辟雍，外有泮宫，春秋釋奠，禮其宜哉！垣曲處河東之南鄙，舊夫子廟在城之東北郭外，因遭劫火，莽爲榛墟。至元□，縣併入古絳。十六年己卯，復設吏治，朝命以從仕郎頓邱岳弘膺制錦之選。冬十月，下車莅政。後二年，主簿崔仲繼至。方是時，市井蕭條，官無廨宇。乃相與協慮經營，起廢蓋新，即其舊基，刱建庭署。數年間，官府民廬，漸可觀看。尹以文廟之事自任，詢於士民，欣然響應。親詣鄉閭勸率，義願施錢助役者甚衆，凡得楮幣千緡，度材聚工。先是，金季縣令馬其姓者，爲城市狹小，展移西城一里許。至是，乃相視展城之間，爰有閑隙之地，厥土□剛，形勢崇亢，奠澤宫寔宜。南望大河，洋洋乎在於目前。思河水之章，若復得聞其操神，固無所不在。遂營正殿三間，構立甫畢，而尹□務適京師，時監縣初至，不廢成謀，就瓴甓塗墁之効。復塑聖像三尊，素王居中，顔、孟侍坐。尹還，甚喜。即命工塑十哲像以配享，衮衣冕旒，金碧輝映，妙全賁飾之外，功不滿志，各致瓜期。厥後有達魯花赤不伯、縣尹陳仲明、主簿帖木兒不花見義有勇，詢謀僉同。列廊廡以繪衆賢，崇儀門以謹出入。簷楹環合，翬飛跂翼，内外砌造，焕然一新。方欲啓講堂、齋舍、庖偪之所，固亦有次弟。其餘城隍有祠，醫學有房，養濟有院，邑中之能事畢矣。本州直學李密、後進趙傑，謁予求文以記之，予謂垣曲邑卑民少，素無儒士，踐職者宜其優遊，聊以卒歲。時有衆僚，政不容卑，審夫教化源流，在於開設學校。惟其邑之小，故代者遠，居者久；惟其居之久，故政克有成，功克有立。此邑人之至幸，天下之樂土也，邑小何害？將見風化大行，俎豆莘莘，絃歌誦聲，自今日其伊始。噫！慮始者難，守成者易，圖功攸終，仍俟後之君子。既叙其本末，又繫之以銘曰：

維皇上帝，祐民作師。俾吾夫子，誕降周衰。道統攸居，教源擴疏。制禮作樂，删詩定書。人倫是正，天理用明。一以貫之，孰匪有生？德施當代，澤流萬載。時有變通，神無不在。上自京師，下及郡縣。祀典具存，春秋釋奠。道本人弘，化由政成。武城之宰，聞絃歌聲。惟此垣山，始自令尹。克配前休，宗游蹈閔。廟貌斯新，俎豆既陳。蒸我髦士，宜席上珍。

大德四季歲次庚子秋九月中旬日立

尉司吏樊福

司吏　郭恭　柴聚　劉温　裴□

典史　杜英

垣曲縣主簿兼尉兼管本縣諸軍奧魯帖木兒不花

修武校尉垣曲縣尹兼管本縣諸軍奧魯□勸農事陳仲明

□義副尉垣曲縣達魯花赤兼管本縣諸軍奧魯兼勸農事□不伯

垣曲縣商酒務官洞羊張國鈞書丹并篆額

石匠　李温　刊

左尹去思碑记

【简介】

元大德年间（1297—1307）立石。旧存垣曲县古城镇，现已佚，文据光绪《垣曲县志》卷十抄录。

碑文记载了垣曲县尹左阔阔出的政绩。吕希升撰文。

【碑文】

左尹去思碑記

吕希升撰文

縣令之職，秦官也，實周子男之爵。秦郡縣天下，置守令，漢因之，迄元改令爲尹。凡居是任，導化惠民，敦業崇利，厥責重矣。苟非其人，民乃受殃。垣曲縣尹進義左公諱闊闊出，河間府東光人。性敏好學，以孝稱。元貞間游京師，以薦授是職，大德七年也。下車問民疾苦，察吏臧否，法令嚴明，徭役允當。嘗巡行郊野，課農桑，禁訐訟，決斷無滯；卹商旅，止劫掠，以飭吏民。崇儒誘誨，俾知仁義。文廟、公廨毁，捐貲修之。嘗大旱自械，告禱天雨麥收。其異政皆類此。邑人余本求文刻石云。

大元祠河清记

【简介】

元至正二十二年（1362）四月立石。旧存垣曲县古城镇垣曲县衙署，现已佚，文据《山右石刻丛编》卷四十抄录。

碑青石质，圆首长方形，高110、宽52厘米。碑额竖二排楷书“大元祠河清记”6字。文21行，行38字，楷书。碑文记载了垣曲县济民渡黄河水忽然清澈，朝廷派员祭祀的情况。程徐撰文并书丹，赵敏题额。

【碑文】

大元祠河清記

至正辛丑冬十有二月戊辰，河水清在垣曲縣濟民渡上下，監渡董順言於有司，河東憲司以聞御史臺，上中書，明年二月庚子，省臣奏：河清爲希世瑞，宜選官即其所祠之。制曰可。三月丁未，中書廼以命秘書少監臣徐，受命即齋祓。辛亥，早朝明仁殿，丞相立陛前，令左丞埜仙普化奉香入，上爲默禱，以授臣徐。明日出，上尊酒四卣、縞幣三端、楮幣萬五千緡，禮部下晋寧路治具詞，臣撰祝文，乘傳以行，晋寧及絳州皆遣官從。丁卯，至垣曲河濱，治壇設位，陳俎豆，戒諸執事恪恭廼職。翼日戊辰，五鼓作率，献官禮生，將事如儀，波流静伏，凌風肅然。禮訖撤饌，投于河干。時文武賓属就列道旁，觀者如堵，咸曰：耿休哉！廼請紀文刻石，以侈上恩，以答神貺。先是，董順始見河清驚喜，即走白，不及詳其遠近、月日。徐入晉境，道遇河上來者，輒詢所見。蓋自平陸、三門、磧津下至孟津五百餘里皆清，凡七日，惟冰合者廼不見□。及至祭所諏實，悉如所聞，且曰：河始清時，兩岸居民不遠百里來汲引，即愈疾；浥以釀，香冽異常；魚鱉莫逃其形，山屋皆倒景水底云。於虖！我國家深仁厚澤，涵濡百年之久。猝爾兇竪肆毒寰宇，民極塗炭於一紀，兹亂極思治，寔惟其時。聖天子脩德任人，得賢相以輔弼于内，良將以驅除于外，九重端拱，清净無爲，潤下之水澄澈呈瑞，宜也。矧今中原底定，山東蕩平，皆調兵於晉，河清昉乎晉境，亦宜也。昔京房、王子年皆以河清爲聖王之瑞、治平之兆，豈無謂哉！况秩祀之祝，蓋欲厚□之生，匪特爲瑞而已乎！徐幸承乏館閣，寅奉祀事，敢不摭實以紀。若歌頌之作，則俟海内悉平之後文臣鉅筆者焉。是月庚午，秘書少監程徐記并書，河北河南道肅政廉訪副使趙敏題額。

至正二十二年四月初吉

晉寧路總管府判官李復

同知絳州事哈喇不花

垣曲縣官行達魯花赤秃顔帖木兒

達魯花赤那海

縣尹　李恭默　楊茂昌　周伯要　兀歹

主簿　梁思恭

河清颂并序

【简介】

元至正二十二年（1362）立石。碑旧存垣曲县古城镇垣曲县衙署，现已佚，文据光绪《垣曲县志》卷十抄录。

碑文为黄河河水清澈而作。朱右撰文。

【碑文】

河清頌并序

朱右撰文

皇元至正二十一年辛丑十有一月戊辰，黄河清七日，自平陸三門磧下至孟津，凡五百餘里。朝廷遣秘書少監程徐致祭，刻石誌祥。自古嘉瑞靈應，未有若此之盛也。臣右謹按《易・乾・鑿度》曰：天降嘉應，河水元清。《京房傳》曰：河水清，天下平。王子年《拾遺記》：黄河一千年一清，皆至聖之君以爲大瑞。春秋二百四十年，比異屢書，未聞河清之紀。秦漢以降，白麟、赤雁、芝房、寶鼎歌於郊廟，神雀、五鳳、甘露、黄龍表爲年紀，未聞河清之瑞也。宋元嘉中，河濟清，北齊武成以太甯二年改河清。唐肅宗中興，河清四日，至三十里，亦未嘗有七日之久、五百里之遠也。惟我國朝太宗皇帝丙子之歲黄河清，距今一百四十六年。河水載清乃至七日，帝王受命符瑞，未有若此之著者也。夫天一生水，爲數之元；氣鍾於子，居方爲北。皇朝起運，建國號元，得天一之數；肇起朔方，符水德之瑞，聖天子聖神文武皇太子睿知仁孝，河之呈神，實應於此。矧水之爲物，清乃本性，河濁而清，又返本還元之徵也。臣右跧伏草野，竊聞盛事曠古所無，不勝抃躍之至，謹拜手稽首而獻頌曰：

維河之靈，發源崑崙。下合葱嶺，度越龍門。滔滔萬里，沸騰駿奔。介江達海，嶽配川尊。經雍冀兗，爰奠中原。流衝湍激，汩汩其渾。既渾何清，既激何温？温間而清，千載罕聞。聖神御極，握乾闡坤。河伯呈祥，坤后效珍。肇自平陸，至於孟津。亘五百里，七日弗淪。其澄如淵，其氣如餅。日光玉潔，風瀾瀫沄。龍鱗結絡，虹彩繽紛。冽且甘醴，瑞同景雲。動由地脉，原本天根。上符水德，載昭帝閽。帝嘉瑞應，錫之璵璠。沈璧藉繅，祼酒炙膰。率土胥慶，詞臣致言。泰運中興，民阜物蕃。車書文軌，登虞邁軒。於千萬歲，永祚皇元。

祠祀参政刘公安民记

【简介】

明成化二十年（1484）后立石。碑石旧存垣曲县古城镇，现已佚，文据光绪《垣曲县志》卷十抄录。

碑文记述了参政刘世忠冒死劝谕盗贼归化的业绩。普晖撰文。

【碑文】

祠祀參政劉公安民記

普暉撰文

成化癸卯、甲辰，山西餓死者大半。垣曲山中，嘯聚爲盗者千餘人，剽掠屠戮，禍益熾烈。都御史葉公琪患之，檄参政劉公世忠、平陽府知府李公琮、同知沈公誌、絳州知州賈公定馳傳抵邑，召知縣茹紹賢，議未决。劉公乃躬詣賊巢，諭以禍福，爲計利害，賊衆感泣，願爲良民，皆惟命解散。公乃大發倉廩賑貸之，禍亂以平，至今民思頌之。茹尹祈文以記，祠祀之。噫！公不血刃而盗息民安，厥功茂矣，是宜祠以報之。公諱世忠，字攄誠，濮州人。

祠祀平阳府知府李公记

【简介】

明成化二十年（1484）后立石。碑旧存垣曲县古城镇，现已佚，文据光绪《垣曲县志》卷十抄录。

碑文记述了平阳知府李琮冒死劝谕盗贼归化的业绩。吴鹏翚撰文。

【碑文】

祠祀平陽府知府李公記

吴鵬翬撰文

成化癸卯、甲辰，連歲郡邑大饑，人多相食。垣曲山中，嘯聚幾千餘人，剽掠鄉村，流毒遠邇。都撫淮陽葉公懼其猖獗也，乃推大參劉公、平陽太守李公捕平焉。二公至垣曲，集僚属士人議，咸請檄旁縣兵誅之。李公不然，曰：此輩阻饑冀餔飲耳，果奚罪耶？請詰旦詣賊壘，招其首，諭以憲典，無事兵刃，自可下也。否則，大兵四集，尚未遲也。劉公善之。翌日，二公同入賊壘，賊首袁通等來謁，公諭之曰：汝輩皆朝廷赤子，本良民也。不幸遭饑荒，所爲若此，非得已。方今皇上仁聖，軫念民饑，大發内帑，轉輸漕運，特爲若輩賑。勿爲此以速死亡，若果能投戈效順，各復故土，必汝賑汝貸，凡百利汝者，不汝靳也。否則，檄兵壓境，殘軀立殲，且族矣。賊衆聞之，皆股慄泣謝曰：我本草野愚民，爲饑所迫，非敢有他志。今聞君侯言，乃更生之辰也，惟命。公咸釋之，遂散去，境内以平。劉公次功績以報，葉公嘉之，遣官勞焉。且廩賑，實其言，民至今頌之。嗚呼！李公詣賊壘，化逆爲活幾千人，功昭神明，宜鎸石像祠，永祀來世也。

重修柏岩寺碑记

【简介】

明正德四年（1509）立石。碑已不存，文据光绪《垣曲县志》卷十抄录。

碑文记述了可志和尚率徒修葺柏岩寺的经过。赵载撰文。

【碑文】

重修柏岩寺碑記

趙載撰文

垣曲西北五十里曰上澗村。北依層山，高峻奇絶，山前平麓，爲民居三百餘家。村之南里許巉然小崗，净土環數頃，三面皆臨深谷。上有古刹名柏巖，蓋谷巖多柏叢故也。歲久傾圮，且隘陋弗備。師號可志者，俗姓史，隰州之故家子，投師月庵長老，自少不與群伍，性甘艱苦，外雖不露聰慧，而能内究大典，心印獨正。長住柏巖，慨然有大禪法門之志。乃率其徒墾田力耕，得粟則窖而藏之，積十餘年。一日，盡發所藏，市大木，召名工，爲修建之舉。每夕入定，持木鐸詣村沿門求助。工地多虎，夜户恒不敢啓，師往來自若。村人某口應而心非，次日出門，幾爲虎噬。又某捨木而心吝，夜夢護法來擒，許而方解。自是村人咸神異，趨事赴工，不約而集。師復厚其廩餼，倍其工直，人益力。肇於宏治十八年，落成於正德四年。正殿、前殿、山門各三間，兩廡各五間。自世尊至羅漢像，悉重粧塑。棟宇隆壯，黝堊鮮明，金碧輝映，宛然巨刹也。余家食時素知師，工訖，師走書徵余記。嗟乎！佛氏之徒，何尊信其師之至哉！世之人抑何感佛之深也！夫佛以慈悲爲本，變欲爲空，其教如彼也。自漢明帝至自西域，行之中國，其近如彼也。定寂了悟之機，報應輪迴之説，功效如彼也。祖宗且抑以創建私度之禁，其嚴又如彼也云。何天下之人信之彌篤，尊之彌至，自國以及下邑，宫室擬於王者，披緇削髮，徒衆幾倍於儒生，至於深山窮谷有崛起如師者，鼓舞一時之人，即成重建之績，人何感佛氏之深，而其徒何尊信其師之至哉！昔吾夫子道德卓冠古今，功業遠過堯舜，國家崇儒重道，振翼培養，亦云至矣。而爲之徒者，其尊之信之，反有彼之不若者，抑獨何哉！其視師盡力於彼之門者，寧不有愧耶？余因師之請而深有所感焉，是爲記。

副使文温简先生墓表

【简介】

明嘉靖十六年（1537）立石。碑已佚，文据光绪《垣曲县志》卷十抄录。

文晧（1460—1537），字孔旸，号西泉，明垣曲县（今山西省垣曲县）人。弘治八年（1495）举人，弘治九年（1496）进士。历任山东平原、河北衡水县令，后授监察御史，多次派往各地督查边备、学政。曾弹劾逆竖刘瑾。出为河南按察副使，督理河道水利。致仕后闲居乡里，教授亲徒。卒赠嘉议大夫，门人私谥温简。墓表为李衮撰文。

【表文】

副使文温简先生墓表

李衮撰文

公姓文氏，諱晧，字孔暘，號西泉，宋潞國公謚忠烈之裔也。忠烈裔孫諱七者居垣，爲垣巨族，數傳爲公高祖崇德、曾祖智，俱善士。祖普升，尤好施。常戍陽和，以身代闖帥死，尋復免。復以財散給諸同人，時人義之，卜其必有後也。果生二子：長會，廩生，以子昭贈文林郎陝西鄠縣知縣；次秀，即公父，以公封衡水縣知縣，後封雲南道監察御史。母張，封孺人，生公昆季三。公初誕之夕，大夫人夢有飛龍入卧之祥。及誕，狀貌與群兒異。七歲能詩文，呼奇童。年十一遊庠，旋充增廣。十五，提學沈公廩之，且延譽焉。十八受室，娶楊氏，後封孺人，又晋淑人。長，文譽益著，累舉弗第，士林惜之。家居孝友，尤爲宗黨推重。家貧，掾益堅不苟取，邑令茹君時資其米薪。弘治乙卯，領鄉薦第九，御史白期公大魁天下。次年丙辰，成進士。及禮部投年貌，或謂公隱年，公弗應。授平原縣令，愛民禮士，令行禁止，雖尊貴不少假，平邑稱治。上臺器重之。庚申，丁太夫人張憂，士民争賻，公止之。上官檄賻，亦却弗受。喪葬如禮。壬戌服闋，補衡水縣令，政如平原。時公室奪民田千頃，屢辨不直。公至，按復之，豪横斂跡，盗賊遠遁，水患不興。甲子授階，文林郎報最。乙丑，擢殿中御史，預諸典禮常封，事皆稱旨。丙寅，授監察御史。丁卯，抗章伏闕，請誅逆竪劉瑾，瑾憾之。時有逆瑾私人新城孫恭子縊死，誣奏仇人李玉，且賂瑾，期抵罪。十一月，逆瑾傳旨，命公往鞫。公置恭法，釋玉，瑾益銜之。命清查遼東邊儲，疏劾布按大欽。逆瑾入司禮監，凡天下章奏票旨，俱出私門。大小官欽差出外陛辭，及回京朝見畢，皆赴瑾宅見辭，且貽以賄，率爲例，公獨無。逆瑾横肆，動以百五十斤大枷枷號威衆，如給諫安奎、御史張彧、都御史劉孟併枷於東西長安門及吏部門外署兩晝夜，莫敢少移。戊辰六月一日早朝，丹墀遺一空名文書，言逆瑾亂政事。逆瑾令數百餘人出午門外跪聽處分，暴烈日中至午不放，有仆地死者。十數人曳出，晚悉械送錦衣衛下獄嚴訊，内外驚怖股慄，公神色自若。大學士李東陽疏免。繼奉命監遼東，旋監留都。逆瑾必欲中傷，衆爲公懼，諷公賂瑾以免，公終拒不聽。己巳，欽差南京照刷文卷。丁父憂，衰服入劾國公以下若干人。庚午，逆瑾伏誅，人爲公賀。壬申服滿，除河南道監察御史，即疏劾冢宰張下獄死，薦中丞李公經筵進講。疏論天變，論中貴恣横，又疏辭金帛條、保民息盗六事，武皇不懌，出爲河南按察副使，督理河道水利。公至令下，遠邇稱便，河患攸除。尋奉命提視學政，嚴明公恕，口碑載道。分巡大梁等處地方，判疑獄數十，人稱神明。治白蓮教作亂并魯山叛賊如法，百姓立祠祝焉。蒙賜金幣，又賜御食一次。後入覲，乞致仕，疏再上，乃許，命地方官以禮護送歸第。公築室西泉，與親族故友觴詠其中，課子孫及徒衆立品敦行，毋徒以浮華博高第。嘉靖改元，詔晉階正三品大中大夫資治尹。丁亥，丁繼母李太夫人憂，以禮合葬於先考妣之塋。事兄昌如父，視兄子克勤等如己子。親族昆弟弗克婚葬者助之。居官數十年，叠歷顯要，田廬僅容膝給朝夕耳。遇賢士大夫，輒盡款曲。忠孝之心，老而彌篤，嘗語人曰：進無益於朝廷，退無益於鄉黨，誠所謂罔之生也。丁酉五月二十一日疾革，命子孫以仁讓數語，不及家務，具冠服薨於正寢，年七十有八。訃聞，朝廷悼惜，特贈嘉議大夫，祀鄉賢，入正祀考。門人馬雲、劉鶴、劉志道等私謚温簡先生。子男三：武卿，庠生，授七品教官；武臣，廪生；武相，以明經貢禮部，任武强縣知縣。子女五：雲清，適廪生席君彦；露清，適孝子郭君元祥；霜清，適申君修；冰清，適夏縣廪生馬君岳；月清，適普君承恩。孫男五：希韓，廪生；希歐、希蘇，庠生；希周、希程，並增生。女孫五：玉環、寶環、瑶環、珍環、銀環。曾孫男具道、曾孫女静娥，俱幼。先是己丑，原配誥封淑人楊夫人歿，葬城東之新阡。武卿等於是年十一月九日以公合葬於此，持徽州知州邑□王時雍所撰公狀請刻於石。嗚呼！公之生也，道德文章，勳業譽望，上爲兩朝之敬忌，下爲士民之仰瞻，中而逆竪莫能逞其奸，外而群喙無所肆其謗，所謂求志達道，處仁戴義，可以薄日月，映星辰。豈非鍾河岳之靈，得天地之正者耶？公之歿，山河斂輝，風雲變色，朝廷震悼，草野悲哀，則持以書之史，宜也。豈直志之石已耶？衮卜其後必有嗣公而起者。《易》曰：占事知來。公功崇德懋，若子若孫儲養以竢，爲吾國嘉祥兆也，石也，其永貞吉也。因係之詞曰：

天地正氣，篤生賢良。有虞稷契，成周姬姜。嗚維我公，飛熊兆祥。誕兹厥質，如圭如璋。天人入對，漭漭泱泱。豺狼横噬，伏闕抗章。丹墀瀝血，白簡生鋩。雖云沮格，鬼悚神惶。令聞令望，邦家之光。胡不憖遺，朝野悲傷。哲人有後，秉徽植芳。克大以昌，垂裕無疆。

赵载墓表

【简介】

明嘉靖二十四年（1545）十二月十七日立石。碑已佚，文据光绪《垣曲县志》卷十抄录。

表文记载了赵载的生平。张璧撰文。

【表文】

都御史文載趙公墓表

張璧撰文

北崖公以疾終於正寢，時則嘉靖癸卯十月二十五日也。距生在成化壬寅九月五日，春秋至是蓋六十有二矣。厥子應豐以訃聞，上爲罷朝，命該部諭祭營葬，蔭豐爲國子生，我國家恩禮大臣之彝憲如此寅長。少保松皋翁與公締姻有年，以墓表見属，余安能以不文辭？於是，據劉大參狀舉其大者，以告行路曰：公之在岐嶷也，穎敏不類於群兒，凝重實出於天性。三齡識字，雖百試以無差；七歲通經，能一覽而成誦。月映萬川之抱，風行水上之文。名薦鄉闈，痛靈椿之摧折；春游上苑，懷萱室之殷憂。民曹筮仕，國計關心。南新監督出納，惟秉一公；臨清税商解額，獨超常例。副郎攸陟，運爲國利人之機；郎中載遷，著排難解棼之譽。權幸之霳焰潛消，太宰之雀羅獨罷。以少參撫商洛之治，殲厥渠魁；以憲副飭肅州之兵，降伏强虜。既乃大參左轄，愈振兵威；未幾督撫玉門，益深防禦。墾田積穀，宛乎充國之宏謨；乞運實邊，允矣孔明之故智。劾總戎之不職，讋服群雄；拒海賊之侵疆，布昭聖武。被操江之命，豈忘西顧之憂；陳修邊之條，尤厪復隍之慮。凡此，皆公軍績之可録，聖明録之，以隆錫予優卹之典者也。特舉其大細可知矣。昔馬伏波志在裹屍馬革，丹心耿耿，與日月争光，所謂萬世不朽者，斯人也。公真其匹與！公諱載，字文載，初名君琰，武廟易以今名，爲垣曲縣西北陳村人。曾伯祖諱鏞，國初封南雄侯。曾祖諱朗，登洪武乙丑進士，授監察御史，巡按北平，夙著風裁，高皇帝重其才，呼爲山西長御史。祖諱信，父諱鼐，俱以歲貢拜官，歸里授徒。父累贈奉政大夫户部郎中，配同邑贈監察御史普公女，繼配衛氏，俱累贈宜人。公普宜人出，配同邑吕氏，内政整肅，累封宜人。男一，即豐。初娶許少保運使弟詞女，繼娶許少保處士弟記女。女一，適訓術普承德。孫女一，尚襁褓云。

重修三公祠记

【简介】

明嘉靖二十七年（1548）立石。碑旧存垣曲县古城镇，现已佚，文据光绪《垣曲县志》卷十抄录。

碑文记述了垣曲县令赵仲玉重修三公祠的经过。杨博撰文。

【碑文】

重修三公祠記

楊博撰文

垣曲南距黄河，北連霍嶽，盤結太行險陔之中，一遇歲凶，遂成嘯聚。成化癸卯、甲辰大饑，巨盜劫掠，萃至千餘人。居者離散，行者阻絶，毒流河南之境，動摇郡邑，四民廢業。上厪憲皇西顧之憂。時巡撫都御史葉公、分巡參政劉公、平陽太守李公僉曰："巨盜猖獗，生靈毒荼，吾儕之責也。與其除患於既蔓，不若熄焰於未然。盜賊亦有人心者，盍往諭之？"於是，劉公不避艱險，先詣賊營，諭曰："爾輩良民也，直爲飢寒所迫，迷而不悟，身受大戮，家亦滅亡。若能悔過，復爲良民矣。"賊首袁通率衆感泣，咸誓願爲良民。劉公遂請於葉公，牒李公發倉庫大賚，賊衆悉歸田，地方以寧。士人懷三公之德，立祠肖像六十有六年矣。嘉靖戊申，縣令扶風趙君仲玉莅任之初，謁三公祠，見其傾圮，謂：崇德報功，爲政先務。請於都御史舜澤蘇公，重新之，走書乞紀。家君僉憲君令扶風日，仲玉在講下，義不可辭。余觀《祭法》曰：聖王之制，祭祀也，德施於民則祀之，以死勤事則祀之，以勞定國則祀之，能御大災則祀之，能捍大患則祀之。三公能捍大患矣，垣民食德衣惠，子子孫孫曷有涯哉！宜乎垣曲父老世永祀之也。葉公諱琪，淮安山陽人。劉公諱世忠，山東濮州人。李公諱琮，浙江景寧人。平陽同知沈君誌、絳州知州賈君定、垣曲知縣茹君紹賢亦同時奔走於事，例應書。

邑人追祀御史文公祠记

【简介】

明嘉靖年间（1522—1566）立石。碑旧存垣曲县古城镇，现已佚，文据光绪《垣曲县志》卷十抄录。

碑文记述了御史文晧的生平德行。吕柟撰文。

【碑文】

邑人追祀御史文公祠記

吕柟撰文

温簡先生姓文氏，諱晧，字孔暘，别號西泉，山西垣曲人也。賦性穎悟，幼知孝讓，持重簡默，不妄言笑，咸以奇童稱。受學於從兄鄠縣令昭，抑抑盡子弟職。鄠縣公期其遠到，訓誨備至。年十一入泮，十五食廩。成化甲辰，河東大饑，伯兄卒，仲兄及族人分散，幾不相保。先生鬻薪養親，樵且讀，冬夜温衾褥，夏日扇枕席，追黄香、王延之躅以適親。撫孤姪克勤，完配楊淑人，育之逾己出。弘治乙卯，鄉薦得采幣，均散族人。丙辰連取進士，奉敕修宣平王墓，遇族人從軍陽和，傾廩給焉，仍爲營畫，得所依。知平原、衡水二縣，擢監察御史，歷雲南、河南兩道御史，在内臺久例丞、大理，以言忤權幸，出補河南按察司副使，疏請致仕歸。先生之仕也，擇子弟之賢者居宦邸，延師訓迪，俾底於成。其不事儒書者，俾業商賈。婚姻喪祭，隨宜給助，俾無失所。伯兄遺孤鬻宅婚娶，尤人所難。且建家廟，廣墓田，與宗族共之。仍立約券，俾子孫無得擅取。月朔合族人修祀事，申其孝弟睦雍之義，遵者勸之，惰者誡之。凡子姓步趨於途，途人目而羡之，曰：此誠確文公家子弟也。其鄉閭景仰如此。更築清樂園，聚親族之才者日躬講課，直舉其貧賤時辛勤事業勵之。惓惓以忠信正大爲本，以浮華僞妄爲戒。鄉人韓姓遺金於家門，先生招以還之。在途遇鄉人被酒者，即詈於後，先生若無所聞。翌日醒，惶懼叩謝，先生付之一笑耳。間有負償者，先生竟置之不校。族人或與邑人争，必責族人以謝過。年逾七十，敬事從叔盛、從兄昭，儀節無間。兄昌疾，迎養於家，朝夕問候。迨卒，哭盡哀，葬盡禮。族黨有喪必哭，臨走送，不以尊貴廢。長嗣儒官武卿、季太學生武相，孫庠生希韓、希蘇克遵遺訓，敬守先規如親存時，可以觀身教矣。先生臨民惠政，立朝大節，見於同邑都御史趙公洎邑侯李公所撰志。今垣人托狀問銘於予，余念世之顯任紀政解冠追祀者，未免有勢利求感之私，兹没世不忘，心出至誠，非大有德善者弗克致也。粤昔郭泰、蔡邕爲碑，自云無愧，余雖非邕，願記西泉。且余養浩周師嘗丞垣曲，予友渭川稔言西泉之學行，兹據石村之言先後不誣，宜有祠以示表式云。

都御史赵公祠记

【简介】

明隆庆二年（1568）立石。碑已佚，文据光绪《垣曲县志》卷十抄录。

碑文记述了赵载的生平德行。廖际可撰文。

【碑文】

都御史趙公祠記

廖際可撰文

嘉靖丙寅春，關右丁君遵川從邑人之請，始建祠於城之西隅。越二年，於兹從孫生員名善等懼其久而湮也，乃偕儒學二先生弟子員，捧大學士介溪嚴公神道、陽峰張公墓表、松皋許公誌銘、大參方山劉公行狀懇余記。予披閱久之，廼喟然嘆曰：偉哉，趙公乎！蓋聞君子在天地間，孝弟仁義以立身，廉明公斷以莅政，有文事以安内，有武備以攘外。其生也，君倚之，民庇之；其没也，君恤之，民追之；庶幾無愧於天地間乎！今按大學士諸公論，公少穎悟，稱奇童。七歲通經，一覽即成誦。正德丁卯鄉薦，登辛未進士第。當外艱，甲戌始受户部主政，歷官正郎。考公在部者凡九年，出納惟允，奸弊悉革，部議稱爲國利，人逸得其要道。决諸司之疑事，應答如流；陳漕政之利弊，上皆嘉納。公之安内者大都如此。癸未，陞陝西參議。乙酉，陞按察司副使。戊子，陞僉都御史。乙未，陞南京副都御史。丙申，陞操江都御史。公以王事勞役成疾，暫歸。考公在陝者十有二年，歷商洛，撫甘肅，其時邊鄙多事，稱難治，受之而規避者繼數人焉。公始行，祖道者咸爲公危。公毅然就道，略無難色。至則足食足兵，軍威日振，節次勦巨寇白章等百餘人，增糧二千萬石、馬五千餘匹，斬首二百有奇。上嘉其功，賞白金二十、豸服二襲，繼賞白金三十、豸服三襲，又賞白金五十、豸服五襲者二次。當道薦公者不一，有曰“萬里之長城、極邊之砥柱”，有曰“真濟世之奇才、用時之偉器”，有曰“十年邊地，久抒經濟之遠猷；萬里城中，坐策安攘之偉績”。公之攘外者大都如此。以至父喪一聞，哀毁幾絶，孝足徵矣；師禮仲兄，母事乳嫂，弟足徵矣。分俸金以活三族，置義粟以卹子姓，可以觀仁；憐張同寅遺母而委屈處安，恤楊同年孤子而育之任所，可以觀義。却趙尹之懷金，廉介不回也；剖司馬之大獄，明達不羈也。收録忠節，拔胡麒等之子孫，不公而能之乎？不避權貴，違張内閣之風旨，不斷而能之乎？公之孝弟仁義、廉明公斷大都如此。揚威中外廿有餘年，其經略壯猷、著望朝紳、垂勛社稷者，在在可指，非所謂其生也，君倚之，民庇之者哉？癸卯冬，以前疾卒於正寢。上聞訃悼傷，追念往績，綸音内有明敏剛正、屢著邊功等語，特賜祭葬，録廕之命，蓋異數也。辛酉，以子應豐考最，贈公通議大夫。文岡陳公督學三晉，追祀鄉賢，與曾祖豸史公朗俱祠祀文廟側。今邑人復爲立祠，蓋公既逝之二十餘年也。所謂其没也，君恤之，民追之者，不在兹乎？噫！此雖人心秉彝好德之良，實我司牧表揚風化之政所當先也，故爲之述其梗概云。公諱載，字文載，北崖其别號也。三試録諱君琰，以封奏奉武廟御筆更今名。公名重朝紳，實自此始，因並記之。

增修六公祠记

【简介】

明万历二十一年（1593）立石。碑旧存垣曲县古城镇，现已佚，文据光绪《垣曲县志》卷十一抄录。

碑文记述了垣曲县令赵文炳增修六公祠的经过。常叔栋撰文。

【碑文】

增修六公祠記

常叔棟撰文

嘗讀往牒《循吏》，見黄霸、朱邑、召信臣諸長者，所居民富，所去民思，生有榮名，没有烈祠，未嘗不掩卷，想見其爲人。萬曆癸巳夏，邑侯趙公尹垣。視事以來，首謁尼父。復覯黌舍東，一巨亭摧圮，四圍頹蕪，獨有巋然苔蘚殘碑。詢之居民，稱三公遺愛祠，以功德奉朝命春秋血食，我侯喟然曰：“焉有祀功德而若斯凉凉乎？”及披邑志，始知都憲葉公、大參劉公、太守李公，當成化癸卯，飢民嘯聚揭竿，公詣賊壘，不血刃而安堵如故，貽垣民永永太平。溯其功德，爛焉天壤，詎得代廢代興？今兹祠傾欹，弗克妥神貺，毋亦有司之羞與！遂咨父老，給俸薪，葺簷礫，甫閲月而完，儼然祠宇如初。既而瞻拜御史趙公生祠，曰：嚮者，先哲祚我生靈，不佞爲爾等新報賽。頃年，御史公尹垣，尋按山右，其淪肌浹髓，慈仁爾等，固耳而目，飽而飫，再世痛鏤而難忘，即有尸祝，荒祠凄然，未獲與三公伏臘俎豆，忍乎！父老輩俱哽咽泣下。隨有揚榷大参張公於嘉靖甲子年緝礦徒，嚴防守，兩河晏然。貳尹張公於嘉靖七年飢饉洊臻，旱蝗枕藉，蔽野存者什之一，公嗡血奏發帑金。迄今恩卹比屋，僉請宜並入三公。噫嘻！孰不有心！於垣人士見之，亟欣然卜日，具牲帛，木主薦饗。時黄童皓叟，耕夫走卒，不覺形諸歌咏。夫我侯於諸公少磬夙昔矣，於貳尹公更有企慕焉。公名位雖未能翱翔蘭省栢臺之上，與諸公共樹勳伐，先吴文正公云：有禹、稷、伊尹之志，亦可小施一邑。玆祠也，即與諸公揖讓一堂，亦社稷榮施，樹人之光也。又嘗莊誦天順改元，南宫賜宴，令壽張尹張瑄、左方岳、梁公棨、按察使劉公玫列座，崇德報功，名爵非所計也。當今天子聖明，休容在列，其風勵之典不爽錙銖。垣人士有知，將令六公之德澤子子孫孫引之勿替。六公有知，將雨暘時若，年穀順成，陰佑之，令黔黎徼惠，世無疵厲夭札，民社亦大有庇哉！楝素景行仰止，非敢漫爲僭擬，第感我侯稟憲典，覈日星，俾公議人心不容磨滅。縱不足以鋪張揚厲，即摭拾萬中之一二亦所不辭，因附於三公舊石之左，以俟高明云。張公諱學顔，河東道参政，肥城人。五公履歷具見於前，遂悉之并記。

赵公生祠记

【简介】

明万历二十五年（1597）立石。碑旧存垣曲县古城镇，今已佚，文据光绪《垣曲县志》卷十一抄录。

碑文记载了垣曲县令仝梧应父老之请修建赵公生祠的经过。仝梧撰文。

【碑文】

趙公生祠記

仝梧撰文

垣曲縣治左有前任縣大夫趙公生祠，祠建於萬曆甲午。越丙申冬，郟鄏仝梧承乏公後。今年丁酉，邑父老偕諸子弟謂有祠無記，詣梧修厥事，宜有言。梧曰：父老云何，得不有口碑在乎？咸拭泪曰：我趙侯之爲我垣也，程行布事甫三月，皇帝擢柱史，奪以行，是在癸巳，抵今有遺思焉。先任新城，政成矣。補我邑，未下車，芳聞至，心竊向之。至，果先窮民，招流剔蠹。山谷寡蒔藝，貿易不通，誨我等種樹，獲厚利。不知機杼者迪之。省供應，裁冗役，減讌數，怙侈有戒，需索有戒，城狐社鼠有戒，而旌淑興學其首也。召下瀕行，猶留俸金，俾立常平、養廉二倉，爲久遠計。明公來，常平、養廉建矣，我民永有慶哉！梧曰：噫！民亦神哉！孰使之然也？昔庚桑楚居畏壘而大穰，民灑然異之，相與尸祝之，然猶三年淹耳。乃公奏績，三月而化成。俄頃垣之人備適其情，厭其欲，如鷦鷯巢林，偃鼠飲河，虚而往，實而歸，於今歲時伏臘思無已時，夫非不言之教無形而心成者耶！且公不設奇，亦惟是真誠相注，貫誠之感，桴鼓不足喻，寧在章程歲月間乎？故蒞垣三月而化行如是，誠在形先厥機預矣。公形可像肖，此誠可像肖乎！吾聞公之徽輪勾攝用木里胥，近視之，塊然一木里胥耳。惟公用他用，輒不效郢人滅堊，痀僂承蜩，累丸者什五不爽，一進乎技矣。晚近世殊巧絶藝，指相錯也，能乎哉！父老之所述者，土苴耳，宜無當於公。公之治本於心，得一稟於哲軌，故公之不朽在身心，緒餘在百姓，其感孚在政令。表且也代上省，方論思獻納大稱旨，著爲功令，上擇才而陟公，公且代大匠斲矣。梧願受繩墨，惟舊典是圖，諸父老許我乎？咸曰：謹聞命。然則諸父老諸子弟固化國之民，易與爲善者，可不煩督責，以副公去後之心乎！咸曰：敢不惟命之承。必如是，則余與若可以記公。公諱文炳，號含章，直隸任縣人。繡斧按湖南，行將功伐遍寰宇，寰宇自有記。梧姑撮此答垣人，礱石刻之生祠中。

赵公常平仓公田记

【简介】

明万历二十七年（1599）立石。碑旧存垣曲县古城镇，今已佚，文据光绪《垣曲县志》卷十一抄录。

碑文记述了御史赵文炳在垣曲县大发公币购买公田以充实常平仓的经过。傅新德撰文。

【碑文】

趙公常平倉公田記

傅新德撰文

御史趙公來按吾土，自未入境，直節所震叠，貪墨吏輒多解綬去。趾及并門，則一意彰善癉惡，以龐鴻事。每持大體，略去苛繞，而飲人以元膏，惟計晝千百年長便利益。蓋自公之臨，適歲祲，旱魃爲虐，穀價騰踴，民枵然不飽半菽，流離之孳道路以殣，剥草根樹皮，不足活旦夕。公行部上黨，見累累相屬者，慘然動容，因約中丞魏公請命於上，備述艱難疾苦，大出贖鍰，廣易穀米，環晉之區設粥廠數千百處，所全活數萬人。民用寧一不至，轉移溝壑。復立行常平之法，自捐糴本，及括府庫贏餘，所在充實，家含哺而户謳吟，若赤子依慈母於懷也。公曾補令垣曲僅數月，剔蠹興利，以耕織樹藝教其民。及被簡命，則以所餘俸薪及諸當道獎贈盡留爲常平市本。規制一定，不數年積銀五百餘兩。民睹公庾，不啻依家囷也。此邑居郡之東偏萬山中，地甚磽確，民極瘠窘。間有膏腴，皆被鄰壤之强有力者以子母錢闌入耕種，民無歲無菜色焉。公素廉其狀，因下令曰：吾何私於垣之民？第垣民特苦，人多不得見吾業已耳而目之矣，忍坐視乎？若膠執常平之法於垣，一遇樂歲，則鄰壤富室有田有租，反得瓜分其力；一遇饑饉，彼土著者本無尺土之階，安所得息以食？公家縣官亦勢不能坐聽其逋也。是吾之法行於他郡縣，則公上與貧民爲政；行於垣，僅市之駔猾爲政。奈何不匠意爲制，通其法之窮，而使陽春被黍穀乎？於是大發帑金，察可耕之地久被占籍，還其原值，公平贖取，作爲公田，命邑令仝君董其事，而以公直車同度、郭須久等分理之。召民就業，履畝定租。每當耕獲之時，公直率莊頭，莊頭率佃户，務令畚挿時峙而國課早完，自納夏秋税糧外，以其餘租收入常平倉，相力度時，或貸或賑，使公有餘饒，而民可常裕。共置地一百四十五頃二十餘畝，用價銀三千七百兩有奇。每歲可得夏租麥五百五十餘石、秋租穀一千七百六十餘石、租銀三百一十餘兩，公税不與焉。此一舉也，以垣之地還於垣之民，不惟逃亡者漸次復業，且民有恒産，家有餘糧，國有常徵，田無詭寄，官亦可省勾攝追呼之擾。以垣之民耕垣之地，不惟差糧免於賠累，彼千百相望者皆公田也，襏襫相勸者皆公務也，擔負相屬者皆公税也，里保相守者皆公廩也。垂樂利之澤，且以成仁讓之風，寧徒爲救荒一奇哉！劉邵有言：清節之流，不能宏恕。公初爲新城令，攻苦茹淡，蕭然布衣糲食。首創常平，積穀萬餘石，皆割俸金贖鍰餘鏹爲之。常持一橐，自橐菽粟，策欵段馬，隨一二蒼頭，省耕植、省粥廠於數十里之外。至則就野寺僧舍中，炊爨而食，於民秋毫無犯。至今人皆尸祝，道滿口碑。及爲言官，則屢斥大憝，無所逕避，直聲震天下。楚藩之禍，幾不能守其介圭，公力爲申救，揮涕上前，上卒信公忠赤，誅妄言者。楚之墨令囂譽最工，托執政者游揚其説，公道碎赫蹏，竟發其陰。事露，章彈之，褫其職。然爲閭閻軫恤，則未嘗不肝腑俱竭也。榷使借税爲名，欲税全晉地畝，間架風聞，海内人心汹汹，反側四起。公爲惡璫違敕，抗聲白簡，上復信公忠赤，切責惡璫多事擾民，議始報罷。又善制璫，使自逐諸用事者，無留奸告。奸始禁，群囂始定，民始得以環堵而居，視他省迥異。其餘白冤理滯諸善政，更僕難數，大都正氣薄青冥，苦節寒蒼冰，而膏潤透黄埃，誠實心足信於上與士大夫也。公諱文炳，北直隸順德府任縣人。仝尹諱梧，乃余所録士。余素斗仰趙公，同梓里父老被澤甚渥，聞見最真，又重仝君之請，遂漫爲記其始末，冀托高賢大良以垂不朽耳。若夫信史特書，尚俟異日。

新建魁楼记

【简介】

明万历三十二年（1604）立石。碑旧存垣曲县古城镇，今已佚，文据光绪《垣曲县志》卷十一抄录。

碑文记述了垣曲县令赵乾清新建魁楼的经过。史学迁撰文。

【碑文】

新建魁樓記

史學遷撰文

余邑與垣曲爲洽比鄰，疆里繡錯，以故令垣者其循良政績，兩都人士輒有口碑，余亦獲耳目焉。關中趙侯於甲辰蒞垣，治理奕奕，聲藉尤甚。因是力興學校，以作士樹風猷爲己任。始視事，首進諸生前，譚説經義，喟然太息曰：垣邑接箕條之脈，應昴宿之精，其霧變雲蒸，資適逢世，當不乏人。奈何邇者經生陸沉，奎纏含曜耶！已則有疑曰：余聞層巒叠嶂，秀入雲表，神融氣結，寰宇文明，兹自然之符也。垣之不能甲他郡邑，無是故爾。余敢徼惠素王，爲建樓於東南以移之，即儀鳳井幹之瓦鮮有存者，誓不廢縣官一錢也。於是，慨然捐俸，拓址庀材，董匠校役，楝桁欒挽，緯列基置，釐然指揮，不日而厥功成焉。巍然焕然，勢凌霄漢，光逼斗墟，迺顔其樓曰“奎”。侯若謂，元神散而復聚，英氣盪而復完，庸詎知彈丸之區，不有鬱鬱芬芬、應期而彪炳者乎！侯之意念深矣。繼自今，諸士子蚤晚呫嗶其下，争相磨礪，冀有以答侯休美，將馳驟青雲，翱翔藝圃，文章甲第視他郡邑有加焉。侯之斡旋地脉，崇開景運，詎渺小哉！垣邑諸弟子員謀鐫之瑱珉，以垂不朽，屬不佞紀其事。嗟嗟！今世長吏，大都鷄肋其官，傳舍其署，自錢穀簿書外，稍稍闊略，以爲無當於理，安所得振起斯文，兆菁莪樸棫之盛如趙侯者乎！一時縫掖士誌其遭遇之奇，以示後人，則斯樓爲蔽芾之陰、峴山之石矣。此又嚮者龔黄卓魯諸君子所未逮也，庇士之烈，不千百載如一日哉！他如緩催課之令，剔侵漁之蠹，棓擊刁滑，卵翼覆盆，清訟賑貧諸種種治狀，侯一切以解牛斲輪之才、懸魚塵甑之守出之計。垣之薦紳父老業有訟，里巷有謡，史有乘，考功氏厥有最課，余不佞何容置喙焉。趙侯諱乾清，字得一，戊子鄉進士，陝之華陰人。

仝公去思碑记

【简介】

明万历三十六年（1608）立石。碑旧存垣曲县古城镇，今已佚，文据光绪《垣曲县志》卷十一抄录。

碑文记述了垣曲县令仝梧的德政。薛承敬撰文。

【碑文】

仝公去思碑記

薛承敬撰文

明興二百年以來，率右循良而重實政，故一時彬彬濟濟，視昔稱隆。不佞每斗仰鳳公，且忝同袍世講，垣與稷密邇鄰壤，仝侯之德政梗概得之采掇者甚多。戊申春，廣川吕侯承乏公後，每公出聚談，問及垣士民謀建鳳公生祠，懇不佞垂之金石，遂歡然拈楮毫從事。噫嘻！始知公道之在人心未嘗磨滅也，吕公能成士民之美。聞公爲垣七載餘，上識下情，下知上意，宛然若家人父子。兩調繁劇邑，士民當道泣留，竟獲借寇。歲月久，膏澤深。值大饑，巡行散賑。令石山産藝，桑果之秧盈四野。立綫市，旌夜織。警遊惰，化奸頑，殷殷然鼓腹弦歌，時稱大有。他如作興學校，開舘育材，廩之餼之，披閱嚴冬溽暑不輟。癸卯領鄉薦有人。竪常平倉實粟，設養廉倉賑貧。數完寒士怨曠之婚，增廣胥院以贍育。鼓導水利，以溉旱田。長堤數里，萬柳交加，皆公之棠蔭；洪水安瀾，水徒屏迹，皆公之福波。其大者中，璫開採鄰封，勢不能支。公力爲之陳利害，頓可回天，一方遂以安堵已。宸綸褒寵，士民復詣闕祈留，公忽有平原之調。深山窮谷，老稚擁道遮留，有攀轅卧轍至百里者。瀕行，且貽俸金四十兩，爲儒生養廉穀本。公之爲垣亦纖悉無遺矣，垣之沐公愛亦淪肌浹髓矣。會修邑志，父老揚榷曰：才識卓犖，政教嚴明，課士賙貧，婚完怨曠，護城樹柳，人永去思。語云，公論三十年而後定，兹生祠之建亦三十年，遺意公道，何嘗不在人心哉！公遺愛在人心，實政著士論，垣疆黎庶從此日日見之尸祝之情，即膝下牧乳之雅，睹鳳公之德政，挹垣民之愛戴，即起漢良吏諸君子與之伯仲，又何讓焉！公今内擢廷平，勛昭朝寧，指日持衡秉軸，霖雨垓埏，鼓吹休明，當盱衡以俟垣士民沾溉，又寧有涯涘！公諱梧，號鳳巢，乙未科進士，河南郏縣人。

吕侯德政序

【简介】

明万历三十七年（1609）立石。碑旧存垣曲县古城镇，今已佚，文据光绪《垣曲县志》卷十一抄录。

碑文记述了垣曲县令吕侯的德政。王曰然撰文。

【碑文】

吕侯德政序

王曰然撰文

萬曆己酉冬，余自中山適垣。經趙之鄴、鄭之洹、梁之河内，口碑載道，僉云：惟晋有垣，惟吕治之。既恬以熙，惟侯有之。余心竊游華胥慶遭逢矣。洎入其境，讓畔讓路，弦歌沃聞，相親相遜，畏壘洽化，乃進諸士子而告之曰：余與若獲覩侯淵涵如海，煦育如春，飭躬處女然，哺民慈母然，訟庭訊讞，惟恐傷之。及法在，必然如霜隼擊空，風庭破柱，無留行也。垣人狀侯，謂如日明，如水平，諸馮嵋嶽，如其不喜不驚，殆近之耶！可無製以帙，畫以丹青，咏以詩賦，傳以竹帛歟？青衿翕然許可，各出其所目覩者，分别條件，陳之畫筆，賡之詩章。然繪可以圖其形，而肫肫爲民一念不能肖像而出；詩可以咏其心，而恩先惸獨一念不能逼真而吐。數十欵德政，可以紀其實；而種種良法懿綱，不能傾瀉而畢其美。惟冀異日爲天子股肱耳目，高厚溥寰海，人自有圖其美、志其盛者。治垣異政，何足貲侯之萬一？第山城之謡如斯，余與之共適於春臺化日，廼敢僭首帙以揚芳徽，豈曰模擬循良，傳以自附於文？願持衡者採風摭實，卓魯龔黄自有不外此者。是爲序。

儒学槐莲记

【简介】

明万历四十年（1612）五月立石。碑旧存垣曲县古城镇，今已佚，文据光绪《垣曲县志》卷十一抄录。

碑文记述了垣曲县儒学明伦堂前槐树花开如莲的奇异景象。乔中和撰文。

【碑文】

儒學槐蓮記

喬中和撰文

歲壬子之皋月，余始蒞茲土，謁頖宫。於是進諸友，課業問難，究八索，探九邱，考祥符，辨因應，廼博士上黨王君謂余曰："槐生蓮，曾前聞否？"指引堂下四槐，老幹龍騰，新條鳳舞。其西南一株，自春初發蓮花狀，何其瑞耶！余細察，其皮膚旋結隆腫，高寸許，大如盤。外九瓣而外向，垂垂然；内七瓣而内向，簇簇然；中則兩瓣相合，萼萼然；又且黄苔布滿，郁郁然。遠望近矚，嫣然一芙蕖也。非造物效靈兆，吉何至此？秋闈邇矣，各勉旃。已而王生領解、馬生同登，猗歟！猗歟！垣自國初來僅見此，邑人士咸以爲槐之應。余喜而告之太守，太守曰："異哉！瑞詎止此耶，盍記諸！"余遂以其事刻之石。將書，王君曰："太守言瑞更遠，今可知耶，否耶？請以爲券，不可耶！"余以臆對曰："槐，三公也，其位尊也，正色以堂堂；蓮，君子也，其德茂也，出泥而馥馥。自昔居是位者，未必有是德；有是德者，未必居是位。國家之隆替，世運之泰否，職此之故之瑞也。其端人位，端揆之象耶。蓋四海之祥，八蠻之慶，寧區區百里間賀人文已耶？是歲，兩生與瑶臺魯先生仝上公車，摶九萬而直上，余與若且拭目觀焉。其嗣三公而雲蒸霞起，殆未可以数計也。"姑誌此。

观澜亭记

【简介】

明万历四十一年（1613）立石。碑旧存垣曲县古城镇，今已佚，文据光绪《垣曲县志》卷十二抄录。

碑文记述了垣曲县古城镇观澜亭的美景。乔中和撰文。

【碑文】

觀瀾亭記

喬中和撰文

環垣皆山也。其東南諸峰，林壑尤美，望之麗然而聳翠者，黛嵋也。城隅二百武，常聞水聲瀰瀰而旋繞於兩山之間者，黄河也。巖回路轉，有亭翼然峙於河上者，觀瀾亭也。作亭者誰？邑令還一也。名之者誰？邑令自謂也。邑令與客來覽於此，舉目諦觀，而湍流最急，故自擬曰觀瀾也。觀瀾之意不在水，在乎性命之間也。性命之理，得之心而寓於水也。若夫雲去而天光静，風歇而水紋平，清夷澹泊者，性中之安流也。頽波逝而誰挽，狂瀾倒而獨障，周旋溯洄，雷厲而風生者，性中之驚濤也。去何往，歇何銷，萬變之局，不同而解，亦無窮也。至於游者窺於崖，釣者睨於滸，樵者覰，牧者眺，徘徊消長，俯仰而無礙者，垣人覽也。自天而來，天遠而波長；隨地而轉，地厚而流濁，湯溪、舜井匯然而並納者，邑令覺也。覺了之解，非物非空，往者過來者續盈虚，迭乘萬派而一源者，衆賓悟也。離形成象，超乎其外者，邑令觀也。已而，太和在宇，大造混溟，邑令忘而賓客同也。波光閃爍，遊鱗出没，天機動而淵魚解也。然而淵魚知性命之解，而焉知人之解；人之解邑令覽而解，而焉知邑令之解其解也。動能會其解，静能狀以文者，邑令也。邑令謂誰？蓬山喬中和也。

重修舜井双池记

【简介】

明万历四十五年（1617）立石。碑已佚，文据《垣曲县志》卷十一抄录。

碑文记述了邑侯梁公重修舜帝祠宇、创建二池塘引水灌溉的经过。马逢造撰文。

【碑文】

重修舜井雙池記

馬逢造撰文

邑北距四十餘里，大舜浚井在焉。東有大阜，爲瞍塚。南有諸馮，北有歷山，東南有雷澤，東北有耕田遺跡。按遺址而弔芳踪，聖神雖往，風景如故。獨此浚井遺澤，可開千古之利。先是令垣者，非不建祠樹亭，竟未開井養之利於無窮，廣大舜之仁於不朽者。萬曆丁巳秋，嵩陽梁侯令垣，聞其蹟，即躬詣井祠而拜祀之，時井已久涸矣。詰夕，忽井水涌出，羽士夜聞，始若風濤聲，既而充滿，溢流於外。父老僉報於侯，侯因詢之父老，以爲此亦一方之膏澤，胡不引之田間資灌溉乎？父老曰："此水靡可測涯。傳云盈則年豐，涸則歲歉，若與天時相徵應者。遇賢令則常盈，非其人則旋涸，若與人事相符合者。第出於幽深，至爲寒冱；引於溝洫，難爲禾稼。今之湧而溢、溢而流也，天時人事可持左券，小人輩何幸際此奇逢？惜不獲沾濡聖皇芳潤，機若有待，亦惟是徼惠梁父嘉惠小人輩一時，千載之澤可乎？"侯曰："水之資灌溉者常也，獨舜井之水不爲潤澤，豈好生之德有時而替乎？我思大舜孝德淵穆，萃宇宙之太和，而濬發於井。玟其水歷千載如一日，而吾民近聖人之居，不被聖人之澤，以未調其水之性耳。水之性寒，舜之井根於九地，徹於重泉，尤其至寒者。可無曲回一轉移之，令其委和，可資灌溉，庶不置聖澤於無用乎？"因捐俸十金，令鄉人展修祠宇，創池塘二處。祠以内砌一池，深七尺；祠以外更修一池，深九尺。遞引井水，導利田間。今歲，果水由地中行者十餘里，一方灌溉，二麥勃然興之矣。父老曰："吾小人輩享梁父無窮之澤，奚容置喙者。兹以人力成天功，以仁政廣聖惠，重華之帝，將式賴之矣。寧無勒瑱珉，以誌不朽。"相與輸金輸粟，鳩工采石，屬予爲記。余豈能揚侯芳美，不過即父老口碑，摭實而述其概。將令後之飲芳者思源，知聖舜遺澤與天壤共不朽者，侯之雅意也。

创建武庙记

【简介】

明万历四十五年（1617）立石。碑旧存垣曲县古城镇，今已佚，文据光绪《垣曲县志》卷十一抄录。

碑文记述了邑侯梁纲创建武庙、引导垣曲人士习武卫家的经过。张翰芳撰文。

【碑文】

創建武廟記

張翰芳撰文

嘗讀史至代興之朝，見元戎奇烈，汗馬雄風，將材武略，於以翊王猷，昭文德，至赫烜已。我太祖開國之初，文武並用，設武學於都城之内，禋祀武成，如釋奠儀制。維時公侯而下，咸遣子入學，聯師儒以教之。月命總戎一員，會兵部文臣詣武學而閲試焉。頒賜有差，激勸殊典，無非培養將材，爲邊塞計，以隆千載無窮之業也。猗歟休哉！中外一體，武祀安可廢耶！吾垣舊無武廟，民不知兵，士不備敵，弓矢視爲戲具，戎弁棄爲土苴。至問其所以講貫韜略，師模孫吴，杳無可稽，又安望其建廟棲神，爲一邑計武備哉！客歲秋，我垣人遥聞寇警猖獗，亟思折衝禦侮之術，一時章句士挾弓矢而較藝者彬彬興起。督學傅公遴於衆而進二士焉，垣人士愈知搜武經，習韜略，思展一技，效一用，以自附於干城腹心之儔，不激不奮，良有以也。邑令梁公進多士而迪之曰：今日垣人知兵事矣。惟是武成諸將，實式憑之，可無鼎建廟祠，以安在天之靈，令其永永佑啓我後人乎！《易》學之士以《師象》証，《壁經》之士以《牧誓》証，咏《葩經》者以《周雅·大明》之篇証，執《禮》與讀孔氏之《權書》者又以《内政軍令聘射》之禮証，侯曰：是可以協輿情，定規制矣。略基址於治之西，令蓮幕張君孝思督工。考成垣之武士，彙征將材，振起熊羆，赫濯之勛垂千秋而不磨，疇非自今啓之耶！侯之有功於吾垣者，洵深且遠哉！勒之頊珉，以誌不忘，誰曰不宜。侯諱綱，别號冲伭，河南嵩縣人。

赵公创修石堤记

【简介】

明万历年间（1573—1620）立石。碑旧存垣曲县古城镇，今已佚，文据光绪《垣曲县志》卷十一抄录。

碑文记述了御史赵公创修垣曲县城南护城石堤的经过。刘鲁撰文。

【碑文】

趙公創修石堤記

劉魯撰文

垣曲之有護城堤也，則御史趙公憫河患而創焉者也。趙公先是補垣令，豈第憂民，多異政，劭農勸業，日有孜孜。教佃人以種樹法，桑榆果蓏，環茂境以内。開綿市，造機杼，紡績之聲，丙夜相聞。身親率先，不啻其家老之於子弟程督厪也。創設常平、養廉二倉，則庶幾家給人足之風焉。一切簿書期會，不遣一吏追呼，直托之木偶人以示信，而遠近應之如響。一時都落各建生祠肖像以追報。獨所勞心籌策未有底績者，惟是城南一堤。城距山不二百武而遥，而亳清河經其下與黄河口會。每秋水泛漲，萬壑奔注，水勢激蕩，浸城，城潰，則亟築。無幾水漲，復浸城，城復潰，又復亟築，而鍤杵之役無虚歲。趙公方爲圖久安計，苦費巨貲，奈垣民之力不勝。何會聖天子採循吏異等者，召之闕下，公以第一人往，往即拜御史。越六年，而公持繡斧按全晋諸所勸諭，率視治垣時而益加鴻遠，務在人人飲醇化，則全晋之人皆垣民矣。然垣實臨治地，且磽确較他邑爲甚，誼不得不厚，非私也。爲發贖鍰三千有奇，置公田，歲課入自完公賦之外，可積貯二千石，以次第周澤貧無告者。已又念嚮者堤工未施，則固所目擊其害也者。乃與中丞魏公議，發公錢二千緡佐堤費，檄府，府檄縣，縣令仝君梧奉行惟謹。鳩工中程，庀材中度，佐以自俸，而卒封還其羡。其堤廣七尺，崇倍之，下地三尺，延長二千七百尺，俱砌以石板。始庚子正月，三閲月報成。尋大水倍灑，垣恃堤圪不爲害。固矣，堤固、城固、民固，趙公其大有造於垣哉！且於堤以内度可得膏腴田若而畝，此若而畝盡河堧棄地，故磊磊其中以待龍蛇之窟耳。於今畚鍤相望，原地每每可耕可稼，揆之堪輿，尤能補坤離之缺，使四維無虧，大有裨於文明中形家法，此寧獨一時之伐，實萬世賴之矣。公公直忠亮，聖天子眷重方篤，且日奉簡命開府全晋，其所加惠全晋以加惠垣之民者，政未艾也。今仝令之政一稟於趙公，繼趙公而造垣邑，其在斯乎，則垣之民抑何厚幸哉！

创建通泽桥记

【简介】

明天启五年（1625）立石。碑旧存垣曲县古城镇，今已佚，文据光绪《垣曲县志》卷十一抄录。碑文记述了垣曲县令郑论创建通泽桥的经过。王时英撰文。

【碑文】

創建通澤橋記

王時英撰文

粤惟城池之設，原以保障一方，期固吾圉耳。垣之城以北據諸馮、歷山之勝，擁雷澤、軹川之險，寧虞靡固。惟是門之北曰富春，匾曰"舜澤不泯"，仿古績、志勝概也。門以外舊有濠梁，通往來，洩池水，郊外之壅淤，城門之浸灌，永保無虞。邇年湮没殆盡，幾令守陴者防壅潰而害延城郭，守門者防衝突而浸及邑中，不爲吾垣一缺典哉！幸值邑侯鄭公撫垣，中竅興革得宜，每經斯地而詢父老，諦審其故，乃曰：濠梁規制，縣宇僉同。獨是城門之北，周道坻直，東西壅注，何以洩郊關之水，不爲垣城階厲也？況垣城狀如卧牛，昂首在北，脱不設橋以疏通其脉，扼喉引疚，長此安窮？緣是繕修城陴之餘，遂令蓮幕闞君督衆而鼎建之。闞，瀛海人也，目擊漕運，稔知其修築疏鑿之故，鳩工採石，甫月餘而告成焉。非成之速也，我侯之澤漸濡於垣民者已深，浸灌於民心者已久，一令出而趨若父事，一工築而赴若子來，應感之擄，理有必然，又何成之弗速耶！父老既觀厥成，欲借一言以勒瑱珉誌不忘。余以爲，橋之功雖近，垂澤於垣民者至遠；橋之費雖小，延利於垣民者至大。池水之弗壅也，城門之有障也，往來之途便而風氣之補苴完也。門曰"舜澤不泯"，余亦曰侯之澤更不泯，故記之曰通澤橋。是橋也，戒事於乙丑之菊初，竣事於小春之既朔，保我民障，固我城墉，厥功良不朽哉！邑侯諱論，别號近拙，河南郏縣人。蓮幕闞君諱鋌，别號毅吾，北直滄縣人。

关圣庙廓修记

【简介】

清顺治十七年（1660）立石。碑旧存垣曲县古城镇，今已佚，文据光绪《垣曲县志》卷十二抄录。碑文记载了清初垣曲县民扩建关圣庙的经过。杨帝培撰文。

【碑文】

關聖廟廓修記

楊帝培撰文

今夫關聖之靈昭昭也，其氣彌天塞地，其義凌古鑠今，由漢以來，讚頌者備矣。余小子何容復置一喙？獨是開闢來，止是節義綱常，爲天之柱，爲地之維，爲人之紀，此理一日不息，則聖之靈一日不泯；此道一日不絶，則人心一日弗忘。試觀尊之爲帝王，未已也。至稱爲河東夫子，讚曰：西土如來追崇，極古今之未有，而人心不以爲侈。抑郡邑有正祀，未已也。至負販咸傾戴，中外皆尸祝，尊信極天下之獨絶，而人心不以爲過。甚至世代有鼎革，海桑有變遷，英靈愈久而愈烈，畏服亦彌遠而彌深。噫！雖與天地無窮，極可也。邑舊有關聖祠，僅僅一楹。明萬曆間，有善士郭守禮者，捐地基一方，余王父暨劉君世强等首事擴修，改建正殿三楹、捲棚三楹、兩廊各三楹，至門坊、馬厩、庖湢，亦極整備稱善矣。但地址局於居民，進謁者輒有觀止之嘆。歲甲申，時住持僧永皓首發宏願，亟思恢拓。遂以善價易得劉君、趙君房院各一所，南極大街，北盡官道，而廟之鴻基奠矣。維時邑侯費縣李公捐俸倡先，力主其事，事在戊子夏四月也。方欲大爲興造，無何而全晉亂起，城中賊盤踞者八閲月，遂不果。洎辛卯寇難甫靖，民稍稍復業，即有思爲營廟計者。時有恩選文君登及姪博士員溥，助四椽廳一座，遂經營卜度，而寢宫落成云。若正殿及門樓，原余先伯父高唐知州之故宅也，其子若孫樂義好善，慨輸以入廟焉。嗣是而捲棚成於新創，獻厦因夫舊殿。又於東廊左掖求張氏之宅爲僧舍，於寢宫右脇因抱厦之材作方丈。且中央立寶坊，前後置甬道，獨兩翼長廊共四十楹，其成爲最後，蓋余等徒跣募化，而後聿觀厥成也。余以爲，皆節義綱常之在人心者爲之耳。厥理惟聖能全之，故精英結萬古而不散；惟人亦皆有之，故好是正直而獨殷。今觀於此廟，始而片厦，繼而小成，既而備美，豈非其理之在人心者，勃發而不能已，鼓舞而不自知也哉！是役也，戒事於辛卯二月，訖功於庚子三月，歷時者十載，靡財者不貲，難莫難於此矣。然其初無一緡之積，無儋石之儲，不過因時以起事，易又莫易於此也。後之君子誠喜其易，無畏其難，或增其缺略，或集其朽泐，俾有基勿壞，歷久恒新。噫！是即節義綱常之理之弗息弗絶也哉！余小子無能闡揚聖德，第爲誌建廟之顛末與其歲月如此。僧永皓、鎮祥、鎮惠善願堅宏，才優建造，蓋始終董厥成者也。至諸首事之人及匠作工徒，例得鑱名礱石，爰爲附於碑陰云。

董公石渠记

【简介】

清顺治十八年（1661）立石。碑旧存垣曲县古城镇，今已佚，文据光绪《垣曲县志》卷十二抄录。碑文记载了垣曲县令董尔性修建石渠的经过。鲁圣学撰文。

【碑文】

董公石渠記

魯聖學撰文

邑郭外東北隅有龍泉焉，曰滴水泉。其水懸崖而出，上有神祠，下有池塘。每遇禱雨，恒至其地。池東有清波一派，爲沇水支流，自北而南，奔入大河。聽其直瀉，則川流耳，曲而引之，可爲吾民利賴。自有邑及今，不知幾歷年所，未聞有引之灌田者。有之，自我邑侯董公始。侯，古豫洛陽世家也，與垣畝壤相接。順治己亥，來尹兹土，即矢心爲民，一時興利除害，美政良法，未易枚舉。越明年，歲大旱，侯步禱龍泉祠。禱畢，周旋徘徊，謂士民曰：此之行爲禱雨耳。五日不雨，則無麥；十日不雨，則無禾，民之望雨急哉！顧有不需雨而可滋田者，非此清波乎，盍引之！衆曰：水勢就下，如此山高何？侯相水勢，指授方略，遂出俸金若干，命子衿郭踵章等督工集事，鑿山引水，不越月而渠工告竣焉。噫！昔禹治水，隨山刊木；今侯治水，開山闢石。事巨細不侔，而經畫則一，咸稱爲神禹後一人。迨今歲，淫雨連朝，河水漲溢，渠衝斷中截。侯往視之，厥渠上下皆山，惟中截爲土。今土去石出，闢石爲之，則萬世無恐矣。經理如前，缺者旋補，乃成不拔利賴。猗歟休哉！凡事可垂久則名之，誌不忘也。漢魯宗道爲鹽海令，導海水利民，而民名爲魯公浦。我侯創建新渠，不當名爲董公渠耶？僉謀立石，属余爲文。余惟天下非常之事，必建自非常之人；永貞之利，必成於永貞之志。兹者，鑿山引水，創從來未有之渠，非侯之卓識不及此也。且自創始以迄落成，閲三載如一日，非侯之貞志不及此也。所以猶是川流，向也泛逝，今也利澤矣；猶是原田，向也黄埃，今也沃壤矣。矧侯恩波及民，事事有如斯渠，可弗紀歟！爰付瑱珉，俾後之觀斯渠者識侯之功，佩侯之德，永懷侯於靡替云。侯諱爾性，字聖功，河南洛陽人。

纪侯重修石堤记

【简介】

清康熙三年（1664）立石。碑旧存垣曲县古城镇，今已佚，文据光绪《垣曲县志》卷十二抄录。

碑文记载了垣曲县令纪宏谟重修护城石堤的经过。文登撰文。

【碑文】

紀侯重修石堤記

文登撰文

垣城之南距百餘武，葛寨屏峙，亳清河繞流其下，東入壺口。每秋潦泛漲，大爲城患。明御史趙公乃創石堤以護之。公宰垣三閱月，而化行治成。最愛種樹，桑柘百果，環茂四野，民受其賜，即擢御史。越六載，持繡斧按全晉，猶爲垣惓惓不已。發官錢三千緡，伐石砌堤，廣丈餘，崇倍之，入地者半，長二千七百尺，俱不抵水。石堤之西，又外築沙堤一道，無非圖久遠也。堤以内更植柳千株，蓊叢森秀，揆之堪輿，於文明風脉大有禆益。崇世變江河，霪雨叠災，萬壑洊湧，濱河之地，胥爲石田，民其飢矣；浸潰城垣，民其溺矣。先時主修者未實稽其功，旋築旋潰，插杵之勞，卒無虛歲；前之功德，幾付諸東流。迨興朝甲辰之夏，幸遇紀公來尹。甫下車，招流移，勸開墾，釐奸剔弊，蝟案蓬蓬，勞心調理，不遑寧處。切念堤工完缺，城之安危係焉，此不容姑待者，將修之。恐農業有妨，竢時隙方鳩工庀材。每歷境躬督，治其勤怠，期其堅固。且借丁協修，無他務速結，以便力農耳。凡河壖閑田，諭令種樹，旬日間種植者幾遍垣野，所謂十年之計得，萬家之利興。更種蓮濠中，開渠引水，迎風飄香，荒垣頓成花縣。即民之趨事從令，我公之德之才與夫清標高品，誠當代循良第一。攷自趙公及我公，歷兩朝而經百歲，修堤之功，種樹之德，相符如此，其得禄之相等可知也。趙公開基於前，我公底績於後，一方安堵，千秋甘棠，趙公亦將起而感服矣，寧僅垣之民人歌功頌德已哉！伫見我公拜受御史，砥柱中流，爲天下禦灾捍患，出斯民於飢溺，當如是堤。因撮以勒之瑱珉，用誌不朽。公諱宏謨，號伯禹，河南輝縣人。

观澜亭记

【简介】

清康熙四十三年（1704）十二月三日立石。原碑旧存垣曲县古城镇，今已佚，文据康熙《平阳府志》卷三十六抄录。

碑文记载了作者游览观澜亭的经过与感受。张象蒲撰文。

【碑文】

觀瀾亭記

河之界平陽十餘渡，其居下流者曰陽壺，垣曲之所治也。垣於郡小而僻，無傳置徵書往來之擾，四達皆山，水潺潺出澗，道巉滑不容車船，名公鉅卿罕有游者，即遷客騷人亦未嘗重繭而探奇也，惟官斯土者至焉。他則小商旅，捆載擔負，趨舟楫之便而已。是以吟咏非所及，而形勝不著。今年夏，同年許詒孫宰是邑，余以嚴冬涉冰雪訪之。署中舘聽濤軒者信宿，濤聲滚滚來枕上，余謂詒孫："聽濤何如觀瀾？"詒孫笑曰："子言誠不妄，河上有觀瀾亭，余以鞅掌未至也。盍登諸？"越明日，與沈君天叙、陸君來珍策馬出城南，踰澗循堤行，不二里，得所謂亭者。踞絶崖上，有詩碣卧頽壁間，不可盡識。惟一斷碑臨崖，竪可七八尺，大鎸"天上來"三字。塵封蘚蝕，瑰偉猶存。後題曰："太白"，或因李詩假借耳，實不聞太白至此。亭不甚巍聳，而形勢盡來。憑欄一眺，三面之勝悉收望中，下瞰奔流與亂石相搏，吞齧澎湃，雪捲雷轟，真大觀也。若盛夏時，撼山傾谷，立浪飛濤，當更有奇於此者。隔岸山形中害，東爲返照岩，西爲葛伯寨，南距豫之澠池百八十里，皆鳥道羊腸，凡七盤景山而後達焉。去河以南，岡巒叠出，其最高者爲黛眉，而景山又出黛眉上，俯河如環，故《商頌》曰“景員維河”，即此也。渡南北兩邑分疆，邑各一艇，煙靄波光，互相離合，棹歌既發，人影與鳧鷗浮沉巨浪中，於是流盼東西，望窮忽接。回視觀瀾，如立天際，覺河山勝槩，盡在斯亭，而徘徊不能去。遂于馬上口占二律，歸而示詒孫，且告之曰：“吾子亦知亭之所由作乎？夫天壤間之凝而峙、液而流者，皆有神氣存焉。然必有人焉以發之，而有物焉以收之。無以發之，其神鬱而不出也；無以收之，其氣過而不留也。夫惟有以留之而不去，而靈淑幽秀者乃愈發而愈奇。故夫潼關之雄也，以關龍門之險也，以樓而陽壺之奇也。以亭亭物也；而作亭者，人也。潼關當燕、晉、秦、蜀之衝，又禹績龍門最著，故關與樓得久不廢。陽壺越在僻遠，問津者非愚則俗，其寂寂無聞宜矣。而此亭巋然猶存，則山水之神氣固未常去也。在昔永陽佳勝自柳州發之，而奇始出，然今所存者，紙上之神氣耳。曩之所爲亭堂丘壑，已湮没於荒煙斷草之中而不可復識，此山川之所以往往遺憾於斯人。而選勝之君子覽古興悲，惋嘆於盛游之難再也。”詒孫之才曠而識達，不以垣爲陋而居之坦然，其文采風流，必有與地靈相發者。亭與渡固將藉以不朽，而余以偶然造訪，得與諸君子流連俯仰，盡探其奇，亦不可謂無緣，而顧自同於悠悠行路者之愚且俗也。其若山水何？余居垣三日，且行，聞邑有舜井、葛寨，亟欲一遊，未暇也。幸猶得登眺於斯焉。藉非以詒孫故，將終吾身無由至也。聽濤之不獲，而奚有於觀瀾乎！夫創新修廢以點綴江山，守土者之責也；登高作賦而臨流裁詩，野史氏所不辭也。余歸矣，後遊固不可必，其以余言磨一片石鎸之竪亭上，以示後之官斯土如君、偶一至如余者。詒孫諱穀，蘇之常熟人。沈、陸二君，其同里之戚友也。

康熙甲申嘉平三日

臨汾張象蒲蒿陸記

重修垣曲县学记

【简介】

清乾隆十七年（1752）立石。碑旧存垣曲县古城镇，今已佚，文据光绪《垣曲县志》卷十二抄录。碑文记述了垣曲县知县言如泗重修垣曲县儒学的经过。言如泗撰文。

【碣文】

重修垣曲縣學記

言如泗撰文

國家文教丕興，照耀扶桑，若木書林，廣被超踰，桂海冰天。數仞之宫，巍焕崇峨，前無曠古。間有損壞，守土有司以時修理，功令然也。余以文學後裔涖兹垣邑，見夫宫墻頹落，慨然悚仄。庀材鳩工，次第營治。自櫺星門以及戟門之修築、大成殿之補葺，入其門，升其堂者，子衿佻達跛踦以臨，不禁自戢焉，此其大綱也。余則新建東西兩學門，所在臺基遍加填砌。且舊以廟堂之後壁爲明倫堂之前墉，因便就簡，於禮非宜。乃增設墻屏，屹然備制。而崇聖及名宦兩祠僅存遺址，更建特造，別有碑記。其禮器簡陋弗稱者，易置完好，鋪陳齊整。若乃書院峙於右，則師若弟樂群敬業，斷斷於是室也；忠義祠列於左，則一鄉之善士獨行足稱者，亦得俎豆於中也。題名懸額“嘉植增培”，表示青雲，點綴化雨，兼綜鉅細，氣象維新。工竣，余乃召諸生告之曰：夫禮有質有文，匪斲匪朴，高其閈閎，厚其墻垣，所以易茅茨之陋也。乃塗丹雘，所以異糞土之朽也。甲第椒蘭，罔弗若是，而况於聖人之宫乎？其於人也亦然。忠信之資，可與學禮，而襘袺有儀，坊表有度，記垂賁飾之文，詩咏彼都之美，其不以纖嗇褊急爲士大夫之體明矣。其於文也亦然。漢氏文章最爲近古，而封禪典引諸巨製，鴻聲壯采，跨越後代，故知清真雅正之中，理附以藻鳳翔，其骨未可執，不爲炳烺之言，遽以朴拙枯澀爲能事也。夫以文廟之尊、學校之重，倘聽其欹毀，惜物力而憚經營，其猶《蟋蟀》《山樞》之意乎！伏讀御製《西巡》詩，有示禮爲先之諭，大哉皇言！躋勤儉於文明者，豈淺鮮哉！在昔我祖學成而歸，爰啓道南之嘆，遥想其時東吴菰蘆中荒略，可知漢魏而後，江左風流，蘇郡文物，頗爲四方屬目，豈非地以時興，人因代起乎！況此邦人文原不下於他邑，今者，庠序鼎新，鸞龍益奮，學山秀挺，擷丹翠於中條；筆海瀾廻，沛汪洋於九曲，近空冀野，遠接河汾，非惟一時之飾，實兆百世之祥也。

建汤圣庙移渊德侯祠记

【简介】

清乾隆二十一年（1756）立石。碑旧存垣曲县古城镇，今已佚，文据光绪《垣曲县志》卷十二抄录。

碑文记述了垣曲县新建汤圣庙并移建渊德侯祠堂于庙西的经过。安受祺撰文。

【碑文】

建湯聖廟移淵德侯祠記

安受祺撰文

由麻姑山蜿蜒而東而下，有廟翼如，峙於高阜之巔者，十八郫敬享湯聖之地也。廟故有神池，歲時禱雨，宋封淵德侯，碣載俱悉。金元之際，紅巾作亂，居民聚保山中。忽神兵自空中來，賊驚遁，遂祀湯聖於此，而改建淵德侯於他所。夫以千百嗷嗷盡飽豺狼之口，而神克驅除之，安全之，迅掃妖氛，略息殘喘，亦禮之所謂有功德於民者。況垣爲亳地，當日在畿甸内，其與在都城無以異。雖舊志有屬偃師之説，而商都五遷，俱在大河南北。垣濱大河，詎得以垣亳爲附會耶？且湯聖之先八遷無定所，垣爲古帝王發祥建都之區，安知商昔先王不遷於此，而至湯聖始遷垣地名亳耶？則亳地屬垣，有証可信，烈祖靈爽，寔式憑之。其廟祀也固宜。獨念淵德侯興雲雨，潤蒼生，厥功丕茂，而數百年冷落於荒崖深谷中而莫有問者，其能無怨恫與？歲在丙子，十八郫重修湯聖廟，始於廟西建殿三楹，以妥淵德侯之靈。新宫既作，舊蹟弗湮，揆神道而質人心，庶幾哉兩無憾矣。

新修垣城记

【简介】

清乾隆二十九年（1764）立石。碑旧存垣曲县古城镇，今已佚，文据光绪《垣曲县志》卷十二抄录。

碑文记述了垣曲知县汤登泗率县民新修城墙的经过。汤登泗撰文。

【碑文】

新修垣城記

湯登泗撰文

歲辛巳十有二月，恭膺簡命涖兹土，循故事閱城周遭，皆頹垣廢堞，有城如無城然。詢其故，則曰：

積歲秋霪，降割城圮，不治久矣。惟是垣巖邑也，被山帶河，爲晉省東南屏蔽，與豫境擊柝相聞，不有城也，固圉奚恃焉？退思所以營築之，復愀然於旱澇頻仍，民力之未紓也。越壬午，秋大獲，邑之紳士耆老環庭而請曰：我國家休養生息百有餘年，下至昆蟲草木，靡弗飲和食德。吾儕小人距畿輔甚邇，自祖若父以來，沐浴於幈幪者至深且久。又僻居山谿，民生不見外事，徵發之勞，供頓之煩，莫之或及。力田而外，綽有餘閑。况城以衛民，保内捍外，猶吾闔廬也。請毋糜公費，願各輸民力以完城，少効子來於萬一。余察其情詞懇摯，不敢壅遏，據達於大吏，大吏上之天子，制曰可。爰乃諏日興工，擇紳士文祖昊、文子焌、席子温、張子懿、馬元德、王有智、張得禧、高沃雍、馮天玿、譚國泰、李長乾、張儒冠、趙帝昆、安臨淇、米天儲、張萬策等董其役，始於癸未之五月，至甲申七月工告訖。周環四里有奇，墉高二丈有二尺，其上女墻齒列，層樓焕焉。是役也，吏胥莫擾，鼛鼓弗亟，恬然若無事也者，而金湯之固屹如山立。余於是歎垣民之好義，而聖德之入人者深也。近代以來，畚挶四起，計其經費，或取之公，或括之私，必多方率迪而後能集事。即山右之城圮修築者不下十餘郡縣，其間急公輸費固不乏人，然大抵出於膏腴之壤、殷富之户，非如垣之土瘠民貧而家鮮素封也。乃垣民獨汲汲嚮義，自謀之而自勸之，歡欣踴躍，惟恐後時，豈非山居之民氣醇而風樸，其忠愛之忱有百倍於沃土者歟！抑國家深仁厚澤淪人之肌，浹人之髓，雖窮鄉僻壤婦孺走卒皆知圖報涓埃，譬猶草榮木茂，莫知其然而然歟！夫順民之欲，宣佈聖天子之德，意樹一方保障，以隆無疆之休者，有司之責也。爰書其事而爲之記。

潛山令安雪湖先生墓志銘

【简介】

清乾隆五十六年（1791）藏石。碑旧存垣曲县古城镇，今已佚，文据光绪《垣曲县志》卷十二抄录。

安清翰（1728—1791），字仪甫，晚号雪湖，清垣曲县（今山西省垣曲县古城镇）人。乾隆丙戌中举，次年进士及第。任安徽潜山令，有德政。张佩芳撰文。

【志文】

潛山令安雪湖先生墓誌銘

張佩芳撰文

君諱清翰，儀甫其字，晚自號雪湖，世垣曲縣人。曾祖諱年；祖諱塾，邑庠生；考諱受祺，辛未進士，浙江金華縣知縣。妣李氏，繼魯氏、馮氏。君爲金華公長子，生而穎異，有至性。七歲丁母艱，哀毁如成人，自是常依父側。九歲爲詩，出語輒驚人。每讀古賢臣名儒書傳，則感奮至泣下。年二十六，由縣學生選拔，旋中本省鄉試。金華公既得官，隨至任所。逾年公殁，扶櫬歸。道姑蘇，或言冬月河冰，下舟難行矣。君禱於神，有徵，及狂口，甫登岸，而河冰如山，下果無恙。歲丙戌，挑選一等，旋成進士。分發安徽，得知潛山縣。縣當孔道事繁，君剔釐奸弊一清，修書院，改建啓聖祠，請豁免田之沙壓者七百餘畝。秋大雨，山水陡漲薄城，城内外皆水。門既塞，而外水幾與城等。君晝夜護視，居城樓中，樓圮，勢幾危，不顧也。米價驟昂，不及請，輒開倉，糶米三百石，平其價。既請撥粟以賑，躬自俵給，無不沾者。而潛之東南鄉與懷寧、石牌界，亦被水衝淹，其民相率籲於府，必得君往勘。府聞，語人曰：安令惠及鄰封矣。其實政得民若此。當斯時，撫軍胡公御下嚴，多受譴者，獨器重君，已調繁靈璧矣，旋以他事詿議。去之日，無遠近老幼攀轅泣送，數十里不絕。後修《潛山志》，載名宦中，建生祠焉。與人交，寬和樂易而行甚介。父執之喪，傾身以營，不受其私饋。金華公之卒，負債頗多，困尤甚。有友人居要津，或以事持數百金有所請，嚴卻之。其被議也，有言潛某案可立致千金者，叱之曰：吾如守寡婦，晚乃嫁人耶！於書無不讀，以實行爲先，自言用功宜自温公不妄語始。又嘗誦方望溪“學行繼程朱之後，文章介韓歐之間”語以自勵。所著有《尚書録》《毛詩譜聲》《論語緒餘》《服制纂義》《瓠邱筆記》《諸葛遺文疏》《雪湖集》凡若干卷，藏於家。生於雍正六年正月二十日，乾隆五十六年正月二十三日食時端坐而逝，年六十四。配趙氏，繼趙氏。子五人：畬，縣學生；耘、奮，皆附生，耘前卒；疊嗣其弟；穗幼。女三人。孫一人，慤。以是年十二月二十一日葬於羊原里東馬村村東祖塋之次。銘曰：

余少時與君同受知學使者定圃德，公肄業晋陽書院，二年餘有以知君之爲學也。在潛山，余適令歙縣，爲同寮幾三年，又以知君之爲官也。余知壽州日，監督棟公聘君長正陽書院，又修《鳳陽府志》，正陽故州地，一年中時相過從，愈知君之爲賢也。以余所知，其不知者亦信，胡爲溘然歿與！然今之不歿者誰？能爲人知者又有幾如？君其果歿也與！

新建财神庙碑记

【简介】

清乾隆年间（1736—1795）立石。碑旧存垣曲县古城镇，今已佚，文据光绪《垣曲县志》卷十二抄录。

碑文记述了垣曲县新建财神庙的经过。张岳拱撰文。

【碑文】

新建財神廟碑記

張岳拱撰文

財者，用之所自出，開其源而節其流，古聖人恒兢兢乎慎之，故九棘五幣造自有熊。厥後修和歌，叙食貨，陳疇虞周之世，悉於此盡心焉，誠以財爲人寶而民命之所關也。然理之者人，而主之者神，依古以來，赤幘高冠，黄衣唾盤，世俗多艷稱焉。我垣邑舊未建立財神廟，縣治東有察院遺址，康熙丙申歲，陳邑侯捐俸創建。實實枚枚，邑中貨殖者咸結社報賽，饗祀惟時。以故歷年來，市廛雲集，泉貨流行，不可謂非神之所庇也。而南門外路接中州，商賈絡繹，徵貴徵賤，懋遷化居，尤爲一邑生財藪。但貿易雜沓，旦暮少暇，每值祀神，質明行事，儀實簡焉。恐滋怨恫，爰糾衆更卜巽地，議建新廟，以隆侑享。僉曰善。緣是一心協力，捐貲庀材，不數月而工告竣。更於輸金姓氏鎸石以垂永久，索余爲文記之。竊謂財者，神之所主也，而其所以主之者，尤以人爲斷。古云：鬼神非人是親，惟德是依。若群萃而州處，有無互易，出納允公，見利思義，以道生財，則人和而神必降之福。故曰：人者，神之主也。古聖王先成民而後致力於神，比物此志也。是爲記。

重修舜井庙记

【简介】

清道光十七年（1837）立石。已佚。

碑文记述了村民重修历山舜井、舜庙的经过。撰文人不详。

【碑文】

重修舜井廟記

自來工之興始於創，工之損冀於修，重修之工胥仍舊貫矣。奚足誌其事，固之誌也。誌其事奈何，曰虞帝廟寢宫之前有井焉。斯井也，相傳即亞聖孟子之書所謂浚井也。祀典尚載誌矣。井上有亭，翼然列於其上，曰聖井亭。斯亭也，形勢高竣，層次巍峨，北景歷山，面仰諸馮，前臨負夏，後依叟塚。遥而望之，出雲降雨，鳳峙鸞翔，固若有龍盤虎伏之象。考其碑，蓋自明始，邑侯梁公重建，順治年邑侯董公重修，道光間我三村又復别而創之也。體制宏，基址固，前人之功且備矣。乃歷年久遠，風融雨噬，不無椽崩瓦落，脊獸傾頽之憂。每逢八月御祭，執事者靡不惻然。然覺工大費煩，天時艱難，志尚未逮，恒歉如也。丁酉孟春，幸有經理租稞，公直趙君宗康等因經理有素，不忍坐視。爰集三村耆老共商修理，僉曰："善，甚盛舉也。"遂議舉各村首事督工，與前經理諸公勇躍争先，共襄力厥事。度錢糧之多寡，恐未敷用，變柏樹之大小，獲錢若干，共醵金百有餘千。擇日動工，鳩工庀材，增椽添瓦，丹楹刻桷，易舊更新。其落成之速，宛如靈台之不日也。兼之因工及工，修井鑿池，井之壅塞者穿而通之，池之泥淤者疏而鑿之，俾内外貫通，靡而洞澈。又並修補大殿之墻壁，增添翼室之門窗，各相整飭，焕然一新，頓覺視昔一丕變焉。猗歟休哉！莫爲之前，雖美弗彰；莫爲之後，雖盛弗傳。且亭之建，因井而建之也；井之浚，由帝而浚之也；廟之名，即井而名之也。伏思浚井之由，帝廟之名，建亭之意，何莫非大聖人好生之德，孝友之誠，流露千百年於今日也。况乎近聖人之居，被聖人之化，引水灌田，資利惠農，亦當思聖人休養生息之澤於無窮，而知斯井、斯亭、斯廟之所以不朽也。工竣囑余記，余不敏，遂誌其事，勒諸貞珉云爾。

附录

一、分时代统计表

时　代	统计数量	
	现　存	佚　失
汉	1	0
南北朝	3	0
唐	3	0
宋	3	1
金	2	0
元	3	5
明	32	20
清	131	10
中华民国	31	0
中华人民共和国	19	0
总　计	228	36

二、分类统计表

类　别	统计数量	
	现　存	佚　失
记事类	131	34
乡规民约类	3	0
墓志墓表墓志铭类	58	2
烈士纪念碑类	5	0
匾额楹联类	6	0
题刻题诗类	15	0
摩崖造像类	4	0
其他类	8	0
总　计	230	34

索　引

一、记事类

●**现存石刻**成汤故都碑（元致和元年）……（二一）
龙神感应之碑（元至正八年）……（二二）
重修兴国禅寺演法传灯碑铭并序（元至正十五年）……（二三）
重建崇兴寺碑记（明景泰七年）……（二七）
肇修济众桥记（明嘉靖七年）……（二八）
张廷相去思碣铭（明嘉靖十三年）……（三〇）
重修玉泉寺记（明嘉靖十六年）……（三三）
新建洪庆观钟楼记（明万历十三年）……（五六）
封赠赵东鲁父母先母制文碑（明万历二十四年）……（六〇）
创建回龙宫碑记（明万历二十五年）……（六一）
平原里宋村府掾继泉父安完重修重兴寺记（明万历三十四年）……（六三）
重修庭神并记（明万历三十四年）……（六五）
刘际隆捐输疏文碣（明万历三十九年）……（六七）
封赠刘天与夫妻及继妻敕文碑（明万历四十四年）……（六九）
封赠鲁廷彦父母故妻继妻制文碑（明天启四年）……（七二）
重修阎罗夫子庙记（明崇祯三年）……（七四）
增修庙宇碑志（明崇祯三年）……（七五）
董公重甃舜井并修建祠宇神异记（清顺治十八年）……（八一）
古城北门碣（清康熙六年）……（八四）
重修黑龙潭之玉帝庙记（清康熙二十二年）……（八七）
垣曲县儒学捐置祭器碑文（清康熙二十六年）……（八八）
金饰神像记（清康熙二十九年）……（九〇）
黑龙庙重修龙王殿记（清康熙四十三年）……（九二）
重建回龙宫碑记（清康熙五十年）……（九五）
□宫金□短引（清康熙年间）……（九八）
卫族修葺祠堂碑引（清乾隆六年）……（九九）
重建北城楼□真武文□（清乾隆十七年）……（一〇一）
弦歌书院记（清乾隆十七年）……（一〇二）
言公渠碑（清乾隆十八年）……（一〇四）
望仙庄设立义学碑记（清乾隆二十年）……（一〇七）
东岳泰山庙重修碑记（清乾隆二十三年）……（一〇九）
重修祀堂碑记（清乾隆二十三年）……（一一〇）

吕氏家庙碑记引（清乾隆二十三年） …………（一一一）
重新关帝庙圣像碣（清乾隆二十五年） …………（一一三）
重修利济桥碑记（清乾隆三十四年） …………（一一六）
重修南门记（清乾隆三十四年） …………（一一七）
创立碑记（清乾隆三十七年） …………（一一八）
扩建广福庵记（清乾隆三十七年） …………（一一九）
买官地供奉广生圣母神碑记（清乾隆四十五年） …………（一二一）
竹林寺创修禅院续置产业碑记（清乾隆四十八年） …………（一二三）
兵部差官武德郎候铨守府鹤轩鲁公德行教泽碑（清乾隆五十五年） …………（一二六）
重修牛丞相墓记（清乾隆年间） …………（一二八）
重修阎罗天子庙序（清嘉庆元年） …………（一二九）
纯阳观创建并重修碑记（清嘉庆十三年） …………（一三四）
重修泰山庙碑记（清嘉庆十三年） …………（一三五）
重修圣母庙碑记（清嘉庆十四年） …………（一三六）
广生殿增修碑（清嘉庆十四年） …………（一三八）
补修神殿并舞楼碑序（清嘉庆十七年） …………（一四〇）
重建汤圣庙碑记（清嘉庆二十五年） …………（一四二）
重修汤圣庙正殿督工首事姓名碣（清嘉庆二十五年） …………（一四三）
重修关圣龙王马王庙暨三门厢房碑记（清道光四年） …………（一四五）
重修建栖神观碑记（清道光六年） …………（一四七）
“五世同堂”碑（清道光七年） …………（一四八）
竹林寺大禅师双峰重修殿宇续置租田记（清道光八年） …………（一四九）
重修龙王殿移建五道并重建舞楼另创僧舍马房碑记（清道光九年） …………（一五一）
“德寿兼优”碑（清道光十九年） …………（一五四）
创建卷棚越台碑记（清道光二十年） …………（一五七）
创建会馆财神庙碑记（清道光二十年） …………（一五九）
重修虞帝庙碑记（清道光二十一年） …………（一六一）
社外乐输碑记（清道光二十一年） …………（一六二）
下马村重修关帝庙记（清道光二十一年） …………（一六三）
王承天夫人席氏节孝碑（清道光二十四年） …………（一六四）
长涧村关帝庙创建暖阁碑记（清道光二十八年） …………（一六六）
孟母淑德晋孺人节寿碑（清咸丰元年） …………（一六八）
创建关帝庙并舞楼碑记（清咸丰元年） …………（一六九）
黑龙庙重修记（清咸丰元年） …………（一七〇）
两所公议除暴安良碑记（清咸丰五年） …………（一七六）
重修观音堂记（清咸丰六年） …………（一七九）
创建两庑戏房茶房筑周围墙垣并两看墙两角门补修舞楼照壁合记（清咸丰七年） …………（一八〇）
重修娘娘庙碑记（清咸丰七年） …………（一八三）
金塑神像并创建圣母火德瘟神殿及黝垩碑记（清咸丰八年） …………（一八四）
重修南堡碑记（清咸丰八年） …………（一八五）
大京元讳景业吴公德配张孺人德孝碑（清同治二年） …………（一九〇）
金碧关帝神像并绘画正殿碑记（清同治八年） …………（一九五）

歇马殿重修并增修碑记（清同治八年） ……（一九六）
重建观音堂序（清同治九年） ……（二〇〇）
重修土地庙捐输碑记（清同治十一年） ……（二〇一）
泰山庙金塑神像补葺舞楼记（清同治十一年） ……（二〇二）
东岳庙碑序（清同治年间） ……（二〇三）
竹林寺重修后院禅房并钟楼二门记（清光绪二年） ……（二〇四）
代吉州陈公重建八蜡庙碑记（清光绪六年） ……（二〇六）
例授登仕佐郎赏给五品衔仲卿吕公德行碑（清光绪十七年） ……（二〇七）
创建便行桥序（清光绪二十二年） ……（二〇九）
重修南门铺房碑记（清光绪三十二年） ……（二一六）
妆画瘟神庙碣（清光绪三十四年） ……（二一八）
重修历山舜庙记（清光绪年间） ……（二一九）
观坡村墓碑残块（清代） ……（二二二）
重修泰山庙记（清代） ……（二二三）
重修关帝庙碑记（清代） ……（二二七）
重修城内财神庙碑记（清代） ……（二二八）
回龙宫重修记（清代） ……（二二九）
郭来云募化修路碑（清代） ……（二三〇）
姚公乐输碑记（清代） ……（二三一）
皇清应授中宪大夫候补同知军功议叙四品加二级先考乐山行君行略（清代） ……（二三三）
倡修道路记（清代） ……（二三四）
捐施碑（清代） ……（二三七）
重修建会馆碑记（中华民国2年） ……（二四一）
“瑞生林”碑（中华民国4年） ……（二四三）
重修□沟□桥碑记（中华民国5年） ……（二四七）
下马关帝庙重修碑记（中华民国8年） ……（二四九）
重修退坂庙诸功碑记（中华民国8年） ……（二五二）
大乡望耀西郑老先生德行碑（中华民国9年） ……（二五四）
东社植树碑记（中华民国10年） ……（二五六）
清岁进士赏给军功六品衔竹泉李老先生德寿教泽碑（中华民国11年） ……（二五七）
重修清良寺碑（中华民国11年） ……（二五九）
修筑便行桥序（中华民国13年） ……（二六〇）
重修关圣殿火神殿圣母殿并东西厢房舞楼大门及创建卷棚碑记（中华民国13年） ……（二六四）
创立第三高等小学校记（中华民国14年） ……（二六七）
竹林寺整理地亩碑记（中华民国14年） ……（二七一）
清邑庠员南堡谭老夫子教泽碑（中华民国14年） ……（二七三）
清国学生六政奖章字子贞裴老先生德寿碑（中华民国15年） ……（二七四）
重修祖庙并家乘碑序（中华民国16年） ……（二七五）
第三集团军陆军第二十师师长鲁锐锋义行碑（中华民国20年） ……（二七八）
义举传令嘉奖席公企舜男监军监国孙奇策施古东渠一节（中华民国21年） ……（二八〇）
清处士沇滨高老夫子教泽碑（中华民国21年） ……（二八二）
太谷县县佐高康侯夫子教泽碑（中华民国21年） ……（二八三）

谨奉上峰命令誊录古东渠谱碑记（中华民国25年） ………（二八四）
清乡饮介宾义赈奖章与德张老先生德寿碑（中华民国26年） ………（二八七）
学道巷建修观音堂碑记（中华民国年间） ………（二九五）
山西省地质矿产局214地质队功勋碑（1986年） ………（二九九）
县城集资兴学碑记（1994年） ………（三〇五）
刘村完小建校纪念碑序（1994年） ………（三〇六）
古城镇店头村创建希望小学碑记（1995年） ………（三〇七）
垣曲县抗日政府纪念碑（1995年） ………（三〇八）
硖口桥碑记（1997年） ………（三一五）
姚氏宗祠旧址碑（1997年） ………（三一七）
重修二郎庙记（1998年） ………（三二二）
重立郑恩输粮千石救济万民碑（1998年） ………（三二三）
古堆村建校纪念碑（1999年） ………（三二六）
关帝庙迁建碑记（2005年） ………（三二九）
裴丽生诞辰一百周年纪念碑（2006年） ………（三三二）

●佚失石刻

重修渊德侯庙记（宋皇祐元年） ………（三三九）
沿革碑记（元至元二十八年） ………（三三九）
垣曲县新修文庙记（元大德四年） ………（三四〇）
左尹去思碑记（元大德年间） ………（三四一）
大元祠河清记（元至正二十二年） ………（三四二）
河清颂并序（元至正二十二年） ………（三四三）
祠祀参政刘公安民记（明成化二十年） ………（三四三）
祠祀平阳府知府李公记（明成化二十年） ………（三四四）
重修柏岩寺碑记（明正德四年） ………（三四四）
副使文温简先生墓表（明嘉靖十六年） ………（三四五）
重修三公祠记（明嘉靖二十七年） ………（三四七）
邑人追祀御史文公祠记（明嘉靖年间） ………（三四八）
都御史赵公祠记（明隆庆二年） ………（三四八）
增修六公祠记（明万历二十一年） ………（三四九）
赵公生祠记（明万历二十五年） ………（三五〇）
赵公常平仓公田记（明万历二十七年） ………（三五一）
新建魁楼记（明万历三十二年） ………（三五二）
仝公去思碑记（明万历三十六年） ………（三五二）
吕侯德政序（明万历三十七年） ………（三五三）
儒学槐莲记（明万历四十年） ………（三五三）
观澜亭记（明万历四十一年） ………（三五四）
重修舜井双池记（明万历四十五年） ………（三五五）
创建武庙记（明万历四十五年） ………（三五五）
赵公创修石堤记（明万历年间） ………（三五六）
创建通泽桥记（明天启五年） ………（三五七）

关圣庙廓修记（清顺治十七年） …………（三五七）
董公石渠记（清顺治十八年） …………（三五八）
纪侯重修石堤记（清康熙三年） …………（三五九）
观澜亭记（清康熙四十三年） …………（三五九）
重修垣曲县学记（清乾隆十七年） …………（三六〇）
建汤圣庙移渊德侯祠记（清乾隆二十一年） …………（三六一）
新修垣城记（清乾隆二十九年） …………（三六一）
新建财神庙碑记（清乾隆年间） …………（三六三）
重修舜井庙记（清道光十七年） …………（三六三）

二、乡规民约类

●现存石刻

南增坂村三社公议振风励俗禀官立法恪守碑（清乾隆二十七年） …………（一一四）
上下增坂谭家沟三村水规碑（清道光二十九年） …………（一六七）
东滩村渡口并学堂南北湾地亩条规碑记（清宣统三年） …………（二二〇）

三、墓志墓表墓志铭类

●现存石刻

明故南京都察院右副都御史北崖赵公墓志铭（明嘉靖二十四年） …………（三六）
明诰封吕宜人墓志铭（明嘉靖三十四年） …………（四三）
明储元嵋山文君及配节妇陈氏合葬墓志铭（明嘉靖四十三年） …………（四七）
明故致仕武强令恭默先生文公墓志铭（明万历八年） …………（五二）
故文孺人普氏墓志铭（明万历十一年） …………（五四）
明故诸元静轩张公配孺人马氏合葬墓志铭（明万历十五年） …………（五八）
刘嵋峰墓碑（明万历四十八年） …………（七一）
清故赐进士□□司训代视县篆晋壁鲁公原配孺人宪旌烈妇文氏侧室宪旌烈妇卫氏合葬墓志铭
（清康熙十四年） …………（八五）
刘缵孔张孺人合葬墓碑（清康熙四十五年） …………（九四）
□赠夙勤王太翁配孺人张氏赵氏合葬墓志铭（清康熙五十五年） …………（九六）
清故业儒先三伯讳式王公之墓（清康熙五十九年） …………（九七）
皇清邑庠生元公文公配张孺人鲁孺人合葬墓志铭（清乾隆十年） …………（一〇〇）
皇清邑庠生员乡饮介宾文继善暨元配赵氏继配冯氏合葬墓志铭（清乾隆十八年） …………（一〇五）
皇清乡饮耆宾温西文公配张氏继配张氏合葬墓志铭（清乾隆三十八年） …………（一二〇）
处士车届周墓志铭（清乾隆四十七年） …………（一二二）
乡饮耆宾辉锦刘公暨配张赵王孺人合葬志铭（清乾隆年间） …………（一二七）
颜氏墓志（清嘉庆二年） …………（一三〇）
显考儒士圣承赵公妣高氏郑氏之墓（清嘉庆三年） …………（一三一）
皇清握瑾杨公及元继配张太君合葬墓志铭（清嘉庆十二年） …………（一三二）
十三世祖讳政吕公配刘氏陈氏之墓（清嘉庆十三年） …………（一三三）
皇清显曾祖考国学生显一文府君妣待赠孺人王太君合葬墓志铭（清嘉庆十四年） …………（一三七）

皇清显祖考临溪李府君及祖妣赠孺人尉太君合葬墓志铭（清嘉庆十七年） ……………… （一三九）
张如驷夫妇墓碑（清嘉庆二十四年） …………………………………………………… （一四一）
皇清国学介宾王府君暨元配待赠孺人崔太君合葬墓志铭（清道光二年） ……………… （一四四）
显考耆老刘府君妣淑德刘太君合葬之墓（清道光六年） ………………………………… （一四六）
皇清待赠修职佐郎国学生联魁王公暨配车孺人赵孺人关孺人合葬墓志铭（清道光十二年）
…………………………………………………………………………………………… （一五二）
皇清钦赐九品职衔元勋马府君暨孺人崔太君合葬墓志铭（清道光十九年） …………… （一五五）
吕敬宗墓碑（清道光二十六年） ………………………………………………………… （一六五）
皇清儒士字承天王府君配待赠孺人席太君合葬墓志铭（清咸丰三年） ………………… （一七一）
皇清国监元柴翁暨元配待赠孺人张氏合葬墓志铭（清咸丰三年） …………………… （一七三）
皇清国学生宜轩席君及配高孺人合葬墓志铭（清咸丰四年） …………………………… （一七五）
显祖考仰韩张府君祖妣淑德章太君裴太君王太君合葬之墓（清咸丰六年） …………… （一七七）
显考汝弼张府君妣淑德阎太君合葬之墓（清咸丰六年） ……………………………… （一七八）
杨公讳守芳配丁氏合葬之墓（清咸丰九年） …………………………………………… （一八六）
十一世祖考庠员讳班字羽皇卫公妣待赠孺人淑德王氏合葬之墓（清咸丰十一年） ……… （一八七）
元教授邑侯迁垣始祖考讳世英裴公妣孺人姜氏合葬之墓（清同治元年） …………… （一八八）
皇清王公暨配贾氏石氏何氏合葬墓志铭（清同治四年） ……………………………… （一九一）
显祖考国学生云山张府君祖妣待赠孺人郑太君章太君合葬之墓（清同治五年） ………… （一九二）
先考儒士上锡马府君妣淑德安太君合葬之墓（清同治六年） ………………………… （一九三）
曾祖考登仕郎讳鹏飞阎公妣淑德孺人李氏合葬之墓（清同治六年） ………………… （一九四）
先祖考双龄杨公之墓表（清同治九年） ………………………………………………… （一九八）
先祖妣淑德刘太君之墓（清同治九年） ………………………………………………… （一九九）
赵盛斋墓碑（清光绪二十二年） ………………………………………………………… （二一二）
显考丰顺县右堂讳华字丽亭杨府君妣淑德例授安人卢太君□太君阳太君李太君合葬之墓
（清光绪二十五年） ……………………………………………………………………… （二一三）
显考登仕郎讳芳字兰亭杨府君妣淑德孺人尚太君合葬之墓（清光绪二十五年） ………… （二一四）
显祖考庠生讳清选字美玉石府君妣淑德待赠孺人张高太君合葬之墓
（清光绪二十六年） ……………………………………………………………………… （二一五）
故先考于多荣暨配李氏合葬墓碑（清光绪三十二年） ………………………………… （二一七）
皇清显考儒士槐亭文府君墓志铭（清代） ……………………………………………… （二三四）
清例贡生孔山申君及原配王孺人继配张孺人合葬墓志铭（中华民国5年） …………… （二四四）
显祖考处士讳叶恭敬斋吕府君妣淑德待赠孺人李太君合葬之墓（中华民国5年） ……… （二四五）
显妣淑德例赠宜人陕太君之墓（中华民国5年） ………………………………………… （二四六）
显祖考国学生讳国儒郑府君妣淑德待赠孺人张茫张梁太君及先伯长体仁赵太次体严孙程太
三体法段太全莹合葬之墓（中华民国年） ……………………………………………… （二四八）
先祖考讳祥珍吴府君妣淑德尚太君合葬之墓（中华民国14年） ………………………… （二七〇）
清□□□大夫□化总学夏县儒学教谕癸酉科拔贡己卯科副榜仲勉张府君暨□□□封淑人
张母文太淑人墓志铭（中华民国18年） ………………………………………………… （二七六）
先生妣淑德张太君继妣淑德孙太君之墓（中华民国20年） …………………………… （二七七）
席莲青君墓志铭（中华民国21年） ……………………………………………………… （二八一）
樊好智墓碑记（1992年） ……………………………………………………………… （三〇〇）
阎景祺墓碑铭（1994年） ……………………………………………………………… （三〇四）

●佚失石刻

赵载墓表（明嘉靖二十四年）……（三四六）
潜山令安雪湖先生墓志铭（清乾隆五十六年）……（三六二）

四、烈士纪念碑类

●现存石刻

陆军独立第五旅暨游击二三支队抗战阵亡将士纪念碑序（中华民国28年）……（二八八）
革命烈士纪念碑（中华民国35年）……（二九一）
革命烈士永垂不朽（1993年）……（三〇一）
安仁同志永垂不朽（1996年）……（三一三）
抗日武装纪念碑序（1997年）……（三一八）

五、匾额楹联类

●现存石刻

“歆承涣命”墓门额（明嘉靖二十四年）……（四〇）
“永庆门”匾额（明万历四年）……（五〇）
“帝舜故里”匾额（明万历四年）……（五一）
“古负夏”匾额（清咸丰三年）……（一七二）
“朝阳门”匾额（清咸丰四年）……（一七四）
石柱楹联（清代）……（二三八）

六、题刻题诗类

●现存石刻

北魏四面造像残碑（北魏）……（七）
杨标造像基座（西魏大统十四年）……（八）
北朝造像龛（北朝）……（九）
唐代释迦坐像（唐代）……（一二）
敬贤石函刻文（宋太平兴国三年）……（一五）
垣曲店下样铭文（宋元祐七年）……（一六）
“天上来”刻石（宋代）……（一八）
莲花经幢（金泰和三年）……（二〇）
南堡门墩石题记（明嘉靖十三年）……（三二）
南堡石柱题记（明嘉靖二十年）……（三五）
登河涝诗（明嘉靖二十九年）……（四一）
和东峪普翁韵二首（明嘉靖二十九年）……（四二）
《垣曲县阅城》《登观河亭》诗碣（明嘉靖四十二年）……（四六）
河堤黄河河防刻石（明崇祯十一年）……（七七）
世纪曙猿石刻（2004年）……（三二七）

七、摩崖石刻类

●**现存石刻**

五福涧黄河栈道东汉摩崖题刻（东汉建武十一年） …………（五）
五福涧黄河栈道唐代摩崖题刻（唐贞观十六年） …………（一〇）
安窝黄河栈道唐代摩崖题刻（唐武周垂拱元年） …………（一一）
五福涧黄河栈道明代摩崖题刻（明崇祯十年） …………（七六）

八、其他类

●**现存石刻**

东堡金墓买地券（金大定二十三年） …………（一九）
赵载墓买地券（明嘉靖二十四年） …………（三九）
吕氏序图碑记（清道光十九年） …………（一五三）
普氏老四门本支世系源流考并图（清代） …………（二二四）
寿字刻石（清代） …………（二二六）
古城李氏世次碑（清代） …………（二三五）
本支世系详图（清代） …………（二三六）
重竖吕氏传世图碑记（1999 年） …………（三二四）

后 记

石刻不仅是中国传统文化的重要载体，也是中华文明传承的历史见证。编辑出版《三晋石刻大全·运城市垣曲县卷》不仅是垣曲石刻文物保护传承的延续，更是全县人民文化生活中的一件好事、实事。

2011 年，运城市三晋文化研究会会长董占锁及研究会的负创生、赵参军一行，就编辑出版《三晋石刻大全·运城市垣曲县卷》一事，专门赴垣曲与县委、县政府及文物部门负责人进行沟通。2012 年 5 月，垣曲文物部门着手开展田野石刻文物普查，组建石刻文物普查小组，邀请社会贤达参与碑文辨识、资料整理及碑文拓印，2013 年 11 月底，完成全县 260 余通碑文的辨识录入。其间由于碑文辨识、资金问题及机构改革，导致《三晋石刻大全·运城市垣曲县卷》编辑出版搁置。2021 年，应运城市三晋文化研究会要求，垣曲县文化和旅游局重新启动《三晋石刻大全·运城市垣曲县卷》编辑出版工作，补充完善了部分碑文内容及照片资料，并拨出专款，保障了该书的顺利出版。

编纂期间，垣曲县委县政府、运城市三晋文化研究会及运城市文物局，对垣曲石刻资料的整理工作也给予了特别关注。运城市文物局卫文革科长、垣曲县作家协会主席王士敏、垣曲县文物局原局长李武斌担任了全部碑文的断句辨识和初校工作。县文物局和县文保中心的同志们，克服困难，跋山涉水，走街串巷，翻碑拍照，拓印辨识，不辞劳苦。整理资料过程中，参与编辑的同志们更是废寝忘食，夜以继日地工作，付出了艰辛的劳动。但由于水平有限，经验不足，受种种条件制约，号称“大全”，录入尚有不到，拓片质量不佳，编审难免出错，恳请读者不吝赐教。

《三晋石刻大全·运城市垣曲县卷》的编辑出版，为弘扬中华优秀传统文化，增强坚定文化自信，提供了坚强支撑。保护利用石刻文物，挖掘石刻文化价值，延续文明根脉，我们责任在肩，容不得有半点懈怠。我们要始终怀着对历史文化遗产的敬畏之心、珍爱之心、责任之心，做好石刻文物的保护工作，为推动新时代垣曲文物事业高质量发展，作出更大贡献！

《三晋石刻大全·运城市垣曲县卷》编委会

2022 年 9 月

图书在版编目（CIP）数据

三晋石刻大全. 运城市垣曲县卷 / 尚斌，李武斌主编. —太原：三晋出版社，2022.8

ISBN 978-7-5457-2502-5

Ⅰ. ①三… Ⅱ. ①尚… ②李… Ⅲ. ①石刻—垣曲县—图录
Ⅳ. ① K877.402

中国版本图书馆 CIP 数据核字（2022）第 148588 号

三晋石刻大全 · 运城市垣曲县卷

总 主 编：李玉明
本卷主编：尚　斌　李武斌
责任编辑：落馥香
审　　订：王宗政
责任印制：李佳音

出 版 者：山西出版传媒集团 · 三晋出版社
地　　址：太原市建设南路 21 号
邮　　编：030012
电　　话：0351 — 4956036（总编室）
　　　　　0351 — 4922203（印制部）
网　　址：http：//www.sjcbs.cn

经 销 者：新华书店
承 印 者：运城市古籍印务有限公司

开　　本：787mm × 1092mm 1/8
印　　张：50
字　　数：600 千字
版　　次：2023 年 8 月 第 1 版
印　　次：2023 年 8 月 第 1 次印刷
书　　号：ISBN 978-7-5457-2502-5
定　　价：400.00 元

ISBN 978-7-5457-2502-5
9 787545 725025 >

如有印装质量问题，请与本社发行部联系　电话：0351-4922268

《三晋石刻大全》

荣列国家十二五规划、山西省十二五规划，并荣获山西出版传媒集团2009年度十大好书、优秀晋版图书一等奖、全国古籍优秀图书一等奖。

已(即)出书目(有★号者为已出)	定(估)价	已(即)出书目(有★号者为已出)	定(估)价
★《临汾市洪洞县卷》	600元	★《晋城市城区卷》	480元
★《临汾市尧都区卷》	480元	★《晋城市泽州县卷》	690元
★《临汾市安泽县卷》	280元	★《长治市沁源县卷》	350元
★《临汾市侯马市卷》	260元	★《长治市平顺县卷》(增订本)	1200元
★《临汾市曲沃县卷》	380元	★《长治市黎城县卷》	500元
★《临汾市浮山县卷》	480元	★《长治市长治县卷》	300元
★《临汾市古县卷》	380元	★《长治市长治县炎帝碑林卷》	600元
★《临汾市蒲县卷》	340元	★《长治市屯留县卷》	200元
★《临汾市大宁县卷》	180元	★《长治市长子县卷》	350元
★《临汾市乡宁县卷》	630元	★《长治市武乡县卷》	660元
★《临汾市霍州市卷》	600元	★《长治市壶关县卷》	600元
★《临汾市永和县卷》	240元	★《长治市襄垣县卷》	750元
★《临汾市襄汾县卷》	990元	★《太原市古交市卷》	200元
★《临汾市吉县卷》	600元	★《太原市杏花岭区卷》	400元
★《临汾市汾西县卷》	400元	★《太原市尖草坪区卷》	300元
《临汾市翼城县卷》	1500元	★《太原市万柏林区卷》	150元
《临汾市隰县卷》	220元	★《太原市迎泽区卷》	370元
★《运城市盐湖区卷》	420元	★《太原市娄烦县卷》	300元
★《运城市绛县卷》	610元	《太原市阳曲县卷》	400元
★《运城市新绛县卷》	520元	★《吕梁市孝义市卷》	380元
★《运城市临猗县卷》	400元	★《吕梁市柳林县卷》	360元
★《运城市芮城县卷》	620元	★《吕梁市石楼县卷》	310元
★《运城市稷山县卷》	900元	★《吕梁市方山县卷》	390元
★《运城市永济市卷》	900元	★《吕梁市兴县卷》	480元
★《运城市平陆县卷》	360元	★《吕梁市汾阳市卷》	1900元
★《运城市夏县卷》	1500元	★《吕梁市文水县卷》	500元
★《运城市万荣县卷》	500元	《吕梁市临县卷》	1000元
★《运城市河津市卷》	1100元	★《忻州市宁武县卷》(增订本)	400元
★《运城市垣曲县卷》	400元	★《朔州市平鲁区卷》	380元
《运城市闻喜县卷》	600元	★《朔州市怀仁县卷》	320元
★《晋中市寿阳县卷》	580元	★《朔州市朔城区卷》	1300元
★《晋中市灵石县卷》	580元	★《朔州市应县卷》	500元
★《晋中市左权县卷》	380元	《朔州市右玉县卷》	400元
★《晋中市榆次区卷》	460元	《朔州市山阴县卷》	600元
★《晋中市和顺县卷》	300元	★《大同市灵丘县卷》	200元
★《晋中市太谷县卷》	400元	★《大同市灵丘县卷续编》	200元
★《晋中市平遥县卷》	1800元	★《大同市左云县卷》	240元
★《阳泉市盂县卷》	620元	★《大同市浑源县卷》(增订本)	800元
★《晋城市高平市卷》	680元	★《大同市广灵县卷》	380元
★《晋城市沁水县卷》	500元	★《大同市南郊区卷》	300元
★《晋城市阳城县卷》	660元	★《大同市大同县卷》	200元
★《晋城市陵川县卷》	620元	《大同市天镇县卷》	500元